suhrkamp taschenbuch 2886

Das Werk von Marguerite Duras steckt voller biographischer Erfahrung. Frédérique Lebelley ist ihrem Leben nachgegangen: der Kindheit und Jugend in Indochina (Marguerite Duras wurde 1914 in der Nähe von Saigon geboren), der fast ans Inzestuöse grenzenden Zuneigung für den jüngeren, dem Haß auf den älteren Bruder, der lange verheimlichten Liebe zu einem reichen Chinesen (»Der Liebhaber«), der die verarmte Familie unterstützt; der Rückkehr in den dreißiger Jahren nach Frankreich, den ersten Schreibversuchen, der literarischen Anerkennung. Und den alle Etappen begleitenden, vielfältigen Liebesbeziehungen, den wachsenden Alkoholproblemen, der Radikalisierung des Schreibens und Denkens. In 24 Kapiteln führt Frédérique Lebelleys Buch durch das Leben der *grande dame* der französischen Literatur: kenntnisreich, präzis, lebendig.

Frédérique Lebelley
Marguerite Duras

Ein Leben

Aus dem Französischen
von Eva Groepler

Suhrkamp

Titel der Originalausgabe:
Duras ou le poids d'une plume
Umschlagfoto: Roger – Violett, Paris

suhrkamp taschenbuch 2886
Erste Auflage 1998
© Éditions Grasset et Fasquelle, 1994
© der deutschsprachigen Ausgabe
Suhrkamp Verlag Frankfurt am Main 1996
Suhrkamp Taschenbuch Verlag
Alle Rechte vorbehalten, insbesondere das
des öffentlichen Vortrags, der Übertragung
durch Rundfunk und Fernsehen
sowie der Übersetzung, auch einzelner Teile
Druck: Nomos Verlagsgesellschaft, Baden-Baden
Printed in Germany
Umschlag nach Entwürfen von
Willy Fleckhaus und Rolf Staudt

1 2 3 4 5 6 – 03 02 01 00 99 98

INHALT

VORWORT

»Das Elend der Frage ist die Antwort.«
Maurice Blanchot

Eines Tages wird sich wohl nur noch die Erinnerung an einen von Weißdorn gesäumten Weg eingeprägt haben. Drei Jahre Arbeit und Schreiben werden dann beinahe vergessen sein, verblaßt hinter jenem »absoluten Bild« eines Spaziergangs um das Haus von George Sand in Nohant, wo mir die Idee zu diesem Buch erstmals nahegelegt wurde: »Und wenn Sie die Biographie von Marguerite Duras schreiben würden? Sie sollten es.« Das Schlendern zwischen den pastellfarbenen Hecken stockte, als ich ausrief: »Was! Wollen Sie meinen Tod?« Doch noch während ich protestierte, ahnte ich bereits, dem Buch nicht ausweichen zu können.

Acht Monate später vereitelte der Zufall meine Zurückhaltung, als er mich für ein langes, vom *Nouvel Observateur* bestelltes Gespräch mit Marguerite Duras zusammentreffen ließ. Ich kannte sie kaum: Mit zwanzig Jahren hatte ich die Lektüre ihrer Texte gemieden, weil ihr beherrschender Einfluß mich einschüchterte und ich entschlossen war, eine solche Einschließung zu verweigern. Seitdem hatte ich nur beiläufig Lob oder Häme Gehör geschenkt. Der privilegierte Zugang zur »Kaiserin der Literatur« zeigte sie mir als einer anderen Welt zugehörig und zugleich von sonderbarer Nähe. Augenscheinlich gab es eine Art Verwandtschaft, aber eine lose und vor allem eine, die sich der Definition entzog. Denn das Kostbarste an dieser Begegnung ist für mich die Offenbarung eines unermeßlichen, grenzenlosen Territoriums gewesen. Nein, die Welt von Marguerite Duras war kein abgeschlossener, enger, auf ihre Neurosen eingeschränkter Raum. Sie öffnete sich im Gegenteil der Unendlichkeit.

Natürlich, da war zunächst ihr gewaltiges Werk: Fülle und Schönheit der über siebzig Texte, der neunzehn Filme, und dabei immer das Gefühl, dem »offenen Meer der Literatur« entgegenzugehen. Dann der Erfahrungsschatz eines achtzigjährigen Lebens, das die großen Ereignisse der Geschichte geformt hatten – Kindheit im kolonialen Indochina, anfangs Passivität unter dem Vichy-Regime, dann Entscheidung für die Résistance, die unauslöschliche Erschütterung über die Todeslager, der Antigaullismus, das Epos des Kommunismus, Euphorie des Mai '68 und politische Ernüchterung, begleitet von zähem Haß auf die Rechte und fest verankertem Glauben an die Linke. Vor allem aber gab es die Weite einer Welt des Schreibens, in der sie residierte. Und jenseits davon immer noch das Schreiben. Dort verschwamm die wahre Dimension dieser kleinen Frauengestalt mit eindrucksvollem Temperament in nicht mehr auszumachenden Grenzen.

In unbedachtem Elan hörte ich mich sie fragen: »Und wenn ich Ihre Biographie veröffentlichte?« Mit einem ironischen Lächeln riet sie mir davon ab: »Ich kann mit Biographien über mich nichts anfangen. Meine Bücher dürften genügen.« Hatte sie nicht recht? Ich verstand ihren Anspruch: Außerhalb der reinen Schöpfung ist die Vulgarität nie sehr fern. Und was gibt einem eigentlich das Recht, das Leben von Menschen zu erforschen? Auf welche Kriterien, welche Fakten soll man sich stützen, um es zu erzählen? Das Leben von Marguerite Duras ist engstens verflochten, verschmolzen mit ihrem Werk: der Versuch, die jeweiligen Anteile zu bestimmen, würde sich zwangsläufig als oberflächlich erweisen. Wie kann man sich überhaupt vornehmen, den realen Weg von wem auch immer so genau wie möglich nachzuzeichnen, und wäre es auch der eigene? »Die Geschichte meines Lebens, Ihres Lebens, existiert nicht oder nur fürs Lexikon. Der Roman meines Lebens, unserer Leben, ja, aber nicht die Geschichte. Erst das Wiederaufnehmen der Zeit durch das Imaginäre gibt dem Leben den Atem zurück«, sagt Duras. In Wahrheit ist nichts sicher, und »nichts ist wahr im Realen«, wie sie es auch sagt, »nichts«.

Daß die Ungehörigkeit, sich zu enthüllen, ausschließlich dem Autobiographen vorbehalten ist, der über seine Person, seine Geschichte verfügt und dem Erfindung oder Irrtum freistehen, sei gern zugegeben.

Dennoch stellt Marguerite Duras das Recht, über sie zu schreiben, nicht in Abrede. »Es gehört Ihnen, ich schenke es Ihnen«, sagt sie im großen und ganzen zu allem, was sie produziert. Das Angebot, den Stoff zu ergreifen, wird mit ausdrücklicher Generosität unterbreitet: »Es liegt bei Ihnen, daraus ihre Vorstellung von mir zu entwerfen.« Denn die Unmöglichkeit, ihre Vergangenheit exakt wiederzufinden, ihr im übrigen auch gar nicht vorhandener Wille, die Erinnerung daran festzuhalten, der Zweifel, der jede, naturgemäß unüberprüfbare, Erzählung umgibt, das läuft darauf hinaus, das Gedächtnis den anderen zu übergeben: »Das betrifft jedes Gedächtnis gleichermaßen«, schrieb Duras 1983 zu einer ihrer Figuren mit bewußt unscharfen Konturen. Infolgedessen wird ihre Vergangenheit, wie die einer beliebigen anderen Person, für jeden mit demselben Schärfegrad wahrnehmbar und mit derselben »Genauigkeit« erzählbar. Erinnerung oder Vorstellung haben den gleichen Wert. Erzählen oder Erfinden ebenso. Irgend etwas Wahres wird immer geschrieben.

So gibt es eine Vielzahl von biographischen Texten, am häufigsten Heiligenbilder, über Marguerite Duras: Aus der Ferne beobachtet sie, wie ihre Legende Form annimmt, erlebt geschmeichelt, wie ihre Ausstrahlung, ihr Einfluß sich ausweiten. Ob willkürlich, ungenau oder ungeschickt, ob naiv, lobend oder kritisch, ob mit oder ohne Talent verfaßt, all diese Kommentare, die über sie im Umlauf sind, bestätigen ihren Ruhm. Verewigen sie. Dieser Ehrung widersteht der Schriftsteller nicht. So wird Duras wieder auf ihren prinzipiellen Einwand zu sprechen kommen, um zu ergänzen: »Das einzige, worauf ich neugierig bin, ist zu erfahren, wie mich die Leute sehen. Ihr Blick auf mich, ja, das interessiert mich!«

Mein Blick auf Marguerite Duras? Ich tappte doch völlig im Dunkeln! Die beeindruckende Summe der über sie veröffentlichten Informationen, ihre Zeitungsartikel, die zu Hunderten mit ihr geführten Gespräche, ihre Mitteilungen auf sämtlichen Rundfunk- und Fernsehkanälen, dazu die unveröffentlichten gegenüber Freunden oder Bekannten, ganz zu schweigen von den neuen Untersuchungsmöglichkeiten, mit denen sich die Kenntnis der berühmten Autorin noch vertiefen ließe, all das ergab sicher eine reichhaltige Kompilation, einen gewaltigen Schulaufsatz, aber nicht das Buch.

Gleichwohl zog mich das außergewöhnliche Schicksal einer aus eher gewöhnlichen Lebensumständen hervorgegangenen Schriftstellerin an. Ich gab ein bereits in Angriff genommenes Buch auf – eine flotte Arbeit, die Schlaf und Freizeit schonte –, um mich ohne genauen Plan in die Finsternis des vorliegenden zu stürzen.

Was für ein Schwindel angesichts dieser Wortflut, in der sich die Bilder einer meist vorgegaukelten Realität von denen einer vollkommen gelebten Fiktion nicht mehr unterscheiden ließen!

Schließlich haben sich die Augen an die Nacht gewöhnt, die die Schriftstellerin, die das Suchen nach dem Sinn verabscheut und den Nichtsinn einführt, um ihrer Wahrheit besser dienlich zu sein, gekonnt aufrechterhält. Das Ganze wurde entzifferbar. Es ähnelte ein bißchen den Spielen, bei denen man eine Handvoll Zahlen ungeordnet auf ein Blatt Papier wirft und sie mit Strichen untereinander verbindet, so daß sie schließlich doch etwas darstellen.

Ergeben hat sich ein Porträt von jemandem, der »erzählbar« ist, von jemandem, den Marguerite Duras mit seiner trotz allem vorhandenen Kohärenz nicht sieht, vielleicht, weil sie sich selbst gegenüber blind bleiben muß, damit die Quelle ihres Schreibens nicht versiegt. Doch von jemandem, der deutlich zu lesen ist. Und darauf wartet, gelesen zu werden.

Das zu schreibende Buch wäre demnach die persönliche Lektüre des Lebens, das Marguerite Duras gewollt hat, das sie öffentlich in Szene gesetzt und bis zur Bloßstellung preisgegeben hat; eine Lektüre, die dem Raster des Werkes folgt, als sei sie darin verwoben, und die sich bemüht, im Gleichklang nachzuhallen. Auch eine laute Lektüre der verlorenen, vergessenen oder verschwiegenen Seiten, die ihrer Geschichte nicht dienten, sie jedoch erhellten. Mit all dem, was das an unbeabsichtigten Verletzungen bedeutet. Die Duras, die mir dabei entgegentrat, verlor nie an Größe.

In die intime Welt von Marguerite Duras einzudringen hieß auch, ein bestimmtes menschliches Abenteuer des Schreibens zu entdecken. Denn wie jedes Schreiben ist ihres ein persönliches, aber mehr als andere oder auf »hellsichtigere«, wirksamere Weise führt es jenes wunderbare Geheimnis mit sich.

Tag für Tag, ohne irgendeine vorgefaßte Meinung, in dem relativen Frieden, jeden möglichen Sinn dieser der Existenz einer anderen Person gewidmeten Zeit zu ignorieren, mit dem verrückten Leichtsinn zu glauben, das eigene Leben hinge davon ab, habe ich die Durchquerung des »Todesparadieses« von Marguerite Duras, dieser ausgedehnten Region an den Grenzen des gelobten Landes, weitergeführt.

Was bleibt, ist eine erschrockene Bewunderung.

I.

Das Buschkind

An der Schwelle einer mit Meer und Himmel verschmelzenden Erde, einer Urwelt gleich, in der die drei Elemente noch eine Einheit bilden, ist sie geboren. Eine Schlammwüste, die verbissen ihre Zugehörigkeit zum Kontinent behauptet, den Überschwemmungen und den Brandwunden des Salzes zum Trotz.

Er könnte nirgendwo sein, dieser Ort der Unendlichkeiten, wo der Blick überall dem Ganzen begegnet. Und der das Anderswo schwer vorstellbar macht. Ein Ozean von Pflanzen, den die Flüsse vierteilen, auflösen, ehe sie ihn mit sanfter Gewalt neu gestalten; dichte, nachtdunkle Wälder, Tiefseegräben, deren Fische sich in Baumwipfeln, in schalenförmig hängenden Lianen verborgen halten. Eine im fauligen Schlick sich wälzende Pracht, die mit eigensinniger, erfinderischer Vegetation in dem zerfließenden Boden Halt sucht. Ein von seinem Wesen her fernes Land, das sich auch so nennt: Vietnam: ferner Süden, von der Hitze, der »Schreckenshitze«, geknebelt. Von der Hitze und vom Besatzer.

Hier, in diesem weichen Bauch Asiens, zwischen den neun Armen des Mekong, ist sie zur Welt gekommen. Aus einer unbekannten Dringlichkeit, es zu Ende zu bringen, ist sie von den Urgewässern an jene aquatische Erde, Nährmutter und Mörderin zugleich, gespült worden. Ihre strahlende Wiege, aber nicht vor Glück, stand in einem Vorort von Saigon. Bezeichnender Name Gia Dinh: die »Familie«.

Der April 1914, Höhepunkt des kotschinchinesischen Sommers, ist entkräftend. Sicher zu drückend, um bereitwillig ein Kind zu entbinden, das man einfach erwartet hat. Nach vier Jungen, zwei Brüdern und zwei Halbbrüdern, bietet es jedoch den Reiz des ersten Mädchens. Eine Luft ohne den geringsten Windhauch entreißt ihr den ersten Schrei. Der Augenblick des Lebens prägt sich ihr ein mit der Gewalt eines

Mordes. Behalten wird sie davon die Neigung zur Verweigerung.

Der Tradition des Landes entsprechend, wird die Geburt mit einem Schwall von Schimpfwörtern begrüßt, um die Begehrlichkeit der bösen Geister zu entmutigen: »Oh, welch furchtbar abstoßendes kleines Tier! Was für ein widerliches, ekliges Ungeziefer!« Ihre Mutter, vielleicht enttäuscht von ihrem Sprößling, wird dem annamitischen Brauch auf ihre Weise folgen; sie wird sie noch lange »mein armes Kleines« nennen...

Dieserart vor jeder Eitelkeit bewahrt, erhält die Neugeborene den Vornamen einer Blume: Marguerite. Krone weißer Blätter, mit dem gelben Herzen Asiens verbunden, bis zum Wahnsinn geliebt oder überhaupt nicht. Jedenfalls ein Symbol ihres Schicksals.

Unter ihren nackten Füßen gibt es zunächst, bis zu ihrem vierten Lebensjahr, den frischen Marmor von Dienstwohnungen. Ihr Vater, Émile Donnadieu, Mathematiklehrer, genießt das besondere Ansehen, das Lehrern in den Kolonien, wo es an ihnen mangelt, entgegengebracht wird. Ihm, weniger der Mutter, Grundschullehrerin auf der untersten Stufe, verdanken sie diese Wohnungen wohlversorgter Kolonialherren.

Marguerite richtet sich nicht in sicherer Obhut ein. Den gemieteten Luxus erlebt sie mit der ganzen Zurückhaltung des Provisorischen. Noch kennt sie allerdings nichts anderes als jene weiten Verandas, jene bemalten Decken, jene mit Schildpatt-Intarsien verzierten Mahagonimöbel. Und jene gepflegten exotischen Gärten hinter schützenden, mit Scherben gespickten Mauern. In Phnom Penh, wohin der Vater schließlich berufen wird, bewohnen sie den prächtigen Palast eines früheren kambodschanischen Fürsten am Ufer des Mekong. Nichts deutet auf das Ende der Glückssträhne hin.

Marguerite, die in einer tadellosen Erziehung steckt, scheint diese glückliche Kindheit nicht als selbstverständliches Geschenk anzunehmen. Auf einem Foto posiert sie zwischen den Knien ihres Vaters, ein winziges, regloses Geschöpf, eingewickelt in ein Kleid nach Pariser Mode, an den Füßen weiße Söckchen und Lackschuhe unter der tropischen Hitze; eine große Schleife in den Haaren rutscht ihr an der Wange herunter. Sie wirkt, als hüte sie irgendein Geheimnis.

Woher rührt ihr Unbehagen? Vom Gefühl eines Betrugs oder von der Ahnung eines Fehlstarts?

Wahrscheinlich ahnt sie bereits, daß ihr Vater nicht bei ihnen alt werden wird. Zwar sieht sie die Krankheit nicht, die seine Repatriierung bald begründen wird, doch dieser Vater gehört zu einem Anderswo, das sie – die Mutter und die Kinder – nicht sind. Es ist klar, daß er nicht nur derjenige ist, der er hier bei ihnen zu sein vorgibt, sondern daß »er woanders oder etwas anderes ist«. Er sieht wie ein Besucher aus. Wie ein Reisender. Ein Abwesender.

Émile Donnadieu hat sie verlassen. Er braucht die französischen Thermalbäder, um sich von einer schweren Amöbenruhr zu kurieren. Ziemlich schnell flüchtet er in seine heimatliche Dordogne. Dort trifft er seine beiden Söhne aus erster Ehe wieder, Jean und Jacques, deren Mutter Alice Rivière vor beinahe zwanzig Jahren in Hanoi gestorben ist... Er schmiedet Zukunftspläne für eine wiedervereinigte Familie, Marie Donnadieu und die fünf Kinder: gerade hat er ein Haus in der Gemeinde Duras erworben, eines, das ihnen tatsächlich gehört. Er spricht davon, dort die Sommerferien, alle zusammen, zu verbringen.

Nach Indochina wird er nicht zurückkehren. Marie weiß es. Sie stellt sich bereits als Witwe dar. Der Vater stirbt drei Jahre nach seiner Abreise. Drei Jahre, über die den Kindern nichts gesagt wird. Marguerite ist sieben. Mit beeindruckender Intelligenz nimmt sie die Herausforderung an, ihr kleines, trauriges Gesicht blickt in die Zukunft. Mit der Entschlossenheit eines Rächers greift sie nach dem Arm der Mutter, als trüge sie sie, als wäre jene ihr Kind. Paul hat das ruhige, freundliche Gesicht eines Menschen, der das Leben nimmt, wie es kommt. Und Pierre, mit dem bissigen Blick eines Taugenichts, scheint zu jubeln, daß er jetzt freies Feld hat. Die leidgeprüfte Mutter hat ihren Lebensmut bereits verloren. Ihren Schmuck trägt sie nicht mehr, die beiden Wellen auf der Stirn hat sie glatt gekämmt, das Haar zusammengebunden und die Ärmel des Kleides hochgekrempelt wie eine Wäscherin. Ihr mitgenommener Gesichtsausdruck verrät eine Verwirrung, die sie mit Mühe beherrscht. Aber den über alles geliebten Kindern geht es gut ...

Mit der Trauer verliert die Familie das zerknirschte Aussehen verkleideter Bürger. Die Spannung läßt nach. Nunmehr ist man unter seinesgleichen, frei, wild, schamlos. Man lebt ohne Zwänge, ohne Manieren. Der verwirrte Familienkreis schließt sich. Der um die Mutter zusammengezogene, unteilbare, autarke Klan der Donnadieus bietet die Stirn.

Die Witwenrente und das Gehalt von Madame Donnadieu erlauben es nicht, den bisherigen Lebensstil beizubehalten. Die Grundschullehrerin, die an einer Schule für Einheimische unterrichtet, muß sich mit Dienstwohnungen und bescheidener Dienerschaft begnügen. In der Kolonie gehört die Familie jetzt zur Klasse der »kleinen Weißen« – neben Gendarmen, Zöllnern, Briefträgern und Gefängniswärtern. Sie ist weder Teil des französischen Bürgertums, das solche Landsleute meidet, die ihr Beruf in zu engen Kontakt mit den Einheimischen bringt, noch gehört sie zu den Annamiten, mit denen sich zu vermischen undenkbar wäre. Tatsächlich aber leben die Donnadieus näher an den Einheimischen als an den Franzosen. Die Kinder sind sich selbst überlassen; ohne zeitliche Auflagen gehen sie im Wald jagen, angeln in den Sümpfen und Reisfeldern oder baden in den *rach*. Sie spielen ausschließlich mit annamitischen Kindern, sprechen deren Sprache und sehen ihnen sonderbar ähnlich. Allen Mühen von Madame Donnadieu zum Trotz, ihr Anderssein deutlich zu machen, prägt sie vor allem der Busch, durchdringt sie das Land so sehr, daß sie physisch verwandelt werden. Woher kommt diese annamitische Mimikry? Wie kommen die zweifelsfreien Kinder eines Perigurdiners und einer Pikardin zu einem gelben Teint und zu Augen, die eher Schlitzaugen sind?

Jeder schaut erstaunt auf diese Kinder und diese Mutter, die scheinbar nichts gemeinsam haben. Die Grundschullehrerin hat die Schwere und die »rote Gesundheit«[1] einer französischen Bäuerin. Sie trägt Schuhe, muß sich vor der Sonne schützen, um keinen Sonnenstich zu bekommen, und macht es sich zur Pflicht, mit den Einheimischen ausschließlich Französisch zu sprechen.

Es treibt sie zum Wahnsinn, solche Kinder zu haben. Sie enttäuschen all ihre Hoffnungen. Diese Bauerntochter aus Nordfrankreich, die, von zivilisatorischen Absichten beseelt, nach Indochina kam, um nach den Prinzipien von Jules Ferry »Frankreich über seine Grenzen hinaus zu bringen«, sieht, wie ihre Sprößlinge zu jenen schlammigen Gewässern, jener Hitze, die sie selber lähmt, zu jenen Monsunstürmen, jenen verseuchten Ebenen gehören. Wie sie mit dieser fremden Erde und ihrer Wahrheit verschmelzen.

Aber sie schafft es nicht, gegen den Einfluß dieses Landes zu kämpfen. Sie kann nur versuchen, ihre Kinder umzumodeln, indem sie ihnen »den Bauch füllt«[2] mit Dingen aus ihrem Abendland, aus ihrer eigenen Welt. Sie zwingt sie, teure, aus Frankreich importierte Renette-Äpfel zu essen. Französische Kinder müssen Äpfel essen. Die verziehen das Gesicht und spucken es wieder aus. Sie sagen, sie würden daran ersticken: es sei ohne Saft, schmecke wie Baumwolle. Schreie, Schläge, Tränen: nichts hilft. Schließlich gibt die Mutter genauso auf, wie sie vorher bei Brot und Nudeln aufgegeben hat. Doch auf dem Fleisch beharrt sie. Eine Mutter, die diesen Namen verdient, schuldet es sich, ihre Kinder Fleisch essen zu lassen. Die Kinder spucken es wieder aus. Sie zwingt sie, es hinunterzuschlucken. Sie erbrechen es. An französische Ernährung können sie sich nicht gewöhnen. Sie ziehen es vor, gar nichts zu essen. Dahinzusiechen. Magersüchtig zu werden, um Ruhe zu haben.

Man kann sie mit nichts anderem als mit Reis, Krebsen, in nuoc-mâm gekochten Süßwasserfischen oder mit dampfenden chinesischen Suppen, jenen unvergleichlichen Brühen, die fliegende Händler zwischen den Fähren verkaufen, ernähren.

Sie lassen sich locken vom Duft der Kräuter, Wasserwinde und sonstigen Sumpfgrüns, die auf Holzkohlefeuern überall, auf den Gehsteigen, an Flußufern oder auf den Sampans in den Tonkesseln kochen. Es schmeckt wie eine Harmonie von Exzessen, die nie aufeinanderprallen: starkes Aroma von Salzlaken, von auf Bananenstaudenblättern getrockneten Fischen oder unbestimmbarer Mischmasch mit Moschusdüften von Obst, Blumen, Betelnuß und Weihrauch, träge Fadheit der Krebse aus den Reisfeldern, der abgezogenen Frösche, der riesigen schwarzen Schnecken.

Die Kinder machen keinerlei Zugeständnisse. Wenn die Mutter ihren Mittagsschlaf hält, nutzen sie die Zeit, um auf Bäume zu klettern und grüne, himmlisch süße, aber Choleragefährliche Mangos zu klauen. Verschmiert mit dem klebrigen, verbotenen Fruchtfleisch kehren sie zurück; als Zeichen ihrer »unheilbaren« Zugehörigkeit zu dieser Erde hier tragen sie ihren Ungehorsam zur Schau. Sie machen es immer wieder, auch wenn die Mutter schreit, schlägt und schimpft: »Ihr elenden kleinen Annamiten!«

Madame Donnadieu versucht ihren Buschkindern verzweifelt beizubringen, daß sie Franzosen sind. »Ihr, die ihr Franzosen seid«, wiederholt sie immer wieder, um es in ihren Kopf hinein zu bekommen. »Weil ihr Franzosen seid und keine Vietnamesen, sollt ihr euch nicht mehr mit den kleinen Vietnamesen treffen... Ihr sollt Schuhe anziehen, Steaks mit Pommes frites essen und euch nicht so schlecht benehmen...«

Marguerite will sich das nicht merken. Sie spürt überhaupt keine Notwendigkeit, sich den Bräuchen einer Gemeinschaft anzupassen, der sie offenkundig nicht angehört. Nach dem, was sie davon zu sehen bekommt, ist sie keine Französin. Von der Sprache abgesehen, erkennt sie sich nicht als zugehörig zur »Rasse der Weißen«. Diese wiederum fühlen sich fremd in einem Land, das sie abstößt. Nicht einmal seinen funkelnden Wildwuchs können sie hinnehmen. Die wunderbar reiche Natur zwingen sie in feierliche Kuppeln am Eingang der Städte oder in geordnete Reihen entlang den asphaltierten Straßen. Betelnußpalmen, Tamarinden in Habachtstellung, unterbrochen von Anlagen mit englischem Rasen und »weißen« Blumen.

Das Klima deprimiert sie. Sie leiden unter der feuchten Luft, die teuflische Hitze entmutigt sie. Vor dem Sonnenstich graut ihnen so sehr, daß sie den Helm bisweilen sogar innerhalb ihrer Häuser tragen. Hingegen klagen sie über Kälte, sind es bei Tagesanbruch ausnahmsweise nur 22 Grad.

Die Gerüche mißfallen ihnen. Der unbekannte Geschmack widert sie an. Ungeduldig wie auf eine Landung der Alliierten warten sie auf das Eintreffen der Importe aus der Metropole oder aus Kalifornien. Die Angst vor den tropischen Krankheiten läßt sie nicht los, sie sind anfällig für Fieber, Schmerzen, Ruhr, die ihren Vorsichtsmaßnahmen trotzen und vor allem *sie* heimsuchen, wie aus Rache.

Indochina, das Land des *ma qui*, des »Dämons«, verweist sie, während sie es verbissen bezwingen und mit missionarischer Überheblichkeit den Regeln des Abendlandes unterwerfen wollen, auf ihre Ohmacht. Sie fluchen über das unerträgliche, allgegenwärtige Ungeziefer: die Mücken, die einen zwingen, die Beine in Säcke zu wickeln, um den Stichen zu entkommen; die Riesenkäfer, die mit widerlichem Knistern auf den Tischen landen; die Waldwanzen, die das Essen verpesten, die verstört fliehenden Schaben und die zwar ungefährlichen, doch schreckerregenden farblosen Nachtschmetterlinge.

Und vor allem ist da der Dschungel, Marguerites Paradies, den sie ängstlich meiden, ohne einer Fauna entkommen zu können, die sie nach Gutdünken bis in die Stadt hinein bedroht: Tiger, die ihren Wald verlassen haben, und, häufiger, Schlangen, die von den Bäumen herabgleiten und sich zur Regenzeit auf die Straßen fallen lassen, oder sogar jene unsichtbar bleibenden grünen Schlangen, die sich im Blattwerk der Zimmerpflanzen verstecken.

Ein Zauberland für das kreolische Kind, das von diesen Plagen beeindruckt wird wie von einer phantastischen Welt. Ein unheilvolles Land für jene, die aus Frankreich stammen, an Heimweh nach ihren lieblichen Provinzen leiden und sich hier als Geisel aller Übel empfinden.

Sie haben Angst. Angst vor Anämie, vor Erschöpfung, Entkräftung, Grippe, Obstipation, Syphilis... Der Magen, die Nieren, die Leber tun ihnen weh... Sie haben Rheumatismen, Migränen, Hautkrankheiten. Sie sind müde, besorgt, neurasthenisch... Abendland, rette uns! ... Aus Frankreich lassen sie sich Zaubersäfte kommen, die die Leber reinigen, Harnsäure lösen, Fette oxydieren, Stärkungsmittel, die »Mut machen«, Elixiere, die alles heilen. »Autoren«-Arzneien, ihr kulturelles Erbe: das Pepto-Kola-Robin, der Bengué-Balsam, die Peyrard-Dragees, die Sanas-Tropfen, die Foster-Pillen, das Saint-Jean-Heilmittel, die Valda-Pastillen, der Likör von den Mönchen der Abtei soundso, die Lotion des Docteur Foucault, die Cadum Salbe, die Seife Nummer 267 »Chabal«... Eine Bibliothek besitzen sie nicht, sondern eine Enzyklopädie: *La médecine familiale*, 450 Seiten Vulgärmedizin, um sich von jeder Art Krankheit selbst zu heilen. Verlieren sie den Glauben an ihre Zaubersäfte, geraten sie in die Opiumfalle. Und sie sinken, versinken. Das Leben auf dem vietnamesischen Boden gelingt ihnen nicht. Ach, ihr Kolonialabenteuer würde sie teuer zu stehen kommen, wären sie in diesem elenden Morast nicht Bürger des siegreichen Frankreichs, zu den Annehmlichkeiten des Geldes und der Macht berufen! Nie könnten sie in Asien überleben, wenn sie sich wie die Donnadieus von ihresgleichen Sorgen und den großen Ereignissen des lokalen Lebens fernhielten: zu wissen, wer mit dem nächsten Schiff ankommt oder wieder abreist. Wer beim letzten Konzert im Kasino dabei war. Wem die Ehre zuteil wurde, daß sein gestriger Auftritt bei diesem Empfang oder jenem Tanzabend in der Presse erwähnt wurde. Wer was anhatte. Welches Detail, welcher Faltenwurf, welche Passe die Blicke auf sich gezogen hat. Sie wären verzweifelt, fehlte ihnen die Möglichkeit, die letzten Modetrends schnellstens in Erfahrung zu bringen oder glauben zu lassen, daß ihre von einem kleinen Schneider in Saigon heimlich genähten Kleider aus Paris kommen. Oder wenn sie nicht mehr davon träumen könnten, eines Tages zu den wenigen Familien zu gehören, die vermögend genug sind, um ein Haus in Dalat, dem Beverly Hills von Indochina, zu besitzen: die Bergluft dort einzuatmen gehört mangels einer Kur in Chamonix zum guten Ton.

Die Einheimischen sehen sie nicht. Genausowenig das Elend, den Hunger. Das ist die Sollseite, der »Rückstand« der Kolonisierung. Eine unveränderliche Sachlage, die das Unvermögen der Annamiten zeigt, in Würde zu leben. Und die objektive Überlegenheit der Weißen beweist, der niemand zu widersprechen vermag.

Eine Katastrophe kann sie nur erschüttern, wenn sie Frankreich betrifft: die Umstände eines Unglücks im Département Lot-et-Garonne sind ihnen vertrauter als der Hergang eines Unfalls, der sich vor den Toren Saigons ereignet hat. Besorgt verfolgen sie das Hochwasser der Seine, das die Pariser Kais überflutet, aber die Hochwasser des Mekong, die die hiesige Bevölkerung heimsuchen, alarmieren sie nicht.

Die Eitelkeiten, die Rangordnungen, die Flirts sind der einzige Reiz dieses Landes, das sie sonst zu Tode langweilt.

Dem können sich die Donnadieus nicht anschließen. Sie halten sich außer Reichweite von den Rivalitäten, den Streitigkeiten, dem Klatsch, womit sich die französische Kolonie die Zeit vertreibt, fern von dem affektgeladenen Klima, das regelmäßig zum Drama kippt. Bekommen sie überhaupt mit, daß es Duelle, Morde und Selbstmorde in der Stadt gegeben hat? Vielleicht. Aber sie weiden sich nicht an den Mißlichkeiten von Kolonisten, an deren Pech in der Liebe oder im Geschäft. Sie leben in freiwilliger Apartheid, abseits der weißen Zivilisation, in gegenseitiger Ablehnung. Dem Indochina der Reichen stehen sie ebenso fremd gegenüber wie jenem der kleinen Weißen.

Sie frequentieren weder die Schwimmbäder noch die Tennisplätze oder Turnvereine. Sie beteiligen sich nicht an den Auto-Rallyes auf der Straße des Saint-Jacques-Kaps. Man begegnet ihnen nicht auf dem Hippodrom von Saigon anläßlich des Grand Prix Longchamp. Sie veranstalten keine Hetzjagd auf Wildschweine oder Rehe im Wald von Thu Duc. Nie sieht man sie an den Orten, wo der Champagner in Strömem fließt. Sie sitzen in keinem Chevrolet hinter heruntergezogenen Gardinen. Sie promenieren nicht in Kutschen, von »aufgeputzten, gestiefelten«[3] Sais flankiert, nicht einmal in einer privaten Rikscha mit weißen Schonbezügen, die ihre Initialen tragen. Nie trinken sie am Spätnachmittag ein Martell-Perrier oder ein Peppermint Get auf der Terrasse eines großen Cafés, während das Orchester eine Jazz-Melodie intoniert. Sie rauchen keine 555. Sie lassen sich nicht im Studio Nadal fotografieren. Sie haben keine Haustiere. Kein Radio. Sie gehören nicht zum ausgesuchten Publikum der Galaabende und Konzerte. Die Feste finden ohne sie statt. Sie werden bei keinem der wichtigen Diners empfangen. Sie kaufen nicht in den Feinkostläden ein, besorgen sich weder Senf aus Dijon noch Wein aus Bordeaux und auch nicht das bekannte Olivenöl aus Salon-de-Provence, jenes, dem schon Madame de Sévigné den Vorzug gegeben hat. Sie trinken keinen Tee und nehmen kein Konfekt, keine glasierten Maronen in den Salons der vornehmen Konditoreien zu sich. Sie lassen sich nicht bei den bekannten Friseuren die Haare schneiden. Sie tragen keine Hüte, keine Handschuhe aus Chairleder, kein Antilopenfell. Sie haben auch nicht den gleichsam unkörperlichen Gang jener Prinzen der Kolonie, die die Hauptverkehrsadern in der weißen Oberstadt, jene »nutzlose, orgiastische Platzverschwendung«[4], lässig auf und ab schreiten. Der Weiße, das Leichentuch Vietnams.

Den Donnadieus wird der Rang von Einheimischen zugewiesen, und das ist um so besser. Zum heimlichen Einverständnis mit jenen grotesken Paschas, die nach Indochina gekommen sind, um »Piaster anzuhäufen« und mit geringstem Aufwand die Herren zu spielen, während sie in Frankreich im Dienst anderer gestanden hätten, sind sie nicht fähig. Sie teilen nicht die Vulgarität von Parvenüs, die es sich im Wohlstand bequem gemacht haben und sich von den Einheimischen, die ihren tyrannischen Launen unterworfen sind, wie Könige bedienen lassen. Sie verachten jene grobschlächtigen, kulturlosen Hampelmänner, jene Imperialisten, die, weil sie über ein erobertes Land herrschen, überzeugt sind, eine Elite abzugeben.

Diese dümmlichen Snobs sind von einem Bild Frankreichs durchdrungen, das sie entehren, wenn sie meinen, Frankreich zu dienen, indem sie hier so exakt wie möglich sein Abbild reproduzieren.

Vermutlich ist Madame Donnadieu darüber verdrossen, in dieser komfortablen Szenerie lediglich eine bescheidene Nebenrolle zu spielen. Ihr Blick auf die Gesellschaft der Herren, von der sie auf Distanz gehalten wird, ist dadurch um so schärfer. Ihre Ironie erheitert ihre Kinder. Der unverfrorenen Intelligenz, die ihre Mutter auszeichnet, spenden sie Beifall.

Wie alle Kolonisten haben die Donnadieus ihre Privilegien: an den Schaltern der Verwaltung brauchen sie nicht zu warten, überall werden sie vor den Annamiten bedient. Sie genießen, was den französischen Kolonisten prinzipiell vorbehalten ist. Marguerite klagt nicht über den Unterschied in der Behandlungsweise. Das Auseinanderhalten der Rassen ist für sie eine natürliche Gegebenheit. Sie der Masse der Einheimischen gleichzusetzen würde sie schockieren. Instinktiv ordnet sie sich dem Lager der Weißen zu.

Vom Volk der Annamiten, seiner Vergangenheit, seiner Zivilisation weiß sie nichts. Sie würde es für einen Witz halten, wenn man ihr mit seinen Verdiensten käme. Von der Geschichte und den Umständen der Kolonisierung hat sie nicht die geringste Ahnung. Die Lehrerin aus dem Pas-de-Calais hat ihr nicht beigebracht, wie die vielleicht wünschenswerte Ankunft der Franzosen jedenfalls eine bäuerliche, aber zugleich gebildete vietnamesische Bevölkerung ruiniert hat. Und wie sie aus diesem kultivierten, äußerst zivilisierten Volk – dem die Liebe zur Schöngeistigkeit als höchste aller Tugenden gilt – eine Masse von Enterbten gemacht hat, die nun in einem fremden Wissen unterrichtet wird. Madame Donnadieu kommt es darauf an, aus den Einheimischen gute Schüler zu machen. Auch wenn sie gelegentlich darüber lacht, daß sie über Johanna von Orléans oder den Sonnenkönig unterrichtet, genügt es ihr, die Ausstrahlung Frankreichs auf diese jungen, vor dem Konfuzianismus geretteten Köpfe festzustellen, um Stolz über ihr Werk zu empfinden.

Zu Hause sind die Annamiten stets Domestiken. Marguerite kennt im übrigen nur sie. In der beruflichen Umgebung ihrer Mutter begegnet sie keinem jener Akademiker, die in Frankreich studieren und nach ihrer Rückkehr bezeugen konnten, daß sie in der Metropole eine freundliche, nicht diskriminierende Aufnahme gefunden haben und dort Bürger wie alle anderen gewesen sind. Nie hat sie davon gehört, daß diese Indochinesen mit ihren Professoren diskutieren und sogar freundschaftliche Beziehungen knüpfen, ungehindert Zeitungen und Bücher wählen, fortschrittliche Kreise frequentieren, Versammlungen oder Veranstaltungen aufsuchen und bei Gelegenheit das Wort ergreifen, kurz, sich frei fühlen konnten.

So etwas hält Marguerite nicht einmal für möglich. Nirgendwo begrüßt man den intellektuellen Erfolg der »Frankreich-Rückkehrer«. Nie sieht man sie auf anderen als zweitrangigen Posten. Und Madame Donnadieu schweigt sich über den Skandal aus, daß Studenten, die mit den gleichen Diplomen ausgestattet sind wie sie selbst oder die Mehrzahl der europäischen Schulleiter, dennoch keinerlei Zukunft haben. Ob mit *Licence*-Titel oder ohne, sie bleiben *nhaqué*, Diener, die von borniert en Beamten in *petit-nègre*, in Kauderwelsch, angesprochen werden und denen man ein erniedrigendes Du aufdrängt. Und diese starren bestürzt auf die wenig ruhmreichen Vertreter des großen, zivilisatorischen Europas, ohne das Frankreich der Intelligenz, der Literatur, der Künste, der generösen und edlen Gedanken, ohne das Frankreich der Menschenrechte, das zu bewundern sie gelernt haben, wiederzuerkennen.

Marguerite spürt die Monstrosität der wohlhabenden Kolonialwelt hinter dem Glanz der metropolitanen Traditionen. Sie kennt die ganze Häßlichkeit der willkürlichen, feudalen, exorbitanten Macht, die die Franzosen völlig ungestraft über die Annamiten ausüben. Bis dahin, daß sie über deren Leben und Tod entscheiden dürfen. Sie weiß das so, wie man als Zehnjährige alles über das Leben weiß: eine »unmögliche« und totale Kenntnis.

Sie sieht das Leiden dieser wie Sklaven, wie Hunde behandelten Menschen. Die Ungerechtigkeiten, die Beleidigungen, die Brutalitäten. Sie sieht, daß das Leben eines Gelben nicht das eines Weißen wert ist. Sie sieht, daß es weit schlimmer ist, die Ruhe eines Weißen zu stören, als nach dem Leben eines Annamiten zu trachten. Sie sieht, daß es als Verbrechen gilt, wenn ein Einheimischer ein Huhn stiehlt, während die Ermordung eines Annamiten durch einen Franzosen höchstens eine »unglückliche Tat« genannt wird. Sie sieht, daß eine einfache Ungehörigkeit gegenüber dem Hausherrn einen Diener ins Bagno bringen kann, während ein von einem weißen Autofahrer verursachter tödlicher Unfall mit dem Verteilen einiger Piaster an die Zeugen geregelt wird. Sie sieht, daß die Verzweiflung der Asiaten so groß ist, daß man sich fragen kann, ob nicht manche auf der Straße überfahrene Greise freiwillig ihr Leben geopfert haben, damit Jüngere ihren Tod aushandeln können.

Und sie weiß über alles übrige Bescheid. Weil man es immer weiß. Man kann dem nicht entkommen.

Ihre Augen, ihr Kopf sind voll von diesen Entsetzlichkeiten. Marguerite ist klein. Sie steckt in der Fassungslosigkeit, der »stummen Tiefe«[5] der Kindheit. In deren Nacht. Sie steht vor der wimmelnden Menge der Armen wie vor einem unergründlichen Meer... Die schreckliche, unsagbare Not dieser Menschen gleicht einem Martyrium. Sie scheint außerhalb menschlicher Verantwortung zu stehen, außerhalb der Tyrannei der *salauds*, der Schweinehunde. Außerhalb der Zeit. Zu unbegreiflich, zu absolut, um nicht Gottes ausschließlicher Wille zu sein.

Das weiße Kind, für das der Mangel an Geld das gleiche bedeutet, wie zur Schande verurteilt zu sein, betrachtet diese »endlose« Armut der Einheimischen, die von unerklärlicher Heiterkeit und einer Kraft, die jede Tragödie neutralisiert, erhellt ist, als heiligen, nicht aushaltbaren, wunderbaren Gesang.

Sie versteht die Achtung, die dieses Volk von Notleidenden seinen Bettlern, den Königen des Nichts, entgegenbringt. Sie erschüttern sie. Nicht weil sie in ihnen die Wiederverkörperung rächender Geister fürchtet, wie der annamitische Glaube besagt: für sie verkörpern sie das Glück einer jahrtausendealten Kindheit und die Abscheu vor einem »Tod im Leben«.[6]

Mehr als alle anderen üben diese Menschen Indochinas eine besondere Anziehungskraft auf sie aus. Keineswegs aus Faszination vor der Askese, auch nicht wegen des Wunsches, in »jenem ursprünglichen, animalischen Zustand des Menschlichen«[7] zu verharren, sondern weil das Umherirren sie beunruhigt, anzieht – jenes Gefühl eines unbekannten Territoriums ohne Fixpunkte, ohne Grenzen, das ihres sein könnte.

Marguerite überschreitet schon die Gemeinplätze, vagabundiert, reißt aus einer Gesellschaft aus, in der sie nicht verankert ist; innerhalb einer Familie, in der die Bevorzugung des Ältesten eine mörderische Revolte in ihr weckt. Sie wünschte, Pierre, jener »schwarze Schleier über dem Tageslicht«[8], würde aus dem Blick ihrer für die beiden anderen Kinder blinden Mutter verschwinden. Sie wünschte seinen Tod zu erleben, ihn umzubringen. Die Mutter für diese verrückte Verehrung des schlechtesten, bösartigsten ihrer Kinder zu bestrafen, dafür, daß sie sich schuldig fühlt, die beiden jüngeren zur Welt gebracht und ihrem Gott einen Bruder – den Liebling seines Vaters – und auch noch eine Schwester aufgezwungen zu haben, die für ihrer beider Glück überflüssig sind.

Eines Tages übergibt eine kahlköpfige Bettlerin, die Ferse von einer furchtbaren Wunde aufgerissen, ihr sterbendes Kind in die Hände von Madame Donnadieu. Oft verkaufen auf dem Markt junge, an allzu großem Hunger leidende annamitische Frauen ihren *nho* für den Preis einiger violetter Süßkartoffeln. Diese überläßt ihr kleines, wie ein sechs Monate altes Baby aussehendes, aufgeblähtes, von Würmern zerfressenes zweijähriges Mädchen für einen Piaster. Noch einmal gibt die Lehrerin nach. Obwohl sie merkt, daß die Kleine nicht lange leben wird. Sie vertraut sie Marguerite an, die sich um sie kümmert. Sie wird mit verzweifelter Entschlossenheit gepflegt, gerettet wird sie nicht: das Kind stirbt. Es stößt zu der unzählbaren Menge der im Schlamm der Reisfelder begrabenen Kinderleichen.

Die Mutter weint vor Wut über die immer wieder sinnlose Pflege, die sie ihrer Umgebung zukommen läßt. Diesmal sei es das letzte Mal gewesen, schwört sie, nie wieder werde sie sich um Kinder kümmern: »weder von Nahem noch von Fernem!« Weil es zu hart ist. Unmöglich ist. Dieses unerbittliche Land will es so. Gott will es so.

Marguerite könnte der ganzen Welt die Schuld zuschreiben. Mordträume wecken sie mitten in der Nacht. Sie möchte ihre Brüder, ihre Mutter umbringen. Sie »ruft den Tod herbei, für sie, für die Menschheit«. Sie haßt Gott. Sie beschimpft ihn. Obwohl sie nicht an ihn glaubt, beschimpft sie ihn.[9]

Blut fließt zum ersten Mal aus ihrem Bauch, einen Monat lang, ohne Unterbrechung. Sie badet im Meer, und das Blut fließt weiter. Sie wagt nicht, ihrer Mutter davon zu erzählen. Mit dem Gefühl unerklärlicher, unverdienter Schande bleibt sie in diesem mörderischen Leiden und dieser revoltierenden Pubertät eingesperrt.

Sie ist elf Jahre alt und hat panische Angst, in das bodenlose Loch des Elends und des Wahns hinabzustürzen. Sie zieht keine Verbindung zwischen jenem Schrecken, den sie sich einflößt, und ihrer »essentiellen« Überzeugung, eines Tages zu schreiben. Unerschütterlich, trotz verächtlichem Achselzukken der Mutter wiederholt sie diese erfrischenden Worte: »Ich werde schreiben ... Eines Tages werde ich schreiben.«

Die Bettlerin sucht sie weiter heim. Andere hängen sich an ihre Fersen. Für Marguerite ist es hinter den unterschiedlichen Gesichtern jedesmal dieselbe Frau: die Wahnsinnige vom Vinh-Long-Posten, die sie einige Jahre zuvor gesehen hat. Eine große Frau, hager wie der Tod[10], war ihr lachend nachgesetzt, in einer ihr unbekannten Sprache rufend. Marguerite stürzte los, so schnell sie konnte, von unbeschreiblichem Entsetzen gepackt. Eine »zentrale Angst«[11], eingeholt zu werden, »als Glied in die Kette des Elends«[12] gefügt zu werden. Sie konnte keinen Laut vorbringen, war sich völlig sicher: würde die Bettlerin sie auch nur flüchtig berühren, wäre sie verloren. Schlimmer als tot, wahnsinnig.[13]

Vielleicht hätte sie ihr Leben in dieser Finsternis fortgeführt, allein von der Besessenheit zu schreiben gelenkt und dem Abgrund immer näher rückend. Vielleicht wäre sie darin versunken. Vielleicht hätte die Kraft, die sie hat, nicht genügt, um sie zu retten. Vielleicht wäre sie im »beinah Geschriebenen«, von niemandem Gelesenen geblieben. Doch ein unglaubliches Ereignis, empfangen »wie ein Blitzschlag oder eine Glaubenserleuchtung«[14], und dennoch winzig, beinah inexistent, wird stattfinden. Wenige Sekunden, von denen ihre Geschichte ausgehen wird, um Stein für Stein aufgebaut zu werden.

Marguerite bleibt von der Bettlerin besessen. Sie hat nie mehr aufgehört, an sie zu denken. Aber begegnet ist sie der Botin dessen, was das Unlebbare hätte bleiben können. Sie heißt Elisabeth X. Marguerite behält nicht ihren tatsächlichen Namen. Sie deformiert ihn. Sie sagt »Stretter«, »Anne-Marie Stretter«. Einfach eine Frau, schön wie ein Stern, nur flüchtig gesehen, von der sie so gut wie nichts weiß, die jedoch den tödlichen Raum, in dem sie sich beinahe verloren hätte, mit ihrem strahlenden Geheimnis erhellt. Der Himmel hat ihr soeben eine Feder in die Hände gelegt.

II.
Die Offenbarung einer weiblichen Macht

Ein Durcheinander in den Küchen der Residenz des Verwalters der Provinz Chau Doc:

»Bist du es, der die Bonbons stiehlt?«

»Nein, ich bin's nicht, dame patron, ich schwöre es!«

Mit dem Handrücken schlägt Elisabeth X das Gesicht ihres bep, und aus seinem Mund flutscht das Bonbon heraus.

Die Albereien ihrer jungen boys findet die »ba dame patron« nicht lustig. Im Gegenteil, das bestärkt sie in ihrer Verachtung: diese Menschen sind alle Diebe und Lügner. Ein für allemal hat sie sich die Maxime der Kolonie zu eigen gemacht: der Gelbe ist falsch!

Von diesen Wutanfällen einmal abgesehen, schenkt ihnen Elisabeth X weniger Aufmerksamkeit als der Einrichtung ihres Hauses. Nicht einmal in den intimsten Augenblicken ihres Lebens wird sie ihrer Anwesenheit gewahr: sie zieht sich vor ihnen aus, ohne sich im mindesten vorzustellen, sie könnten den Blick eines Mannes auf ihre Nacktheit werfen. Ebensowenig sieht sie sie, wenn sie zuweilen in die Umarmung ihrer Liebhaber sinkt. Die nhaqué zählen für sie nicht. Sie wüßte nicht, weshalb sie über ihre Schamlosigkeit erröten sollte. Jene hingegen würde sie auf der Stelle entlassen, verrieten sie ihre Verlegenheit, wenn sie ihr beim Tanzen in ihrem beigen, sehr kurzen Charleston-Kleid mit dem freien Rücken und der langen Perlenfranse, die ihre Beine entblößt, zuschauen. Domestiken gibt es in Hülle und Fülle: weshalb sich lange mit ihnen ärgern?

Elisabeth X ist nicht nach Indochina gekommen, um sich mit den Empfindlichkeiten des annamitischen Volkes zu befassen. Daß ein Einheimischer eine menschliche Existenz beansprucht, schon das fällt ihr schwer. Daß er die Kühnheit besitzt, einen französischen Laden für private Einkäufe zu betreten, oder noch schlimmer, in ein Theater eingelassen wird, beleidigt sie persönlich. Sie ist Rassistin, so wie man die Tischsitten einhält: weil es sich schickt. Es nicht zu sein wäre ihr suspekt, ungehörig, ein moralischer Fehltritt. Sozusagen kriminell.

Nicht weil exotische Abenteuer sie reizten, hat sie ihre schweizerische Heimat verlassen, wo sie in einem bei den gekrönten Häuptern Europas beliebten Internat aufgewachsen ist. Sie lehnt es ab, sich diesem Land anzupassen, wo die Sonne das Leben erdrückt und ihren makellosen Teint mit ordinären Färbungen bedroht. Ein Land der Plagen, in ihren Augen nicht zu retten, seitdem es ihr einen Sohn genommen hat, der mit sieben Jahren an einer Malaria starb, die die hiesigen Ärzte mit Typhus verwechselt hatten. Und das sie jahrelang gezwungen hat, sich von einer ihrer beiden kleinen Töchter zu trennen, deren Gesundheit zu anfällig war.

Solche Schwierigkeiten haben sie zwar ihre mütterliche Berufung hinterfragen lassen, Zweifel an den Gründen zur Wahl dieses Indochinas, das ihr überhaupt nicht bekommt, sind ihr jedoch nicht gekommen. Der Wunsch, eines Tages zu erleben, wie ihr Ehemann Generalgouverneur von Kotschinchina wird, hilft ihr, alles zu ertragen. Nichts entzückt sie mehr als Ehrungen.

Aus Mangel an Ehrgeiz oder politischer Kühnheit hat William X die Macht, seine Frau zu verführen, schon lange verloren. Von ihr getrieben, macht er jedoch eine gefällige Karriere. Demnächst soll er zum Polizeichef von Saigon berufen werden: dann wird er der Spitze ganz nahe kommen. Und das begeistert ihn nicht. Er weiß, daß es als Leiter des Sicherheitsdienstes in Saigon seine Aufgabe sein wird, mit unerbittlicher Repression gegen die entstehenden und sich organisierenden, subversiven antifranzösischen Bewegungen vorzugehen. Er wird es schwer haben, die Arbeit, die er hier, in Chau Doc, macht, fortzusetzen. Er hegt nämlich in bezug auf die koloniale Präsenz avantgardistische Gedanken. Der Verwalter spricht die annamitische Sprache und respektiert dieses Volk, das Frankreich gerade mit 200 000 Soldaten gegen die deutschen Invasoren unterstützt. Es sei an der Zeit, erklärt er ohne

Umschweife, daß die Vietnamesen endlich, wie von Frankreich zugesichert, all ihre Rechte an der Seite der Kolonialverwaltung bekämen.

Diesen Kampf führt William X. Deswegen würde er lieber in Chau Doc bleiben, wo er gleich einem Mandarin verehrt und mit Geschenken überhäuft wird und wo er der Bevölkerung nutzen kann. Leider besteht seine Gattin darauf, daß er die angebotene Beförderung annimmt. Sie träumt davon, »das schönste aller Häuser« zu bewohnen. An sozialen und materiellen Privilegien hat Elisabeth X grenzenloses Gefallen. Und überhaupt, den Großzügigkeitskomplex, der sie fern von der Hauptstadt festzubinden droht, findet sie lächerlich. Diese Beschäftigung mit den Lebensbedingungen der Einheimischen, diese Erwägung, primitiven Leuten Freiheiten zu schenken, während sie Frankreich auch ohne dieselben loyal und ergeben dienen, der arme Mann! Glaubt er im Ernst, mit solchen Ideen, die der französischen Gemeinschaft von Grund auf mißfallen, könne man die Kolonie verwalten? Für sie sind solche Sorgen Zeichen von Laschheit und Schwäche, was die Kluft zwischen ihnen noch vertieft. Nur noch nach außen bilden die beiden ein Paar. Elisabeth X liebt Feste, Musik, Tanzabende über alles. Und vor allem Männer. Seit dem Tod ihres Sohnes, aber auch seit dem Selbstmord eines jungen Liebhabers, der nach der Trennung von ihr verzweifelte, könnte man meinen, sie gehörte sich nicht mehr selbst. Sie gehört dem, der sie nimmt. Glücklich machen ihre Liebhaber sie zwar nicht, aber sie braucht Liebesgeschichten. Und der Verwalter schweigt.

Ihre beiden kleinen Töchter sind hübsch, höflich, standesbewußt. Immer in gut sitzendes Marineblau gekleidet. Und vollkommen einsam. Ihre Mutter hält nur wenige französische Familien der eigenen für ebenbürtig. Was den Umgang mit Annamiten betrifft, seien sie auch aus den besten Kreisen, das gehört in den Bereich des Unnatürlichen, ist absolut indiskutabel. Die Kinder empfangen oder werden empfangen. Aber sie spielen alleine.

Daher unterrichtet die Dame aus der feinen Gesellschaft ihre Töchter selbst. Sie in die Schule von Madame Donnadieu zu schicken und mit den Kindern der Lehrerin in Kontakt zu bringen kommt nicht in Frage. In ihren Augen sind die »kleinen Weißen« mit der ziegelroten Hautfarbe ein jämmerliches Beispiel für das Abdanken des Abendlandes vor der Barbarei.

Nie wird Marguerite Donnadieu erleben, daß der Blick ihres Idols auf ihr verweilt. Hundertmal wird die Frau des Verwalters an ihr vorbeigehen, ohne sie zu bemerken.

Wie jeden Nachmittag zur Ruhezeit ist die lebendige Welt vor der Hitze zurückgewichen. Die blumengeschmückten Alleen, die Avenuen, der Fluß ... alles ist menschenleer, steht still, wartet auf das Nachlassen der Glut. Aus den Parks, in denen nur noch die Leprakranken Zuflucht gesucht haben, strömt ein verwirrender Geruch von Honig.

Das Ereignis geschieht in der Stadt oder vielleicht auch auf der verstaubten Piste, die Vinh Long mit Chau Doc verbindet. So oder so sind die Umstände dieselben: die einer angehaltenen Zeit. Die schwarze Limousine des Verwalters zieht vorbei ... Im Fond »Anne-Marie Stretter«. Die ungeschminkte Schönheit dieser Frau mit dem blassen Teint, der venezianischen Blondheit, der maßlosen Klarheit ihrer graublauen Augen, der königlichen Haltung des Kopfes: eine engelsgleiche Erscheinung blendet die Tochter von Marie Donnadieu. Das Bild hat sich in ihr eingegraben. Sie erblickt sie ein weiteres Mal, als sie durch den Gitterzaun ihres Parks hindurchschaut, kurz, wieder von fernem, wieder in ihrem Wagen, bei einem Fest, das in den Salons der Verwaltung gegeben wird. Ihre Eleganz, ihre Vornehmheit, ihr Charme, die leicht britische, protestantische Zurückhaltung beeindrucken das Buschkind. Die anderen reichen Frauen sind lediglich schick. Diese hier in ihren schlichten, schmucklosen Seidenkleidern, die bei jeder Bewegung ihre Beine abzeichnen, wirkt wie irreal. So etwas hat Marguerite noch nie gesehen. Die Grundschullehrerin trägt »unbeschreibliche, formlose Kleider (...) eine Art weiten Morgenrocks, in dem sie wie verloren aussah«[1], über alten Strümpfen aus grauer Baumwolle, und ihren

Zopf bindet sie mit einer Schlauchklammer... Gelegentlich schämt sich ihre Tochter deswegen.

Was jedoch, vom großbürgerlichen Glanz abgesehen, den tiefen Schock für Marguerite bewirkt, ist die Kenntnis vom Tod des jungen Mannes. Zu wissen, daß diese vor lauter Diskretion beinahe unsichtbare Frau, die alles andere als überschwenglich, gesellig, geräuschvoll ist, einen Liebhaber verrückt machen konnte, der sich den Tod gab, weil sie ihn verlassen hatte. Ein ungeahntes weibliches Territorium offenbart sich ihr. Zum ersten Mal in ihrem Leben hört Marguerite, daß man sich aus Liebe umbringen kann. Und daß es die Gattin eines hohen Beamten ist, die Tennis spielt, Walzer tanzt und sich nachmittags langweilt, eine Frau mit den Gesten, den Aufmerksamkeiten, den Sorgen einer Mutter, die diese schreckliche Macht birgt. In diesem von animistischen Glaubensvorstellungen geprägten Land, in dem die Toten über die Lebenden herrschen und nur Geister die Macht besitzen, über Menschen zu bestimmen, konnte also auch diese Frau das Ende hervorrufen? Sowohl über die eigene Zeit bestimmen als auch »den Tod geben«? Anderswo hätte sie das auf den Scheiterhaufen gebracht.

Bisher war die Welt für Marguerite »von einer sehr klaren Komplexität«[2] gewesen. Jetzt versteht sie nichts mehr. Auf der einen Seite ihre Mutter, die seit dem Tod des Vaters gleich einer Nonne lebt. Ihre ganze Existenz dreht sich um das Haus, die Kinder, die Besorgungen. Ihre Zeit ist vollständig mit aufräumen, saubermachen, Krankheiten vorbeugen ausgefüllt. Und dann diese andere Frau, ebenfalls Mutter von zwei jungen Kindern, die sich genauso den häuslichen Notwendigkeiten stellt, darüber hinaus jedoch über einen »todbringenden Körper«[3] verfügt, die zugleich die Gegenwart und »das Unmögliche« des Lebens auf sich nimmt.

Die Kleine hat plötzlich das Gefühl, Zugang zu einem Wissen zu bekommen, das ihr »untersagt« war.[4] Sie spürt, daß man mit niemandem darüber sprechen darf und schon gar nicht mit ihrer Mutter, die in dieser Hinsicht das Leben mit einem verwirrenden Rätsel überzieht. Marguerite hat den

Wirbelsturm nicht vergessen, den ihre Geständnisse auslösten, als sie ihr mit vier Jahren von ihren Spielen mit einem elfjährigen Vietnamesen berichtete. Die Reaktion von Madame Donnadieu war schrecklich gewesen. Ihre Tochter war, wie es heißt, durch die Berührung »entehrt«[5], und der Junge wurde aus dem Schulinternat gejagt. »Denke nicht mehr daran, nie mehr, nie!« Lange fühlte sich Marguerite eines furchtbaren Vergehens schuldig. Diesmal wird sie nichts preisgeben. Die Liebe zu dieser Frau wird ihr Geheimnis bleiben. Die vollkommene Referenz, die Verkörperung der mütterlichen und erotischen Welt, das Weibliche, das wird sie sein. Die sogenannte Anne-Marie Stretter.

Ihre Mutter Marie Legrand-Donnadieu, mit ihrem Wahn, ihren Rufen in der Wüste, taugt nicht als Vorbild. Die Andere ist Frau mit jener aus der Tiefe der Zeiten geerbten Souveränität, und das bedeutet, eine Welt an sich zu sein.

Sie begreift nicht alles, die kleine Donnadieu, aber sie weiß, daß hier, in ihrer Reichweite, das Geheimnis der Lebenskraft liegt: einer Göttin ähnlich zu sein. Oder einem Gnom...

In dieser vom Haß zwischen den Kindern, von einer Hinterlassenschaft an kalter Wut, Streit, Maßlosigkeit vergifteten Atmosphäre verliert die Mutter die Kraft, Pierre, Paul und Marguerite weiter gemeinsam zu erziehen.

Der Älteste ist fünfzehn. Er ist in dem Alter, sich auf das Berufsleben vorzubereiten. Um ihn muß man sich zuerst Gedanken machen. Ihn auf jeden Fall von den beiden Jüngeren entfernen. Die Violet-Schule ist die einzige Zukunft, die sie für ihn sieht. Mühe gibt er sich nur bei Arbeiten zur Elektrizität. Einer anderen Disziplin wird er sich nie unterwerfen. Auf diesem Sektor kommt in Indochina nichts in Frage. Er muß nach Frankreich. Madame Donnadieu vertraut ihn der Fürsorge des Dorfpfarrers von Pardaillan an, in der Dordogne. Sie will ihn retten. Dafür ist sie bereit, sich von dem angebeteten Sohn zu trennen, dem einzigen, der genügt hätte, ihr Leben auszufüllen. Was die beiden Jüngsten betrifft, die sie bei sich behält, hat sie noch viel Zeit, sich zu entscheiden.

Bei Paul, der drei Jahre älter ist als seine Schwester, ist sich die Lehrerin jetzt schon im klaren, daß er nicht studieren wird. Diese Intelligenz besitzt er nicht. Bestenfalls wird er Buchhalter. Rechnen ist das einzige Fach, wo er nicht ganz im Rückstand ist. Marguerite allerdings könnte sich eingedenk ihres Vaters mühelos der hohen Mathematik widmen. So ist sie, diese Mutter, voll von unerschütterlichen Überzeugungen über die Zukunft, die sie für jedes ihrer Kinder entscheidet.

Die vier Donnadieus schiffen sich also in den Schulferien nach Frankreich ein. Für die Kinder die erste Schiffsreise. Das Meer, so weit man blicken kann, endlos, einen Monat lang bei der Hinreise, einen Monat lang bei der Rückreise nach einigen Wochen Aufenthalt im Périgord in dem vom Vater erworbenen Haus in Platier, in der Nähe von Duras. Es ist Sommer. Die Fremde ist nicht so radikal anders, wie Marguerite es sich vorgestellt hat: sie erlebt weder Schnee noch Winter. Jene geheimnisvolle Jahreszeit wird sie weiter, auf ihre Weise, in den Gedichten beschreiben, die sie ihr widmet.

Nach Indochina zurückgekehrt, findet die vom tyrannischen Bruder befreite Familie ein wenig Ruhe und nimmt den Platz unter den Kolonisten wieder ein, der wie für sie erfunden zu sein scheint.

III

Der Armut entfliehen

Geld, also Glück. Ohne Geld ist das Leben für Madame Donnadieu kein Lächeln wert.

Sie sieht sich wieder, wie sie 1905 vor den Plakaten der Kolonialpropaganda stand, die am Rathaus des nordfranzösischen Dorfes, in dem sie unterrichtete, angeschlagen waren. Sie träumte. »Jugendliche, kommt in die Kolonien, der Reichtum wartet auf euch!« Das Bild eines gewöhnlichen, weiß gekleideten Paares, das, von lächelnden Einheimischen behütet, im Schatten einer Bananenstaude in *rocking chairs* schaukelte, übte eine magische Anziehung aus. Durch die Lektüre von Pierre Loti war sie bereits ins paradiesische Asien gereist. Auch durch die Erzählungen ihres Ehemannes, Émile Donnadieu, der daran dachte, dort wieder eine Familie zu gründen.

Das »tropische Flandern« hat Marie Donnadieu nicht all die Vorteile verschafft, die sie von ihm erwartete. In jenen Nachkriegsjahren, als die Mehrzahl der dank dem »grünen Gold«, dem Helveakautschuck, und der Abwertung des Franc mühelos reich gewordenen Kolonisten das Geld zum Fenster hinauswarf, plagte sie sich ab, um *sou* für *sou* zu sparen. Aber wen trifft die Schuld, wenn ihr noch nie etwas geschenkt worden ist? Sie ist kein Glückskind, versteht sich nicht auf zweifelhafte Gewinne und ist überhaupt unfähig, sich mit den Geiern zu verbünden. So ist es nun einmal, immer muß sie einen Klotz am Bein haben.

Nichtsdestoweniger hat sie etwas Geld beiseite geschafft. Nach zwanzig Jahren Ausdauer kann sie nun Land kaufen. Wunder des eigenen Bodens, der vor Not schützt. Glücklich jene, die ihn besitzen. Endlich die Hoffnung, dem trostlosen Horizont von Reisfeldern zu entkommen. Jetzt wird sie selber auf dem Land arbeiten, allerdings als Herrin.

So extravagant es in dieser geschwätzigen Kolonie scheint, Marie Donnadieu weiß tatsächlich nichts von der Welt, die sie umgibt, nichts von deren Praktiken, Tricks, Intrigen. Sie ist hart, energisch und zugleich von unfaßbarer Naivität. Sie ist im Besitz der Wahrheit zu diesem Land, jener selbstgefälligen, wie sie offiziell propagiert wird, und das genügt ihr: Frankreich bewahrt Indochina vor dem Leid und den Heimsuchungen, denen seine Bevölkerung früher ausgeliefert war. Vor der Kolonisierung gab es Unordnung, Plünderungen, die grausame Willkür und die Habgier der Mandarine. Und nicht eine jener Freiheiten, die eine Handvoll Annamiten heute im Namen der Prinzipien eben der französischen Demokratie in Anspruch nimmt: schreiben, denken, sich versammeln, reisen... Die Steuern waren noch höher als die von der Schutzmacht erhobenen. Für geringere Vergehen wurde man gehängt, Krankheiten verliefen beinah immer tödlich, und die Hungersnot war noch viel verheerender als heute. Alles blieb noch zu tun.

Und das rettende Frankreich kam. Marie Donnadieu erlebte, wie sich das Land in den ersten Jahren dieses Jahrhunderts verwandelte: Hunderte Hektar von Getreideanbau anstelle von Binsen und Sümpfen; Tausende Kilometer Straßen und Schienen; ein bedeutender Hafen in Saigon, der sechstgrößte französische Hafen; die jetzt befahrbare Mandarinen-Strecke; Staudämme, Kanalisationsnetze, die Wüstenregionen fruchtbar machten; Kaffee-, Kautschuck-, Teeplantagen, wo es zuvor nur undurchdringlichen Busch gegeben hatte. Brücken über Flüsse, Aquädukte, Viadukte... Fabriken, Bergwerke, Großbaustellen... Sie sah, wie Städte entstanden, wie Krankenhäuser gebaut wurden; wie sich Pasteur-Institute und Ambulanzen niederließen; wie Kampagnen zur Krankheitsprophylaxe und Hygiene in Gang kamen. Wie Schulen, Oberschulen, Gymnasien, eine geisteswissenschaftliche Universität gegründet wurden; wie auch die Kunst geachtet und Museen eröffnet wurden.

Sie ist Zeugin dieses gewaltigen Fortschritts gewesen. Mit dem Stolz einer Pionierin rühmt sie »das Werk Frankreichs«. Für sie ist unstrittig, daß sich der Kolonialismus in Indochina als Wohltat erwiesen hat, indem er dem Land, wie es in der

Propaganda heißt, »das Wissen, die Moral, die Hygiene und die soziale Gerechtigkeit« geschenkt hat.

Also hält sich Marie Donnadieu an dieses Protokoll. Von der Korruption, die sich allerorts einschleicht und die Reichen immer mächtiger macht, hat sie keine Ahnung. Sie weiß von nichts: wie die aus der Metropole Abgeschobenen, die Verlierer in den politischen Kämpfen, vom Ehrgeiz besessen, die besten Posten an sich reißen; wie sich die Kapitalisten der großen anonymen Bank-, Immobilien-, Kautschuk- oder Reisgesellschaften Sitze in der Abgeordnetenkammer aneignen und sich in den Kolonialrat oder sogar in den Hohen Rat der Kolonialunion wählen lassen; wie sie sich die schmeichelhaftesten Titel genehmigen – die Ehrenlegion für achtzehntausend Piaster –, so daß die größten Gauner Indochinas ausnahmslos mit Orden ausgezeichnet sind. Sie hat keine genaue Vorstellung davon, auf welche Weise die Vertreter der französischen Verwaltung Steuern einziehen, sie ahnt nicht, daß die Beträge um Schmiergelder verdoppelt werden, damit die Auserwählten sich, auf dem Rücken der Armen, bei den Notabeln erkenntlich zeigen können, denen sie im Grunde ihr Amt abgekauft haben. So kommt jeder auf seine Kosten, ungestraft und diskret, da der Steuereinnehmer, der zugleich Bürgermeister und Richter des jeweiligen Verwaltungsgebietes ist, allein befugt ist, Urteile zu fällen und über jedes Gesuch zu entscheiden, das an ihn gerichtet wird.

In Indochina hängt jede Vereinbarung, jedes Abkommen von der empfangenen Summe ab. Sie weiß es nicht. Um sie herum spekuliert beinah jeder Kolonist, selbst die Beamten, die der Reiz des Millionengewinns verzehrt. Sie bluten das Land aus. Die Reisfelder, der Bergbau, die Meere, die Flüsse, der Handel, alle Einkommensquellen sind in ihren Händen. Durch welches Wunder ist sie nie darauf aufmerksam geworden?

Ebensowenig hat sie sich Fragen nach dem schmerzlichen Preis gestellt, den die Annamiten für den Wohlstand der Weißen zahlen. Sie brechen unter der Last der Steuern zusammen, von denen die Franzosen praktisch befreit sind: Kopfsteuern,

Fronsteuer, Gemeindesteuer, Grundsteuer, Marktsteuer, Fährensteuer, Waldabgaben, Gewerbesteuer... Hinzu kommen die indirekten Verbrauchssteuern, die auf Alkohol, Tabak, Streichhölzer, aber vor allem auf Salz erhoben werden, das genauso teuer ist wie Reis. Verfluchte Salzsteuer, die die Fischer zuweilen zwingt, ihren Fang am Uferstreifen zurückzulassen, weil sie nicht genug Geld haben, um das unerschwingliche Gewürz zu erwerben, das sie in Hülle und Fülle in Reichweite ihrer Dschunken sehen, kleine graue Berge in der verbotenen Zone am Rand der Sümpfe.

Die Armen tragen alle Lasten der Kolonie. Man denkt nicht daran, sich darüber zu erregen oder davon beunruhigen zu lassen. Um die Notleidenden zieht sich die Schlinge zusammen. Hin und wieder sind erstickte Klagen aus den entlegensten Teilen des Landes zu vernehmen. Ohne weitere Folgen. Es herrscht Zynismus. Für das Wohlergehen des Vaterlandes ist kein Opfer zu schade. Es besitzt das Monopol über das Opium, das in Indochina offen verkauft wird. In der französischen Metropole werden Genuß und Verkauf einiger weniger Körnchen mit Gefängnis bestraft; hier muß geraucht werden, um die Wirtschaft anzukurbeln. Und es muß getrunken werden. Einen groben, schlecht destillierten, gepanschten Alkohol, der die Menschen zugrunde richtet. In einigen Bezirken wird sogar unter dem Zwang eines Präfektenerlasses getrunken: jeder Wahlberechtigte sieben Liter im Monat. Die gut trinkenden Dörfer werden nach entsprechender Überprüfung belohnt. Die anderen bestraft.

Zu der einsamen Grundschullehrerin sind Ungerechtigkeiten und Skandale jedoch nicht vorgedrungen. Sie ist vollauf mit anderen Aufgaben beschäftigt, allen voran mit dem Schicksal ihrer Kinder, mit der Zukunft ihrer Schüler. Ihrer Ansicht nach die beste Weise, das Gemeinschaftswerk zum Erfolg zu bringen. Sie hat sich die Berufung zur Erzieherin intakt erhalten. Stur kämpft sie, um die Kinder so gut als möglich gegen das Elend zu rüsten, das auf sie lauert. Nie ist sie bereit gewesen, einen Schüler wegen einer Anstellung gehen zu lassen, ehe er nicht lesen und schreiben konnte. Notfalls beherbergt sie jene, die zu weit weg wohnen, bis sie genügend Stehvermögen haben. Zur Freude von Paul und Marguerite verwandelt sie ihr Haus in einen Schlafsaal oder eine Familienpension.

Das Elend ist an ihr gleich einer sinnlosen Erzählung vorbeigezogen. Scharen von zerlumpten *nhaqué*, die ihre Tiere, ihre kostbaren Büffel hinter sich her zogen, die Arme voller Gegenstände, Stoffe, Töpfe, sogar die Fackeln des Ahnenaltares. Einen Reichtum, der durch die Opfer mehrerer Generationen angehäuft wurde und dem sie mit Leib und Seele verbunden sind, verschleudern sie zum Viertel seines Wertes, um jene Steuern, die sie vernichten, zu begleichen. Und dann wartet diese Menge, schließlich vor der Residenz des Verwalters angekommen, am Tor, um nach Hunderten von Kilometern im Wohnboot auf dem Mekong die mühevoll zusammengetragenen Piaster für die Kopfsteuer zu übergeben, und hört fassungslos den hohen Beamten sagen, es fehle noch das, »was unter dem Tisch liegt«. Marie Donnadieu hat sie gesehen. Sie hat sie ihren Kindern gezeigt.

Dennoch verläßt sie diesen »Tunnel von zehn Jahren so, wie sie ihn betreten hatte«[1], voller Vertrauen zu Frankreich, unkompromittiert, hartnäckig blind für das »Vampyrtum der Kolonien«[2], das vor ihren Augen unablässig gewütet hat.

Jetzt ist sie selbst als Opfer ausgemacht.

Die Küstenebene von Kampot, südlich der Elefantenkette in Kambodscha, ist eine Riviera: die Landschaft ist von grandioser Schönheit, und der Wind aus dem Golf von Siam sorgt für ein relativ erträgliches Klima. In dieser Region ein Anwesen zu besitzen, und es gibt prächtige, ist ein Privileg. Freie Grundstücke sind daher sehr gefragt. Die sich gegenseitig überbietende Nachfrage verdoppelt meistens die Preise für die Konzessionen zu Anbaugebieten. Die Hälfte der Summe verschwindet sowieso in den Taschen der Katasterbeamten, die über die Zuweisung der Parzellen bestimmen und dank dieser Allmacht immer gieriger geworden sind.

Für eine Konzession an dieser Küste ist Madame Donnadieu bereit, die volle Summe, die sie auf der Sparkasse von Saigon liegen hat, einzubringen. Sie richtet ein Kaufgesuch an die allgemeine Verwaltung der Kolonie. Und gleich einer Glücklosen, die endlich das große Los gewinnt, schmilzt sie vor Dankbarkeit, als sie eine positive Antwort erhält. Die indochinesische Verwaltung hat sie offenbar nicht zum besten gehalten: die Konzession erstreckt sich über 200 Hektar von der Landstraße bis zur Flußmündung. Das ist der schönste Tag ihres Lebens! Die Donnadieus werden Reis anbauen. Sie werden reich sein. Und so glücklich!

Im ersten Jahr läßt Madame Donnadieu zunächst den Bungalow bauen. Den Bungalow eines Grundbesitzers, großräumig, komfortabel, imposant und solide, nahe der Landstraße. Herrschaftliches Gebiet inmitten der Ansammlungen von Strohhütten, in denen die Einheimischen auf ein paar auf dem nackten, sumpfigen Boden ausgelegten Lumpen neben den offenen Gemeinschaftslatrinen hausen.

Noch vor Ende der Bauarbeiten bestellt sie die Hälfte des Konzessionsgebiets. Der Paddy, ungeschälter Reis, grün wie ein wieder zutage tretendes Wasser, breitet sich aus, soweit der Blick reicht. Er wird gesetzt, die Reiskörner wachsen. Im Juli ertränken kleine Wellen, kleine Kämme von Meeresschaum, die sich leicht an der Oberfläche des Grasfeldes kringeln, sanft wie am Strand, die Ernte. Die Flut des Pazifiks hat das Land erreicht. Und den Reis verdorben, von einigen Hektar oberhalb der Landstraße abgesehen.

Marie Donnadieu setzt noch einmal ein, was ihr an Ersparnissen übriggeblieben ist. Wieder läßt sie säen, jäten, pflanzen. Die Monsunregen haben den Boden vom Salz gereinigt, der Reis gedeiht. Und die Juliflut breitet sich wieder aus: sie dringt in die Ebene ein und ertränkt die Ernte.

Diesmal ist der Betrug offenkundig. Die Haie vom Katasteramt haben die Schwäche dieser Frau, die allein und ohne Absicherung dasteht, ausgenutzt, um ihr die Konzession für ein unbestellbares Gelände zu verkaufen. Jedes Jahr zur selben Zeit wird das Salzwasser in den Boden einsickern und die Reishalme verderben. Es gibt keine Aussicht, jemals eine rentable Ernte zu erzielen. Hier kann nichts wachsen. Es gibt kein Land. Lediglich einen den Launen des Pazifiks unterworfenen Boden, einen halbjährlich offenliegenden Meeresgrund, der auf seine Überflutung durch das Hochwasser wartet. Sie hat zweihundert Hektar unfruchtbaren Schlamm gekauft, der gerade zum Krabbenfangen taugt. Sie hat die Ersparnisse von zwanzig Jahren ins chinesische Meer geworfen.

Dutzende Familien sind vor ihr in die Falle gegangen. Ruiniert, verzweifelt. Die in der Ebene geblieben sind, leben von elenden kleinen Geschäften. Kleine Pernod- und Opiumdealer, die von der Verwaltung erpreßt werden. Andere haben den Schock nicht überwunden. Es ist verrückt: Marie Donnadieu hat bis zum heutigen Tag nichts von ihnen gehört. Obwohl sie die gleiche Geschichte erlebt haben: der Boden war zu kaufen, sie hatten ihn erworben. Mit dem Stolz des frischgebackenen Besitzers hatten sie den Katasterleuten alles gegeben. Und hatten alles verloren.

Sie begreift es zu spät: eine fruchtbare Konzession wird zweimal bezahlt. Einmal offen, einmal unter der Hand. Der Gedanke, ihre Landsleute zu schmieren, ist ihr nicht im entferntesten gekommen. Und hätte man sie gewarnt, hätte sie verzichtet: das war für sie nicht mehr bezahlbar. Doch zu spät, sie ist den betrügerischen Beamten schon ins Netz gegangen, die für sie noch weitere Überraschungen bereithalten.

Denn Marie wußte auch nicht, daß die Parzellen immer nur provisorisch übergeben werden. Daß man sie unbedingt erfolgreich zu bestellen hat, ehe der Besitz endgültig bewilligt wird. Wenn der Erwerber nach Ablauf einer bestimmten Frist seine Kompetenz nicht mit einer guten Ernte hat beweisen können, nimmt das Katasteramt die Parzelle zurück. Und bringt sie wieder auf den Markt. Was selbstverständlich dauernd stattfindet. Jeder neue Verkauf dieser unbestellbaren Anwesen begründet die Überbewertung der gut gelegenen Grundstücke im kambodschanischen Hochland. Aus diesen überfluteten Ebenen ist viel zu viel Gold zu holen, als daß man sie jemals für immer vergeben würde. Die Donnadieus riskieren nun die Enteignung. Und der Bungalow ist nicht fertig gebaut! Glücklicherweise bleibt ihnen dieses Eigentum. Täglich beglückwünscht sich Marie Donnadieu, wenigstens das gerettet zu haben. Neben ihrer Witwenrente ist es das einzige, was ihr geblieben ist. Allerdings erwägt sie nicht, sich zu beugen: sie will kämpfen.

Mit gesenktem Kopf rennt sie zum Büro der Verantwortlichen, um ihre Rechnung zu begleichen. Sie wettert, schimpft, droht mit Einspruch bei übergeordneten Stellen. Die Katasteragenten lassen sie zunächst auflaufen: wirklich ein bedauerliches Versehen, wahrscheinlich auf ihren Vorgänger zurückzuführen, der leider nach Frankreich zurückgekehrt sei. Als das Opfer nicht resigniert, zeigen sie die Zähne: entweder die Witwe schweigt und kehrt fügsam nach Hause zurück, um den Bau ihres Bungalows zu Ende zu bringen, oder sie werden den Ablauf der vorgesehenen Frist nicht abwarten, um ihr die Parzelle wegzunehmen.

Das Argument zieht. Marie Donnadieu kehrt zu ihrem Geisterbesitz zurück, allerdings zum Sieg entschlossen. Sie wird nicht gehen. Der Ozean hat sich aus ihren Reisfeldern zurückzuziehen. Denn sie wird dort, koste es, was es wolle, Reis anpflanzen. Plötzlich fällt ihr das Mittel ein, ihr Gebiet zu sichern: um den Pazifik außerhalb der Grenzen ihres Besitzes zu halten, wird sie Dämme bauen.

Ihre Überzeugung macht ihre mangelnde technische Ausbildung wett: Bodenwellen, abgestützt mit Knüppeln aus nicht verfaulenden Mangrovenbäumen, sollen das Meer zurückhalten. Die Methode ist nicht revolutionär. Sie reicht bis in uralte Zeiten zurück. Und ist absolut zuverlässig. Noch in hundert Jahren wird man sich das Werk ansehen können.

Ein Ehrgeiz, mit dem man gleichzeitig dem Land nützt: das Vorhaben ist jenem Mythos gewachsen, der sie damals verführt hat, nach Indochina zu kommen. Es gibt ihrem Exil endlich einen Sinn. So kommt ein Land vorwärts. Wenn man sich von Schwierigkeiten verunsichern läßt, bleibt der Archaismus am Leben. Es ist an der Zeit, die Plagen nicht länger passiv zu ertragen: die Überschwemmungen, die zerstörten Ernten, den Hunger, den Tod der Kinder . . .

Die Bauern der Ebene hören ihr zu. Die Rede klingt überzeugend. Krempeln wir die Ärmel hoch, ja, alle zusammen müssen wir uns daranmachen! Es ist möglich, den Pazifik zu besiegen. So viele Hektar, wie man will, seiner behäbigen Diktatur zu entziehen. Das Elend zu beenden, auch das ist möglich. Bald wird eine lange Straße die von Salz ausgeschwemmten Felder durchqueren. Die Ärzte, die Grundschullehrerinnen, die Händler werden kommen. Alle werden reich sein. Und so glücklich.

Nach Beratung mit dem Katasteramt bewilligen die Banken einen Kredit in Höhe der Hypothek des fertigzustellenden Bungalows. Tatsächlich werden mit dem Geld die Mangrovenstämme bezahlt. Die Helfer warten ab, bis sich das Meer vollständig zurückgezogen hat, ehe sie die Erdarbeiten auf festem Boden beginnen. Marie Donnadieu verbringt ihre Nächte damit, die Einzelheiten zu regeln. Sie sieht weit. Bis zu den Modalitäten der Beteiligung der Bauern an der Nutzung der bestellten Felder. Der Erfolg wird von niemandem bezweifelt. Die Mutter ist sich ihrer Sache derart sicher, daß sie glaubt, sogar die Mitarbeiter des Katasteramts, trotz deren Erfahrung mit dem nichtsnutzigen Grundstück, beeindrucken zu können. Zur trockenen Jahreszeit machen sich alle an die Arbeit. Vom Morgengrauen bis zum Einbruch der Nacht hält sich die Lehrerin zusammen mit den Bauern auf der Baustelle auf. Es dauert Monate. Sechs Monate.

Sie reißt ihre Truppen mit, indem sie die Würger vom Katasteramt mit Schmähungen eindeckt. Sie nimmt die Machenschaften der Beamten aus Kampot bis ins letzte Detail auseinander, übererregt, das Komplott ans Tageslicht gebracht und deren Politik durchschaut zu haben. Alle glauben an eine strahlende Zukunft. Bald werden sie ihre Revanche haben. Allein sich den Verdruß der Beamten angesichts märchenhafter Ernten vorzustellen stimmt sie heiter.

Das Katasteramt kümmert sich nicht um ihre Heldentaten. Dämme, na und! Mit dem Monsun kommt die Zeit zum Säen. Im Schutz der Mangrovendeiche wirken die jungen Triebe kräftiger. Tatsächlich wachsen sie gut, wie üblich. Bis zur großen Juliflut. Mit seiner ewigen Kraft überflutet der Ozean die Ebene. Innerhalb einer einzigen Nacht stürzen die Dämme zusammen. Die unzerstörbaren Säulen sind von den Zwergkrabben der Reisfelder, kleinen schlammfarbenen Mistviechern, angenagt worden. Klägliche, lächerliche, tragische Bilanz.

Auch die Mutter ist zusammengebrochen. Von den Naturgewalten, der Macht, dem Geld erdolcht.

Die Permanenz des Elends zieht wieder ein.

Vor Zorn zu sterben sei möglich, behauptet der Arzt. Marie Donnadieu ist erkrankt. Die Empörung würgt sie, sie kann nicht mehr sprechen, ohne zu schreien. Sie brüllt. Manchmal schüttelt sie ein Ausbruch von Zorn, der sie in eindrucksvolle Komata reißt. Jeder Anfall kann tödlich sein. Man muß darauf achten, sie nicht zu lange schreien zu lassen.

Welchen Chimären ist sie nachgejagt, daß sie in den Süden des Südens dieser verhexten Erde gekommen ist und mit dem Anbau dieses »Scheißreises«[3] am Rande eines »Drecksmeers« nach einer Goldgrube gesucht hat, um schließlich ihren Kindern irgendein Zeug vorzusetzen... All diese abscheulichen Ragouts, dieser Affen-, Kaimanen-, Meeresvögelfraß, der nach Fisch stinkt...! Um am Ende hier, von Schulden gefesselt, ausweglos, zu landen.

Wenn sie sich mit der Pikardie begnügt hätte, hätte sie wenigstens ihre Kinder anständig ernähren und erziehen können. Dazu nun haben sie, die Missionarin aus dem herrlichen Abendland, ihre Träume von Glanz geführt...

Da ist nicht nur die Katastrophe mit den Dämmen und der Ekel vor der »Schurkerei dieses weißen Gesindels der Kolonie«.[4] Sie hat tausend andere Gründe zur Verzweiflung. Was sie mehr als alles andere trifft, ist zu sehen, wie Paul und Marguerite darin verstrickt sind.

Sie hat nicht die Zeit, sich um sie zu kümmern. Häufig ist sie von der Verbitterung so gepackt, daß sie nicht einmal mehr daran denkt. Sie verschwinden tagelang. Ständig zittert sie davor, sie zu verlieren.

Paul jagt in der Mündung des *rach* schwarze Panther, das gefährlichste Tier von allen. Eines Tages kehrt er mit einem Panther am Bug seiner Dschunke zurück, stolz über die Bewunderung der Bauern. Sie schaudert bei dem Gedanken, was den Kindern an diesen von Kaimanen bevölkerten Orten, deren Junge sie fangen, um sie zu essen, widerfahren könnte.

Besorgt ist sie vor allem um Paul: das Kind hat manchmal Mühe, sich an einfache Dinge zu erinnern. Er ist unberechenbar. Er ist, wie sie sagt, »anders«. Bei ihm muß man immer befürchten, daß er plötzlich nichts mehr wiedererkennt und sich davonmacht.

Gefahren ignoriert er. Aber seine Schwester zwingt er, in den Sturzbächen, in den Flüssen zu baden; er drängt sie, daß sie mit ihm ins Meer geht. Marguerite kann nicht gut schwimmen. Obwohl sie zögert, folgt ihm die Kleine. Die Attraktion des Abenteuers mit Paul ist stärker als ihre Furcht, stärker als ihr Ekel vor diesen Gewässern, auf denen ertrunkene Tiere treiben. Zur Regenzeit sieht sie das oft. Vögel, Eichhörnchen, Bisamratten, Rehe. Einmal auch einen Pfau. Ein andermal einen Tiger. Eines Tages berichtete die Zeitung von der Leiche eines Neugeborenen, die der Strom genauso mit sich getragen hatte, gekleidet in einen mit schwarzen und weißen Rauten gemusterten Strampelanzug.

Der Anblick ihrer Kinder in diesen Gewässern läßt Madame Donnadieu vor Wut brüllen. Sie sollen herauskommen und nach Hause zurückkehren! Sie schreit so laut, so lange, daß ihr schließlich die Stimme versagt. Daß sie auf die Kinder, auf nichts mehr Einfluß hat, zerstört sie. Jedesmal muß man ihr Pillen geben, damit sie sich beruhigt. Die Atempause dauert nicht lange.

Wenn nicht das Wasser die Kinder gefangenhält, dann ist es der Wald. Sie verschwinden im dichten Dschungel, bewegen sich barfuß auf den Wegen, vollkommen ungezwungen inmitten der Schlangen und Insekten.

Nachts, unter einem Himmel aus »blauem Lack, von Geglitzer übersät«[5], laufen sie im Gewirr der Lianen und Orchideen durch das Pflanzenmeer, hingerissen von soviel Macht und Pracht. Sie machen Feuer. Hier, im Glanz der Dunkelheit, erreichen sie die Geräusche des Lebens, ferne Rufe, Gelächter, Gesänge und das »Klagegeheul der Hunde, die vom Tod umgetrieben wurden«.[6]

»Hör den Tiger...«, sagt Paul. Marguerite hört den Tiger, *Ong Cop*, den Herrscher. »Sieh... die Vögel, denen der Tiger die Kehle durchgebissen hat.« Marguerite sieht sie. Zweifelt nicht. Was Paul sagt, hat noch nie jemand gesagt, glaubt sie. »Der Mond weckt die Vögel...« – »Ah ja...« »Ein Buddhistenkloster darf man nie betreten...« – »Nein?« – »Die Mönche sind gefährlich, weil sie übernatürliche Fähigkeiten besitzen...« Marguerite versteckt sich also, zittert angesichts jener Ruhe, die gewaltiger ist als das Schweigen, sie schaut ins Antlitz jener safranfarbenen Flammen, jener sich selbst entrückten Menschen. Die Intensität dieser Emotion, dieser Spaziergänge mit Paul, füllt ihre Seele für immer.

Pauls und Marguerites Welt kennt nur noch Tiere, Wahnsinnige, Bettler, Leprakranke und andere wilde Kinder. Was früher lediglich die Zerstreuung von Kindern, die in der Nähe des Buschs frei aufwuchsen, gewesen ist, wird nun ihre eigentliche Substanz. Eine endgültige Geisteshaltung. Ihre Mentalität. Ihre Mutter ist wie vor den Kopf geschlagen. Am schlimmsten ist es für sie, zu sehen, wie sie mit dieser Wildheit so restlos zufrieden sind. Daß sie darin sogar eine Erfüllung finden.

»Was habe ich dem Himmel getan, um so eine Brut von Kindern zu haben?« redet sich Madame Donnadieu die Seele aus dem Leib. Doch wie könnte sie, die Schiffbrüchige, sie davon überzeugen, anders zu leben? Weiß die stimmgewaltige Lehrerin irgend etwas, was zu wissen lohnt, wo sie doch gerade ihre Unzulänglichkeit unter Beweis gestellt hat?

Paul und Marguerite wachsen heran. Die Mutter weint. Nie wird sie die Kinder da herausholen. Nie werden sie damit zu Rande kommen. Sie glaubt, ihre Kinder wendeten sich von ihr ab. Sie hat unrecht, sie verehren sie. Für sie bleibt die Mutter bei aller Demütigung eine Riesin. An ihrer Seite bleibt die Zukunft lebendig. Zettelt sie nicht immer etwas Neues an, um das Blatt zu wenden? Immer wieder besiegen die mythischen Vorhaben die Müdigkeit. Und sie lacht noch gern, die Unverschämtheit des mit dem Schmerz verwobenen Lachens hat sie sich in ihrem Unglück bewahrt. Darin treffen sie sich. In einem bestimmten Licht scheint ihnen alles zum Schießen. Zusammen lachen sie Tränen.

In gewisser Weise bringt die Unordnung ihres doch so brav vorgezeichneten Lebens, das erlittene Chaos die Mutter jener endlos weiten, vollkommen freien »stillen Region« näher, die das Paar ihrer Kinder beherrscht. Selbst wenn sie nie das Herz erreicht, wo die beiden, aneinander gewachsen, in gegenseitiger Anbetung leben, steht sie im Einvernehmen mit ihnen.

Beim Tanzen wird das »Wunder« der rätselhaften Bindung zwischen Paul und Marguerite am ehesten offenbar. Und beim Tanzen entzieht es sich ihr am stärksten. Die Mutter gerät in Entzücken: »Ich habe doch schöne Kinder«.[7] Sie tanzen zu zweit, verschlungen. Sie verschmelzen zu ein und derselben Person. Dasselbe Blut durchfließt sie, derselbe Rhythmus steckt in ihren Adern. Die Mutter begnügt sich mit der Gnade, die ihr das Leben bewilligt hat, schöne Kinder zu haben. Sie baut sich am Saum dieser verwirrenden Liebe auf. Stumm vor der uneinnehmbaren Bastion.

Das Tanzen, die Musik sind für die beiden das Wunderbarste, das Intensivste, was es gibt. Stärker als anderswo teilen sie hier jene gemeinsame, für alle anderen undurchdringliche, unsichtbare Klarheit.

Sie werden nicht müde, *Ramona* zu hören, ihre Lieblingsmelodie. Sie summen sie nur, wagen es nicht, den Text auszusprechen:

Ramona, j'ai fait un rêve merveilleux.
Ramona, nous étions partis tous les deux.
Nous allions,
Lentement
Loin de tous les regards jaloux
Et jamais deux amants
N'avaient connu de soirs plus doux...

(Ramona, ich hatte einen wunderbaren Traum/Ramona, wir waren beide weggegangen/Wir liefen/Langsam/Weg von allen eifersüchtigen Blicken/Und nie haben zwei Geliebte/ Sanftere Abende gekannt...).

Zu Hause steht ein schwarzes Klavier. Paul spielt für Marguerite. Für immer wird die Musik Paul, sie reißt sie fort in das Glück, in ihm zu sein, das ganze Feld der Liebe, der Sehnsucht, des Vergessens von allem anderen zu besetzen. Wenn Marguerite die Tasten berührt, löst sich der Zauber. Ihre Hände halten inne. Sie hört nur noch die Sucht der Grundschullehrerin nach Ansehen – in den guten Familien spielen die jungen Mädchen Klavier. Sie erträgt nicht, daß ihre Mutter in ihre Musik eindringt, sie einatmet, wie man das Tor einer öffentlichen Anlage aufstößt. Lieber gibt sie das Klavier auf, beruft sich auf ein angebliches Versagen, beschwört sie, sie nicht mehr zum »Lernen« zu zwingen. Wenngleich sie es bedauert. Aber Pauls Musik, die ganze Musik muß gerettet werden.

Marguerite will Paul sein. Sie lebt in seinen Spuren. Beide ähneln einander, aber gleich sind sie sich nicht. Paul durchquert das Leben mit dem Schwung, der Phantasie, der Eigensinnigkeit eines Flusses. Auf die Schöpfung wirft er den Blick eines Eingeweihten. In seinem unberührten, nicht zu bildenden Kopf ist die unermeßliche Leere des Himmels. Marguerite ist von ihrem Bruder, dem blauäugigen Jäger, gefesselt. Er ist der Prinz, der sie in die »Schönheit der Nächte der Welt«[8] einweiht. Ein offenherziges und geniales Kind, das für sie die vollkommene Intelligenz besitzt.

Das absolut Wesentliche lernt Marguerite von ihm, dem Kind ohne Gedächtnis und ohne »bestimmtes Alter«. Von jener mächtigen, vertrauten Natur, die sie umgibt und in der er derart bewandert ist, zieht er nur die unbekannten Größen ab. Wissen übergibt er seiner Schwester nicht, er zeigt ihr einen Weg, der einer des Glaubens sein könnte. Allerdings eines Glaubens, in dem Gott nicht vorhanden ist. Weil Paul da ist. Paul ist alles. Mehr als alles.

Sie sagt: »Er ist der größte Schatz für mich . . .«[9] Sie liebt ihn wie einen Verlobten, wie ein Kind, wie eine verbotene Liebe. Sie nennt ihn auch »den kleinen Bruder«, wie ein junger Liebhaber in Vietnam bezeichnet wird. Er ist der einzige Mann in ihrem Leben seit dem Tod ihres Vaters und der Abreise von Pierre, und sie liebt ihn auf eine Weise, die das Lieben für immer unmöglich macht. Er ist heilig.

Marguerite lebt im Schrecken, ihn zu verlieren. Sie hat Angst, daß ihn die Wellen fortreißen, wenn er bei Unwetter aufs offene Meer fährt. Sie beschwört ihn, ihr solche Ängste nicht mehr einzujagen. Sie weiß, daß das offene Meer Pauls natürlicher Raum ist. Für Marguerite gibt es Grenzen, die sie nicht überschreitet. Jenseits deren sie nur noch Düsternis sieht und schreckliche Angst empfindet, verschluckt zu werden.

Deswegen wird es eines Tages zu Ende sein. Wegen dieser Distanz zwischen ihnen trotz allem, was sie miteinander verbindet. Marguerite kann nicht genauso weit gehen wie er, sie kann ihn dort weder treffen noch zurückholen. Dort ist er außerhalb von ihr. Dort ist er allein.

Unermeßlicher kleiner Bruder, »Gefangener seines Unterschieds«, Gelehrter eines Wissens, das ihn dazu verurteilt, endlos umherzuirren und jene Räume der Einsamkeit nie zu verlassen, in denen die Leidenschaft zu leben der Leidenschaft zu sterben gleicht.

Eines Tages werden sie gehen, sie reden bereits darüber. Sie werden die Ebene verlassen. Weil einer von ihnen gehen wird. Marguerite. Sie wird es als erste tun. Er würde gern hier am Meer bleiben. Seine Schwester kann es nicht. Sie redet vom Reisen. »Eines Tages muß es sein.« Sie wird ihren Weg durch die Welt gehen . . .[10]

Ungeduldig wartet die Heranwachsende auf das außergewöhnliche Ereignis, das ihr Leben erschüttern wird: sich zeigen . . . Gesehen werden . . . Und bis zum Tod die Liebe für den »kleinen Bruder« bewahren, unveränderlich.

IV.
Der große koloniale Vampirismus

Jeden Tag kommt Marguerite, läßt sich in der Nähe der Brücke am Straßenrand nieder und lauert auf die Vorsehung, die »die Vergangenheit (...) abschließen (und) die Zukunft aufschließen wird«.[1]

Zwischen Wasser und Wasser, dem Meer, dem Strom, den Flüssen, den Teichen, den Pfützen, den Rinnen, dem Schlamm..., wird der Streifen trockener Erde an der Landstraße von allem gestürmt, was die Feuchtigkeit flieht: Wäsche, Reis, Krebsfladen, zum Heizen aufgestapelte Kokosnußschalen... Inmitten dieses hemmungslos ausgebreiteten Basars, der von Hühnern und Hunden zertrampelt und von grauen, in tiefem Schlaf zusammengesunkenen Schweinen plattgedrückt wird, randalieren und kreischen die Kinder, trippeln die Träger, unter ihrer Last gebeugt, die Tragestange bis zum Zerbrechen gebogen, hastig voran, um die Last endlich abwerfen zu können, bewegen sich die Karren vorwärts. Niemand klagt.

Von Zeit zu Zeit kündigt sich ein Bus oder ein Auto in der Ferne mit pausenlosem Gehupe an, das sowohl einen Weg bahnen als auch beeindrucken soll. Die Kinder rennen weg und drängen sich weiter hinten zusammen, die Augen aufgerissen vor ihrem Idol: fahrendem Blech.

Marguerite interessiert sich eher für den Reisenden als für den Wagen. Vielleicht ist er der Vermittler zwischen gestern und morgen. Ein zeitweiliger Begleiter, von dem sie nichts außer einen Vorwand zur Abreise erwartet. Allerdings zöge sie einen Jäger vor. Jung und schön wie Paul. Aber sie fühlt sich bereit, jedem zu folgen. »Anschließend« kann man sich immer noch loslösen, denkt sie.

Hier jedenfalls ist der Treffpunkt mit jenem hypothetischen Fährmann. Unvermeidlich läuft der Weg der Zukunft über diese Piste in der Nähe des Bungalows, die einzige Linienführung der Region. Zehntausend Kilometer weiter westlich liegt jenes andere *Finistère,* jenes andere Ende der Welt: Frankreich. Doch da versperren der schwere Rücken der Elefantenberge und der prächtige, »gelbe und grüne« Himmel von Siam den Horizont.

Das Anderswo ist also im Osten. Auch das Abendland. Am Ende des Landstreifens liegt erst einmal Saigon. Und auf der ganzen Strecke lauter andere Städte mit allen Möglichkeiten. So viele Blicke, die zu tauschen, Sehnsüchte, die zu wecken, Leben, die zu beeinflussen sind, so viel Liebe, die zu erobern ist. Kein Zweifel: dort wartet schon der Teil, der ihr zukommt. Der Teil an einem Reich, vielleicht sogar ein ganzes Reich ... Das starke und ganz sichere Gefühl, im Grunde eine Auserwählte zu sein, führt Marguerite vor allem auf ihre Anmut als junges Mädchen, auf ihren Busen, ihre Taille, ihre Beine zurück, mit denen sie ziemlich zufrieden ist. So wie sie ist, wild, ungeduldig, entschlossen, kann sie nicht träge auf eine Laune des Zufalls warten ...

Sie erzählt, daß ein Marineoffizier sie einmal verführen wollte. *Mademoiselle,* wollen Sie mein Schiff besichtigen? Kein Problem ... Paul begleitete sie zum Hafen von Ram, wo das Traumschiff festgemacht war. Sie stieg mit dem Mann an Deck. Vom Kai her drang Musik in ihre Ohren, Paul tanzte ganz in der Nähe. Der Seemann ging nach einigen Komplimenten und einem Kuß, die Marguerite zufrieden und zuversichtlich zurückließen. Sie wird jeden bekommen, den sie haben will, wann immer sie will. Kein Mittel scheint ihr dazu unwürdig. Sie denkt: »Wie kann Unschuld entehrt werden?« Sie ist hart und stolz, doch böse mag sie nicht sein. Sie ist nur froh darüber, von Gefühlen befreit zu sein. Denn dadurch entgeht sie der »gewöhnlichen, furchtbaren Gemeinheit der Liebe«[2], in der sie so viele andere sich verlieren sieht.

Die Autos fahren vorbei. Jäger in schönen Limousinen eilen zu ihrem privaten Schießstand, den sie sich für viel Geld telefonisch haben reservieren lassen und wo sie die Nacht verbringen wollen, um auf »ihren« Tiger zu lauern. Anschließend kehren sie so schnell wie möglich zurück, um ihre Beute fotografieren zu lassen.

Fast niemand hält. Die Autos rasen vorbei, verdecken Marguerite hinter der Staubwolke, die sie aufwirbeln, einer leichten, trüben Wolke, wie »geboren im Taumel reicher Städte«.[3]

Zu Hause zieht die Entbehrung ein. Gegessen wird praktisch nur noch Stelzvogel, jener widerliche sogenannte »Paradies«-Kranich, den es in den Sümpfen in Mengen gibt. Unzählige Flickereien verlängern das Tragen der Kleider. Bevor sie schlafen geht, wäscht die Mutter ihr unverwüstliches granatfarbenes Kleid, das in Busenhöhe verblaßt ist. Die Kleider, die sie noch hätte tragen können, läßt sie in Marguerites Größe umarbeiten. Vor allem werden die Schuhe geschont. Marguerite trägt etwas häufiger als nötig ihre schiefgetretenen Abendschuhe aus schwarzem Samt und Straß, doch Paul zieht so gut wie nie Schuhe an, nicht einmal wenn er tanzen geht. Und die geschlagene Lehrerin traut sich inzwischen, ihre schwieligen Füße vorzuzeigen.

In der Bedachung des Bungalows sind Würmer. Trotz des Verkaufs einiger Habseligkeiten hat Marie Donnadieu nie das nötige Geld gefunden, um das Dachstroh durch Ziegel zu ersetzen. Das Provisorium hat zu lange gedauert: die Würmer verfaulen das Dach, fallen auf die Möbel, in die Krüge, Schüsseln, auf das Haar herab ... Man muß pausenlos fegen.

Allerdings ist noch Reis im Haus sowie, versteckt, eingeschlossen in einer Vorratskammer, umsichtig gehortete Konserven, Kondensmilch, Wein, Chinin, Tabak ... Nach wie vor liegen Laken auf richtigen Betten mit Moskitonetzen, gibt es Tischtücher, Kissen und an den Wänden Reproduktionen von Gemälden. Sowie zwei Domestiken, die ihren Dienst allein gegen Verpflegung versehen und treu geblieben sind, obwohl sie nicht mehr bezahlt werden. Dô erledigt die Haus- und Näharbeit. Thanh kocht und pflegt das Auto.

Denn ihnen bleibt der unbestreitbare Luxus eines Citroën B 12. Ein alter Klapperkasten, dessen Reifen mit Bananenstaudenblättern gestopft sind, mit einem löchrigen Vergaser und einer Jagdlampe, die die Scheinwerfer ersetzt hat. Aber der Wagen fährt.

In dieser Gegend von Großgrundbesitzern, wo die schlimmsten weißen Kretins sorglos zu leben verstehen, wachsen bei den Donnadieus Jahr für Jahr allein die Einschränkungen. Das Feld der Unehre. Ihre Mittellosigkeit ist mit der nackten Not der großen annamitischen Masse um sie herum nicht zu vergleichen, doch sind sie im selben Netz gefangen. Im selben Pech.

Wohin ihr Blick auch fällt, begegnet er ausgehungerten Körpern in zerschlissenen Lumpen, gekrümmten Rücken, fiebrigen Augen, knotigen Gliedern voller Geschwüre und Wunden, behinderten, amputierten oder leprakranken Menschen. Alle gleichermaßen notleidend. An dieser Ungerechtigkeit resigniert, gleichsam entsetzt vor ihr, vor ihrem Exzeß, vor ihrer Dreistigkeit, könnte man beinah sagen.

Zwischen ihnen flattert der reizende Schwarm der Kinder lebhaft in der schwülen Luft hin und her. Sie sind überall und übermäßig viele, die Häuser, die Bäume, die Wege, die Sümpfe sind voller Kinder. Stecklinge einer Pflanze, die allerorts aufblüht: in den Wäldern, auf den Schiffen, auf dem Rücken der Büffel, an der Flanke der Hunde. Sie sind dermaßen zahlreich, daß man das Fehlen derer, die sterben, nicht bemerkt. Sie lösen sich vom Leben los wie Früchte, die von einem überladenen Baum herabfallen. Viele sterben, und sie bleiben stets genauso viele.

Die Kinder könnten einen an das Ende des Skandals glauben lassen, an das Wunder ihres Lächelns und jenes Schimmers von Ewigkeit, der in ihren Augen glänzt, an das Ansteigen eines neuen Saftes im sterbenden Körper des Volkes. Und dann werden auch sie von dem Ungeziefer, der Krankheit, dem Hunger gepackt. Die Haut gibt an einer Stelle nach: ein Einschnitt, ein Fleck, eine Pustel... Der Tod gräbt sich sein Loch.

Die gestorbenen Kinder werden nicht mehr beweint, das ist abgemacht, sie sind zu zahlreich. Dazu hätte man nicht genügend Kraft. Die großen Graburnen am Eingang der Strohhütten empfangen ihre Asche nicht. Sie werden nicht bestattet, sie kehren zum Schlamm der Ebene zurück. Ihre Überreste bessern den unfruchtbaren, vom Salz zerstörten Boden auf. Die Männer füllen weiter den Bauch der Frauen. Andere Kinder kommen und verschwinden. Ebbe und Flut hinterlassen keine Spuren.

Das Elend der Gelben berührt die Weißen nicht. Es bewegt sie nicht zur Mildtätigkeit. Es ist kein »sympathisches« Elend, das traurig macht, wie sie es aus Andersens Märchen kennen: ein gutartiges Elend, das stets ein glückliches Ende erfährt und geheilt wird. Bei dem es eine Gesundung gibt. Dieses annamitische hier, das Elend der aufgeblähten Leiber und der ausgestreckten Hände ist von unversöhnlichem, chronischem, irreversiblem Charakter. Eine Absurdität, die zur Maßlosigkeit des Ganzen paßt. In diesem Land von Taifunen, Stürmen, sintflutartigen Regengüssen, in dieser Anarchie von Dschungel und Wasser kann das Elend der Menschen nur exzessiv sein, sein Unmaß nur ein Dauerzustand sein. Was soll man angesichts der pausenlosen Verfolgung Indochinas durch den Donnergott anderes tun, als Lazarette zu eröffnen?

Die Armut ist die einzige Autonomie, die die Weißen dem annamitischen Volk gewähren. Soll es damit zurechtkommen. Ein Brechreiz angesichts der Versklavung der Männer, Frauen und Kinder, die für einen Lohn, der gerade eine tägliche Mahlzeit sichert, vom Morgengrauen bis zum Einbruch der Nacht in den Minen, Betrieben und Plantagen arbeiten, stellt sich nicht ein. Gegen die Tyrannei der *caï*, annamitischer Vorarbeiter und Ausbeuter im Sold ihrer europäischen Chefs, denen sie selber wiederum mit Leib und Seele unterworfen sind, findet sich kein Protest.

Nie erreicht der Schrecken die Schwelle des Unerträglichen. Eiternde Menschen liegen ausgestreckt auf dem Boden, mit Fliegen bedeckt, den Kopf von Grind zerfressen, mit tiefliegenden, roten Augen und hohlen Wangen oder aufgedunsen wie Ertrunkene. Zu angegriffen, um noch Nahrung aufzunehmen, wenn man ihnen welche geben würde. Der nicht auszuhaltende Anblick zieht sich bis zum Schlußakt durch, ohne daß sich ein Publikum erregte. Jeden Tag gibt es Leichen.

Champagner und *fox-trot*. Bei den Weißen gehört die gute Laune zum guten Ton. Derzeit im Trend sind gelber Satin, plissierte Ausschnitte, lilafarbene Schuhe, passend zum Fächer, Augen, die mit einer feuchtigkeitsfesten Tusche vergrößert werden. Man ist entschlossen, von der Kolonie nur ihren Zauber wahrzunehmen.

Bei den Annamiten tendiert die Lieblingsfarbe eher zum Rot des Rinderbluts, das im Fahnenstoff besonders gut zur Geltung kommt. Die zu lange geübte Geduld weist Zeichen von Erschöpfung auf.

Züge von Bittstellern, denen das gesamte Hab und Gut abgenommen wurde und die lebenslänglich verschuldet sind, setzen sich in Bewegung, um ihren Verwalter zu beschwören, ihnen eine Möglichkeit zur Ernährung ihrer Familien zu geben. Ähnlich wie sie es früher dem Kaiser oder den obersten Mandarinen gegenüber taten, wenn sie sich Gehör verschaffen mußten, wenden sie sich mit engelhaftem Glauben an ihre einzige Zuflucht. Zunächst lehnen sie sich gegen das von der Basis bis zur Spitze korrupte Mandarinensystem auf. Unter der Ägide der Kolonialmacht verbreiten die mit dem Eintreiben der Steuern beauftragten Mandarine einen hemmungslosen, unkontrollierten Terror. Die Verwalter jedoch reagieren gereizt auf die Beschwerden, die sie für überzogen halten, und geben den Anliegen der *nhaqué* nicht statt. Wie können sie klagen, wo es auf Erden, wo es in ebendiesem Land weit größere Not gibt? Mit Stockhieben lassen sie Tausende von Demonstranten auseinandertreiben, die sich ohne Waffen und ohne Spruchbänder versammelt haben.

Am nächsten Tag bilden sich die Züge neu. Angesichts der Flut von Bettlern, die sich als ihre »Schutzbefohlenen« ausgeben, verlieren die Verwalter den Kopf. Sie rufen die Truppe herbei. Die Klagenden weigern sich kehrtzumachen. Die Miliz schießt in die Luft, um sie zurückzudrängen. Zuweilen genügt die Warnung, doch bald wird auf Ultimata verzichtet und geschossen. Die ersten Reihen fallen. Jeder Angriff kostet drei Dutzend Tote unter den Einheimischen. Lastwagen mit Verwundeten erreichen die Krankenhäuser. Einige sterben mit offenem Bauch. Andere kehren verstümmelt nach Hause zurück.

Eine einfache Angelegenheit der Aufrechterhaltung der Ordnung. Zum Dank belohnt Frankreich seine Helden mit ansehnlichen Prämien oder Auszeichnungen. Im Namen des uneingeschränkten Rechts der Siedler auf Unbesorgtheit systematisieren sich die Massaker.

Umzüge von Demonstranten tauchen allerorten auf, unablässig, mutig, selbstmörderisch. Stets mit bloßen Händen. Sie schreiten an den Straßen entlang, durch die Wälder hindurch und machen angst mit ihrer Verzweiflung. Jetzt legt sich die Truppe an den Straßenkreuzungen mit Maschinengewehren in den Hinterhalt. Es gibt ein furchtbares Gemetzel, als die Waffen die Leiber aus nächster Nähe zerfetzen. Jeder weiß es. Es gibt Berichte.

Die Schwelle von hundert Toten wird überschritten. Dann von hundertfünfzig. Immer häufiger bleiben Verletzte auf den Straßen liegen. Die Frauen und Kinder übernehmen die Spitze der Züge, um zu versuchen, daß Leben geschont und eher Verhaftungen getätigt werden. Die Taktik fruchtete. Massenverhaftungen werden zur Norm. Die Gefängnisse sind überfüllt.

Hinter den Stacheldrähten werden die Abscheulichkeiten fortgesetzt. In langen Reihen gehen die *nhaqué*, die Füße mit Eisenringen gefesselt und den Hals in eine Garrotte gepreßt. Zu Hunderten werden sie in Baracken zusammengepfercht, fast alle von Krätze befallen, von Ungeziefer zerfressen, schwarze Haut über den Knochen, die Lippen rissig... Das Schlimmste ist den Blicken zu entnehmen.

Zwanzig Jahre Verbannung für schlichte Gedichte, Enthauptung für Flugblätter. Die meisten sind seit Monaten hier, weil sie den großen französischen Beschützer um eine Steuerermäßigung gebeten haben. Jeden Tag müssen Leichen fortgetragen werden.

Marguerite hat die kriminellen Armen auf der Straße in der Nähe des Staudamms gesehen. Sie war mit Paul dorthin gerannt, um Affen zu jagen; die Kinder hatte eine Art Tötungswut gepackt, sie brachten alles um, worauf sie stießen. Die Mutter erzählte ihnen, daß es Zwangsarbeiter sind, »Leute, die die Kopfsteuer nicht haben bezahlen können.«[4]

Dort arbeiteten Männer sechzehn Stunden am Tag, in Reihen zu viert eng aneinander gekettet und von annamitischen Aufsehern bewacht, die stolz ihre Uniform trugen, in die sie die Weißen gesteckt hatten. Den ganzen Kreuzweg entlang waren Zwangsarbeiter unter der Sonne bis zum Hals in Löchern eingegraben, zur Strafe und um die anderen dazu zu bringen, so lange zu arbeiten, bis sie nicht mehr können.

Das Kind sieht das, versteht nicht. Unmöglich, von dem, was hier geschieht, »den Sinn zu erfassen«. Das ist ein Eis, das den Verstand gefrieren läßt. Niemand kann das verstehen, sagt die Mutter. Sie spricht von der Schande »der Weißen, dieser Schweine«, davon, daß die schönen Verkehrswege, die Frankreich geschaffen hat und auf die sie so stolz war, nicht einmal dazu dienen, das Notwendigste hierher zu bringen, während am Eingang der Großstädte gewaltige Reisvorräte sinnlos angehäuft werden. Sie hat jedoch keine Erklärung für all diese Dinge. Sie denkt, man müsse den Kindern die Augen über die Welt öffnen, ihnen, statt es wie üblich vor ihnen zu verbergen, »das Höllische und Ausweglose« des Lebens zeigen: »Arbeit, Kriege, Trennungen, Ungerechtigkeit, Einsamkeit, Tod...«, und daß es sich mit alldem verhalte, wie wenn man »den Himmel anschaut« oder die Geräusche der Nacht hört, »die Rufe der Leute, ... die Schönheit der Lieder«.[5] Niemand weiß etwas. Das ist ihre Antwort auf die Fragen der Kinder: »Man müsse auch das wissen. Das vor allem: daß man nichts wisse«.[6] Das sei das Klügste, was man sagen könne.

»Viet Nam! Viet Nam!« Der verbotene Ruf hallt durchs ganze Land. Madame Donnadieu sagt ihren Kindern nicht: »Hört hin... Gebt acht auf diesen Ruf... Das ist ein Versprechen auf Würde.« Man könnte glauben, auch sie finde ihn völlig abträglich. Jene Begeisterungen, die stets böse enden, hat sie noch nie gutgeheißen. Schon vor Jahren hatten anläßlich der Beerdigung des alten Theoretikers Phan Chau Trinh Tausende von Schülern nationalistische Gefühle artikuliert. Mit weißen Armbinden zum Zeichen der Trauer waren sie im Unterricht erschienen. Auf das Verbot, sie zu tragen, antworteten sie mit Streiks. Es war eine Bewegung von historischer Breite. Zahlreiche Schüler waren relegiert worden. Die Sanktion hatte gefruchtet, und die Schulen beruhigten sich, selbst wenn nach wie vor gegen einige Agitatoren eingeschritten werden mußte. Madame Donnadieu vertraute ihrer Institution.

Im Prinzip hat sie ihre Meinung nicht geändert: für sie ist Frankreich zu Recht in Indochina. Sie beklagt nur den Einfluß unredlicher Siedler. Doch dem kritischen Diskurs von Revolutionären Beifall spenden und sich an die Seite derer begeben, die es wagen, ihre Revolte mit solcher Vehemenz auszudrücken: »Wir wollen unser Land vom Joch der Sklaverei befreien... Wir wollen nicht länger ein bloßer ›Rohstoff‹ sein; wir wollen nicht länger, daß unser ›Vaterland des Südens‹ das private Jagdrevier einer Handvoll Profiteure ist; wir sind es leid, nur noch als ›menschliches Vieh‹ der schamlosen Ausbeutung durch ein niederträchtiges, unterdrückerisches Regime zu dienen. Von nun an wollen wir Menschen sein« –, das kann die französische Grundschullehrerin nicht. Darin sähe sie eher eine zusätzliche Komplikation. Eine zusätzliche Absurdität. Wozu soll man das Leben der Menschen noch weiter erschweren?

Piraten fangen Dschunken ab, die mit Reis für Saigon beladen sind, verzweifelte Bauern bringen Notabeln um. Auf dem gesamten Territorium Indochinas ist die Menschenjagd eröffnet. Zur Niederschlagung der Rebellion ist jedes Mittel recht. Die Kolonialmacht verliert die Nerven. Sie schlägt aufs Geratewohl zu, greift bedenkenlos auf Wahnsinnsmethoden zurück: Hinrichtungen ohne Verfahren, Niederbrennung oder Bombardierung ganzer Dörfer.

Das ganze Land steht in einem erstickten Krieg von unglaublicher Grausamkeit. In der Stadt klagt man vor allem über die Beeinträchtigungen, die dieses Durcheinander verursacht und die man so schnell wie möglich beendet sehen möchte. Die Autoritäten beschwichtigen, indem sie auf den Titelseiten der Zeitungen jede »Eroberung«, jede Bilanz herausstellen. Es hat den Anschein, als suche man den Schauder, als spiele man, sich gegenseitig Angst einzujagen: »Wissen Sie, was Kommunismus ist? Das heißt nichts anderes als den Raub zum Prinzip zu erheben. Ihre Güter, Ihr Geld, Ihre Frauen werden der Allgemeinheit übergeben...« Jeder begreift, daß es sich nicht um eine vorübergehende Episode, sondern um eine dauerhafte Situation handelt. »Zehn Jahre oder sogar länger«, wird bereits geschrieben. So oder so ist das nette, beschauliche Kolonialleben von früher für sehr, sehr lange Zeit vorbei.

Die Angst vor der bolschewistischen Ansteckung rechtfertigt die schlimmsten Greueltaten, während sich die Rebellion der Einheimischen meistens auf einen schüchternen Nationalismus beruft. Die Treue zu Frankreich besteht fort, vielleicht zäher als das patriotische Gedächtnis. Man möchte sich nur Gehör verschaffen, geachtet werden..., und schon wäre alles vergeben. Doch die Repression ist derart stupide, daß sie dem Übel, das sie bekämpft, Tür und Tor öffnet. Im Untergrund bahnt sich der neue Anführer, in Moskau geboren, in Peking aufgewachsen, seinen Weg durch Indochina. Er spricht von der Rückeroberung »dieser aus der Geschichte gelöschten Nation Vietnam«, er greift die »Rücksichtslosigkeit« an und verspricht ein besseres Leben. Wörter, die wie neue Münzen glänzen. Seine ersten Anhänger sind verhöhnte Gebildete, annamitische Studenten, die nach einem Aufenthalt in Frankreich über die Anomalien in der Kolonie aufgeklärt und entschlossen sind, bei sich zu Hause die Freiheit zu erreichen, die sie am Boulevard Saint-Michel in Paris genossen haben. Der Geist von Boul'Mich', genährt von sorglos an den Straßenecken gekaufter kommunistischer Presse, erreicht das indochinesische Hinterland gleich einem poetischen Gesang, den die polizeiliche Verfolgung noch verherrlicht.

Bei den Donnadieus wird die paranoide Jagd auf Kommunisten, in die sich das Land verstrickt hat, ohne besondere Leidenschaft verfolgt. Genauso werden die politischen Kämpfe des annamitischen Volkes ignoriert. Der große Paul, Paul Thanh Tat alias N'Guyen der Patriot, der künftige Ho Chi Minh und die Gedanken, die ihn begleiten, die neuen Begrifflichkeiten »Linke, Imperialismus, Kapitalismus, Sozialismus...« kommen ebensowenig über die Schwelle des Bungalows. André Malraux wird, wenn überhaupt, im Zusammenhang jener alten Affäre um illegal erworbene Kunstgegenstände erwähnt, an der sich die Kolonie weidet.

Die Verbitterung von Marie Donnadieu überdeckt alles. Restlos in diesem Elend verfangen, lebt man vor sich hin, die wütende, mörderische Ohnmacht versperrt die Gegenwart, die Zukunft, das Anderswo. Die Lehrerin hat sich die ganze Verzweiflung der Welt einverleibt. Für ihre Kinder ist sie deren charismatisches Emblem. Marie Legrand aus Frévent, Pas-de-Calais, Frankreich, die Vertrauensselige, die Getäuschte, die das reiche und mächtige Pack gebrochen hat. Frustrierte Nährmutter, von der Tücke des Schicksals in einen brüllenden Sturm verwandelt, der über den wüsten Inselfelsen ihrer aller Leben tobt und sich daran bricht. Und sie, Marguerite und Paul, vom Auf und Ab zwischen hoffnungsloser Entmutigung und Rachsucht der Mutter zugleich gewiegt und verschlungen, hin und her gerissen zwischen ihrer unergründlichen Wut und der düstersten Beruhigung, ertragen, ohne es ihr nachzutragen, diese anstrengende Folge von »Gewitterhimmel und Sommerregen«, als würde eine unpersönliche Kraft ihre Hysterie entfesseln.

Ihr Unglück hat den »Ort des Traums« besetzt. Es macht seinen Zugang beschämend, es macht ihn zu einem Treuebruch. Ende der Träume: nunmehr »steckt« ihnen Marguerite »den Kopf unter Wasser«.[7] Für sie wird der Traum in der Wirklichkeit sein.

Die Verbannung der Familie, die anfallartige Zurschaustellung ihrer Verzweiflung, das Gefühl, in einer Art Obszönität zu leben, haben sie verabscheuungswürdig gemacht. Man könnte nicht sagen, ob man sich heute stärker liebt als haßt, genauso wie man das Leben haßt. Jeder sieht in den anderen sein Pech. Weggehen, ja sicher, doch vor allem müßte die monolithische Familie zerstört werden, um etwas anzufangen, was taugt. Die Mutter müßte sterben, ja. Sonst wird nie etwas möglich sein. Für Paul als ersten.

Die Donnadieus berühren einander, sind wie ein Fischschwarm im Meer zusammengeschlossen, im Schweigen des Meeres ... Alles wird verschwiegen, ferngehalten. Undifferenziert. Man ist zusammen, jeder in der größten Isolierung. Nie Aufmerksamkeiten, Freundlichkeiten, Höflichkeitsformeln. Keinerlei Zärtlichkeit. Nie Feste, nie Geschenke. Kein Ritual. Keine Erinnerung. Kein Gedächtnis. Man streift einander mit höhnischer Wachsamkeit, ohne Blicke. Anschauen bedeutet, die Anziehungskraft des anderen, seine Besonderheit zu erkennen, »bedeutet Schwäche«.[8] Es wird auch nicht geredet. Nie braucht man das. Es gibt nichts zu enthüllen, zu offenbaren. Man ist zu sehr in derselben Geschichte, denselben Gefühlen eingeschlossen, um sie zu erzählen. Vielleicht in denselben Worten, beinah denselben Stimmen. Die Scham, sich mit einer bisher inakzeptablen Existenz zu einigen, verbietet das Geplapper. Die Geziertheiten einer Unterhaltung wären zum Losprusten. Einzig das Unformulierbare gewinnt an Dichte. Das Schweigen und die Rufe. Die Rufe von Umgebrachten. Vom Wind erschöpft wie eine Familie von Meervögeln, die inmitten der Ebene erstarren. Und dabei versuchen, sich gegenseitig mit Schnabelhieben auszuschalten.

Die Mutter, stur, bewundernswert, klammert sich an dieser Erde fest, die im Grunde ihre ist, denn sie ist ihre sterbliche Hülle. Auf den wenigen Hektar, die das Salz verschont hat, kämpft sie gegen das Überhandnehmen des Tigerkrautes, um dem Boden ihre Anpflanzung aufzuzwingen. Kein Tag vergeht, an dem sie sich nicht bemüht, etwas zum Wachsen zu bringen, egal ob nützlich oder unnütz, Hauptsache etwas Eigenhändiges, ein persönlicher Erfolg. Bananenstauden gibt es reichlich in der Ebene, aber ihre müssen von außergewöhnlicher Schönheit und Fruchtbarkeit sein. Dann träumt sie von dem Gewinn, den sie daraus ziehen könnte. Einmal hatte sie einen Ghau gepflanzt, begeistert von der Kraft des Symbols: der Ghau braucht hundert Jahre, ehe er ein Baum wird. Ein Jahrhundert Jugend und die Langlebigkeit. Schließlich siegte die Absurdität des Vorhabens. Unter Tränen brach sie zusammen, als Paul das Zeug gerodet hatte, weil es, wenn es hundert Jahre brauche, ehe die ersten Blüten kommen, »zum Kotzen« sei!

Sie hat nicht geschrien. Sie schmiedet neue Projekte. Sie kann nicht anders. In ihr ist jener Fanatismus der Anstrengung, der sie trotz der Verbitterung dazu treibt, weiter die Utopie zu verfolgen. Ehe sie stirbt, will sie ihre Peiniger noch in die Knie zwingen. Und mit ihrem Sieg beweisen, daß das Unrecht für die Armen nicht unabwendbar ist.

Jede Nacht denkt sie von neuem an die Deiche. Unerschütterlich ist sie davon überzeugt, daß das Jammertal, das sich vor ihren Augen erstreckt, eine potentielle grüne, von befahrbaren Straßen durchzogene Pracht birgt. Den Reis sieht sie als Vorboten. Die Vorstellung ist zu schön, als daß sie sich nicht konkretisieren ließe. Man muß nur auf das Rezept kommen.

Unermüdlich baut sie in Gedanken neue Dämme gegen die Fluten, den Wind, die Krebse. Zweimal so hoch wie die vorherigen, zehnmal so hoch und mit Zementdichtungen verstärkt. Das ist das Geheimnis, der Zement. Das ist es, was vorher gefehlt hat, kein Zweifel. Und alles wird wieder evident.

»Man müßte vor allem tiefer graben... durch den Schlamm hindurch, bis man auf Lehm stößt... darauf allein kommt's an«[9], die Böschungen verstärken, zwischen den Pfosten zementieren... Sicher wird man Zeit brauchen, man wird wohl drei Jahre abwarten müssen, ehe der Boden vollständig vom Salz befreit ist. Aber das kann man als schon erledigt ansehen.

Es ist nicht auszuhalten, wie sie erneut ihre Marotte spinnt. Marguerite kann die Fabel von den tapferen Erbauern und den widerwärtigen Katasterbeamten nicht mehr hören. Die

Leute in Kampot werden ihr natürlich keine Hypothek auf das bepflanzte obere Land bewilligen. Allein die unverbesserlich naive Mutter hält es noch für möglich, sie zu überzeugen. Ob rechtmäßig oder nicht, gar nichts wird sie erhalten! In Dutzenden Briefen an das Katasteramt hat die Mutter alle ihre Argumente dargelegt, verteidigt und schließlich erschöpft. Sie schreibt dennoch weiter, Beleidigungen, einfach weil sie das beruhigt. Und von den allgemeinen Beleidigungen geht sie zu Todesdrohungen über. Mit der Halsstarrigkeit, die sie in jeder Sache aufweist, schmiedet sie nun ausgefeilte Mordpläne, aus denen sie siegreich hervorgeht, da sie nichts mehr zu verlieren hat. Wenn das Katasteramt ihr die Hoffnung nimmt, dann kann sie sich restlos dieser für alle glückbringenden Beschäftigung hingeben: eine wohlüberlegte Ermordung der Betrüger. Eine perfekte Inszenierung. Minuziös wie ein Profiverbrecher sieht sie alles vor: die Komplizenschaft der Bauern, die Tarnung der Täter, die Beseitigung der Spuren bis zum letzten abgerissenen Knopf und das Vermeiden verräterischer Indizien. Die Kinder läßt sie ihr Geschick bewundern, vertraut ihnen ihre jüngsten Finessen an. »Was wohl könnte die Leere meines Lebens besser ausfüllen?«[10]

Der hundertmal überarbeitete Brief bleibt in ihrer Tasche, in Erwartung immer neuer Verfeinerungen. Und als sie im Begriff ist, den Gnadenstoß zu geben, überzeugt von ihrer Überlegenheit über die kleinen ängstlichen Männlein des Katasters, verzichtet Madame Donnadieu angewidert und großmütig. Im Grunde würde die Beseitigung von zwei oder drei Schweinehunden nichts an der Welt verändern, »an dem Unerträglichen, Endgültigen, Unveränderlichen, an dem Unrecht und der Ungleichheit, die überall herrschen«.[11]

Marguerite hält diese fixen Ideen, diesen Zirkus nicht mehr aus! Unbedingt weggehen. Diese Irre, diese Wahnsinnige verlassen. Ihr entkommen. Sie mit ihrem Wahn, mit ihrem krankhaften Unglücklichsein, mit ihrer infernalischen Liebe allein zurücklassen. Auch die Zuneigung für sie, die alles verhindert, in der Ebene hinter sich lassen, sich davon befreien, den Zauber brechen. Vergessen.

Tagtäglich setzt sich Marguerite auf die Brücke in der Nähe der Piste, um das Abenteuer des Geldes abzupassen. Entschlossen, dem erstbesten zu folgen, ihn zu heiraten, wenn er das will. Sie weiß, daß sie sich nie einsperren lassen wird. Doch niemand scheint das Mädchen zu bemerken, das die Wagen der Jäger belauert, anstößig geschminkt, den nackten Körper mit einem knallblauen, aufreizenden Kleid gefärbt. Bereit, mit der Welt des Desasters zu paktieren. Schon von ihr prostituiert. Jedoch mit der Stärke einer bewußten unveräußerlichen Treue zu seiner Kindheit.

Egal ob mit oder ohne Lippenstift, die Autos halten nicht an. Und Marguerite verliert allmählich den Glauben. In der Familie machen sich Entmutigung und Trägheit breit. Die Mutter pflanzt nichts mehr. Paul geht nicht mehr nachts jagen. Häufig schläft man bis zum Mittag. Danach sinkt man auf der Veranda zusammen.

Man denkt, daß man hier sterben wird wie traurige Vögel, die dem Wind zum Opfer fallen, allein vor dem Ozean. Von Marie, Paul und Marguerite Donnadieu werden nur drei anonyme weiße, inmitten der Reisfelder verlorene Steine übrigbleiben. Diese Ebene wird ihr Grab werden, und sie trägt einen Namen, den sie selbst hätten erfinden können: die Ebene der Vögel.

Die Vögel schlafen... Die Bretter des Bungalows gehen auseinander, das zu junge Holz hat gearbeitet. Nachts sieht Marguerite von ihrem Bett aus, wie die Autoscheinwerfer durch den Bungalow hasten.

Ihnen, den Reichen, fliegt alles zu. Sie durchfurchen die Erde nach Belieben und hinterlassen ihre Spuren. Wenn sie sterben, ist ihr Leben nicht beendet. Es setzt sich über ihre Kinder, über ihren Besitz, ihre Leibes- und Arbeitsfrucht, wie man sagt, fort... Sie hinterlassen ein Werk, Häuser, Schmuck, lauter kostbare Sachen und das Geheimnis ihrer unversiegbaren Geldquelle... Sie geben ein pausenlos vergrößertes Territorium weiter... Sie sind unsterblich.

Reich sein. Der quälende Gedanke, der Schlüssel, weniger um in ein Paradies zu gelangen, als um diese Hölle zu verlassen. Paul sagt, man könne es, wenn man es wirklich will. In seiner Schlichtheit hat er es gesehen. Vielleicht... Wenn das eintreten würde, was für eine Revanche!

Die anderen würde man kurzhalten. Man würde das Geld zur Schau stellen und überhaupt nichts abgeben. Wie man lachen würde! Losung der Donnadieus: »(...) irgendwie muß Geld ins Haus, so oder anders, aber es muß her.«[12]

V.

Die Defloration der jungen Weißen

Als die erschöpfte Madame Donnadieu wieder Tritt faßt und mit den Augen einer Genesenden auf ihre Tochter blickt, strahlt ihr Gesicht über ein Phänomen, das sie scheinbar erst jetzt an Marguerite entdeckt. Plötzlich bemerkt sie ihre unnachahmliche Phantasie in der Art, sich zu kleiden. Ihr Stil gehört nur ihr, läßt sich von keiner Mode und keinem Vorbild inspirieren. Ein rosenholzfarbener Männerhut zu ihren Ballschuhen und dem Kleid aus verblichener Rohseide, das leicht wie ein Schleier von einem Ledergürtel zusammengehalten wird. Sie hat vergessen, daß sie ihr die »Ladenhüter«[1] einmal selbst gekauft hat. Und die Mutter, die sich stets und ausschließlich in gefängnisgraues, grobes Tuch kleidet und als einzige Eitelkeit ihre Trauer trägt, ein Kreppband an ihrem weißen Tropenhelm, lächelt dem exzentrischen Kind zu, das sie mit seiner burlesken Phantasie bezaubert.

Daß ihre Jüngste ein derart frisches Temperament aufweist, wo sie doch in ziemlich kargen Verhältnissen aufgewachsen ist, tröstet sie. Schade, daß allein die Tochter mit Qualitäten begabt ist, die sie ihren Söhnen wünschte. Doch dem Himmel sei dieser Lichtblick gedankt.

Sie schätzt ihren Wert ab. Marguerite wird zum letzten Kapital des Hauses Donnadieu. Wann und wie wird der von ihr zu erwartende Profit die Familie erreichen? Jedenfalls steht fest, daß der »kleine Balg« die Macht in sich birgt, Geld zu beschaffen.

Daß der Aufzug ihrer Tochter Männern Fallen stellen kann, mißfällt ihr nicht, auch wenn sie es sich nicht einzugestehen wagt. Madame Donnadieu läßt sie also sich zur Schau stellen. Ohne das »Hurenkleid«[2], ohne Puder, Nagellack und Eau de Cologne wäre es genauso: Marguerite ist unwiderstehlich. Ihre Anziehungskraft ist wie ein Bestandteil von ihr. Sie ist unmittelbar sexuell. Sie hat die Klarheit eines Diamanten und die Unerbittlichkeit einer Rattenfalle.

Im Bewußtsein, daß sie mit ihrem ungeahnten potentiellen Wert noch ein beträchtliches Vermögen abgeben werde, macht sich die Mutter auf die Suche nach einem Ehemann. Unaufhörlich wiederholt sie, daß Marguerite, will sie eine gute Partie machen, studieren, wieder Klavier üben, eine Fremdsprache beherrschen und »sich in einem Salon zu benehmen wissen«[3] muß.

Marguerite ist sich nicht sicher, daß dies die besten Mittel wären, doch spekuliert auch sie auf die Heirat. Zwar verletzt sie der Eifer der Mutter, sie zu »verkaufen« und loszuwerden, doch ihrer Argumentation beugt sie sich. Werden Ehen nicht meistens auf diese Art geschlossen?

Paul kommt praktisch nicht mehr zurück in den Bungalow, er kann die geschlossene Gesellschaft zu Hause nicht mehr ertragen. Immer muß er verschwinden. Marguerite leidet unter seinem Ausreißen wie unter einem Verrat. Die kleine Schwester scheint seine geringste Sorge geworden zu sein. War ihre Anwesenheit für ihn je von Bedeutung? Das fragt sie sich und könnte ihn dafür umbringen. Paul hat die nächtliche Jagd auf Raubtiere zugunsten der Jagd auf Frauen in der Stadt aufgegeben. Auch darin ist er ein guter Jäger. Er schläft mit allen möglichen Frauen. Wenn er zurückkehrt, sieht er genauso aus wie nach den Streifzügen im Dschungel, abgemagert und müde, nur daß er jetzt amerikanische Zigaretten raucht.

Madame Donnadieu macht sich noch mehr Sorgen als vordem: mit einem Gewehr kommt er noch zurecht, doch den Tücken der Stadt ist er nicht gewachsen. Weder kann er sich wirklich ausdrücken, noch kann er lesen und noch weniger schreiben. Er ist unfähig, einen Brief ohne Schreibfehler zu verfassen. Nicht einmal die Grundlagen beherrscht er. Sein ganzes Leben lang hat ihm die Lehrerin endlos wiederholt: es gibt nichts Wichtigeres als die Orthographie. Bei solchen Lücken wird man ihn nie mit einer anständigen Arbeit betrauen. Für sie taugt das Leben ohne Bildung nichts. Besser sterben. Besser, er stirbt. Was kann er denn? Nichts. Sich darüber schämen, das ist alles.

Jetzt bedauert sie, ihre Kinder so viele Jahre vernachlässigt zu haben. Sie stellt sich Fragen zu ihrem Sohn, bei dem sie als Lehrerin nur scheiterte. Vielleicht kommt seine Lernunfähigkeit daher, daß sie ihn nicht genug geliebt hat, und eben nicht von einer genetischen Ursache, wie sein ganzes Verhalten nahelegt. Noch ist es Zeit, diese Fehler zu beheben. Paul muß unbedingt dazu gebracht werden, die elementaren Grammatikregeln zu lernen. Und Marguerite muß das Abitur machen. Sind die Kinder erst versorgt, kann sie ruhigen Gewissens sterben.

Nach sieben Jahren Kampf ist es mit dem Land des Staudamms zu Ende. Die Familie ergibt sich. Die Niederlage wird eingestanden.

Alles wird verlassen, wie es ist, die überschwemmten Reisfelder wie die gesunden Pflanzungen, der Bungalow mitsamt den Möbeln und seiner einstürzenden Bedachung sowie die Diener als Wächter dieses Friedhofs.

Marguerite betrachtet das vereitelte Werk ihrer Mutter. Wie es in seinem Elan untergraben wurde. Wie es immer noch zu schaffen, immer noch zu rächen ist.

Ehe sie geht, sitzt sie noch lange auf der Veranda vor dem unvergeßlichen Panorama. Die Kette düsterer Berge, die sich unter der prallen Sonne fast wie ein schwarzes Eiland zum Meer hin verlängert. Die letzten Berge. Die einzigen in Südindochina. Noch ermißt sie nicht, was das Einmalige an dem Himmel hier ist. Seine Farbe, gelb und grün, und jenes Andere, von dem man nicht weiß, was es ist, solange man es nicht selbst gesehen hat. In diesen Reisfeldern haben sie nichts mehr verloren, und doch werden sie sich nicht dagegen wehren können, manchmal dorthin zurückzukehren.

Nie wird es mit der Ebene zu Ende sein...

Die Lehrerin wird Direktorin einer Mädchenschule in Sadec, auf halbem Weg zwischen Prey Nop und Saigon. Die Stadt ist eine Hochburg der revolutionären Umtriebe und wird regelmäßig von tiefgreifenden Ereignissen erschüttert. Die Staatssicherheit verfolgt hier vor allem den Vater des späteren Ho Chi Minh, ebenfalls ein Nationalist, der sich im lokalen Widerstand versteckt hält.

Wieder ein Ziegeldach über dem Kopf, Kolonialarchitektur und die Trikolore am Eingang. Es ist die Rückkehr zum Privileg der Dienstwohnung in einem auf einer Erdaufschüttung errichteten Festbau, der die Tiere im Garten abhält und es erlaubt, das Haus mit großen Wassereimern zu reinigen. Das Fest der Sauberkeit, das Fest des Wassers, der Hausarbeit ist das einzige Ritual, dem sich die Familie hingibt, wie man einer wohltätigen Göttin huldigt. Das Mobiliar des Hauses bleibt spärlich, man kampiert in den weiß gekalkten, von einer einzigen rötlichen Glühbirne an der Decke erhellten Zimmern, die sich im übrigen alle gleichen, richtig einrichten will man sich erst später: in Frankreich.

Marguerite kann sich nur in Saigon auf das Abitur vorbereiten, am Gymnasium Chasseloup-Laubat. Hier unterrichten die besten Lehrer nach den Plänen der Metropole, mit Ausnahme des Annamitischen, das sie als moderne Sprache gewählt hat. Mademoiselle Donnadieu gehört nun der kleinen Minderheit von Mädchen an, die in Indochina diesen Ausbildungsgrad erreichen. Sie sind nur 88 von 600 Schülern und setzen sich der Konkurrenz einiger weniger Vietnamesen aus, die nach einer besonderen Prüfung aufgenommen wurden und so gut wie in jedem Fach die Besten sind. Chasseloup-Laubat, das bedeutet Modernität der schulischen Mittel einschließlich eines richtigen eigenen Sportplatzes. Vor allem bedeutet es Eingliederung.

Anschließend soll Marguerite nach Frankreich übersiedeln, um dort, wie abgemacht, die *agrégation*[4] in Mathematik in Angriff zu nehmen. Nach wie vor stellt sie sich nicht vor, dem zu entkommen. Sie ist eigentlich gar nicht unglücklich, es ihrer Mutter vorzugaukeln.

Zunächst geht Marguerite also nach Saigon, in die Stadt, wo Paul sich bereits aufhält, der sich »in diesem riesigen Sündenpfuhl, diesem Mekka der Gemeinheiten« verloren hat.

Ihre Wege werden weiterhin parallel zueinander verlaufen. Sie kommt in einer Pension mit gutem Ruf unter, die wenige Schritte von der Schule entfernt von einem alten Fräulein geführt wird. Zur Ferienzeit kehrt sie nach Sadec zurück.

Ein überfüllter Autobus, vollgeladen mit Paketen, Käfigen, Obst- und Proviantkörben, mit aneinander gebundenen lebendigen Schnepfen und am Hals aufgehängten Enten, die die Luft mit Flügelschlägen peitschen. Hundertvierzig Kilometer. Überquerung zweier Arme des Mekong mit der Fähre. Jeder neunhundert Meter breit. Eine Expedition.

Marguerite sitzt vorne auf einem den Weißen vorbehaltenen Platz. Wie bei jeder Reise hat ihre Mutter sie dem Fahrer anvertraut. Die Straßen sind gefährlich, werden von Piraten angegriffen – den »Besteuerten«, wie es offiziell heißt –, von Banden, die an Schläue wetteifern, um die Reisenden zu berauben.

Saigon... Die Stadt... Oder besser ein von Sümpfen, Dschungel und dem Strom eingesperrtes Dorf... Das Wiederfinden der Zeit der frühen Kindheit: die stattlichen Villen, die Boulevards im Pariser Stil, die himmlischen Alleen mit Zimtapfelbäumen, der Duft von Jasmin, *nuoc-mâm* und von Geld, das Klatschen der nackten Füße der *coolies* und der Bälle auf den Tennisplätzen, der seltsame Klang der mit englischen Worten gespickten französischen Unterhaltungen, vermengt mit dem Piepsen der vietnamesischen Stimmen. »*Ai an chuoi say, chuoi chieng khong?*«... Die gebratenen Bananen. Der Sesamnugat. Die dampfende Bouillon.

Dann die Entdeckung des ganzen unbekannten Saigon: seine Gebäude, der Gouverneurspalast, die Kathedrale aus rotem Stein, die gleich nach der Eroberung 1880 gebaut wurde. Die Treffpunkte der Saigoner Gesellschaft: das Continental, einer der meistgeschätzten Paläste Asiens, eingehüllt in den Duft der nahen Opiumfabrik; die bereits legendäre Rue Catinat, Schaufenster des Sinnlosen; das Theater Charner, wo Giraudoux' *Amphitryon 38* gerade einen Triumph erfährt. Im Eden-Cinéma Charlie Chaplin exklusiv und einige Neuheiten:

Der Liebhaber mit Rudolf Valentino oder *Der kleine Bruder* mit Harold Lloyd. Und überall in den Straßen, Cafés und Häusern Menschen, die ein heimliches Einverständnis eint, Unterhaltungen, Geschichten... Ein ganzes Leben, das es schon vor ihr gab.

Mit Paul hat sich Marguerite nie über anderes als über Jagd, Technik oder Gefahren des Dschungels unterhalten. Die Marken von Jagdgewehren und Automobilen kennt sie in und auswendig. In der Stadt wird über die Nachrichten der Welt diskutiert. Man redet über die Verhaftung von Ghandi in Bombay, über den Gesundheitszustand von Marschall Joffre und Trotzki. Marguerite weiß nicht einmal, worum es geht. Auch von den Fortschritten der Zivilisation und von ihren zur damaligen Zeit gewaltigen Sprüngen nach vorn hat sie noch nicht sprechen gehört. Soeben ist eine Telefonverbindung per Funk zwischen Paris und Saigon eingeweiht worden. Und die Entfernung Paris – Peking ist in diesem Jahr dank dem Flugzeug auf acht Tage verkürzt worden. Die junge Provinzlerin entdeckt ihre Ignoranz, die Schlager eingeschlossen. *Ramona!* *Ramona* ist vorbei! Überall wird die Melodie von *Blue eyes* geträllert:

> *Tears in my eyes*
> *Old blue heaven*
> *Five foot two*
> *Eyes of Blue*

In dieser magischen Stadt, in der ihr alles kostbar erscheint, landet Marguerite, als würde sie im Kostüm einer anderen Epoche auf eine Theaterbühne geschleudert, ohne den Text zu kennen. Was sie ist und weiß, nützt nichts. Im Grunde weiß sie nichts. Was wiegt das, was sie erlebt hat, vor all diesem hier? Worauf kann sie sich etwas einbilden? Was hat sie, um sich in diesem »erlesenen Reich« durchzusetzen? Eine Extravaganz in der Kleidung, die niemanden blendet. Sie ist lächerlich. Ist es nicht albern, den großen Ledergürtel an einem Seidenkleid zu tragen? Welch armseliger Einfall, wirklich! Er verformt das Kleid, zerknittert es, schiebt es hinten hoch, in diesem Aufzug inmitten solcher Vornehmheit aufzukreuzen ist schrecklich. Hier sind die Frauen Königinnen, nur sie ist grotesk. Sie fühlt sich schlecht. Abscheulich. Dumm und häßlich.

Am Boulevard Charner zieht eine dieser Schönheiten an ihr vorbei. Sie trägt ein Kleid aus Seide, schwarz und anschmiegsam. Der an den Hüften geraffte Rock ist knielang. Die Frau ist schlank, groß, sportlich. Kleid und Körper wirken unzertrennlich, wie verwandelt durch den schwebenden Gang von frappierender, ungeahnter Selbstsicherheit. Sie trägt hochhackige Schuhe. Keinen Schmuck. Die Anmut selbst. Als sie vorübergeht, hat Marguerite das Gefühl, verbrannt zu werden. Bestürzt bleibt sie stehen.[5]

Welch schwere Prüfung, diesen eleganten Personen zu begegnen, an ihren gepflegten Blumenbeeten, glänzenden Wagen, an ihren Terrassen vorbeizulaufen, auf denen sie vor ihren farbenfrohen Getränken, ihren Ventilatoren, ihren Orchestern sitzen und sich vom Jazz ihrer befrackten Musiker unterhalten lassen. Immer zwischen zwei Tanzabenden.

Sie sind hier zu Hause, und Marguerite fühlt sich verloren, als habe sie kein Recht, da zu sein. Bestimmt sieht man nur sie, diesen Fehler im Gemälde, und lacht darüber. Das ganze Gelächter der Stadt gilt ihr. Eine sie anstarrende und auslachende Jagdpartie von Prinzen bringt sie zur Strecke. Sie glaubt, vor Scham zu sterben.

So oft wie möglich kehrt sie in die Ruhe des botanischen Gartens ein. Hier ist die Vortrefflichkeit vor allem Sache der Natur. Die Blicke verweilen eher auf den Lotusblumen, den seltenen Essenzen, den Bonsai-Bäumen in den tausend Jahre alten Schalen aus blauem Huê-Porzellan. Und auf der eingesperrten Dschungelfauna. Hinter Gittern nimmt die Mehrzahl der Saigoner erstmals jene aristokratischen, einsamen Tiere wahr, die in hochmütigem Leiden regungslos auf dem kochendheißen Zement stehen..., während ein paar Schritte weiter auf dem anderen Ufer des Flusses, der den Park säumt, dieselben Tierarten in Freiheit die Rufe derer beantworten, die dort eingesperrt sind.

Das wirkliche Refugium aber ist der dunkle Saal im Eden-Cinéma am Nachmittag. »Die Nacht der Einsamen, die künstliche und demokratische Nacht des Kinos«[6] tröstet und macht die Ungerechtigkeiten wieder wett. Hier verliert und findet sich Marguerite zugleich wieder, wenn sie sich von jenem Bruder auf Abenteuer mitnehmen läßt, der ein unberechenbarer Filmvagabund ist und Chaplin heißt, der geistig Zurückgebliebene, der geniale Krüppel, der – wie sie – »die Menschheit als eine Verdammnis (begriff), der er sich überließ«.[7]

In dem dunklen Raum, wo sie zu ihrer Freude unsichtbar ist, verschlingt sie die Stars der Leinwand mit den Augen. Durch die Göttinnen mit dem perlmuttartigen Teint, dem mondscheinfarbenen Haar, den in die Marmorkörper gehauenen Kleidern, die die kühnsten Männer zum Erliegen bringen, bekommt sie die Ahnung einer Welt der Lust. Mit Herzklopfen erscheint sie zum Rendezvous der Liebenden, die sich unter ihren Augen sagen werden, daß sie sich lieben. Dann taucht er auf, er, den die Massen lieben, er, für den die Göttliche sich aufbewahrt hat, der einzige, der sie aus ihrer unglücklichen Schönheit befreien, ihren Blick erwecken, ihren Nacken lockern wird. Der sie berühren wird. Schließlich füllen die beiden Köpfe die ganze Leinwand aus, als würde die Liebe allein die Gesichter treffen. Sprachlos sieht Marguerite den Küssen zu, »wie ihre Kiefern erschlaffen wie im Tod und (...) ihre Lippen (sich) vereinen wie Polypen, sich zermalmen, in wilder Gier sich zu verzehren, einer im anderen aufzugehen versuchen bis zur vollständigen Vernichtung«.[8]

Sie denkt an die Boa im botanischen Garten, die jeden Sonntagnachmittag lüstern, phallisch ihr lebendiges Huhn verschlingt, sie vergegenwärtigt sich die Art, wie sie es einnimmt, es »mit wiegender Langsamkeit, voller Schauder vor der zurückgehaltenen Macht«[9] in sich gleiten, fließen läßt. Ohne ihr Beutestück auch nur zu packen, wird es in ihr zermalmt, verbindet es sich mit ihr in einer höheren Notwendigkeit...

In Vietnam werden Prostituierte »Tamarinden« genannt,

weil sich die Mädchen unter diesen Bäumen hergeben. So stellt sich Marguerite die Welt der Liebe vor, ein Eden, wo im kühlen Schatten der Tamarinden »körperliche Beziehungen in Form eines ruhigen und dabei orgiastischen Verschlingens, Verdauens und sich Paarens«[10] vonstatten gehen.

Der Anblick der Boa hätte sie bestimmt geängstigt, jagte ihr nicht die keusche alte Pensionsleiterin, die das Gegenteil abbildet, viel größeren Schrecken ein. Der Geruch des jungfräulich gebliebenen Körpers, so glaubt sie, zeuge von verborgenem Mangel und von Gemeinheit, eine bösartige Krankheit lasse ihn verwesen und bedrohe ihn mit dem »Gestank des Bedauerns«.[11]

Also weist ihre Zukunft eine eindeutige Alternative auf. Entweder so ein Fräulein-alles-nur-das-nicht werden oder sich der »strahlenden, heißen« Welt der Lust hingeben, einer schwierigen, grausamen Welt, der man jedoch genauso unmöglich widerstehen wie man das Leben verweigern kann.

Die Gewißheit, daß dieser Wunsch bei aller Unbestimmtheit ihres Schicksals in Erfüllung gehen wird, beruhigt und heitert sie auf. Sie sieht ihr Leben bis zum Schluß in blendender sinnlicher Erregung ähnlich der majestätischen Fülle eines Oratoriums ablaufen.

»Den Körper sich entdecken zu lassen«[12], um ihn so bald wie möglich vom »Schmutz ihrer Jahre«[13] zu reinigen, wird dringlich. Sie befürchtet, von der Keuschheit angesteckt zu werden. Sie hätte gern, daß die Soldaten, die sie aufreizt, sich nicht damit begnügten, sie anzulächeln.

Zugleich ist sie nicht allzu besorgt. Schlimmstenfalls bleibt ihr, falls nie ein Mann sie auffordert, ihm zu folgen, die Möglichkeit des Bordells. Als ihre Mutter zu zweifeln beginnt, ob sie einen Ehemann für sie finden wird, beruhigt sie sich mit dem Gedanken, daß es glücklicherweise das Bordell gibt. Das ist ihrer Ansicht nach ein ganz unschuldiger Ort, speziell geschaffen für Jungen und Mädchen »in ihrer Situation«, die um eine Ehe verlegen sind, wie auch für alle, die die gleichen Schwierigkeiten haben, »die Einsamkeit des Körpers loszuwerden«[14], und die gleichen Bedürfnisse empfinden, sich rein zu fühlen. Von der Käuflichkeit weiß sie gar nichts; für sie ist das eine Art ernsthaftes unzüchtiges Ritualbad.

Die Augenblicke, in denen sie nicht daran denkt, sind selten.

An dem Tag, an dem ihr Leben in Gang kommt, kehrt sie von einem Aufenthalt in Sadec zurück. Auf der Fähre ist sie aus dem Bus ausgestiegen, weil es darin unerträglich heiß ist und vor allem weil es ihr immer Angst bereitet, auf einem Schiff in einem Wagen eingeschlossen zu sein. Sie lehnt an der Reling. Sie schaut auf den Fluß, dieses Wasserungetüm, das wie Lava vom Himalaya heruntergekommen, gemächlich durch die stehenden Wasser der Reisfelder geströmt ist und alles mitführt, was seine tückische Kraft im Vorbeifließen losgerissen hat, alles, was der Boden seit dem Tonlé Sap nicht mehr wollte – Ausschuß der Wälder und Ebenen, Pflanzen, Hölzer, gefiedertes, behaartes Zeug, Leichen aller Arten und das Ganze vermengt mit Sträußen von Wasserhyazinthen, die frei an der Oberfläche tanzen, wie von der Natur dazu geschaffen, auf diesem Fest hübsch herumzuwirbeln.

Kein Ereignis kann mit der Anwesenheit des Mekong rivalisieren. Nicht einmal die Unbeschwertheit, die die komische Ladung auf jeder Fahrt hier bietet wie nirgendwo: Gelbe, Weiße, Reiche, Bettler, Karren und Limousinen... Sie sind auf demselben alten Kahn eingeschifft und derselben Laune der klapprigen Maschine unterworfen, die, als hinge ihre Ehre davon ab, würdevoll über das tief unten von einem vulkanischen Murren bewegte Wasser zieht.

Niemals in ihrem Leben, das weiß sie, wird sie wieder einem Fluß begegnen, der so phantastisch ist wie dieser. Die Bedeutung dieser Überfahrt ahnt sie nicht.

Ein Mann steigt aus seiner schwarzen Limousine. Die Vorstellung, die er von ihr hat, erreicht sie, noch ehe er sich ihr nähert. Sie spürt keine Arroganz, sondern schüchterne Zurückhaltung. Der Geruch des Geldes geht dem der Tussahseide voraus. Er sagt nichts, muß sich erst daran gewöhnen, den von ihr besetzten Raum mit ihr zu teilen. Dann die obligaten Worte: ... eine Zigarette? Ausgestreckte Hand, goldene Zigarettenspitze, englischer Tabak, Diamantenring. Das Gewicht der Millionen.

Er ist Chinese. Zurückhaltend gegenüber der jungen Weißen. Hier hat man Angst vor den Weißen. Als er auf sie zugeht, bemerkt er, daß sie in einem Bus für Einheimische reist und ziemlich ungewöhnlich gekleidet ist. Er sucht sich zu beweisen, daß seine Kühnheit ohne Schuld ist. Und er faßt Vertrauen: die Spuren Asiens fallen ihm bei der Französin auf, ihre scheinbare Hybridisierung, die Feingliedrigkeit ihrer Gelenke, ihre glatte Haut, ihr kräftiges Haar. Deswegen, weil ihnen Asien gemeinsam ist, wagt er es, sich ihr zu nähern. Auch versucht er, sie einzunehmen, indem er die Metropole heraufbeschwört. Er erzählt, daß er in Paris studiert, in Montparnasse gefeiert hat..., daß er Sehnsucht nach dem Leben in Frankreich hat.

Marguerite zeigt ein distanziertes Interesse, vielleicht hochmütig, aber ohne Verachtung. Allein ihr Blick kann nicht anders als erbarmungslos mokant sein. Der Mann begreift, daß er sie zwar gewinnen wird, doch um den Preis des Leidens.

Ohne ihn anzusehen, sieht Marguerite alles von ihm: die Schlankheit des Körpers, die schmalen Schultern, die unmännliche Muskulatur. Sie begegnet dem Gesicht: brennende Entschlossenheit und das jahrhundertalte, nie in Frage gestellte Bewußtsein, einer Elite anzugehören, dabei ein halbmondförmiges Profil mit fliehendem Kinn und fliehender Stirn, was ihm Zerbrechlichkeit verleiht, einen Zug von Entthronung. Der Mund ist schön. Er hat das Haifischlächeln eines spöttischen Kindes. Die Vertrautheit mit dem Besitz hat eine »kardinale Eleganz« in ihm heranwachsen lassen. Auch er wohnt in Sadec in einem Haus am Mekong, das jedem auffällt: die Fassade mit tetraederförmigen Keramikeinlagen gemustert, die Terrasse mit blauen Balustraden, die vom klassischen Inneren abstechen. Ein Juwel aus dunkel gelacktem Mahagoni und vergoldeten Hochreliefs, die Vögelschwärme auf Rebstöcken darstellen.

Er heißt Lê, Huynh Thoai Lê, und ist der dritte Sohn einer

steinreichen Mandarinenfamilie, das heißt der zweite Sohn, denn das fiktive erste Kind wird der chinesischen Tradition zufolge symbolisch den Göttern geopfert, um die tatsächliche Nachkommenschaft zu schützen.

Die exilierte Familie besitzt in Sadec auch die schönste Pagode von ganz Kotschinchina, deren Bau vom Vater begonnen und von Lê beendet worden ist. Sie ist mit denselben goldenen Vögeln wie das Haus am Fluß geschmückt und vor allem, ein prachtvolles Kunstwerk, mit riesigen Fresken aus weißem Marmor und Elfenbein, die die blutige Herrschaft von Dac Ki nachbilden, der wahnsinnigen Königin, die in ihrem Reich die Bücher verbieten und alle Schriftsteller massakrieren ließ.

Lê ist der Erbe des Vermögens, weil ihm der Vater eher als dem ältesten Sohn zutraute, seine Geschäfte weiterzuführen. Er gehört also zu der eng begrenzten Gemeinde der sehr reichen, gestürzten Chinesen, die Kaufleute geworden sind und das ganze Immobiliengeschäft der Kolonie beherrschen.

Dieser Mann bietet ihr alles, was sie erwartete. Das Geld und die Erfahrung mit Frauen. Die Würfel sind gefallen. Von allen Möglichkeiten wird er es also sein. Sie folgt ihm, sieht ein wenig düster das Warten, die Ruhe des Bedenkens, die Kindheit zu Ende gehen. Sieht sich unwiderruflich hinüberkippen in die Erfüllung ihres Begehrens.

Die Geschichte würde Marguerite so zusammenfassen: die Entjungferung der jungen Weißen. Wie erwartet und zugleich über ihre Erwartung hinaus. Der Chinese ist ein perfekter Liebhaber, das heißt vollkommen präsent und ohne Zukunft. Marguerites Rückkehr nach Frankreich ist für das Ende des Schuljahres 1931 vorgesehen, und Lê soll bald eine unbekannte junge Chinesin heiraten, die seine Familie für ihn bestimmt hat. Das Mädchen stammt wie er aus Nordchina, aus Fou-chouen, und bringt eine reiche Mitgift ein.

Wie etwas Allgemeingültiges ereignet sich die Liebe in einer anonymen Wohnung jener Häuserfluchten von Cho Lon, die sich alle gleichen. Gewissermaßen ein jüdischer Stadtteil von exilierten, solidarischen, zum Erfolg verdammten Chinesen.

Die Nähe zum Volk und das Geld: Marguerite fühlt sich dort wohl und zugleich schlecht, ist unfähig, das Durcheinander von Gefühlen zu entwirren. Wenige Worte werden ausgetauscht, keine Erklärungen, keine Versprechen. Es gibt nur die Kraft des Körpers, die völlige Hingabe an seine Lust. Eine Liebe, die sich für anderthalb Jahre von der Geschichte abschließt, unbefleckt bleibt von Sentimentalität und sprachlicher Weihe und sich ihr »ursprüngliches Dunkel« bewahrt. Restlos gerettet.

Vertraulichkeiten, vor allem ihrer Familie gegenüber, würden sie entstellen. Ein Asiate als Liebhaber... Undenkbar, ihrer Mutter das zu beichten. Vielleicht würde sie daran sterben. Ein Chinese, selbst ein bemerkenswert reicher, das bedeutet, noch tiefer zu sinken, das ist ein Angriff auf das, was sie als Geschenk des Himmels erlebt, ihre weiße Rasse.

Wenn Marguerites Verhalten sie aufhorchen läßt, so daß sie Verdacht schöpft, geht die Mutter mit Fäusten auf sie los, deckt sie mit Vorwürfen ein, beschimpft sie, ihre Chancen zu ruinieren, hier in der Kolonie, wo jeder alles weiß, jemanden zu heiraten. Soll sie doch »krepieren«, ihre Tochter!

Dann muß gelogen werden. Marguerite schwört ab, entrüstet sich über die Unterstellung, sie lasse sich von so einem häßlichen Mann und noch dazu von einem Chinesen berühren! Ein Gelber, nein, nie könnte sie das! Das würde sie anwidern. Ihre Mutter müsse den Verstand verloren haben, sie einer solchen Sache zu verdächtigen!

Sie pflegt ihre Lügen so, daß sie Madame Donnadieu über die tatsächliche Natur dieser Beziehung stets im unklaren läßt. Sie belügt sich selbst in bezug auf diese Liebe, ihr Begehren. Sie bleibt die bedingungslose Gefolgsfrau ihrer Familie, unfähig, sich ihrem Klan zu widersetzen.

Kurz gesagt, der Liebhaber ist das Geld und die Lust, die er spendet. Die Familie nimmt das Geld als »Lohn des Begehrens« und verachtet Lê für die Demütigungen, die ihm Marguerite auferlegt.

Sie verlangt das Geld sehr ungezwungen, mit derselben Unbekümmertheit, mit der er es ausgibt. Es ist weder eine

Bezahlung noch ein genauer Gegenwert dessen, was sie ihm umgekehrt dafür gibt: ihre Jungfräulichkeit als junges weißes Mädchen ist für einen Chinesen ein sehr kostbares Geschenk. Das Ganze hat mit ihrer Geschichte zu tun. Er hat das Geld, er greift mit den Händen in volle Taschen. Sie hat nichts.

Sie kann nicht die teuersten Restaurants von Saigon aufsuchen, sich in einer Limousine mit Chauffeur rekeln und dabei vergessen, daß man zu Hause Mühe hat, Essen zu besorgen und darauf verzichtet, Pauls Zähne behandeln zu lassen. Sie fühlt sich verpflichtet, Geld von diesem Mann zu nehmen und es ihrer Mutter zu geben, um das Unrecht zu reparieren. Sie käme sich wie »ein Miststück« vor, wenn sie es nicht täte.

Also kommt bei dem Liebhaber das Geld vor allem anderen, so glaubt sie wenigstens. Der Luxus des Automobils, dieses wunderbar komfortablen Salons auf Rädern, über den sie einschließlich Chauffeur nach Lust und Laune verfügen kann, der sinnliche Geruch von Tussahseide auf seiner Haut, die der des kleinen Bruders ähnelt, das ist es, was sie bei Lê bleiben läßt. Ein Kontext von Liebe. Doch von Liebe ist keine Rede. Vermutlich liebt sie über Lê China, sie, die Weiße an der Schwelle beider Welten. Mehr als der Chinese ist es Asien, das sie überfällt. Doch ihn zu lieben, daran denkt sie nicht.

Nichtsdestoweniger bildet sie sich etwas ein auf diese Emanzipation ohne Vor- und Rücksichten. Sie ist stolz darauf, dem Verruf ausgeliefert zu sein – weil er Chinese ist und das tut, was er tut. Damit entkommt sie allen, ihrer Mutter, ihren Mitschülern, Thoai Lê selbst. Als Verbannte fühlt sie sich an ihrem Platz, mit sich selbst stimmig. Sie sieht sich als Tochter ihrer herrlichen Vorgängerin, von der weißen Kolonie aus ähnlichen Gründen desavouiert, »der Schande eines tödlichen Genusses ausgeliefert«[15]: Elisabeth X. Beide im Skandal an den Pranger gestellt, marginalisiert, vom Schein der Ungnade umgeben.

Von Zeit zu Zeit sieht sie sie noch in Saigon, wie sie alleine in ihrer Limousine sitzt. Jede Begegnung verfestigt ein stark und ausschließlich poetisches Bild. Marguerite läßt es bei ihrem Roman des Lebens von Elisabeth X bewenden, mit der Realität kann sie nichts anfangen.

Von den enttäuschten Ambitionen ihrer Heldin weiß sie nichts. Nie stellt sie sich Fragen zu ihrer Situation als Gattin einer der einflußreichsten Personen der Staatsmacht. Und sie zieht offenbar auch keine Verbindungen zur Politik des Ehemannes, über die die Zeitungen, ohne ihn beim Namen zu nennen, breit berichten.

William X ist ein mächtiger Mann in Indochina, auch wenn er nie Gouverneur werden wird: ein erstklassiger Verwalter, der die Aufsicht über die politischen und administrativen Belange Kotschinchinas führt. Bei feierlichen Anlässen vertritt er den Gouverneur. Er ist der eigentliche Leiter der Polizeiaktionen im Verlauf jener beiden furchtbaren Jahre, 1930 und 1931, als Marguerite in Saigon lebt. Später wird William X zum Verwalter der Provinz von Cho Lon ernannt werden, wo er die untätige Polizei reorganisieren soll, die es erlaubte, daß »die Herren Bolschewisten« am hellichten Tag ihre Propaganda betrieben und der Zensur trotzten. Als Marguerite, das Buschkind, in die Stadt zieht, hat die kommunistische Agitation ihren Höhepunkt erreicht. Die Kolonisten werden ungeduldig, die Ruhe kehrt nicht wieder ein. Kein Tag vergeht, an dem die »Revolutionslehrlinge« nicht die Schlagzeilen der Zeitungen bestimmen. Um jeden Preis sollten die Sicherheitskräfte die Ordnung wiederherstellen, fordert die öffentliche Meinung. Ab Dezember 1930 wird Saigon mit Razzien gesäubert.

In den Kommissariaten und Gefängnissen wendet man systematisch Folter an, wobei es die Franzosen ihren einheimischen Untergebenen überlassen, sie durchzuführen. Auf die Schläfen pressende Zangen, um die Augen hervorspringen zu lassen, Stockschläge auf die Fußsohlen, Nadeln unter den Nägeln... Jede Abteilung des Sicherheitsdienstes hat ihre Spezialität: in Cho Lon schlitzt man mit Rasierklingen lange Furchen in die Beine, stopft Watte in die Wunden und zündet sie an. In Sadec werden die jungen Frauen vergewaltigt, Ameisennester in ihre Scheide eingeführt.

Die Inspektoren der Sicherheitsdienste geben Befehl, jeden zu erschießen, der beharrlich schweigt. Mord wird zur gängigen Praxis, einfach um die Überfüllung der Zellen zu vermeiden. Um Platz zu schaffen, werden jeden Abend Häftlinge umgebracht.

In einem Prozeß gegen Fremdenlegionäre, die dafür verantwortlich waren – aber freigesprochen wurden –, willkürlich ergriffene Vietnamesen ermordet zu haben, um den Tod ihres Unteroffiziers zu rächen, erklärt einer der Angeschuldigten, er habe lediglich seinen Vorgesetzten nachgeeifert, die »Spaß« daran hätten, mit einem »vorschriftsmäßigen« Messer »Köpfe abzuschneiden«.

Mit dem Aufstand von Yên Bai erreicht der Wahnsinn seinen Höhepunkt. Am 10. Februar 1930 meutern einheimische Schützen der Garnison, weil sie die Brutalitäten ihrer Vorgesetzten nicht mehr ertragen können und für die nationalistische Sache gewonnen worden sind. Sie ermorden zehn französische Offiziere und Unteroffiziere in deren Wohnungen und versuchen anschließend die militärischen Einrichtungen der Stadt einzunehmen. Am selben Tag findet in Hanoi ein Anschlag auf die Räumlichkeiten des Sicherheitsdienstes statt.

Die Repressalien setzen unverzüglich ein. Das Dorf Co Am, das im Verdacht steht, den Beschuldigten als Zuflucht gedient zu haben, wird von fünf Flugzeugen vernichtet. Etwa sechzig Bomben werden auf die Einwohner geworfen, während das umliegende Land mit Maschinengewehren abgemäht wird: ist nicht einem annamitischen Grundsatz zufolge die Gemeinde »ein lebendiges Ganzes«?

Tausendvierhundert Anhänger der nationalen vietnamesischen Partei werden noch vor dem Monatsende festgenommen, achtzig Todesstrafen ausgesprochen. Die dreizehn Anführer werden sofort enthauptet. Unter ihnen der Leader und »große Lehrer«, N'guyên Thai Hoc, ein sechsundzwanzigjähriger Akademiker, der schon lange in Abwesenheit verurteilt worden war, weil er Sprengstoff von anderer Beschaffenheit an das Generalgouvernement geschickt hatte: Briefe, ökonomische Projekte, Reformpläne. Zuletzt, und ohne Empfangsbestätigung, diesen an die Abgeordneten gerichteten Appell:

»Meine Herren (...) Meine Brüder leiden unter Ihrer Herrschaft, meine Rasse ist in ihrer Existenz bedroht. Ich habe daher das Recht, mein Land und meine Brüder zu verteidigen. (...) Wenn die Franzosen ungestört Indochina besetzen wollen, dann müssen sie von nun an: auf jede brutale und unmenschliche Methode verzichten, sich als Freunde der Annamiten und nicht mehr als grausame Herren verhalten; sich bemühen, das moralische und materielle Elend zu lindern, indem sie den Annamiten die elementaren, individuellen Rechte zurückgeben; nicht länger die übermäßige Gebührenerhebung der Beamten und deren schlechte Sitten begünstigen; dem Volk Bildung geben...«

Mehrmals im Monat finden in Saigon öffentliche Aufführungen statt. Es wird hingerichtet. Die »Balken der Gerechtigkeit« werden mitten auf einem von freundlichen Gebäuden eingerahmten Fußballfeld aufgebaut. Die Zuschauer kommen meistens im Pyjama. Vor einer riesigen Menschenmenge sterben die Revolutionäre mit dem Ruf »Viet Nam! Vaterland des Südens!«, entsetzt über diese Enthauptung, die nach ihrem Glauben die Seelen zum ewigen Umherirren verurteilt. Dann wird der Kopf der »bolschewistischen Hydra« dem Publikum gezeigt. Der Henker wirft ihn auf den Boden und stößt ihn mit einem Fußtritt weg.

In Saigon kann das niemand, selbst wenn er blind oder taub ist, nicht wissen. Auch Marguerite Donnadieu, das ist sicher, weiß davon. Sie wird das nie erzählen. Doch später wird sie beweisen, daß sie die Lektion behalten hat.

Als sie im Begriff ist, Indochina zu verlassen, scheint die indochinesische kommunistische Partei »enthauptet« zu sein.

1930 hat es 2963 Festnahmen gegeben, darunter 83 Todesurteile. 693 Demonstranten sind von der einheimischen Garde und der Fremdenlegion umgebracht worden.

1931 sind es 5872 Festgenommene, 86 Todesurteile, davon 38 vollstreckt. 1683 Tote auf Demonstrationen. 10 000 politische Gefangene.

Am 1. Mai 1932 gibt es in ganz Indochina keinen Zwischenfall. Die Sicherheitskräfte haben gute Arbeit geleistet.

Saigon modernisiert sich.

Das Eden-Cinéma wird vollständig renoviert.

Docteur Yersin, der große Sieger über die Pestkrankheit,
versucht Edelweißblumen auf den Bergen Indochinas zu ak-
klimatisieren.

VI.
Abschied von Indochina

Nie wieder Indochina. Ahnt sie es?
Marguerite emigriert nach Frankreich. Sie kommt sich wie abgeschoben vor.

Sie geht, innerlich zerrissen und ohne Trauer. Was dieses Land ihr geben konnte, hat sie, nimmt sie mit. Was dieses Land ist, ist sie.

Als das Schiff den Hafen von Saigon verläßt, hat sie dennoch das Gefühl, mit nichts zu gehen und all ihre Erinnerungen dort zu lassen, an dem Ort, wo sie entstanden sind, und in dem Land ihrer Geburt, das ganz der Kindheit vorbehalten zu sein scheint.

Die einzige unvollendete Geschichte ist die des Chinesen Lê. Eine gelogene, verratene, vom Unwohlsein vergiftete Geschichte. Aber vielleicht taugt sie schon zum Weinen. Sie betrachtet sie aus der Entfernung, und die Gewißheit des Leidens ihres Liebhabers ist wohltuend. Sie fragt sich, wie er sich mit dieser Trennung abfinden wird. Wie mit der Frau aus Fou-chouen? Wie mit dem Körper der Frau? Sicher wird ihn die Erinnerung lange daran hindern, zu lieben und zu begehren. Lange werden die Gesten der Liebe in jener unheilbaren Verletzung von Glück stattfinden. Er ist zum Abschied an den Hafen gekommen, sie sieht ihn zusammengesunken auf dem Rücksitz seiner Limousine sitzen. Und ähnlich niedergeschmettert, untröstlich in dieser aufgezwungenen Ehe. Später wird er zusehen und Wege finden, um nicht daran zu sterben.

Er wird wieder junge Mädchen am Ausgang des Chasseloup-Laubat-Gymnasiums abholen. Er wird sie in jene Wohnung von Cho Lon führen. In Wirklichkeit wird er sich an sein Begehren nach ihr erinnern: sie wollte, daß er über den Umweg anderer Körper zu ihr kommt. Er wird es versuchen. Nie hat er begriffen, was sie ihm sagen wollte, wenn sie ihn bat, sie auch so zu lieben. Er hat das zur Praxis entwickelt. Es ist für ihn zur Droge geworden.

Die chinesische Ehefrau aus Fou-chouen hat ihm Nachkommen geschenkt. Doch die ständige Demütigung hat sie wahnsinnig gemacht. Weder von seiner Untreue noch von ihrer Internierung hat Marguerite jemals erfahren.

Auf dem Schiff der Rückkehr reist die Familie erster Klasse auf Kosten der Verwaltung Kotschinchinas. Einen Monat lang lungert man zwischen den Wohlhabenden herum, die von morgens bis abends in Schale sind. Doch hier hat es keine Bedeutung. Paul ist natürlich auf den Spuren einer Frau verschwunden. Der kleine Bruder entfernt sich. Er will »atmen können«. Die Trennung nimmt zu. Zuweilen glaubt Marguerite, daß sie ihn nicht wiedersehen wird.

Madame Donnadieu hat eine zwölf Monate während bezahlte Beurlaubung bekommen. Für Paul und sie wird die Reise nach Frankreich nur ein Aufenthalt sein. Sie wollen Marguerite auf französischen Boden bringen und ohne sie nach Indochina zurückkehren.

In Frankreich ist der sich abzeichnende Krieg die große Unbekannte. Der Zwangsgedanke der Mutter. Sie ist sich sicher, daß er kommen wird. Schon seit Monaten redete in Indochina jeder davon. Jede Woche wurden neue Analysen, neue Prognosen veröffentlicht. »Wie wird der Krieg sein?« Man sagte voraus, er werde wissenschaftlich, fürchterlich und aus der Luft geführt werden. »Das Gas! Das Gas! Das Gas!« hieß es, und man zeigte Fotos von Soldaten mit Masken.

Marguerite ist aufgerieben, und sie segelt zwischen Asien und Europa auf jenem Ozean, der den Globus bis zum Südpol beherrscht. Sie könnte beschließen, nie wieder an Land zu gelangen, bei den vorausgesagten Ereignissen abwesend zu sein. Hier am Äquator, an der rundesten Stelle der Erde, zu verschwinden.

Fast bei jeder Überfahrt geht jemand über Bord. Mal ist es nur der Trick eines Deserteurs. Mal ein Spieler, der betrunken von der Reling stürzt. Oft ein Selbstmord. Sie erinnert sich an den Sohn des Verwalters in Sadec, einen siebzehnjährigen jungen Mann, der sich mitten in der Nacht ins Wasser gestürzt hatte. Er konnte nicht mehr gefunden werden. Zu schnell hatte ihn das dunkle Wasser verschlungen. Mit siebzehn Jahren, im gleichen Alter wie sie, hatte er hier, am Nullpunkt des Planeten, beschlossen, mit dem Leben aufzuhören. Der Tod dieses jungen Mannes kommt ihr jetzt ins Gedächtnis, während durch die beleuchteten Bullaugen des Schiffes ein Chopin-Walzer in der Nacht losbricht, Musik, die mit der Emphase eines Schlußworts ins Universum geworfen wird. Marguerite begreift sie als »eine Weisung des Himmels, (...) einen Befehl Gottes, dessen Inhalt man nicht kannte«.[1] Sie hält ihr Gefühl nicht länger zurück. In diesem Augenblick geschieht, was sie sich ein halbes Jahrhundert lang bis in ihr Alter nicht mehr gestatten wird. Ihr Stolz, die Scham, die Angst, all ihre hartnäckigen Widerstände geben nach, und endlich läßt sie das Weinen zu. Sie läßt den Gedanken an den Mann aus Cho Lon wieder hochkommen, lebhaft, nackt, schlicht wie die Gewißheit zu lieben.

Sie meint, seine Asche ins Meer zu werfen.

Als sie sich dem französischen Territorium nähert, hat sie alles abgeworfen.

Marseille. Das nächstes Ziel ist Vanves. In diesem Vorort bekommen die Donnadieus eine Wohnung der Stadt Paris zugeteilt. Eine Wohnung im siebenten, letzten Stock eines Turms, der neben anderen verstreut im Grünen steht. Marguerite blickt nach unten auf den »Wald« vor dem von Fabrikrauch geschwärzten Betonblock. Sie findet die Höhe schwindelerregend. Sie geht nie hinunter. Vanves ist der Übergang, eine graue Klammer vor der Abreise zu den Ferien in der Dordogne.

Marguerite wartet auf die Rückkehr nach Le Platier. Nach Hause. Dank Émile Donnadieu kommen die kleinen Weißen aus Indochina nicht vollkommen mittellos in dieser französischen Wüste an. Das vorgefundene Erbe beweist, daß sich der Vater vor seinem Tod um sie sorgte. Es gibt also einen Ort, der ihnen persönlich gehört. Einen Besitz, aber auch Erinnerungen, eindeutige oder mythische Bilder, die der Prüfung durch die Zeit unterworfen worden sind. Zehn Jahre.

Für Marguerite ist Frankreich und besonders die Gegend von Duras die wiedervereinigte Familie. Daß sie einen gehaßten Bruder wiedersieht und vor allem auf einen Menschen trifft, der inzwischen schon lange gestorben ist. Duras ist das Land des Vaters, wenn auch bisher nur der Ort seines Grabes, seiner verschütteten Existenz. Ein Ort, der eine ungelebte Liebe, eine ungelebte Geschichte, ein ungelebtes Leben bewahrt. Duras ist die »Dunkelkammer«, in der die Negative des Familienalbums unentwickelt liegengeblieben sind.

Marguerite kommt entwurzelt an, unter die Kindheit hat ihr Gedächtnis einen Strich gezogen. Sie setzt sich dieser bedeutenden Neuigkeit aus, bietet sich ihr sogar an.

Damit beginnt also das Leben in Frankreich. Mit der Wiedergeburt von Émile Donnadieu. Und mit weißen Seiten davor.

VII

Marguerite in Duras

Marguerite erreicht Duras. Sie findet die ausgetrocknete Mündung und die festen Ufer eines zum Meer zurückgekehrten Flusses wieder. Hier hat die See aufgegeben. In den Dünen aus grauem Sand und Muscheln hat eine endgültige Vegetation ihre Wurzeln geschlagen. Eichen, Wein, Pflaumenbäume.

Auf dem kleinen Friedhof von Lévignac-de-Guyenne sucht sie das Grab ihres Vaters auf. Er ruht unter der gefälligen Inschrift »Leiter des Schulwesens von Kotschinchina« in der Familiengruft seiner ersten Frau, Alice Rivière. Für seinen Seelenfrieden hat Émile Donnadieu sie vorgezogen, jener anderen Frau treu gedacht, die in der schlammigen Erde des Tonking begraben ist.

Ausgeschlossen, die Viererbande aus Phnom Penh. Mit dieser öffentlichen Inszenierung sichtbar geleugnet, einer verweigerten Trauer überlassen. Und als solle Marguerite damit gequält werden, entdeckt sie ihren Geburtstag, den vierten April, als Todesdatum des Vaters im weißen Rechteck der Grabplatte eingraviert. Hier ist es für alle Zeiten immer der vierte April. Von nun an wird Marguerite den Frühling für die schreckliche Niedergeschlagenheit anklagen, die sie jedesmal, wenn er anbricht, überfällt, sie wird die verführerische Natur dafür beschimpfen, die Angst vor dem Tod zu erwecken. Nie wieder Angst vor dem Sterben.

Das junge Mädchen kennt nicht die Geschichte ihres Vaters. In der Region hält sich hartnäckig das Gerücht, Émile Donnadieu sei ein Schürzenjäger gewesen und Alice habe darunter gelitten. Man hielt sie für geschieden und erfuhr erst spät, daß sie in Indochina gestorben war. Marguerite ihrerseits entdeckt die intakte Bindung des aufgelösten Paares. Sie nimmt wahr, was jenseits dieses Friedhofs erklärt wird, eine ihr unbekannte Liebe. Versteinert steht sie vor dem infernalischen Loch, diesem heiligen Etwas, in dem der »tausendjährige Schläfer«[1] den Toten mimt. Ort des Gedächtnisses und des Vergessens. Ortloser Ort. Unauffindbar. Unlebbar. Ort der absoluten Abwesenheit. Ort ohne Gott. »Ort des Schreibens selbst.«[2]

Sie erklärt sich nicht, weshalb sie den Namen des Vaters so verabscheut, daß sie ihn nicht einmal aussprechen kann. Donnadieu, dieser Name aus dem Waisenheim, der »den Zwangsgeruch« von restlos der Frömmigkeit hingegebenen Körpern trägt – soll ihn doch der »Père-Lachaise« behalten! Im hellen Glanz dieses Augustmonats, in dem die Welt und deren Kehrseite dieselbe souveräne Reglosigkeit ausstrahlen, grüßt nichts die Existenz Marguerites. Sie selbst sieht sich unsichtbar, wie eine nicht identifizierbare »Luftdiebin«.[3] Mit einer Geschichte, die sie widerspruchslos zu übernehmen hat.

Zornig in dem Nichts gefangen, das sie ist, weist sie mit staunendem Grauen vor einem gefährlichen Freiraum diesem Abgrund eine »verschlingende Klarheit« zu. Alles ist entschieden. Sie weiß noch nicht, daß sie es weiß. Sie steht in der unbefleckten Leere, dem Raum der Schöpfung, in der Verpflichtung, sich selbst zu schreiben. Jene Vergangenheit, von der sie gerade glaubt, sie habe keine Spuren hinterlassen, wird sie aus dem Handgelenk beherrschen, schön und wahr machen, damit sie ihr gefällt, und sie erfinden, um sich endlich von ihr zu lösen. Stets vergebens. Marguerite, Tochter des Unbenennbaren, aus dem Stein heraus entstanden, von einem Toten geboren, ist bereits Duras. Wie sie es schon immer gewesen ist.

»Festung an diesem Ort« heißt Duras auf okzitanisch. Sie träumt davon, sich hier ihre Einsamkeit zu erbauen, »den größten Palast der Einsamkeit, den man je sah, den eindrucksvollsten«[4], um dort beispielhaft ein »wunderbares Unglück«[5] zu pflegen.

In diesem Jahr erschüttern heftige Hitzegewitter Aquitanien. Den Périgord hat ein Zyklon heimgesucht. Die Natur hat gelitten. Die Straße von Sarlat ist gesperrt. Ein anderes Unwetter trifft jetzt die Pariser Region. Man zittert um die Pagoden, die Tempel..., um das riesige Papptheater auf der Kolonialschau in Vincennes.

Die exotische Marotte ist in vollem Gange. Das Mutterland empfängt die Bewohner seiner Kolonien, wie man sich für ein Treffen entfernter Verwandter aufopfert, das glücklicherweise Vorteile verheißt. Dafür hat es sich in Unkosten gestürzt.

Marguerites Indochina, allerdings als *Trompe-l'œil*, ist mit dabei. Es gibt die Pfahlbau-Bungalows von Kampot; vietnamesische Bäuerinnen mit konischen Hüten und Kleidern aus braunem Stoff, die an den Schenkeln hochgekrempelt sind, waten durch ein nachgestelltes Reisfeld; das Heim für Leprakranke von Qui-hôa sammelt mit einer Lotterie für die Notleidenden. Genau wie dort. Und als Höhepunkt der Darbietung eine exakte Replik des Tempels von Angkor Vat. Sechs Jahre haben die Bauarbeiten gedauert. Ein unvorhergesehenes Detail, das allerdings den Realismus der Rekonstruktion vervollständigt: im annamitischen Lager der *Exposition* werden illegal kommunistische Flugblätter verteilt, was die Behörden als verächtliche Unhöflichkeit betrachten.

In Duras bietet das Rathaus den Leuten aus der Gascogne günstige Busreisen, um in Vincennes die nationale Größe zu beschnuppern. Man fährt hin, fotografiert die Kontinente und den Gemahl auf dem Rücken eines Dromedars. Nach der Rückkehr greift man zu Hacke und Spaten mit der Zufriedenheit von Kolonialherren. Der Panther auf Plakaten verkauft allmählich alles: Schuhcreme, Stärkungsmittel und Mäntel. Die Kürschner setzen ihre Ware mitten in den Hundstagen ab. Auf seiner Tournee präsentiert der Zirkus Pinder seine von Straßhänden gezähmten Raubtiere in der Manege, und die Vorstellung schließt mit einer Kolonialparade. In den Schulbüchern fürs nächste Schuljahr werden die Illustrationen mit typischen Eingeborenenprofilen überarbeitet.

Welche Verbindung könnte Marguerite von diesem Asienkitsch, in den die Leute vernarrt sind, zum Zauber ihrer Vogelebene ziehen, zu den Legenden des Waldes, den königli-

chen Tropennächten und zu all den unvorstellbaren Plagen ...
Zu dem für sie schönsten Land des Planeten?

Die junge Kreolin entrüstet sich nicht über soviel Schwindel.
Vermutlich sticht diese Komödie vom Durchschnittsdenken
der Kolonie nicht besonders ab. Hingegen öffnet sie ihr die Augen für eine geographische Realität, die sie bisher nicht wahrgenommen hat. Frankreich ist nicht nur die Metropole und
Indochina, nicht nur zwei Länder, die wie siamesische Zwil-
linge ausschließlich aneinander gebunden sind. Die imperiale
Republik besteht aus weit mehr Teilen und preist die Brüderlichkeit zwischen all ihren Völkern an. Marguerite ist dafür
nicht unempfänglich. Noch empört es sie nicht, daß Gleichheit
und Freiheit nicht auf der Tagesordnung stehen. Sie macht sich
mit dem Willen aller Franzosen vertraut, das Bild ihres Reiches
zu verherrlichen. Wie um sich für die indochinesische Misere
zu revanchieren, schließt sie sich stolz dem Lager an, das ihr
in Indochina nur halb zugestanden wurde: der Gesellschaft der
Weißen. Das Exil macht sich nicht bemerkbar. Niemand erinnert sich daran, daß sie das Land, aus dem sie gekommen ist,
überhaupt erwähnt hat. Man schloß daraus, das Leben in den
Kolonien hinterlasse auch keine stärkeren Spuren als die
aktuellen Jahrmärkte. Nach so vielen Jahren Abwesenheit
taucht Marguerite mühelos in das Abendland ein.

Im Grunde kehrt die kleine Donnadieu in den Schoß der
Familie zurück. Jetzt ist sie eine junge Frau. Aber sie ist so
klein geblieben, daß man die Gewohnheit beibehält, sie wie
ein Kind Nénée zu nennen.

Nénée hat man nicht vergessen. Vor allem, ja, ihre ungewöhnliche Lebhaftigkeit. Und dieser endlose Blick – ganz ihr
Vater, nicht einfach weil sie ihm ähnlich gewesen wäre, sondern weil sie ihn vollständig in ihren Augen aufgenommen zu
haben schien. Auch lieb, unglaublich, richtig lieb. Und zum
Totlachen, wie sie immer die Lebensgewohnheiten der Gegend annehmen wollte. Ach, Nénée und ihre Holzpantinen ... Unbedingt wollte sie welche anziehen. Laufen
konnte sie damit aber nicht. »Weißt du noch, Nénée, was haben wir gelacht über die Holzpantinen?«

In diesem Sommer fasziniert die junge Fremde. Sie ist sehr hübsch mit ihrem goldenen Teint und ihrem diabolischen Charme. Wo sie erscheint, erregt die Heranwachsende, die sich für glanzlos hält, Aufsehen. Die Mädchen beneiden jene Anmut ohne Überschwang, die in den Herzen Verwirrung stiftet. Und das, obwohl aktuell eher eine helle, dank der tollen Tokalon Gesichtscreme – »drei Tönungen in drei Tagen« – sogar gebleichte Haut chic ist.

Marguerite entdeckt die Drosseln und andere vergessene Vögel neu. Sie erkennt im hohen Quercy eine Landschaft wieder, an die sie sich bisher schlecht erinnerte. Dieselben Felder, dieselben Höfe, dieselben Dörfer wie beim letzten Aufenthalt. Ein Fortbestand, der sie rührt. Sie betrachtet die zitternden Wipfel der Pappeln in der vor Hitze blassen Luft. Hier haben die Bäume nicht jene Musikalität, eher eine mineralische Robustheit. Sie lauscht dem Schweigen des Landes, das allen Lärm bedeckt, ähnlich wie dort das Geräusch des Meeres. Hier hat das Leben nicht jene Zurückhaltung des Vorübergehenden. Die Menschen besetzen ihren schlammigen Boden mit der Sicherheit des Ewigen.

Trotz allem ist es besänftigend, Ferien von sich selbst zu machen, in einer elementaren Gegenwart hinter dem Schutz fester Mauern, außer Reichweite, unterzuschlüpfen. Nichts widerspricht dem Eindruck, daß die Jahre hier – ein, zwei, drei, vier, Dutzende? – damit vergehen werden, das Grün der Erde wachsen und wieder vergehen, das Leben der Menschen anfangen und wieder enden zu sehen. In diesem Warten, das sich in langer Weile zusammenrollt, manifestiert der unbezähmbare Körper seine Anwesenheit. Ein Körper, Beine, Brüste, ein Bauch, so was ist turbulent. Und weise. Weiser als die Philosophie. Auch gelehrt. Es ist das ganze Wesen, reduziert auf seinen am meisten wahren, einzigartigen und also beruhigenden Ausdruck. Marguerite betrachtet sich, und dieses zufällige Ich, das unter Millionen von möglichen anderen ausgesucht ist, das all diese und zugleich unersetzbar ist, rührt sie. Ich anstelle von Nichts. Und nichts anstelle von Ich. Aus Spaß beginnt sie zu existieren. Dieses »kleine Feld von Fleisch, (in dem) alles vor sich gegangen ist und (alles) vor sich gehen (wird)«[6], will nicht untröstlich sein, es will sich bewegen, gesehen werden, lieben, kennenlernen. Vor allem verführen. Seit sie sich mit den Schönheiten von Saigon verglichen hat, behält Marguerite das Gefühl, daß sie nicht gefallen kann. Sie meint immer, Neugier wecken zu müssen, um gesehen zu werden. Auch wenn es ihr widerstrebt, ein Stück von sich selbst preiszugeben, eine Bewegung, ein Lachen, die sie vulgärer Einflußnahme aussetzen.

Die Donnadieus haben sich nicht zu Hause eingerichtet. Le Platier, seit zehn Jahren verlassen, ist unbewohnbar geworden. Das Gebäude aus dem 17. Jahrhundert hat zwar seine Herrlichkeit bewahrt, es ist aber nicht wasserfest. In den Zimmern wächst Gras zwischen den Dielen. Unter dieser Nachlässigkeit hat das ganze Anwesen gelitten. Die Obstbäume und die Weinstöcke tragen zu geringe Ernte und bringen nichts ein. Den Park hingegen hat die Vernachlässigung nur noch schöner gemacht. Die Tannen und die seltenen Bäume, wie der hier unbekannte Ginkgo Biloba, stehen unerschütterlich im Gestrüpp. In seinem jetzigen Zustand kostet der alte Bau die Eigentümer nichts, aber sein Unterhalt hat alle ruiniert, die ihn vor ihnen besessen haben. Es ist klar, daß das Eigentum nicht lange in der Familie bleiben wird. Die Mutter bedauert es. Sie hat Le Platier liebgewonnen. Es besiegelt eine Vergangenheit, die sie nie verlassen hat. Und obendrein verleiht diese sichere, loyale, gute Erde den Habenichtsen aus Indochina einen Adel, den sie als anerkanntes Wesensmerkmal anlegen. Hier sind sie Herren, mit denen zu verkehren für andere schmeichelhaft ist. In der Kirche gibt es eine für sie reservierte Bank, und die leere Reihe unterstreicht ihre gesellschaftliche Vornehmheit. Trotz ihres für die Leute im Dorf unvollkommenen Rufs drücken die Donnadieus mit dem hochmütigen, müden Gesichtsausdruck, der ihnen gemeinsam ist, den Stolz einer anderen Rasse aus.

Pierre und Paul, die beiden wieder vereinten, jetzt weniger kriegerischen Brüder, führen ein autonomes Junggesellenleben. Marguerite und ihre Mutter haben sich bei ihren nächsten Nachbarn, den Bousquets, einquartiert, reiche Bauern, die eine der beiden Pachten und im Laufe der Jahre über die Hälfte des Besitzes aufgekauft haben. Die Bousquets denken, daß sie sich in dem großen väterlichen Haus verloren fühlen, trotz des Teakholzes, der lackierten Gegenstände, des Perlmutts und der aus Indochina mitgebrachten Tierfelle. »Tigerfelle« seien vor dem Verkauf von Le Platier versteigert worden, heißt es, um Pierres Schulden zu begleichen. Jedenfalls stellen sich die Nachbarn vor, daß dieser mit Erinnerungen an zwei Betten befrachtete Ort sie verwirre. Der Ort, wo der Vater gestorben ist.

Bei jeder Rückkehr steht ihnen hier die Tür offen. Marie Bousquet ist in der ganzen Gegend für ihre Gastfreundschaft bekannt, und die Donnadieus zu empfangen, hat für sie auch noch den Vorteil einer Annäherung zwischen Marguerite und ihrem Sohn Roger. Zum einen bietet sie »die beste Partie der Region«[7], er ist vermögend und sieht gut aus; zum anderen kann sie davon die volle Inbesitznahme von Le Platier erhoffen. Recht bald ärgert sich Madame Donnadieu über die Ambition der Bäuerin und macht sich Vorwürfe, ihre Gastfreundschaft angenommen zu haben. Doch gibt es offensichtlich keine bessere Lösung. Man wird die kleinen Reibereien und schlimmer noch die drückende Langeweile dieses Hauses ertragen müssen, das »die« Bousquet dominiert, eine zielstrebige Frau, die ihrem Sohn eine pathologische Leidenschaft entgegenbringt. Zwischen der sentimentalen Heftigkeit von Marie und der trägen Reglosigkeit von Roger verdichtet sich eine unausstehliche Atmosphäre in der ehemaligen Pacht wie bei einem ausweglosen intimen Drama.

Außerhalb der Essenszeiten gehen die Donnadieus ihren Gastgebern aus dem Weg. Früh am Abend, wenn Vater Bousquet diskret wie ein Diener aus dem Stall zurückkehrt, nehmen sie schweigend, wie auf dem Land üblich, das Essen ein. Aus Gleichgültigkeit oder Feigheit und um des eigenen Friedens willen hat er sich für die Flucht in die Arbeit entschieden. Dafür zahlt er den Preis, für geistig zurückgeblieben gehalten zu werden. Doch allein ihn und seine rührende Schwäche sieht man mit Freude.

Marguerite hält Roger trotz einer Vertrautheit, die auf ihre Spiele als Kinder zurückgeht, auf Distanz. Mit Ekel sieht sie, wie der junge Mann in der Zufriedenheit eines Versorgten verblödet, und irritiert nimmt sie auf, wie er stets um seine Wirkung besorgt ist.

Roger hat die höhere Schule besucht, was ihn im Dorf mit einer gewissen intellektuellen Aura umgibt. Man sieht ihn nie, und seine Mutter achtet darauf, daß er sich mit niemandem einläßt. Er lebt also zurückgezogen in fleißiger, wohlhabender Einsamkeit, obwohl er Arbeiter beschäftigen könnte. Doch er zieht es vor, von dem Geiz der Bousquets einmal abgesehen, selber bis zur Erschöpfung zu arbeiten. Nichtsdestotrotz entkommt er nicht der tristen Monotonie, in die sein Leben immer tiefer gerät.

Die Ankunft dieses aus der Fremde gekommenen, im vollen Glanz seiner Frühreife stehenden, sinnlichen Mädchens ist ein großes Ereignis für den wortkargen Jungen. Leider flüchtet sich Marguerite alleine in ihren Park. Jeden Nachmittag verbringt sie im Schatten einer Tanne. Rührt sie sich, dann ohne Eile. Um sich ein Ziel zu setzen, schlendert sie mal mit gerecktem Oberkörper zur Tochter des Pächters, die die Kühe hütet. Sie beugt sich keiner Verpflichtung. Sie lebt dahin, unterscheidet sich von ihrem Wesen her von diesen reich gewordenen Bauern, die ständig Beschäftigungen nachgehen. Sie fühlt sich von einer souveränen Armut. Das in Indochina aufgewachsene Mädchen mag die prachtvolle Bedürftigkeit. Die herausragende Bedürftigkeit.

Daß die Tochter von Émile Donnadieu eines Tages von sich reden machen wird, stellt sich niemand vor. Sie tritt hinter der stärkeren Anziehung der beiden anderen Donnadieus zurück, die man in der Gegend besser kennt: Pierre, der hier, was er auch immer tut, den Ruf eines »reizenden Jungen« behält, und vor allem ihr Halbbruder Jean, »ein Herr«. Beide so schön. Blaue Augen, schwarzes Haar.

Von Paul behält man nichts aus diesen Sommermonaten in Duras. Seine blauen Augen und sein schwarzes Haar fesseln nicht den Blick. Als könnte ihn allein seine Schwester sehen.

An Pierre und Jean allerdings werden sich die Frauen noch Jahrzehnte später mit der Sehnsucht derer erinnern, die eine Chance versäumt zu haben meinen.

Pierre... Immer wieder hat man die Silhouette eines schönen Jünglings vor Augen, die verwirrende Anmut des Körpers, wie er sich im Hof des Pfarrhauses von Pardaillan an einen Baum lehnt, die Hände in den Hosentaschen und mit jenem undefinierbaren Ausdruck im Gesicht, der eine Annäherung entmutigt. Unter der Vormundschaft des göttlichen *abbé* Duffaut, der alles zu vergeben bereit ist, erhält der unheilvolle Bruder die Aura eines Erwählten.

Der junge Donnadieu und der Kirchenmann verstehen sich wunderbar, ihre gemeinsame Leidenschaft für Automobile bringt sie zusammen. Der *abbé* ist ein genialer Bastler. »Die Hände genauso oft im Schmieröl wie im Weihwasserbecken«, witzelt seine Gemeinde. Mit Pierres Unterstützung hat er sich selbst ein Auto gebaut, das wegen seiner ziemlich verbogenen Form die »Rübe« getauft worden ist.

Nach seiner von der Mutter umsorgten Kindheit in Indochina ist Pierres Ausbildung also mit vorbehaltloser Nachsicht fortgesetzt worden. Vielleicht hat die Güte des Vormunds das Kind entmutigt... Häufig hieß es: »Beim *abbé* wird man entweder Mörder oder Priester.«

Seitdem Pierre das Pfarrhaus verlassen hat, um in Agen recht und schlecht sein Studium der Elektrotechnik fortzusetzen, wird er in Pardaillan nicht mehr häufig gesehen. Man erinnert sich nicht mehr, wie man erfuhr, daß er auf die schiefe Bahn geraten ist. Glücksspiel, Diebstahl, Drogen... Man hat nicht versucht herauszubekommen, was diese Anschuldigungen genau meinten. Die Wege des Herren, die über den *abbé* Duffaut gingen, zeigten ein weiteres Mal, daß sie vereinfacht waren: sein letzter Schützling war gerade Jesuit geworden.

Der wirklich große, unanfechtbare Donnadieu ist für die Leute hier Jean, der »Prinz Jean«. Das ist jemand! Von hoher Statur, mit der natürlichen Vornehmheit und Eleganz eines Aristokraten und einem Beruf, der wirklich auf Elite verweist: er vertreibt Citroëns. Jean Donnadieu ist der Mann des Automobils schlechthin. Der einzige der ganzen Region. Immer gut gekleidet. Stets Hemd und Manschettenknöpfe – selber rührt er die Autos nicht an. Dafür hat er seine Mechaniker. Er macht Eindruck mit seinen beiden herrlichen Hunden an der Seite. Er geht auf die Jagd. Er weiß, daß er etwas Besonderes ist und nutzt es aus. Er sei größenwahnsinnig, heißt es, ein Geschichtenerzähler, Schönschwätzer. Aber täuschen läßt er sich nicht, er weiß, daß die kleine Schwester die Ausnahmeerscheinung in der Familie Donnadieu ist. Für Marguerite hat er große, offen gezeigte Zuneigung. Sie läßt es kalt. Aus mechanischer Konvention verkehrt sie mit ihren entfernten Verwandten aus der Rivière-Ecke. Mit diesen unkenntlichen Banden weiß sie jedoch nichts anzufangen.

Aus welchem Geheimnis sind Bilder von Marguerite eher hier als dort haften geblieben? An diesem Weg zum Bauernhof und nicht an jenem zum Haus der Chollet, wo sie als Kind spielen ging, an dieser Brücke in Allemans-sur-Drot und nicht an den Befestigungen des faszinierenden Schlosses der Herzoge von Duras, an dieser Magnolie und nicht an der Linde im selben Hof? Weshalb bemerkt man sie auf dem Fahrrad und nicht, wie sie sitzt und liest, was sie häufig tut?

An diesen Orten, die sie enthalten, lebt die Erinnerung an Marguerite in der Verwahrlosung fort. Kein Ereignis belebt sie neu. Die Donnadieu-Familie, genauso abgereist wie sie gekommen ist, nährt nicht die Unterhaltungen. Man behält von ihr nur das, was die gleichgültige Zeit festhält.

Die Bilder der in Duras verbrachten Stunden werden sich verlieren und dem Roman des Gedächtnisses zurückgegeben werden. Für Marguerite, die Renommierte, ein Sieg, die kleine Donnadieu verschwindet, ehe die Legende sie einfängt. Von ihr setzt sich hier, im Duras-Land, nichts durch. Nichts

Bedeutendes. Von der Gleichgültigkeit, der Krankheit oder dem Tod der Menschen gelöscht.

Allein Roger Bousquet könnte sich vielleicht an Marguerites Aufenthalt bei seinen Eltern erinnern. Bei ihm sind Erinnerungen im grauen Untergrund seines Gehirns verschlungen, das der Tod seines Sohnes, der sich in der Scheune aufhängte, zerstört hat. Roger ist bereits nicht mehr anwesend: der Hauch von Luft, der ihn mühsam vor dem Ersticken bewahrt, erlaubt ihm lediglich, sich am Leben zu wissen. Schon mit ihm zu sprechen läßt eine Störung des subtilen Pendels seines Atmens befürchten. Die Bilder kommen zum Vorschein, entziehen sich jedoch dem Bericht. Nur einige können dem unregelmäßigen Pulsieren des Blutes in seinem Kopf widerstehen und finden einen bissigen Ausdruck. Zerbrechliche und nutzlose Bilder, der Dunkelheit entrissen. Bald verschwunden.

Die ganze Geschichte gehört Marguerite. Ihrem Schweigen. Denn über Duras, dieses entscheidende Ereignis in ihrem Leben, wird sie nie etwas sagen.

Nénée ist später wieder in Duras vorbeigekommen. Jedesmal ohne sich blicken zu lassen. Als der in zwanzig Jahren siebenmal verkaufte Familienbesitz schließlich brannte, hat sie die Örtlichkeiten wieder besucht. Sie fuhr langsamer. Sie schaute aus dem Autofenster, um zunächst das gastfreundliche Haus der Sommerferien von 1931 zu sehen. Der Verliebte aus Kindheitstagen war da, Roger mit gelähmten Armen, zu überrascht, um sie zu grüßen. Eine unüberhörbare Beschleunigung des Motors ließ ihn verstehen, daß sie nichts von ihm erwartete. Der Wagen fuhr die Straße weiter hinunter bis zum Haus Le Platier. Der Brand hatte die Spuren der vorübergehenden Bewohner getilgt. Nichts berichtete mehr von dem strengen Prunk der Notabeln, die nach dem Verkauf durch die Donnadieus aufeinander folgten, von den gedämpften Empfängen, den Kutschenwagen, um die Kinder zur Schule zu bringen, und auch nicht von der Verzweiflung der alten Eigentümerin, einer Säuferin, die keiner ihrer Liebhaber in jener Nacht besuchte, als schlecht gelöschte Asche alles in Brand setzte.

Von der Straße aus sieht man nichts von der hinter einem Vorhang dichter Vegetation zusammengestürzten Ruine. Das große Bassin ist frei von Fischen und Seerosen. Im dichten Gewirr von Schlingpflanzen und Dornen erzeugt der Ginkgo Biloba in einer Ecke des Parks die Illusion eines vietnamesischen Dschungels. Die Zerstörung hat das Anwesen Le Platier an die siebzehnjährige Marguerite zurückgegeben.

Sie stieg nicht aus dem Wagen. Sie fuhr weiter nach Marmande. In der Citroën-Werkstatt tankte sie Benzin. Ohne zu versuchen, Jean zu sehen, brach sie sofort wieder auf: »Sagen Sie meinem Bruder, daß ich vorbeigekommen bin!« Und man hat sie nicht wiedergesehen. Obwohl sie noch lange Zeit wiedergekehrt ist, um geliebten Menschen das Land zu zeigen oder auch um das niedergebrannte Haus und seinen Park zurückzukaufen. Zu handeln hat sie jedoch nicht versucht, obwohl der vorgeschlagene Preis hätte debattiert werden können. Sie hat das nicht weiter verfolgt.

Überall in der Gascogne hört man den Namen Duras. Wegen einer Rebsorte, die schon im Mittelalter kultiviert wurde und einen anständigen Wein ergibt. Aber vor allem wegen des prachtvollen Schlosses der Herzoge von Duras. Ein Monument köstlicher Geschichten, die vom Haus der Kapetinger, den Grafen von Anjou und Maine, die mit den Königen von Frankreich, Neapel, Sizilien und Jerusalem verschwägert waren, handeln. Acht Jahrhunderte glanzvoller, pittoresker Episoden. Das Schloß rühmt sich, Turenne, Jeanne d'Albret, Lakanal beherbergt zu haben und verflucht jenen exzentrischen Abenteurer, der aus den Vereinigten Staaten kam, um über den Ursprung des Namens Duras zu recherchieren, da er von seiner Verwandtschaft mit den Herzogen überzeugt war. Er kaufte das Schloß 1929 auf und ließ es praktisch verfallen. Als Marguerite sich dort aufhielt, lebte er noch auf der Ruine.

Er nennt sich Victor Hugo Duras.

In Duras wird man nicht müde, vom Glanz der Duras zu

erzählen. Besondere Zuneigung gilt dabei Marguerite Duras, der Königin und Gemahlin von Karl III., geborene Marguerite von Sizilien, die durch ihre Heirat Königin von Ungarn und Mutter von Ladislaus dem Großherzigen wurde, der 1386 wiederum König von Jerusalem wurde...

Niemand sieht, daß der Geist der kleinen Französin aus Indochina schon darin wohnt.

VIII

Im Schoß des Mutterlands

T äglich Tränen wie ein kleines Kind. Unmöglich, sich an den Schmerz zu gewöhnen. Wie hat die Mutter das tun können, ihren kleinen Winzling allein in die Pariser Sümpfe zu entlassen, nur weil sie gern eine diplomierte Tochter haben möchte? Wie hat sie, die ihre Kinder wahnsinnig liebt, eine derart brutale Trennung hinnehmen können? Paul und die Mutter in Saigon, Pierre und Marguerite in Paris, der leidenschaftliche Familienkreis, das Geschrei, die hysterischen Streits, die Gewalttätigkeiten, das soll alles vorbei sein? Schluß mit dem Wahn?

Die Mutter sagte: »Vielleicht schaffst du es?«, und es klang nach verbitterter Hoffnung. Studium, ein fester Beruf, Ehe: ihre junge Hexe stellt sie sich als Glücksmajorette vor. Sie glaubt daran. Bei Marguerite setzt sie auf eine gesellschaftliche Anerkennung, auf die sie bei ihren Söhnen endgültig verzichtet hat. Paul wird es in keiner Weise schaffen. Pierre wird ihr auf seine Art eine Revanche verschaffen: er ist für das Böse begabt. Das ist gut. Er wird alles heimzahlen. Sie verurteilt ihn nicht, im Gegenteil, sein Zynismus tröstet sie. So haben sie die Enttäuschungen geformt, »konventionell und amoralisch«.[1]

Gegenüber Marguerite ist es weniger Liebe, die sie eine vielversprechende Karriere wünschen läßt, als vielmehr Angst vor etwas anderem. Die Mutter weiß, daß eine Kraft in ihrer Tochter lebt, die noch staunen machen wird. Sie spürt auch die Gefahr. Seit jeher spricht Marguerite davon zu schreiben. Wie sollte man in diesem starrköpfigen Wunsch nicht den Ausdruck einer unbestreitbaren Wahrheit sehen? Doch die Mutter stellt sich taub. Schreiben ist für sie etwas absolut Unanständiges. So was tut man nicht. Man zeigt ja auch nicht, was verborgen gehört, Weiblichkeit oder Sexualität. Das erschreckt sie. Wenn es von ihrer eigenen Tochter kommt, bringt es sie auf. Was weiß Marguerite schon vom Leben, das den Stoff für ein Buch hergäbe? Seit achtzehn Jahren lebt sie im Schoß ihrer Familie, die sie abrupt von der Welt trennt. Was sie ist, was sie weiß, weiß jeder von ihnen, die Mutter, die Brüder. Es gibt keine intime Realität, die nicht geteilt wäre, kein Geheimnis dieses in all seiner Intelligenz obsessiv auf sie gehefteten Blicks. Bücher, die Marguerite schreiben könnte, gibt es also nicht. Lediglich romanhafte Eindrücke und Enthüllungen. Vulgarität. Besser die Tochter verleugnen als hinnehmen, daß sie »den Körper der Familie« auf dem Trottoir ausstellt.

Madame Donnadieu glaubt nicht an die unumgängliche Notwendigkeit schöpferischen Tuns. Sie verachtet diese Eitelkeit, die in dem wenig zärtlich geliebten Kind brütet, ebenso wie sie die auserwählte Stimme fürchtet, die, hellsichtig und abtrünnig, der unantastbaren, heiligen Stätte der Familie, dieser »Hüterin des Unentzifferbaren«[2], entweichen könnte. Marguerite als Autorin? Wo wäre da das Schöpferische? Im Stil? Lachhaft. Die Mutter verabscheut ohnehin jede Kunstform. Nie bildet sie sich weiter. Weder Bücher noch Filme, noch Theaterstücke. Allerdings besitzt sie das außergewöhnliche Talent, jeden Tag zu etwas intensiv Neuem zu gestalten. Wie kann man da eine schriftstellerische Ambition geltend machen? Sie sich auch nur insgeheim zusprechen?

Noch hat die Grundschullehrerin mit der Vorliebe für Staudämme Zeit, die sich ankündigende Brandungswelle umzuleiten. Hin zur Mathematik, dem Weg des Verstorbenen. Marguerite gehorcht, von den Wünschen ihrer Mutter nach wie vor beeindruckt. Zumal diese Entscheidung etwas Richtiges an sich hat: ihre Begabung hierin ist genauso überzeugend, wie es ihre literarischen Ergebnisse gewesen sind, und den Zwang zur Strenge lehnt sie nicht ab. Im Grunde sehnt sie sich nach einer Rationalität, die sie vor ihren Dämonen beschützen könnte. Seit der Pubertät haben sie nicht aufgehört, sie verrückt zu machen, besser gesagt, sie zu »ver-irren«. Ständig fürchtet sie, ihnen nicht mehr widerstehen zu können. Noch hat sie den Verstand nicht verloren, weiß aber schon, daß sie dem gesunden Menschenverstand fernsteht. Auch wenn sie nicht danach verlangt, schreckt sie doch auch das Außenseitertum noch ab. Sie stellt sich kein Leben außerhalb des Allgemeinen vor. Außerhalb des Banalen schon. Sie sieht sich eher im außergewöhnlichen Üblichen. Öffentlich und kostbar.

Mathematik, das ist Ordnung und Maß. Die erste Schrift. Vor dem Wort war die Zahl. Ausgestattet mit dem testamentarischen Büchlein des *professeur* Émile Donnadieu über die Exponentialfunktionen wird Marguerite in die Fußstapfen des Vaters treten und vorübergehend das Gefühl der richtigen Bestimmung haben.

Daraus wird sie sich einen hartnäckigen Atheismus schmieden, der ihren mystischen Anwandlungen, das »Nichts, das das Ganze mitteilt«, anzubeten, nie nachgeben wird. Als ob sie sich verboten hätte, den Namen des Vaters zu ehren. Zwischen glauben und nicht glauben – Ausdruck derselben Verwirrung – verankert sie ihren Glauben im »Nicht-Glauben«, derjenigen Utopie, die die wichtigste von allen ist.

Das Studium wird sie machen. Die Diplome wird sie ohne Glanz erhalten, was ihre Absicht zeigt, dieses Gebiet nicht weiter zu vertiefen. Schließlich gibt sie die Mathematik auf, ohne ihre Mutter zu desavouieren, die sie mit einem Juraexamen beruhigt. Dann wendet sie sich, immer noch unschlüssig, der Politologie zu.

An der Universität haben sich die Studenten aus dem Südwesten in einem freundschaftlichen Verbund zusammengeschlossen. Zum ersten Mal wird Marguerite in einen herzlichen Klan von Freunden aufgenommen, von denen einige langjährige Weggefährten und Vertraute bleiben werden. Die jungen Leute, mit denen sie verkehrt, begreifen sich als unpolitisch, lehnen Kommunismus und Faschismus, die das Zeitalter prägen, ab, ohne die Ideologien zu kennen, deren Widersprüche sie abstoßen. Das Gefühl des Absurden gilt als Analyse und spricht einen daher vom Engagement frei. Jeder beschäftigt sich strikt mit der eigenen Zukunft. Nichtsdestoweniger wird Marguerite im Gefolge einiger eifriger junger

Katholiken ein Gastspiel bei der Heilsarmee geben, das lange genug währt, um die Hingabe ihrer Funktionäre zu bewundern und diese Erfahrung auf ihrem Konto zu verbuchen.

Unter ihren Kommilitonen, die meist sehr verführerische intellektuelle Fähigkeiten besitzen, fällt Marguerite Donnadieu vor allem durch ihren verheerenden Charme auf; eine entzückende-kleine-junge-Frau, die gern ihre Gunst schenkt. Und Verwundete, Untröstliche, zu kurz glücklich Gewesene hinterläßt. Das sentimentale Drama liefert Marguerite den unverzichtbaren Beweis ihrer Attraktion. Keine Treue beruhigt sie. So ist sie, stets bereit, sich erobern zu lassen.

In anderer Hinsicht zeigt sie sich weniger gewandt. Die Studentin entdeckt die Zivilisation ihres Landes. In Indochina kannte sie nur den Sand in den Augen. Den Prunk der Kolonialmacht. Von ihrer Mutter hat sie die Fähigkeit, sich den Umständen anzupassen, und so macht sie den Eindruck einer vollkommen integrierten jungen Frau wie alle anderen. Tatsächlich fühlt sie sich etwas unbeholfen gegenüber der atlantischen Welt, die sie zu entziffern beginnt. Beim Bestreben dazuzugehören hindert sie ein »Kindheitswissen«, das ihr nichts nutzt. Sie glaubt lernen zu müssen, was sie nicht weiß. Sie meint, Schliff zu bekommen, während sie tatsächlich dabei ist, zu erschlaffen. Aber woher sollte sie das wissen?

In der Metropole wird das Mutterland, das in Indochina unantastbar ist, von politischen Polemiken zerrieben und von Streiks ganzer Bevölkerungsgruppen malträtiert. Es sind Weiße und Franzosen, die man keines Fanatismus verdächtigen kann: Eisenbahner, Bäcker, Briefträger, Metallarbeiter, Typographen, Trambahnfahrer ... Mit einem André Malraux an der Spitze. Frankreich ist bedroht, sowohl von einem Bürgerkrieg als auch von einem neuen Weltkrieg.

Hier wird mit dem Begriff »Faschismus« das angegriffen, was man in Indochina als »Legitimität« verteidigte. Die Herabwürdigung dieses Begriffes hat sie noch nie erlebt. Allein der Kommunismus war der Feind, der bis zur Hinrichtung verfolgt wurde. Und jetzt, unter der Volksfront, wehen in

Frankreich auf Demonstrationen die Trikolore und die knall-
rote Fahne nebeneinander.

Dort verfolgte Illegalität, hier öffentliche Anerkennung. Die junge Provinzlerin aus Saigon hat wohl ihren Augen kaum getraut, als sie in der Dordogne sah, wie die Kommunisten vollkommen unbehelligt ihre Versammlungen an den Eingängen der Cafés plakatierten. Oder daß sie unter ihren revolutionären Anhängern selbst Polizeifunktionen übernahmen: »Aufgepaßt, daß niemand auf der politischen Versammlung fehlt!«

Aktiv zu werden bedeutete dort Beunruhigung. Nur Stillhalten versprach Wohlbefinden. Hier hat sich eine soziale Revolution demokratisch durchgesetzt, wie die Vermehrung des Brotes im Evangelium. Unbegreiflich ist allerdings die Unordnung, in der dieselben, die euphorisch den gesellschaftlichen Fortschritt feiern, die Betriebe besetzen. So daß gegen sie zum Angriff geblasen werden muß.

In Indochina war Politik eine administrative Sache, die in den Kulissen verhandelt wurde. Mehr aus Lust an der Ausübung der eigenen Macht als aus tatsächlicher Sorge um den Fortbestand derselben, wurden von Zeit zu Zeit einige Kostproben inszeniert. In Frankreich aber ...! Dort dringt die Politik überall ein. Als einzig gültiger Bezugspunkt. Die Freiheit ist politisch, das Wort ist politisch, ebenso die Gewalt, die Zeit, das Leben, die Gefühle. Nie hatte sich Marguerite die Existenz als drückende Dauerdebatte darüber vorstellen können, wie das Los der Menschheit von der blauen Linie der Vogesen und der Maginot-Linie abhängt.

Ihr eigener Horizont ändert sich nicht. Aus jeder Perspektive bleibt es der gelbe und grüne Himmel Siams und die Elefantenkette. Wie mit einem Brandmal ist sie von diesem Land Asiens gezeichnet, wo es nicht einmal den mächtigsten und barbarischsten Diktatoren gelingt, die ersehnte Allmacht einer souveränen Natur zu entreißen, die das Leben mit ihrer übernatürlichen Schlichtheit und zugleich mit ihrer Extravaganz beherrscht.

Heute gibt es für sie in Frankreich nichts zu sehen oder zu

hören. Vor allem kann sie nichts, weder die Unabhängigkeit, die sie genießt, noch die ereignisreiche Aktualität jener Jahre, vom unheilbaren Fehlen der Mutter ablenken.

Mehr noch als die ersatzlose Leere, die sie hinterläßt, ist es der von einem Stück seiner selbst getrennte Körper, den die Abwesenheit schmerzt. Das Haus, das Essen, die Fürsorge, das war das Geschenk der Mutter. Allein sie kümmerte sich darum, und diese Aufgabe übernahm sie gleich einer Berufung, zugleich selbstlos, seufzend und mit spielerischer Leichtigkeit. Sie war der Monarch des Alltags, das war ihr Territorium, ihr Werk. Sie verbreitete dabei sowohl eine unangemessene Angst als auch eine Atmosphäre kindischen Leichtsinns, was den Kindern das Gefühl eines risikolosen Abenteuers zu vermitteln vermochte. Solange sie wachte, wären sie vor Sturm geschützt. Diese wilde Frau, sonderbar und verrückt, heftig und großmütig, furchtbar wie das Leben, hatte für sie etwas Göttliches.

Und jetzt ist Marguerite so gut wie aus dem Haus gejagt, während die Gerüchte über den Krieg zunehmen. Entsetzt will sie mit aller Kraft zur Mutter zurück. Will ihr rebellisches Märtyrergesicht wiedersehen und ihre Art, sich mit der gedrungenen, matten Gestalt einer »verstockten Bäuerin« aufzupflanzen. »Sie wiedersehen, ehe man erwachsen wird, einmal«[3], was soll sonst aus ihr werden? Ihre Bosheit, ihre Wutanfälle wiederfinden. Sich schlagen lassen, ohne sie zu verfluchen. Das ist nicht so schlimm. Ihre Hiebe mit dem Besenstock auf den Rücken sind nur Revolte. Es sind Hiebe gegen die Welt, gegen das Leben. Gesegnete Hiebe, die immer noch aus der Hand der Mutter stammen. Besser der von ihr verabreichte Tod als das Verderben fern von ihr.

Trotzdem, nachdem sie es so heftig herbeigewünscht hat, weiß Marguerite nur zu gut, daß sie von dort »wegzugehen lernen« muß. Die Mutter, diesen Bücher verbietenden Dämon, verlassen.

Marguerite Donnadieu ist an der Tür ihrer Familie, die das Wesentliche von ihr enthält, stehengeblieben und kann sich nicht mehr davon losreißen. Sie hat sich dort niedergelassen.

Ein ganzes Leben wird nicht genügen, diesen für sie ausgedehntesten Ort der Welt zu begreifen, überhaupt zu erreichen. Sie will es jetzt nicht wissen. Das interessiert sie nicht. Sie wird nur »vor verschlossener Tür«[4] verharren. Sie sagt: »Wenn ich gestern gestorben wäre, wäre ich mit achtzehn Jahren gestorben. Wenn ich in zehn Jahren stürbe, würde ich ebenfalls mit achtzehn gestorben sein.«[5] Davon ist sie nie abgerückt.

Das unvermeidliche Schreiben hat seinen ach so fruchtbaren Boden aus Exil, Trauer, Ablehnung und Irrwegen gefunden. Alle Bücher sind darin enthalten. Ihr Buch, das Band für Band im Laufe ihres Lebens an Umfang zunimmt. Bereits geschrieben, noch unlesbar. Sie ist nicht bereit, diese Nacht zu betreten, die Opulenz der Tage einer so grausamen Einsamkeit zu opfern.

In Saigon hat Madame Donnadieu die Unterrichtung junger Annamiten in Französisch und Rechnen wiederaufgenommen. Die Pensionierung rückt näher, doch nach Frankreich will sie nicht zurückkehren. Zum ersten Mal in ihrem Leben seit der finanziellen Katastrophe des Staudamms hat sie Gelegenheit, Geld zu verdienen: sie eröffnet eine Privatschule für vermögende junge Chinesen, die in der Schule Schwierigkeiten haben. Man kann nicht endlos die desinteressierte Dienerin einer Verwaltung bleiben, die einen entwertet. Hingegen vertraut sie ihren Sohn dem öffentlichen Dienst an. Paul hat soeben im zweiten Anlauf eine Prüfung in Annamitisch abgelegt, die für Beamte Pflicht ist. Er ist als Arbeitsinspektor übernommen worden. Beide stützen also weiter die französische Präsenz, von deren Wohltaten sie überzeugt sind und deren Widerwärtigkeiten sich normalisiert haben, so daß sie ihr Leben nicht stören.

In ihrer Wohnung in der Rue Testard in Saigon erhält die Mutter die Nachricht von Marguerites Heirat mit einem Kommilitonen der juristischen Fakultät, Robert Antelme, dem Sohn des Unterpräfekten von Bayonne. Die Donnadieus verbinden sich wieder mit der Oberschicht des Südwestens, mit einer politisch rechts stehenden Familie praktizierender Katholiken. Marguerite ist also versorgt. Und mit großem Pomp: ganz in Weiß hat Nénée in der Kirche geheiratet. Ohne religiösen Glauben und ohne Leidenschaft ist sie zum Klang der Orgel feierlich zum Altar geschritten.

Robert Antelme ist ein gütiger, großzügiger, toleranter Mann. Er ist kein geeignetes Objekt für die Verachtung der Donnadieus gegenüber der beneideten und verabscheuten Bourgeoisie. Sein ruhiges Temperament gönnt Marguerite Erholung von der fiebrigen Natur ihres letzten Liebhabers. Ihre Freunde erinnern sich, daß es eine tiefe gegenseitige Achtung war, die sie zusammenbrachte. Sie wußte, daß dieser Mann eine Ausnahmeerscheinung war, und er wußte, daß diese Frau das gewisse Etwas besaß, das von Genie reden läßt. Robert wird erzählen, daß er mit der »Legalisierung« der Situation die sentimentale Hysterie beenden wollte, in die der frühere und der neue Auserwählte als Rivalen gefallen waren. Beide waren so sehr in Marguerite verliebt, daß sie sterben wollten: der eine, weil er sie verloren hatte, der andere, weil sein Freund durch ihn in eine so ungeheure Verzweiflung gestürzt worden war. Die gutwillige Art von Robert Antelme ertrug es schon damals besser, selbst zu leiden, als leiden zu lassen. Marguerite wird sagen, daß sie sich in dieser bewegten Phase an einen Freund binden wollte. Mit jemandem zusammen sein wollte. Daß es alles war. Und viel.

Nachdem er lange Zeit einfacher Tagelöhner gewesen ist, erhält Paul spät, mit siebenundzwanzig Jahren, einen Posten als Kontrolleur der Arbeit der Einheimischen. Er untersteht damit William X, der gerade zusätzlich zu seinen sonstigen Funktionen damit beauftragt worden ist, die Arbeit in Kotschinchina zu beaufsichtigen.

Die Saigoner Führung verläßt sich auf ihre Arbeitspolizisten, um dem Nachlassen der Disziplin abzuhelfen, das durch die »bedauerlichen« Wohltaten der Volksfront eingetreten ist. Zwischen den Anweisungen zur Mäßigung aus Paris und der eigenen Allergie gegen jegliches Zugeständnis hat sich ein Riß in der kolonialen Autorität aufgetan, in den soziale Unruhe eingedrungen ist. Jetzt muß Ordnung her. Der Beweis ist erbracht, daß sich Großzügigkeit nicht auszahlt. Innerhalb eines Jahres haben die Einheimischen mehr erreicht als in einem ganzen Jahrhundert davor. Und hier mehr als in jeder anderen Kolonie. Dennoch fordern sie auch noch die Gleichheit zwischen den Völkern und einen autonomen Status innerhalb des Kolonialreiches. Zu den Waffen, Inspektoren! Diskutiert wird nicht mehr, man schlägt zu. Man entläßt, stellt die loyalen Arbeiter wieder ein und verfolgt die Gewerkschaftsführer noch heftiger.

Zur Arbeitsinspektion zu gehen hieß damals, sich vorrangig dem Sicherheitsdienst zur Verfügung zu stellen, ehe man sich um die Praktizierung der sozialen Errungenschaften kümmerte.

Paris hat Marguerite nicht von der in ihrer Familie herrschenden Denkweise abgebracht. Sie hat eine offenbare Aversion gegen Asiaten behalten; ihre Offenheit duldet keinen Widerspruch: »Man kann diese gelbe Rasse nicht mit unserer weißen Rasse vermischen. Das gehört zum Unvorstellbaren.«[6] Sie zu verachten und vor ihrem Elend Abscheu zu empfinden entspricht ihrer Meinung nach einem natürlichen, allgemein befolgten Gesetz. Noch lange wird sie wiederholen, daß sie nie mit einem *nhaqué* schlafen könnte! Ein Chinese? Das würde sie anwidern.

Die erste Tür, an die sie klopft, um eine Anstellung zu bekommen, ist ganz selbstverständlich beim Ministerium für die Kolonien, das damals von Georges Mandel geleitet wurde. Die Tochter von Émile Donnadieu, der sozusagen auf dem »Feld der Ehre« gefallen ist, kann eine ansehnliche Ausbildung vorweisen und bekommt sofort eine Stelle beim Interkolonialen Informations- und Dokumentationsdienst. Daß sie ihre Arbeit ohne Probleme verrichtet, bringt ihr Gehaltserhöhungen und kleine Beförderungen ein. So überträgt man ihr Aufgaben im »Komitee zur Werbung für die französische Banane«, das den Umsatz neuer, in den Überseeplantagen angepflanzter Sorten fördern soll – runde und kurze Bananen, die zwar kleinere Mengen, aber besseren Geschmack bieten.

Instinktiv hat Marguerite Zuflucht in den vertrauten, mit ihrer Jugend verbundenen Milieus gesucht, die ihr immer noch die geringste Verwirrung bereiten. Im *Jardin du Luxembourg* trifft sie sich eifrig mit den Jugendlichen aus der *École coloniale*. Aus diesem neu geschaffenen Kokon bezieht sie die Nachrichten über die Ereignisse, die die Welt gleich einem von nichts und niemandem zu beeinflussenden Unwetter erschüttern. Grau-in-Grau der aufeinander folgenden Regierungen. Stürmische deutsch-französische Beziehungen. Beunruhigender blauer Himmel des Münchner Abkommens. Permanenter Seegang. Eisiger Wind vom deutsch-sowjetischen Nichtangriffspakt. Schiffbruch der Friedenschancen... Hitler...

Marguerite besitzt einige feste Anhaltspunkte im Leben, doch eine feste Lehre zieht sie daraus noch nicht. Politisch befindet sie sich noch im Stadium der Alphabetisierung. Der Elan ist vorhanden, die Aufrichtigkeit sucht noch ihr Betätigungsfeld. Wer in der Metropole lebt, muß Ansichten, Meinungen haben. Sie strengt sich an.

Während die Analyse der französischen Gesellschaft nicht ihre Stärke ist, kann sie sich bei den Metropolitanern mit ihrer guten Kenntnis der Kolonie schmücken. Frankreichs Aktivitäten beschränken sich schließlich nicht auf die Kultivierung der Banane.

Zusammen mit Philippe Roques, einem ihrer Freunde aus der *École coloniale*, der seinerseits in Afrika geboren ist, überlegt sie, wie ihre privilegierten Erfahrungen in dieser unruhigen Vorkriegszeit am besten zu nutzen seien. Sie begrüßen es, daß die Regierung Daladier ihre offiziellen Besuche in Übersee verstärkt, um die imperiale Größe Frankreichs zu unterstreichen. Nach den Einwänden gegen die Kolonisierung und sogar ihrer Herabwürdigung in der Zeit der Volksfront findet nun die große Rückkehr des französischen Kolonialreichs auf die nationale Bühne statt. Vorher wagte man nicht mehr, davon zu sprechen. Jetzt ist zu seiner Bezeichnung kein Superlativ pompös genug. Die Demonstrationen am 14. Juli 1939 sind grandios, denjenigen von 1919 ebenbürtig. Der patriotische Stolz berauscht sich an Feierlichkeiten und Militärparaden. Die Armee triumphiert unter dem Beifall des französischen Volkes. »Sich vereinigen. Sich bewaffnen. Sich verbünden. Wachsam sein«, hämmert Daladier ein. »Die Tage sind gekommen, die Einheit Frankreichs und seines Kolonialreichs auf unzerstörbare Weise zu besiegeln. (...) Es ist höchste Zeit, daß die Franzosen sich der Größe und Stärke ihres Landes wieder vollkommen bewußt werden...«

Die beiden jungen Anhänger der kolonialen Sache ergreifen die Gelegenheit beim Schopf. Das große imperiale Bild neu zusammenzusetzen, die Öffentlichkeit für den verkannten Reichtum eines Reiches, für ihren »kostbarsten Talisman« zu sensibilisieren, das soll ihr Beitrag zu den sich ankündigenden Kämpfen werden. Am Vorabend des Zweiten Weltkriegs sehen sie, von militärischen Kenntnissen ungetrübt, darin eine Möglichkeit von Unbesiegbarkeit. Überall stehen Armeen bereit, um uns zu unterstützen. Wir werden nicht alleine kämpfen.

Philippe Roques hat Zugang zum Verlagswesen. So bietet sich Marguerite die erste Gelegenheit, in die Welt des Geschriebenen zu gelangen, der erste Schritt zum Buch hin.

Später wird sie murren: »Dieser Typ ist ein Idiot!« Doch damals nehmen sie Arm in Arm die Veröffentlichung ihrer Sicht auf die weite Welt bei Gallimard in Angriff. Der Titel, *L'empire français*, ist ungefähr so nüchtern wie eine Fahne. Selbst wenn man annimmt, Marguerite habe ihre Ansichten nicht durchsetzen können, obwohl ihr die Fähigkeit dazu nicht abgeht, so schließt sie sich jedenfalls deutlich der gemeinsamen Argumentation an, wobei sie sich die Indochina gewidmeten Seiten besonders vorbehält.

Wenn Krieg drohte, kochte ihre Mutter Marmelade ein. Sie hortete Zucker und Nudeln, um nicht plötzlich überrumpelt zu werden. Dasselbe vorsorgliche Kalkül treibt Marguerite dazu, die »jungen, unverbrauchten Kräfte« zusammenzuzählen, die im Falle der Gefahr dem Vaterland zur Hilfe kommen könnten. Sie zählt sie auf: »Hundertelf Millionen Einwohner (...). Und ein territorialer Umfang, der ganz Europa übertrifft, mehr als ein Zwanzigstel der bewohnten Erde.« Ein Patrimonium, das in schweren Zeiten das Herz wärmt.

Das Heil Frankreichs läßt man nicht torpedieren. Marguerite beginnt damit, die Kolonisierung blind zu bewundern und zu rechtfertigen. Als wäre die Wirklichkeit, die sie von ihr kennt, letztlich nur ein anekdotisches Übel.

Nur noch die großen, von plötzlicher patriotischer Begeisterung aufgeblähten theoretischen Absichten sind für sie von Bedeutung. Sie entflammt sich für das »Mutterland«, das sie unter dieser Bezeichnung, *mère patrie*, zärtlich liebt; sie sagt auch *douce France*... Der mit einem »Kinderglauben« verwendete Begriff hat in dieser Banalität seinen ganzen Wert behalten. Danke, danke für »das in der Ferne von seinen besten und tatkräftigsten Söhnen errichtete Werk«![7]

Gehört es denn nicht zur Pflicht der »überlegenen Rassen, die unterlegenen zu zivilisieren«, wie es Jules Ferry ausdrückte? Sicher, Frankreich kolonisiert zum eigenen Vorteil, doch vor allem aus »menschlicher Solidarität«. Beispielhaft hat es sich zu seiner »universalen Mission« erhoben.

Deshalb lieben uns die Einheimischen, meint Marguerite, die Lehrmeisterin der Völker, und sie mobilisieren sich, um uns zu dienen, weil wir ihr Leben zu verbessern vermochten. »Kann man abstreiten, daß es ein Mehr an Gerechtigkeit, an materieller und moralischer Ordnung, an Gleichheit und sozialen Tugenden« in den von Frankreich eroberten Gebieten gibt?

Gott, war die Kolonie hübsch, vom Treppenabsatz bei Gallimard aus gesehen!

Vom Reichsten bis zum Ärmsten kommt jeder Einheimische in den Genuß derselben Ausbildung mit denselben Erfolgschancen. Und dank den Studien- und Reisestipendien kann er hoffen, zur Elite zu stoßen, der es wiederum am Herzen liegt, die Masse zu bekehren. Zu einem »gesunden« Menschen will die Kolonialpolitik den Eingeborenen entwickeln, ihn in seiner täglichen Existenz anleiten, so daß er fähig wird, sein Familienleben zu organisieren. Er soll nicht von seinem traditionellen Bauern- oder Handwerkerdasein abgelenkt, darin muß er im Gegenteil bestärkt werden. Abgesehen von den Gebildetsten besteht keine Notwendigkeit, Verwaltungsfunktionen auf Kosten der Landarbeit zu fördern: das wäre unverantwortlich gegenüber unseren »Untertanen«. Aber man fördert die künstlerischen, literarischen, psychologischen Traditionen, an die man anknüpft, um sie »wiederzubeleben«... Seine blühende Wirtschaft gibt Indochina die Möglichkeit, ein reicher und geachteter Staat zu werden... Der Annamit genießt die Pressefreiheit in seiner eigenen Sprache, den Zugang zu volkstümlichen Vereinen und literarischen Gesellschaften, die ihm erlauben, Schritt für Schritt mit der eigenen Zivilisation und sogar mit der vernachlässigten eigenen Sprache vertraut zu werden, die in den Schulen »gleichrangig mit anderen Fremdsprachen« unterrichtet wird... Und die medizinischen Leistungen haben die Existenz des Einheimischen wundersam verändert.

Was hat Marguerite bloß angetrieben, derartige Lügen zu produzieren, wo sie doch Augenzeugin des genauen Gegenteils gewesen ist? Warum ist sie darüber nicht vor Scham krank geworden? Wäre Duras damals schon auf der Welt gewesen, sie hätte diese Donnadieu massakriert. Bei Duras weckt so etwas reflexartig Mordgelüste.

Polen wird überfallen. Paris streicht seine Bürgersteige weiß und kehrt zu den Kriegsautomatismen zurück. Robert wird eingezogen. Die Franzosen werden kämpfen. Über die gleichen Seiten gebeugt, setzen Philippe Roques und Marguerite Donnadieu die Arbeit an ihrem surrealistischen Märchen fort.

Ungerührt programmieren sie die Zukunft ihrer »Untertanen«. Man muß... man muß nicht... Man wird daran denken müssen, sich bei all diesen anständigen Menschen zu bedanken, sie an der Verwaltung ihres Landes zu beteiligen. »Die Kolonie für die Einheimischen und von den Einheimischen« verwaltet, ja, aber Vorsicht..., »denn es ist schwer, die Freiheit, wenn man davon gekostet hat, nicht voll und ganz genießen zu wollen«.

Das Wahlrecht? Übereilen wir nichts: »Die Entwicklung der Erziehung des Einheimischen ist noch nicht abgeschlossen. (...) Die Bewilligung des Wahlrechts setzt eine geistige Rechtschaffenheit voraus, die mit der Kultur und der Intelligenz einhergeht.« Zeigen wir uns aber großzügig, indem wir vermehrt die französische Staatsbürgerschaft schenken. »Nichts ehrt den Einheimischen stärker. Nichts wird so sehr erwartet.« Als werde die Zukunft ohne sie geschrieben, finden die nationalistischen Bewegungen, die der französischen Sache gleichgültig gegenüberstehen, keine Erwähnung.

April 1940. Die deutsche Invasion schwärzt die europäische Landkarte ein. Sie kann nicht mehr aufgehalten werden. Das Buch kommt in Druck. In einem in letzter Minute verfaßten Vorwort insistieren die Autoren: »Das Kolonialreich besteht«, »es ist eins und unteilbar«... »Ein organisierter Block ist entstanden, der sich auf gleichlautende Interessen stützt und von einem gemeinsamen Ideal beseelt wird. (...) Ein allseits erlebter spontaner Elan und eine wahre Explosion von Loyalität haben die Konturen einer politischen Gemeinschaft zutage treten lassen« und ein »Wunder an Solidarität« offenbart.

Der Feind hat die Maas überquert. Seine ersten Flugzeuge bombardieren Paris. Die Veröffentlichung von *L'empire français* begleitet die Niederlage: einen Monat später besetzen die Deutschen die Hauptstadt. Und die Kolonialtruppen bleiben wie angewurzelt stehen.

So antwortet die Geschichte ihren wohlmeinenden Organisatoren. Der Waffenstillstand wird unterzeichnet; das entthronte Vaterland bereitet seine Flucht nach Varennes vor: es spielt mit dem Gedanken, samt Regierung, Kapitalien, Marine und Armee Zuflucht in seinen Überseegebieten zu suchen. Kolonien, Asylländer, Exilländer... Ein Desaster. Und die Schande Pétains, der den *Führer* einen »Soldaten und Patrioten mit ritterlichem Geist« nennt und ihn beschwört, Frankreich nicht seines Kolonialreichs zu berauben.

In der Metropole die Deutschen und in Indochina die Japaner. Überall lassen sich die neuen Herren mit ihren Gesetzen, Schikanen und Verfolgungen nieder. Überall, ob unter der einen oder der anderen Herrschaft, dieselbe Finsternis. Die Entbehrungen für den Besiegten, die Privilegien für den Sieger.

Zwischen einer deutschen und einer sowjetischen Besatzung gaben Marguerites Freunde keiner den Vorzug. Einige ärgern sich bloß, nicht am Krieg teilgenommen zu haben: das Abenteuer ist ihnen entgangen. Was soll man nun mit sich selbst anfangen?

Das siegreiche Nazilager hat seine unerwünschten Personen. Wieder die Kommunisten und wie immer die Juden. Das Gesetz des Stärkeren steht nicht zur Debatte. So ist der Krieg.

Das Liebäugeln mit den Kommunisten ist seit langem vorbei. Sie zahlen für die Sünde ihres Bündnisses mit dem Teufel. Die revanchistische, giftige, platte Repression dauert an. Die Illegalität ist dem Kommunismus förmlich auf den Leib gebrannt. Man beachtet es gar nicht mehr.

Die Gleichgültigkeit und die Feigheit machen Fortschritte. Marguerite fragt sich nicht, warum es keinen Aufschrei gibt, als der gelbe Stern auftaucht, warum diese Infamie als unvermeidliche Schikane hingenommen wird, die man eher für unfreundlich als für tragisch hält. Sie ahnt noch nicht, daß man nie begreifen wird.

Die Segregation, das Unrecht, der Ausschluß: lange hat sie darunter gelitten. Und erneut sind schwierige Tage angebrochen. Vermutlich genießt sie den Vorteil, diesmal auf der Seite derer zu stehen, die weniger schlimm dran sind und zusehen können, wie der andere in der Ferne ertrinkt, immer tiefer in ein undurchdringliches Dunkel sinkt und in privater Abwesenheit verschwindet. Es geschieht ruhig wie der Tod unter einer Federdecke. Man kann nicht einmal nicht wollen. Es wird geschehen. Es geschieht.

Tote gibt es überall, immer. Marguerite mag dieses Schaudern ganz gern: der Tod der Menschen in seiner prachtvollen Anonymität... Die Rückkehr zu Gott... Sie denkt daran, daß sie eines Tages selbst an der Reihe ist. Mit ihrem schönen braunen Haar und ihrem verführerischen Gesichtchen wird sie unter der Erde liegen. Oder, später oder noch viel später, mit ihren grauen Haaren, ihrem aufgezehrten Körper und seinen Narben. Es gibt nichts zu wollen. Es wird geschehen.

Die »Unterbrechung der Feindseligkeiten«... Man muß damit leben – wer weiß, wie. Zunächst werden dieselben Pläne verfolgt. Dieselben Träume. Marguerite will ein Kind. Und um jeden Preis, um jeden Preis will sie schreiben. Sie sagt: schreiben oder sterben. In ihrer Umgebung lächelt man... Doch wiederholt man mit ernster Miene: »Wenn Marguerite nicht schreiben kann, wird sie sich umbringen.«

Die Geburt eines Talents hat Gallimard – dem welche fehlen – in *L'empire français* mit »seinem weiten, über den ganzen Planeten geworfenen Mantel« nicht festgestellt. Vielleicht hätte die Sammlung von Allgemeinplätzen über die Völker und die Welt mit dem freiwilligen Heraufbeschwören ihrer indochinesischen Heimat, ihrer *ombilicale* – Nabelschnur auf vietnamesisch –, ihre literarische Ambition ausweisen können. Aber nein. Keine Zeile in diesem Text für einen touristischen Faltprospekt verrät die Schriftstellerin. Unter ihrer Feder wird das unbezähmbare Land der Kindheit aufgeputzt und bietet sich »mit seinen flachen, freundlichen Küsten, seinen üppigen Gewässern, seinen prächtigen natürlichen Häfen, seinen Tälern und seinen fruchtbaren, schlickigen Ebenen« an. Der Tonlé Sap, mythischer Ort des künftigen Werks, und der Mekong, in dessen Nähe Marguerite zehn Jahre ihres Lebens gespielt, geschlafen, gelebt hat, sind hier lediglich »zwei fließende Nervenstränge«.

Sie hat alles ausgeblendet: Bilder, Erinnerungen, Gefühle. Sie hat sie mumifiziert dem dümmlichen Text ausgeliefert. Sie wollte diese tyrannische Vergangenheit begraben, aus Angst, sie könnte sie daran hindern, zu existieren. Sie hat sie neutralisiert.

Das Verlagshaus erneuert sein Vertrauen nicht. Doch die Türen der literarischen Welt haben sich einen Spaltbreit geöffnet. Anstelle eines Vertrags für ein anderes Buch erhält Marguerite eine Stelle als Sekretärin im *Cercle de la librairie.* Hier betreut sie anerkannte Autoren. Zwischen den Bürozeiten schreibt sie. Befreit, glaubt sie, vom erstickenden Gestern. Sie schreibt. Aus der Scholle löst sie ein noch formloses Ding, das bald einen Namen beziehen wird. Duras. Marguerite Duras. Der Name, der den Frieden des Vergessens unterzeichnet.

IX

1940-1943: Der Papierkrieg

Die *boches* also.
Die Nazipest.

Der Kuß des Leprakranken Otto Abetz[1] für die französischen Verlage.

Sofort angesteckt.

Die ersten hundert Titel werden zerfetzt. Fallen schmerzlos.

Das Schweigen hebt die Grube für die verbotenen Autoren aus. Zwei Millionen Bücher werden vor einer Menge stummer Zeugen beschlagnahmt. Die Empörung schläft. Mit dem Schweigen meint man die Gesundheit dessen, was verschont bleibt, zu schützen, ohne zu sehen, daß das ganze Verlagswesen infiziert ist. Man beschließt zu glauben, daß man kein anderes hat. Man gehorcht Toten.

Offiziell erscheinen zu wollen bedeutet, sich der Kontrolle der *Gruppe Schrifttum der Propaganda Abteilung-Frankreich* zu unterwerfen und mit der vernichtenden Frankophilie von Kommissar Otto Abetz zu kollaborieren.

Ob sie gefällig oder ohne Tadel sind: es gibt nur beschädigte Autoren. Vom Grauen abgelenkt, doch von ihm geprägt. Es gibt keine Schriftverbrecher mehr, nur noch zugelassene, immatrikulierte, von den Lakaien des deutschen Reichs an die Leine genommene Autoren. Niemand entgeht der Erpressung, entweder der Zensur zu dienen oder den Mund zu halten. Übrig bleiben nur Schreibende. Gibt es noch Schriftsteller, wenn das Schreiben einen Preis hat?

Ahnentafel? Taufzeugnis? Behandeltes Thema? Zulassungsnummer? Benötigte Papiermenge?... Das Werk wird an seiner Opportunität oder Harmlosigkeit gemessen. Seine Bedeutung an seinem Papiergewicht. Ohne Fügsamkeit kein Papier. Die Forderungen der Nazis lasten um so schwerer, je leichter die Tonnagen werden. Bald fällt die genehmigte Menge auf vier Prozent des Vorkriegsniveaus. Mit dem Kohlenmangel und den Elektrizitätsbeschränkungen wird sie weiter herabgesetzt. Und mit den immer großzügigeren Kontingenten, die sich die Propagandaabteilung bewilligt, um ihren Haß zu versprühen.

Auf Vorschlag von Marschall Pétain, den er den Deutschen unterbreitet hat, geht die Verantwortung für die Zensur auf die französischen Behörden über, die darauf abgerichtet sind, die Regeln der Besatzer einzuhalten. Eine Kommission zur Kontrolle des Druckpapiers erbt den Auftrag, die Verleger zu überwachen. Man legt ihr nahe, »nicht nur das (mitzuteilen), was nicht gedruckt gehört, sondern auch was gedruckt werden soll«. Die faschistische Walze kann nicht alles kontrollieren. Die überlastete Kommission auch nicht. Jährlich hat sie über das Los von acht- bis zehntausend Büchern zu entscheiden, wobei sie mit der Schwerfälligkeit einer überalterten Verwaltung funktioniert. Oder sie trifft, plötzlichen Launen folgend, derart übertriebene Entscheidungen, daß der Besatzer sich den Luxus gönnt, als Verteidiger der »Bedürfnisse der französischen Literatur« aufzutreten, und die Veröffentlichung der zuvor abgelehnten Manuskripte verlangt.

Fortan spitzen sich die Anweisungen zu, die Arisierung einer Elite zu begünstigen: in die Versenkung mit den Büchern mittelmäßiger Höflinge ... die großen Autoren soll man besser davon überzeugen, vernünftige Bücher zu schreiben oder wenigstens Streichungen hinzunehmen. Wie immer bleibt eine Bresche, durch die sich die pfiffigsten Autoren hindurchschlängeln. Dank beispielsweise dem Wohlwollen einer einflußreichen Person.

Im *Cercle de la librairie* sitzt eine Frau, die jetzt Sekretärin der Kommission zur Papierkontrolle und für ihre diskrete »Freundlichkeit« bekannt ist. Die Autoren erkundigen sich vorzugsweise bei ihr über das Los ihrer Manuskripte. Ihre Rolle ist zwar nicht entscheidend, aber immerhin ... sie hört verständnisvoll zu. Häufig verläßt man das Gespräch mit größeren Chancen als anderswo, Papier für ein Werk bewilligt zu bekommen, das nicht unbedingt einen scharfen Sinn für die deutschen Interessen aufweist. Ohne sich von ihrem Ernst einer geschäftigen Beamtin beeindrucken zu lassen, die unter den Anfragen zusammenbricht, kann man sie also furchtlos aufsuchen.

Was sofort auffällt, ist ihr asiatisches Aussehen. *Ma Tonkiki, ma Tonkiki, ma Tonkinoise*[2] summen diejenigen, die sie kennen, zum Spaß. Zierlich, wie sie in ihrem engen Tailleur den Kopf nach hinten legt und auf unglaublich hohen Schuhabsätzen steht: sie weiß ihrer Kindergröße die sinnliche Arroganz einer Frauengestalt zu verleihen. Sie sieht zwar immer hoch zu ihren Gesprächspartnern, doch hat sie eine derart selbstverständliche Ausstrahlungskraft, daß sie den anderen das Gefühl vermittelt, ihrerseits übertrieben groß zu sein.

Hinter einem mit Akten überladenen Schreibtisch empfängt Madame Marguerite Antelme die Autoren, die eifrig ihre Schriften verteidigen. »Papier? Sie wollen Papier? Wovon handelt Ihr Buch?« ... Eine Liebesgeschichte? Der Liebe kann Marguerite im allgemeinen nicht widerstehen. Vor allem wenn der Troubadour ein hübscher junger Mann ist.

Die kleinen Hilfsaktionen für sympathische Bücher macht sie eher wegen ihres widerspenstigen Temperaments als aus tatsächlichem Engagement gegen die unannehmbare Selektion. Die jetzt schon so lange währende Anwesenheit des Feindes hat keine unüberwindlichen Abneigungen in ihr geweckt. Man fragt sich sogar, welche patriotische Zurückhaltung ihr erotische Abenteuer untersagt und weshalb sie eigentlich meint, jede Versuchung »ersticken« zu müssen.

Robert Antelme arbeitet als Redakteur bei der Polizeipräfektur. Täglich gehen Anweisungen zur Diskriminierung jüdischer Familien durch seine Hände. Von einer Kollegin, der Widerstandskämpferin Jacqueline Lafleur, angeregt, bemüht er sich so oft wie möglich um lebensrettende Gesten.

Marguerite und Robert Antelme nehmen ihre zweideutigen Funktionen ohne große Sensibilisierung wahr. Bis zum Herbst 1943 tauchen sie in der Menge derer unter, die, mit bankrottem Gewissen, den Faschismus für lebensfähig halten. Weder schuldig noch unschuldig.

Ihre Bekanntschaften kreisen um das Verlagswesen. In dieser Welt, die sich in den Keller der Fiktion verkrochen hat, spiegelt sich der Geist immer noch in leidenschaftlichen literarischen Debatten. Wer dort brilliert, erhält Zugang zu den »Literaten«-Diners. Man beteiligt sich an diesen Abenden, die von den besten Pariser Restaurationen beliefert werden, ohne sich tatsächlich zu kennen. Man tut, »als ob nichts wäre«. In dieser unsicheren und konfusen Zeit, in der das Doppelspiel häufig die Regel ist, in der der Kollaborateur seinen Juden versteckt hält und der Beschaffer gefälschter Papiere für alle Fälle Deutsch lernt, weiß man nie, mit wem man es tatsächlich zu tun hat. Marguerite schlendert durch diese gefälligen und trübseligen Orte als Privilegierte, ein wenig über den Betrug verlegen, doch froh, davon zu profitieren.

Rings herum, so weit das Auge reicht, die Wirklichkeit. Die Kriegsgeräusche erinnern sie an das Meer. Die vorüberziehenden Konvois verbreiten für sie »dieselben Klagen wie die Wellen«. Auf den Terrassen der teuren, über den Dächern von Paris gelegenen Wohnungen, die sie frequentiert, hält sie sich wie an der Reling, wenn man auf das Anlegen wartet. Es ist weniger das Nachsinnen über diesen Krieg, der die Welt erfaßt hat, als die Spannung einer außergewöhnlichen, völlig neuen Situation, die soviel zu sehen bietet.

Dennoch ist ihr klar, daß sie nicht hier stehenbleiben und sich vom Trugbild eines ruhigen Lebens wiegen lassen kann. Trotz gesättigter Neugier fühlt sie sich unwohl. Überdrüssig der Inaktivität, doch unfähig, einen Kampf zu begründen. Im Grunde leidet sie an nichts tatsächlich. Sie hat einen Ehemann, Liebhaber, Freunde, Arbeit, einige schnell »hingeschmierte« und geschickt vertriebene Bahnhofslektüre, eine gewisse finanzielle Sorglosigkeit und bald ein Kind. Sie kennt keine Qualen, außer jenen uralten Hunger, »Hunger nach Treulosigkeiten, nach Ehebrüchen, nach Lügen und nach dem Sterben«.[3]

Mitten in diesem Zweiten Weltkrieg steht ihr noch bevor, sich zu entdecken. Und sich als Französin zu akzeptieren. Indochina hat sie erstickt; Europa berührt sie nicht. Vielleicht empfindet sie sogar so etwas wie Verbitterung gegenüber diesem ständig unruhigen Asylland. Sie ist nicht mehr von dort und noch nicht von hier. Immer im Vaterland der anderen. Sie sei ohne Heimat, sagt sie.

Sie schreibt. Eine Art, um im französischen Boden Wurzeln zu schlagen. Den Rahmen des Romans ihres Lebens verpflanzt sie in die Dordogne, dort läßt sie ihre Familie niederkommen, als habe für sie nie ein anderer Ort existiert. Hier wäre sie geboren, und alles hätte hier angefangen. Sie würde Marguerite Duras heißen. Sie wäre in der Mauriacschen Atmosphäre eines großen, von Pächtern bewirtschafteten Familienbesitzes aufgewachsen.

Sie erzählt vom rauhen Klima des Hoch-Quercy, von der Familie »Grand«, dem Haus »Uderan«, von der drückenden Langeweile bei den »Pécresse«, vom Kindheitsfreund »Jean« und von einem älteren Bruder »Jacques«, der von Grund auf faul und vergnügungssüchtig ist. Sie ist »Maud mit dem verschlossenen und heftigen Charakter« und soll »in Uderan hinterlassen werden«. Es gibt auch »Henri«, den zärtlich geliebten Bruder, der sich von ihr entfernt hat: »Zwischen ihnen war eine ihr unbegreifliche Verlegenheit.« Die unüberwindliche Mutter bleibt »die Mutter mit dem demütigen und müden Gesicht einer Besiegten«.[4] Der Vater ist abwesend.

Sie gibt sich Mühe, die Tropenfamilie gleich einem kompakten Klumpen in dieser salbungsvollen Landschaft aufzulösen. Aus Prey Nop behält sie nichts, diese Erinnerungen interessieren sie nicht, sie sieht nicht, was sie aus dieser Geschichte festhalten sollte. Es kommt ihr vor, als müßte ihre ganze Vergangenheit erst noch entworfen werden.

Während sie sich schreiben sieht, ist sie hin und her gerissen zwischen der Absicht, ihre Geheimnisse zu verbergen, dem Wunsch, mit dem Buch eine Revanche zu nehmen und dem Ernst einer braven Schülerin, die ihrem Meister Ehre machen will. Gallimard lehnt das Manuskript, das zuerst *Les complices* und später *La famille Taneran* heißt, ab. Kein Papier für »Marguerite Duras«. Die Kopie wird zurückgeschickt. Sie macht sich wieder an die Arbeit.

Auch wenn Marguerites eheliche Treulosigkeiten dadurch, daß das Paar von der Hochzeit an die Achtung der gegenseitigen Unabhängigkeit vereinbart hat, entdramatisiert sind, verletzen sie Robert nicht weniger. Das Verhältnis zu ihm ist zwar derart, daß jede Möglichkeit eines tiefen Bruchs ausgeschlossen ist, doch untergräbt die Turbulenz der Gattin das gemeinsame Leben. Einige Monate vor der Geburt ihres Kindes trennen sie sich. Einsam erlebt die schwangere Marguerite das Warten und das intensive Gefühl einer ganz neuen Veränderung. Neun Monate lang ist sie bereits Mutter, achtet darauf, daß das Kind den Brutalitäten des Krieges entgeht. Um es zur Welt zu bringen, entscheidet sie sich für den Kokon einer katholischen Privatklinik. Mit Komplikationen, die die Nonnen überfordern könnten, rechnet sie nicht. Das Kind stirbt bei der Geburt, von der Nabelschnur stranguliert, weil die Sofortmaßnahmen, die in einem öffentlichen Krankenhaus vielleicht möglich gewesen wären, nicht getroffen wurden.

Neun Monate in der blinden, glückseligen Umarmung von zwei ineinander verschmolzenen Körpern. Leben vom anderen durchdrungen, eingehaucht. Vollkommene Liebe im Zustand der Gnade. Und an einem Tag im Mai 1942 die plötzliche Leere, der hohle Bauch; und nichts in den Armen, kein Kind vor den Augen. Das Unglaubliche passiert: das Kind ist »für sich gestorben«, es ist aus seiner lauen Nacht herausgetreten und vom Tageslicht getötet worden. Gestorben daran, geboren zu werden, ohne irgendeinen Schrei. Man sagt ihr: »Besser so. Es ist weniger furchtbar, wenn es gleich bei der Geburt ist.« Aber nein, das ist entsetzlich... Einen Geist zu gebären, das ist sogar das Schlimmste... Marguerite braucht eine greifbare Realität, Nachweise der Existenz ihres Kindes, sie will »Informationen«, Antworten auf ihre Fragen... Es sich wenigstens vorstellen können: »Wie sieht es aus? Ähnelt es mir? Was wird mit ihm geschehen? ... Bringen Sie es mir! Lassen Sie mir es einen Augenblick. Es ist meins... Ich will es sehen, es berühren. Zehn Minuten.« Man sagt ihr, das sei unmöglich, nie habe man dergleichen getan, ein gestorbenes Kind zu zeigen. Nein, sie kann nicht vernünftig sein... So wie es ist, ist es ihr Kind. Sie hat ein Anrecht darauf. Um sie zum Schweigen zu bringen, antwortet man ihr, daß das Kind gerade eingeäschert werde.[5] Nur die Begleitumstände der Geburt und dessen, was sie einen Mord nennt, wird sie von ihm behalten. Die Geburt und den tödlichen Unfall. Den Tag und den Tod. Und die Angst, fortan dazu bestimmt zu sein, das Unsichtbare zu gebären.

Der Rausch ... Sein Vorname bereits läßt es erahnen: Dionys. Marguerite begegnet ihm im Sommer desselben Jahres 1942 und verliebt sich in den äußerst verführerischen Mann.

Die Stichhaltigkeit seiner literarischen Kritiken hatte Dionys Mascolo, der zu Kriegsbeginn zufällig Laufbursche bei Gallimard war, zum Lektor gemacht. Als er sich bei Madame Antelme um Papier für den Druck von Manuskripten bemühte, verlor auch er den Kopf.

Diesmal verheimlicht sich Marguerite nicht die Bedeutung der Beziehung. Sie weiß, daß sie dauerhaft ist, und gibt sich Mühe, ihr einen möglichst angemessenen Platz in ihrem Leben zuzuweisen. Die Anwesenheit von Dionys beeinträchtigt nicht das Bedürfnis nach Robert. Sie legt nachhaltigen Wert darauf, daß die beiden sich kennenlernen und die Gefühle teilen, die sie ihnen entgegenbringt. Umsichtig fördert sie das »Werk der Freundschaft«[6] zwischen ihnen. Und es gelingt ihr. Robert und Dionys werden verläßliche und loyale Freunde.

Die Scheidung wird als Formalität angesehen, der man nachkommen müsse, wenn Marguerite und Dionys das Kind bekommen, das sie sich wünschen. Wieder zu heiraten ist hingegen nicht nötig. Vollkommene Aufrichtigkeit untereinander leitet dieses Leben zu dritt, das sie erfunden haben und in magischer Komplizenschaft improvisieren.

Marguerite, die von sich sagte, die Verkümmerung des Familienlebens habe sie von der »in allen ihren Formen abscheulichen und degradierenden« Gemeinschaft abgestoßen, rehabilitiert sie mittels dieser neuen »Lebenskunst«[7], in der Liebe und Freundschaft ineinander übergehen. Ohne daß jemals ansteht, sie zum Ideal zu erhöhen.

In dieser sich selbst genügenden Zelle der Vertrautheit wollen sie sich genausowenig wie im Eheleben einschließen. Die Qualität ihres Einverständnisses verlangt große Vorsätze, als würde der fordernde und vertrauensvolle Blick, den sie füreinander haben, erwarten, übertroffen zu werden. Jeder mißtraut der Schläfrigkeit, und jeder will seine Unverzagtheit beweisen.

Hinzu kommt, daß die geschichtlichen Umstände Druck ausüben. Seit Stalingrad Ende 1942 stimmen die ersten schweren Rückschläge für die Deutschen nachdenklich. Hitler ist also nicht unbesiegbar... Die deutsche Besatzung ist nicht unumkehrbar... Die Résistance ist nicht länger eine Angelegenheit der Geächteten, der Verdammten dieser Erde und einiger spinnerter Patrioten oder von Verweigerern des Arbeitsdiensts... Der gleiche »poetisch-romaneske« Elan bringt sie endlich dazu, sich im September 1943 dem Untergrundkampf anzuschließen. Ein Kommilitone, Georges Rosenfeld, genannt Beauchamp, stellt ihnen seinen besten Freund vor, François Mitterrand.

Nach seiner Flucht aus der Kriegsgefangenschaft hat Mitterrand sich für die Résistance im Wespennest der Besatzung entschieden. Die Uneinigkeit mit de Gaulle, der in London ist, hat seinen Entschluß, an der Seite der »Menschen im Innern« zu kämpfen, bekräftigt. Besser sich dem Feuer stellen, als es vom anderen Ufer aus zu entfachen... Robert, Marguerite und Dionys schließen sich seiner Bewegung, dem MNPDG[8], an, überzeugt, daß dieses Unterfangen auf der Höhe ihrer Bestrebungen ist. Sie haben ihr Lager gefunden. Die Appelle des Generals lassen sie taub. Dem aktiven Offizier ziehen sie die unwiderstehliche Freundschaft von »François« vor.

François gefällt ihnen. Marguerite findet in ihm eine »bezwingende, vollkommen unumgehbare«[9] Persönlichkeit und eine Sorte Mut, für die sie keinen Vergleich hat, »einen zugleich vernünftigen, durchdachten und verrückten Mut«.[10] Dem Tod zu trotzen, der ihn in der selbstmörderischen Aktion des Krieges quält, scheint »die tatsächliche Leidenschaft seines Lebens« zu sein.

Bei Mitterrand, sagt Morland, siegt die Neugier über die Gefahr. Von festen politischen Überzeugungen wird er nicht getragen. Die drei Unzertrennlichen schließen sich seiner Bewegung mit dem Gefühl an, an der Seite eines vollkommen apolitischen Chefs »zu arbeiten«. Müßten sie ihn definieren, würden sie ihn als Zentristen bezeichnen. Andere aus der Gruppe sind radikaler engagiert. Edgar Morin, der ihr Freund wird, ist beispielsweise Mitglied der KPF. Er ist ihr »erster Kommunist«. Die zugleich zähen und freundlichen Diskussionen mit ihm eröffnen ihnen unbekannte intellektuelle Horizonte. Zu Übereinstimmungen wird es jedoch erst später kommen.

Die erste Wandlung, die Marguerite durchmacht, als sie der Résistance beitritt, ist, daß sie die Disziplin akzeptiert und erlernt. Und natürlich beweist sie exemplarische Strenge. Man muß die eigene Haut und die der Kampfgefährten retten. Tag und Nacht zittert sie davor, festgenommen, erschossen zu werden... Aber sie bemüht sich, tapfer zu sein. Um keinen Verdacht aufkommen zu lassen, muß der Schein eines Lebens aufrechterhalten werden, das sich jede natürliche Beziehung zu Freunden untersagt und sich zum distanzierten Umgang mit allen anderen, seien es Kollaborateure oder Résistance-Leute, zwingt.

Die Fernandez' sind ihre Nachbarn von oben. Er, Ramon, berät den faschistisch geprägten PPF[11] in kulturellen Angelegenheiten. Er kann wunderbar über Balzac sprechen. Seine Frau Betty, von deren Schönheit Marguerite bewegt ist, spaziert durch den Krieg wie »über die Geschichte hinweg«.[12] Die Résistance-Kämpferin entdeckt an ihnen nach wie vor einen nirgends angetroffenen »essentiellen Charme«. In ihren Augen, sagt sie, sind sie »die Intelligenz und die Güte«[13] selbst. Ihnen verdankt sie den Erwerb einer in der Rue Saint-Benoît, im Herzen von Saint-Germain-des-Prés, wunderbar gelegenen Wohnung. Die Fernandez' bleiben daher Getreue, die man nicht verleugnet.

Trotz der gegensätzlichen Engagements nehmen die tapferen Ritter aus dem dritten Stock die Einladungen in den vierten wahr. Oben kompromittiert man sich lediglich in Literaturfragen. Hier trifft man Drieu La Rochelle und Brasillach[14] in der zeitlosen Atmosphäre eines für unschuldig erklärten Salons.

Darunter – in der Wohnung von Marguerite, Robert und Dionys – findet unterdessen ein tragisches Vaudeville statt, Türen schließen sich hinter bedrohten Résistance-Kämpfern, andere öffnen sich für verfolgte Juden. All das hindert nicht, daß sowohl Henri Michaux wie Jean Paulhan, Drieu La Rochelle wie Gerhard Heller, der Vertreter der *Propagandastaffel* und Gefängniswärter der französischen Literatur, sich hier zu Gesprächen einfinden. Am meisten von all diesen Besuchern stört allerdings jener unausstehliche Pierre Donnadieu, gleichsam der Hauptfeind.

Über die völlige Skrupellosigkeit, die dieser vierzigjährige egozentrische, widerliche Gauner an den Tag legt, sind die Gastgeber in der Rue Saint-Benoît förmlich niedergeschmettert und wie gelähmt. Wenn er sich selbst einlädt, durchkämmt Pierre die Wohnung auf der Suche nach dem kleinsten Gewinn. »Aus allem macht er Geld.«[15] Er stiehlt unumwunden sogar in Anwesenheit seiner Opfer, läßt mit vollen Händen Reis und andere Lebensmittel mitgehen, während die Besatzung ein Stadium erreicht hat, in der auch die Gemeinschaft in der Rue Saint-Benoît nicht vom Hunger verschont bleibt. Er will auf nichts verzichten müssen. Die Entbehrungen des Kriegs nimmt er nicht hin.

Marguerite läßt ihn auf ihre Kosten leben. Seine Bosheit lähmt sie. Mal verdächtigt sie ihn, der Gestapo Juden auszuliefern, mal daß er Straßenmädchen für sich arbeiten läßt. Einmal hatte er versucht, seine Schwester in Montparnasse an Gäste der Coupole zu verkaufen. Am liebsten würde sie ihn aus dem Weg räumen, aber sie unterstützt ihn schwesterlich. Aus Furcht, ihn zu demütigen, hält sie ihm nicht einmal vor, ihre gesamten Ersparnisse gestohlen zu haben. Wenn er keine Bleibe hat, bittet sie ihre Freunde um Hilfe. Einmal überläßt François Mitterrand Pierre sein Studio, einen sehr hübschen Raum in der Nähe der Place des Victoires. Als er zurückkommt, ist nichts mehr da. Pierre hat alles ausgeräumt.

Was Marguerite seit jeher mit ihm durchmacht, davon befreit sie Duras. Denn zum Glück gibt es das Schreiben. Ihren abgelehnten Roman hat sie nicht aufgegeben. Sie vertieft ihn, arbeitet ihre jüngsten Erbitterungen ein. Auf dem Papier entkommt ihr der ältere Bruder nicht. Der »verdorbene« Pierre, »leicht wie ein ausgetrockneter Zweig«[16], wird hier ihr stummes und passives Geschöpf. Duras gewinnt die Oberhand zurück. Sie schleudert ihm spitze, rachsüchtige Worte entgegen, die ihr bei ihren Streits Ohrfeigen und Schläge eingebracht hätten:

»Die Sinnlosigkeit der menschlichen Existenz hatte er zum Glaubenssatz erhoben. (...) Er wagte nicht besser zu sein, weil jeder Anfang, sei es auch der eines Verhaltens, dürr und trostlos wie der Tagesanbruch ist. So zog er es vor, allmählich immer tiefer in die Bösartigkeit zu versinken, jeden Tag einen entscheidenderen Schlag auszuführen . (...) Sein Leben gewann daraus Einheit und Stärke. Er errang Siege: er verfestigte sich. Daher betrübte ihn jeder glückliche Anblick.«[17]

Ja, das Glück der Wörter... Der ganze Text gehört ihr. Das ist ihr Territorium, ihr Reich. Pierre ist nichts als ihr Objekt. Nichts spricht er mehr, nichts tut er mehr, was sie nicht will, daß er es spricht oder tut.

Wenn Pierre gegen das Schreiben aufmuckt, weil er die Abrechnung wittert, geschieht es immer noch mit der Stimme der Autorin und unter ihrer Macht: »Wenn man schreibt, sagt er, ist man zur Hälfte erledigt, behindert, es verbraucht einen, es ist abstoßend. (...) Und außerdem, wozu?«[18] Aber im Sarkasmus erschöpft er sich. Gegen die Existenz des Buches vermag er nichts, außer zu fluchen. Duras hält die absolute Waffe in ihren Händen, und sie benutzt sie bereits mit unbestreitbarem Geschick. Mit dieser Waffe kann sie alles gegen Pierre, nur das Entscheidende nicht: ihn der Liebe der Mutter zu entziehen, ihn in ihren Augen zu zerstören. Hier bleibt ihr Kampf hoffnungslos. Zwar kann sie Pierre mit einer nicht zu übersehenden Bosheit ausstatten, aber sie hat nicht die Macht, derjenigen, die ihn vergöttert, ihre Illusionen zu rauben und das Heiligenbild jenes Sohnes anzukratzen, das sie, ihrem Kummer zum Trotz, erleuchtet. Duras erreicht nur, daß sie dafür gehaßt wird, mit solcher Besessenheit das unberührbare Objekt ihrer Liebe verwüsten zu wollen. Und daran wird sie wiederum leiden.

Nachdem sie ihren Text überarbeitet hat, kann sich Marguerite eine neuerliche Ablehnung nicht vorstellen. Diese »Parturitio« darf kein weiteres Mal mit einem totgeborenen, von der Schnur der Zensur oder des Papiermangels erdrosselten Buch enden. Es muß unbedingt das Tageslicht erleben. Leben und geliebt werden: das ist für sie von lebenswichtiger Bedeutung. Sie droht, ins Wasser zu springen, falls das Manuskript keinen Verleger findet. Die herrschenden Umstände spielen keine Rolle. Es gibt keinen Grund, sie an einer Veröffentlichung zu hindern. Camus, Montherlant, Giono, Queneau, Saint-Exupéry, Giraudoux, Sartre, Marcel Aymé sind doch verlegt worden. Sie hat das gleiche Anrecht auf ihre Zentner Papier.

Außer sich vor Sorge wegen ihrer Selbstmorddrohungen, von deren Ernsthaftigkeit er überzeugt ist, macht Robert Antelme, das Manuskript unter dem Arm, die Runde bei den Verlegern. Er verhandelt mit einflußreichen Freunden: »Wenn Sie es nicht nehmen, bringt sie sich um!« »Wenn Sie ihr nicht sagen, daß sie eine Schriftstellerin ist, tötet sie sich. Mehr habe ich Ihnen nicht zu sagen. Sie wird sich umbringen.«

Robert Antelme traut sich so zu reden, obwohl er diese *Impudents* nicht besonders schätzt und eher für ein minderwertiges Werk hält. Er weiß aber, daß Marguerite weder aus Laune noch aus Eitelkeit erpreßt. Das Buch und der Tod sind für sie bereits eng miteinander verbunden. Wenn das Buch nicht existiert, dann auch sie nicht.

Schließlich sind die Éditions Plon bereit, es unter dem Titel *Les impudents* herauszugeben. Raymond Queneau erblickt darin sogar das Zutagetreten eines großen Talents. Duras freilich wird später, als sie beinah ihr ganzes Werk vollendet hat, seine Neuauflage untersagen wollen: zu viele Unvollkommenheiten.

Aus Saigon kommen wenig Nachrichten. Nicht jede würde Marguerite erfreuen. Dort sorgt Madame Donnadieu in den Reihen ihrer Schüler für Angst und Schrecken. Den Stock ständig griffbereit, prügelt sie wie mechanisch. Die Schüler nennen sie – hinter vorgehaltener Hand – nur noch »die alte Hexe«. Hingegen scheinen die offiziellen Zeremonien ihr Laune zu machen. Bei solchen Anlässen schwingt sie den Stock nervös im Takt der hinreißenden Melodie von *Maréchal, nous voilà!* Sie hat die ehrenvolle Aufgabe, den Chor der Kinder zu dirigieren.

Paul lebt meistens bei ihr in dem großen Schulwohnhaus in der Rue Testard. Während mehr als zehn Jahren hat er seiner Schwester ein einziges Mal geschrieben. Der seltsame Brief enthält konventionelle Phrasen, ausgefallene Sorgen und neutrale Gefühle. Er sagt, daß alles gut geht, die Gesundheit, die Arbeit, das Leben überhaupt... Kein Wort über den Krieg, die japanische Besatzung. Kein Anflug von Zuneigung ihr gegenüber. Marguerite versteht nicht.

Im Dezember 1943 informiert sie ein aus Saigon anonym gesandtes Telegramm von Pauls Tod. Eine mangels Medikamenten schlecht behandelte Bronchopneumonie. Den Schock nimmt sie mit einer Heftigkeit auf, die ihrer Umgebung Entsetzen einjagt. Sie stößt den Kopf gegen die Wand, deliriert vor Schmerz. Sie will sterben. Man muß sie daran hindern. Obwohl der früher Unzertrennliche seit der Trennung schon so viele Jahre wenig Raum in ihren Gedanken eingenommen hatte, war ihr die Vorstellung, daß Paul sterblich sei, nie in den Sinn gekommen. Darauf war sie nicht »vorbereitet«. Der Status ihrer Liebe war so endgültig, daß nichts sie beeinträchtigen noch vermehren konnte. Eine Sonne war das, und das Andauern einer Sonne steht außer Frage. Nun ist sie erloschen. Sie entdeckt das Unerträgliche, daß »die Unsterblichkeit sterblich ist«, mit dem Körper des kleinen Bruders gestorben war. »Der Skandal hatte göttliches Format.«[19] Wenn dem so ist, dann muß nach ihm alles zusammenstürzen. Die siamesische Schwester zuerst. Wenn Pauls Herz nicht mehr schlägt, muß auch ihres aufhören. Und Marguerite stirbt. Sie stirbt an der Liebe der Liebhaber.

Duras erfährt, daß man gestorben sein kann und daran nicht stirbt. Sogar intensiv von diesem Tod leben kann. Vorher der Vater, dann das Kind, jetzt der Bruder: sie ziehen sie alle zu sich hin. Ihr Land, das Geschriebene, ist mit Trauer besät.

Dann kommt das Bedauern, nie mit Paul über ihre geheimnisvolle Bindung gesprochen zu haben, immer auf den Augenblick gewartet zu haben, an dem sie dazu fähig wäre. Marguerite merkt, daß sie es jetzt könnte. Duras traut sich noch nicht. Und diese Vorsicht quält sie.

Als die Nachricht eintraf, arbeitete sie an ihrem neuen Buch *Ein ruhiges Leben*. In diesem Werk gab es die Landschaft des Hoch-Quercy, »die seit dem siebenten Lebensjahr nie verlassen worden war«, eine Familie, Liebschaften, Haßgefühle, Dramen... Hier hatte sie sich einen Vater zugewiesen. Einen kleinen *papa* mit rötlicher Gesichtsfarbe, blauen Augen, dichtem, weißem Haar und weißem Anzug. Ein wegen Diebstahls von Spendengeldern für wohltätige Zwecke gefallener, ehemaliger Bürgermeister, verschuldet und verfemt, was er dem »Bruder von *maman*« verdankte, der ihr Vermögen vergeudet hatte.

Frei von Schuldgefühlen genoß sie die Ermordung jenes »Onkels«, der das Unglück verschuldet hatte und eine »Anmaßung (war), die mit uns zu Tische saß und an die es keine Erinnerung geben würde«.[20] Den Mord hatte ihr über alles geliebter kleiner Bruder auf sich genommen. Sie hatte es ihm überlassen, sich darum zu »kümmern«, und er hatte es um ihrer aller Frieden willen durchgeführt. Gegenüber dem sterbenden Verwundeten demonstrierte die ganze Familie ihre Gleichgültigkeit. Seite um Seite, mit der Langsamkeit einer Folter, führte Duras ihn zur »Holzkiste« hin, noch auf das Grab spuckend. Dann nahm das auf sich selbst bezogene Leben wieder seinen Lauf. Der schmutzige Onkel war beseitigt,

»nichts also war ganz undenkbar«.[21] Und nun? Das Buch versackte in einer süßlichen Atmosphäre, die dringend nach einer Handlung rief.

Pauls Tod schlug wie ein Kataklysmus auf *Ein ruhiges Leben* ein. Das unvorhergesehene Drama entfachte die Intrige. Das Buch wurde das Leiden Marguerites, das Leiden eines Kindes, wenn ein Vogel stirbt. Und wenn es ihn begräbt.

Lange bleiben die Bilder des in ein Gemeinschaftsgrab geworfenen, verwesenden kleinen Bruders unerträglich: »Jetzt ist er tot, still. (...) Seine Zähne wird er noch haben. Seine Augen sind erloschen. Wenn ich daran denke, wenn ich dran denke, daß seine Augen geblendet sind, seine Augen, tiefblau wie das Geheimnis, feucht, bewimpert, seine Augen, die sahen, seine makellosen Augen. Ach wenn ich daran denke, ist's ein erbarmungsloser Schlag bis in die innerste Tiefe meines Leibes, nicht eine Minute länger werde ich leben können ohne Nicolas.«[22]

Dann denkt Marguerite nicht mehr ganz so. Sie schämt sich ein wenig deswegen. Sie verachtet sich dafür, dieses Leiden zu beleidigen, das sie als ein exemplarisches, sich jedem Arrangement widersetzendes zu bewahren hätte. Sie zittert davor, zu erleben, wie die Zeit ihren monströsen Verrat fortführt. Sie möchte ein »untröstliches Gedächtnis« besitzen.

Und alles setzt sich fort, ihr Leben, sein Tod. Marguerite stirbt nicht. Die Tage vergehen, und nie stirbt sie. Jeden Morgen wacht sie auf und ist dieselbe geblieben. »An nichts gestorben. (...) Immer habe ich eben zur rechten Zeit noch mich aus der Affäre gezogen.« Sie fragt sich, woher diese Kraft oder diese Schwäche kommt, dieser Mangel oder Exzeß an Stolz, immer einen Ausweg zu finden, »immer habe ich es fertiggebracht, für alles Ersatz zu finden«.[23]

1944, der Krieg, die Résistance, der Nationalsozialismus... An ihrem Arbeitstisch bringt sie ihren Roman zu Ende. Sie schreibt: »Deswegen wohl ist mein Leben dieser Sumpf; ich kann mich nicht erinnern, durch erregte Bewegung in ihm je anderes erzeugt zu haben als immer das gleiche Geplätscher der Langeweile. (...) Hinter vereisten Fensterscheiben wird mein Leben ablaufen, Tropfen um Tropfen, und ich werde es lange an mir halten, lange Zeit.«[24]

Als *Ein ruhiges Leben* erscheint, diesmal von Gallimard akzeptiert und 1944 veröffentlicht, begrüßt Raymond Queneau das Erscheinen einer neuen Schriftstellerin. Duras bleibt zurückhaltend, zweifelt an ihrem Talent, ist unzufrieden und unsicher. In ihrer Umgebung bewundern Robert und Dionys vor allem den außergewöhnlichen Anspruch, der sie quält. Der Zuspruch, ihre Karriere fortzusetzen, hält sich in Maßen. Von *Ein ruhiges Leben* haben sie die Atmosphäre eines »Vipernnestes« und die Umgebung des Bordelais im Gedächtnis behalten, des »*Entre-deux-mères*«[25], was sie etwas stört. Dionys bezeichnet sie als »*mau-ri-a-ci-enne*«[26], als würde schon die Schwierigkeit, das Wort auszusprechen, genug sagen. Solche Vorbehalte veranlassen Marguerite zur Bescheidenheit. Weniger denn je findet sie Geschmack am persönlichen Triumph. Mitte 1944, am Vortag der Landung der Alliierten, hofft man auf weitaus bedeutendere Siege. Die Führer fast aller Widerstandsorganisationen sind gefangengenommen worden, die Organisationen dezimiert. Die übriggebliebenen Kämpfer sind erschöpft. Um den Kreis des aktiv gesuchten François Morland zieht sich das Netz zusammen. Die Gruppe fühlt sich umzingelt und verdoppelt die Vorsichtsmaßnahmen. Doch eines Tages durchsucht die Gestapo einen ihrer heimlichen Treffpunkte, die Wohnung von Roberts Schwester Marie-Louise Antelme in der Rue Dupin. Morland gelingt es zu verhindern, daß der ganze Kreis in die Falle geht. Mit Unterstützung von Albert Camus schützt er Marguerites Flucht, und Georges Beauchamp kann er gerade noch retten. Leider hat Robert Antelme, bevor er ihn hat warnen können, bereits die Wohnung in der Rue Dupin betreten. Er wird von den Deutschen verhaftet und deportiert.

Gerade in dem Moment, wo die Schriftstellerin Marguerite Duras Anerkennung findet, fühlt sie den moralischen Zwang zu schweigen. Unter der Einwirkung der entsetzlichsten Ereignisse, die die Menschheit je erfahren hat, wird sich Duras

das Schreiben verbieten. Bis 1950 wird sie nichts mehr veröffentlichen. Restlos und abseits von jedem literarischen Reflex
engagiert sie sich in der Aktion. Sie erzählt: »Ich stand vor einer phänomenalen Unordnung des Denkens und Fühlens, an
der ich nicht zu rühren wagte und vor der ich die Literatur als
beschämend empfand.«[27]

X.
Ecce homo

Mit der Hingabe einer vorbildlichen Ehefrau hat sich Marguerite in den Kopf gesetzt, Himmel und Erde in Bewegung zu setzen, um ihren Mann zu retten. Sie klopft an jede Tür. Solange Robert Antelme in Frankreich inhaftiert ist, meint sie noch die Chance zu haben, ihn freizubekommen. Wenn sie ihn aber nach Deutschland gebracht haben? Nirgendwo bekommt sie Antwort. Robert scheint für die Lebenden unsichtbar geworden zu sein.

An keinem einzigen Tag erwägt sie aufzugeben. Unermüdlich trommelt sie. Türen der Nacht...

Und dann geht sie aufs Ganze: sie stellt sich dem Wolf vor den aufgerissenen Rachen. Es ist der französische Gestapo-Agent, der für die Verhaftung in der Rue Dupin verantwortlich ist. Der Wolf ist angetan von der Not, die ein so reizendes Antlitz besitzt. Während er sie über seine tatsächliche Macht im Ungewissen läßt, schiebt er den Riegel hinter ihr zu. Er verläßt sie nicht mehr. Nun ist sie seine Geisel.

Erfolg hat sie nur darin, daß es ihr stets gelingt, unbegleitet nach Hause zurückzukehren und er nicht erzwingt, worum er sie beim ersten Treffen gebeten hatte: »mit ihm ›in der kleinen Wohnung eines Freundes, der im Augenblick nicht in Paris ist‹, einen zu trinken.«[1] Von ihren Freunden ist sie abgeschnitten, und auf die Aktivitäten des Kreises muß sie verzichten. François Morland weist sie an, sich ihm unter keinem Vorwand zu nähern. Und er befiehlt ihr, den Kontakt zu dem Gestapo-Mann aufrechtzuerhalten, weil er die einzige Verbindung zu den festgenommenen Genossen ist.

Sie lebt mit der Rasierklinge an der Kehle. Jeden Tag ist sie überzeugt, der Mann habe sie enttarnt und betreibe sein Spiel mit ihr, ehe er sie umbringt. Er nutzt jedoch nur die Chance, eine verhältnismäßig fügsame hübsche Frau in seiner Abhängigkeit zu halten, mit ihr auszugehen, zu trinken und sie zu

üppigen Mahlzeiten in den Schwarzmarktrestaurants einzula-
den. Daß es auch noch eine »Schriftstellerin« ist, fasziniert
ihn, der die Künstler verehrt und davon träumt, eine Kunst-
buchhandlung zu erwerben.

Marguerite hält stand. Vor ihrem Charme wird der Kollaborateur zuvorkommend, sorgt sich um ihre Gesundheit und
vertraut ihr perfiderweise die Namen derer an, die einige ihrer
Freunde der Gestapo verraten und ausgeliefert haben. Sie
überwindet ihren Ekel. In der Hoffnung, Robert den Leiden
der Haft zu entziehen – deren entsetzliches Ausmaß noch unbekannt ist –, sitzt die engagierte Résistance-Frau also am gedeckten Tisch. Mit List und Geschick schafft sie es, die mit
Crème fraîche überzogenen Gerichte nicht essen zu müssen,
die ihr Beschützer ihr anbietet. Ihr einziges, risikoreiches und
am Ende nutzloses Bravourstück.

Das Wunder der Befreiung von Paris am 25. August 1944
erlöst sie von dem schauerlichen Umgang, der sich über drei
lange Monate hingezogen hat. Mit kindlichem Heroismus
gibt sie sich dem Purgatorium des Straßenkampfes gegen den
Besatzer an der Seite der wiedergefundenen Genossen hin.
Rund um ihr Hauptquartier in der Rue Richelieu Nr. 100, ein
wegen seiner Ausgänge in vier verschiedene Straßen ausge-
wähltes Hochhaus, setzen sich die mutigen, romantischen
und ausgelassenen Kämpfer dem Feuer aus, als handle es sich
um Festtagslärm, ohne daran zu denken, vor der Schießerei
Schutz zu suchen. Marguerite kümmert sich um das Essen, sie
rennt von einer Gruppe zur nächsten und sichert als uner-
schrockener kleiner Soldat den Nachschub.

Zahlreiche Kollaborateure werden in die Räume der
MNPDG gebracht. Das Gebäude in der Rue Richelieu quillt
über: Milizangehörige, Gestapo-Agenten, deutsche Frauen,
Journa-listen ... Jeder Résistant improvisiert seine Rolle: man
muß sich um die gefangengenommenen Feinde, um Verhöre,
um Beschlagnahmungen von Räumen, Autos und Benzin
kümmern.

Man teilt die Gefangenen untereinander auf. Marguerite
erhält einen, der im Vergleich zu den abgemagerten Kriegsge-

stalten geradezu fett ist. Es ist ein »Kopfjäger«, einer, den die Faschisten für jede ihnen ausgelieferte Person bezahlten. Sie hat ihn zu verhören. Eine unerbittliche Sitzung... Die Frau, die mit böser Miene vor der *balance*, dem Denunzianten, steht, hat zu viel auf dem Herzen. Der Haß, der in ihr ist, geht weit zurück und ist in jüngster Zeit noch angefacht worden. Heute jedoch ist es ein respektabler, ein zur Gerechtigkeit erhobener Haß. Aus Demütigung und Schmerz entstanden, ist er grenzenlos unerbittlich.

Deutsche umzubringen, »(diese) Hunnen (...) Wölfe, (...) Verbrecher (...) Geisteskranke, die Verbrechen begehen«[2], nichts lieber als das. Marguerite will sie alle zermalmt und vernichtet sehen. Will Deutschland in Schutt und Asche legen. Draufschlagen. Draufschlagen, um den Dreck, der das Land ins Unglück gestürzt hat, von Kopf und Seele loszuwerden. Diese Galle, diese Eiterbeule, Absonderung der Despotenclique und ihrer Handlanger, hinwegsäubern. Später wird zu spät sein. Die Wahrheit wird hinter den Wandtäfelungen der Gerichte vermint. Es wird keine Gerechtigkeit mehr geben. Hier hingegen urteilt niemand. Es ist die Gerechtigkeit, die sich Recht verschafft. Damit danach alles neu und wahr ist.

In dem Raum, in dem sie mit ihrem Häftling eingeschlossen ist, befiehlt die kleine Dame von der Résistance, daß die Schläge nur so hageln. Sie besteht darauf, das Geständnis herauszupressen, ehe es endgültig hinuntergeschluckt wird. Im Grunde ist sie jedoch ruhig und desinteressiert. So etwas wie hier muß einfach geschehen, etwas Bedeutendes, Unauslöschliches, das sich dem Gedächtnis einprägt. Man muß sich an die Schläge erinnern, weil es keinen Prozeß geben wird. Gegen die Feigheit des Schweigens werden die Schläge geblieben sein.

Zur Durchführung dieser Befehle braucht sie weniger Mut, als sie aufbringen muß, um das Warten auf einen deportierten Ehemann zu ertragen, um der Lust, sich ins Wasser zu werfen, zu widerstehen. Nichts wiegt das Martyrium dieses Wartens auf.

Jetzt folgt die Folter, mühelos. Sie macht es »wie eine Arbeit (...), wie eine Pflicht«[3], in staatsbürgerlicher Überzeugung und vom allgemeinen Gefühl mitgerissen, nichts »Außergewöhnliches« zu tun. Sie registriert lediglich, daß in solchen Situationen Gewalt mit der beruhigenden Sicherheit einer gerechten Handlung, beinah einer Friedensgeste, beschlossen und ausgeübt werden kann.

Unter den Schlägen wird der betroffene einzelne ein anderer. Ein irreversibler Unterschied zu den übrigen Menschen vollzieht sich. Wie kann man sich vorstellen, eines Tages wieder als Gleiche miteinander zu leben? Eine gemeinsame Zukunft erwägen?

Marguerite geht nicht bis zum äußersten, sie hat nicht »den Mut, ihn umzubringen«.[4] Auch wenn es, wie sie meint, das einzig Richtige wäre.

Nach diesem einen war Schluß. Sie hat es nicht wiederholt, um nicht »jemand, der foltert«, zu werden. Vielleicht auch, weil die Logik, jemanden zu foltern und dann am Leben zu lassen, keinen Sinn für sie macht. Dann ist allein der Mord verständlich.

Wie zahlreiche andere damals wird Marguerite, nachdem sie ihre Rache gekühlt hat, auf eine bestimmte Art »menschlicher«. Widersprüchlich. Zugänglich beispielsweise für den Charme eines jungen, verführerisch wirkenden Milizangehörigen. Sensibel für das Pathos der Verirrten. Bereit also, die Utopie zu leben.

»Ihr« Gestapo-Agent wurde verhaftet. Im Prozeß ging sie das Wagnis ein, sowohl als Belastungs- wie auch als Entlastungszeugin aufzutreten, weil sie erfahren hatte, daß er Juden geholfen hatte. Im Dezember 1944 wurde er erschossen.

In der Umgebung des Befreiers von Frankreich finden diskrete Tricks von Falschspielern statt. In vielen Knopflöchern ersetzt ein Lothringer-Kreuz das Emblem der Legion. Die *Maréchal, nous voilà* von gestern setzen strahlende Mienen auf, als ob sie zu denen gehörten, die noch Stunden zuvor gekämpft haben. Und die auf ihren Kampf stolzen FTP-FFI[5] warten vergeblich darauf, daß ihnen eine brüderliche Hand entgegengestreckt wird.

Der General entscheidet alleine, was »sein« Frankreich ist, was es werden wird oder werden muß. Vor allem »es selbst«. Marguerite erlebt, wie Frankreichs erster Widerständler mit »etwas Erschreckendem, etwas Furchtbarem«[6] an die Öffentlichkeit tritt.

Er zieht die Champs-Elysées hoch, die Arme zum V wie *victory* gereckt. Ein Sieg der Eitelkeit. Den Namenlosen gestohlen. Ein geraubter, versperrter, schon gealterter Sieg. Der ihm das nimmt, was er an Bewundernswertem hatte.

De Gaulle, dem sich die Anhänger der *cagoules*, die Kapitulanten von gestern anschließen, de Gaulle mit seiner Verachtung und seinem Desinteresse für das Volk... De Gaulle, der einerseits, um den Fortbestand des Staatsapparates zu sichern, die von der Justiz zum Tode verurteilten Kriegsverbrecher begnadigt und andererseits, als das Nazigrauen enthüllt wird, sich dazu nicht oder nur widerwillig äußert, weil er den nationalen Zusammenhalt nicht gefährden will.

Vom ersten Tag des Aufstands an schickt sich derselbe, der vier Jahre lang die Ehre aller Franzosen gerettet hat, an, ihr »Dämpfer und Löschhorn«[7] zu sein. Marguerite sagt: »Nach drei Monaten wird er in meiner Umgebung verurteilt und für immer abgelehnt. (...) Nie werden wir ihm verzeihen.« Derart viel Leiden, damit ein Schicksal unterschlagen wird, das in diesen einzigartigen Tagen tiefgreifend hätte verändert werden können. Engstirnige Auffassung eines Chefs, der ständig von Größe redet, aber Angst davor hat, die Demokratie könnte ihren Sieg zu ernst nehmen.

Deprimiert blickt Marguerite auf diesen Krieg, der umsonst geführt worden ist, da die alte Welt wieder zu herrschen droht. Daher tritt sie im Herbst 1944 sofort der KPF bei. Sie hat das leidenschaftliche Bedürfnis, den Bruch mit einem entschlossenen Zeichen der Opposition deutlich zu machen.

Von den politischen Theorien der KP und ihrer »Linie« hat sie keine Ahnung. Sie hat weder Marx noch Hegel gelesen... Sie folgt einem Elan aus reiner Wut über das Unglück der Menschen. Und macht daraus ihre Religion. Selbstlos und im stillen widmet sie sich glanzlosen Aufgaben. Sie bedauert nur, nicht ständig von wohltätigen Zwecken absorbiert zu sein.

Parallel dazu übernimmt die Kämpferin die Geschäftsführung der Zeitung *Libres*, die die MNPDGD unter Leitung von François Mitterrand herausbringt – das D, für deportiert, ist gerade erst hinzugekommen. Selbstverständlich unterzeichnet sie als Marguerite Antelme. Dort gründet sie einen äußerst aktiven Nachforschungsdienst, der ein Höchstmaß an Informationen über Konvois und Evakuierungen zentralisiert, die zumeist von Gefangenen stammen, die auf den Transfers von Lager zu Lager flüchten konnten. Sie organisiert eine Solidaritätskette zwischen fündundsiebzigtausend Eltern von insgesamt über einer Million gefangenen Franzosen, damit die Nachrichten verbreitet werden. Um allen wieder Mut zu machen, die wie sie verzweifelt darauf warten, einen geliebten Menschen wiederzusehen. »Vertrauen ... Mut ... Diese Woche hat uns kein einziger Brief aus den Lagern der Deportierten erreicht ... Benachrichtigen Sie Familie X, daß ihr Sohn am Leben ist ...«

Das gaullistische Personal, das »seine Plätze einnimmt«[8], behindert die ohnedies mühsame Arbeit: es will die Informationen allein verwalten. Von einem Tag auf den nächsten wird die Aktion von Madame Antelme für inopportun und illegal erklärt.

Doch sie stellt sich weiterhin überall auf, wo Gefangene eintreffen, fleht sie um Einzelheiten an, seien sie auch nutzlos, bis sie wie ein schwarzes Schaf von den vornehmen, hochmütigen Missionarinnen der Repatriierung, von denen niemand weiß, woher sie kommen, zurückgedrängt wird.

Unter den Repatriierten, die sie unermüdlich befragt, kennt niemand Robert Antelme. Marguerite paßt jeden Konvoi ab, nie ist er dabei. Sie erlebt die Ankunft der ersten Deportierten aus den Todeslagern. Das Entsetzen. Man traut seinen Augen nicht, so wenig ist von ihnen übriggeblieben. Das bewegte Schweigen, die kollektive Emotion, die vollständige Erstarrung ...

Berlin wird in Brand gelegt. Man meint den Geruch der

Trümmer zu riechen. Beim Einmarsch der Alliierten erschießen die Deutschen ihre Häftlinge in den Lagern, damit ihre Opfer »nichts erzählen«. Die Befreier finden noch warme Leichen vor. Für die Gefangenen ist es heute noch schwerer als gestern, am Leben zu bleiben.

Nichts deutet auf Roberts Rückkehr hin. Dieser April 1945 macht Marguerite angst. April, ein so häufig böser Monat. Abgemagerte Deportierte, gerade einer am 4. aus Buchenwald evakuierten Kolonne entkommen, behaupten, Robert dort gesehen zu haben. Was aus ihm geworden ist, wissen sie nicht. Kann er in einem Zustand, der sicher nicht besser als derjenige der Zurückgekehrten ist, einen zehntägigen Marsch überstanden haben? Gehört er zu den Toten, die man im Straßengraben liegengelassen hat, oder zu den Überlebenden, die man in einen Zug nach Dachau gesteckt hat? Hat er die Kraft gefunden, auch noch diese dreizehntägige Höllenfahrt durch die ganze Tschechoslowakei zu ertragen?

Marguerite hält ihn für tot. Sie ist sich so sicher, als hätte sie die Nachricht erhalten. Eine unumstößliche Evidenz. Robert wird es nicht überstanden haben können: er ist vor Erschöpfung in einem Graben zusammengebrochen... Sechs Jahre Krieg gehen zu Ende. Draußen Glockengeläut, Gelächter, Volksfeste feiern den Sieg. Nazideutschland ist zerschlagen. Roberts Tod schließt das größte Ereignis des Jahrhunderts ab...

Ihre Phantasien machen schließlich ihre Umgebung vor Angst krank. Dionys schüttelt sie: »Man hat in keinem Fall das Recht, sich so weit zugrunde zu richten. Sie sind eine Kranke. Sie sind eine Verrückte. Sehen Sie sich an, Sie sehen schrecklich aus (...) Wenn Sie später daran zurückdenken, werden Sie sich schämen.«[9]

Sie schweigt und setzt sich wieder neben das Telefon.

»Keine einzige Nachricht? – Keine einzige.« »Keine einzige Nachricht?« – »Keine einzige.« ... Dionys' aufmunternder Satz, »Robert wird zurückkommen, das schwöre ich Ihnen«, beruhigt sie nicht mehr. Es gibt keine vernünftigen Gründe zur Annahme, Robert könnte nicht zurückkommen, da doch andere zurückkommen. Es gibt auch keine vernünftigen Gründe zur Annahme, er komme zurück, weil andere nicht zurückkommen. Es ist zum Wahnsinnigwerden.

Gefangene und Deportierte strömen weiter herbei, die Sammelpunkte sind im Zentrum von Orsay, im Hotel Lutetia, an den Bahnhöfen *Gare de l'Est* und *Gare du Nord*. Sie stellt sich nicht mehr an den Eingängen mit Fotos von Robert auf. Keine Hoffnung mehr. Es ist zu Ende. Marguerite rührt sich nicht mehr. Gleich einer Uhr ist sie mit der Gewißheit stehengeblieben: er ist am 21. April gestorben. Kein Schmerz mehr, kein Ehemann mehr, keine Bindung mehr.

Und dann läutet das Telefon: noch vor zwei Tagen war er am Leben. Zwei Tage ...! Ja, aber Deutschland liegt in Flammen. Wenn Robert nicht inzwischen erschossen worden ist, befindet er sich mitten im Brandherd ... Weniger extrem kann Marguerite nicht sein. Dem Schmerz und der Liebe gibt sie sich mit kräftezehrender Inbrust hin.

Bis dahin hat selbst der Freund François nichts unternehmen können, obwohl er innerhalb der provisorischen Regierung den Posten eines Staatssekretärs für Flüchtlinge, Gefangene und Deportierte bekleidet. In offizieller Mission begleitet er den amerikanischen General Lewis zur Öffnung einiger Deportationslager, insbesondere nach Dachau. Es ist ein grauenvoller Weg zwischen Leichenbergen, in deren Nähe die Henker exekutiert werden.

In Dachau geht François Mitterrand aufs Geratewohl durch das Lager und betritt den Sterberaum, wo die Toten und die Sterbenden zusammengeworfen und liegengelassen werden. Man muß über die Körper hinwegsteigen. Aus einem Stapel jener scheinbar ausnahmslos reglosen Körper erhebt sich eine schwache Stimme: »François!« ... Er beugt sich vor, sucht, wer seinen Namen ruft. Er hat es als einziger gehört. Wieder wird gerufen. Er macht den Mann ausfindig, erkennt ihn jedoch nicht. Der Leichnam, von dem die Stimme kommt, sagt: »Robert Antelme.«

Mitterrand sucht General Lewis auf: »Ich muß einen der Deportierten noch heute abend nach Paris zurückbringen.«

Das ist unmöglich, wegen des Typhus herrscht ein absolutes Verbot, einen Gefangenen zu entlassen, ehe ihn ein Arzt untersucht hat.

Also rast er nach Paris. Mit Mascolo und Beauchamp fertigt er in einer Druckerei Fälschungen seines offiziellen Passierscheins an. Mit diesen Genehmigungen ausgestattet und in Offiziersuniformen, brechen Mascolo und Beauchamp sofort nach Dachau auf.

Lange irren sie in dem Sterberaum umher, prüfen die Gesichter der entlang den Blöcken am Boden liegenden Körper. In einem Gang ist es wieder der Sterbende, der seine Freunde ruft. Dionys erkennt ihn an den auseinanderstehenden oberen Schneidezähnen. Sie entführen Robert Antelme und fliehen mit dem Auto.

Die Reise ist sehr anstrengend. Der Deportierte ist ein solches Gerippe, daß die Knochen die Haut zu durchstechen drohen. Wegen der Ruhr muß ständig angehalten werden. Antelme glaubt nicht, daß er es lebendig bis nach Paris schafft. Deswegen fängt er zu erzählen an, damit nichts verlorengeht. Der Redefluß ist kontinuierlich wie ein freigelegter Brunnen. Die Pausen sind sehr kurz: es darf keine Zeit verloren werden. Ohne Leidenschaft, ohne Effekte monologisiert der Geflohene, von allem, was ihn antreibt, ist unbedingt und so vollständig wie möglich Zeugnis abzulegen, ehe ihn sein Körper im Stich läßt.

Er redet die ganze Nacht. Hinter den Wörtern die Frage nach der Notwendigkeit weiterzuleben.

In Straßburg halten ihn seine Freunde für tot. In dem Krankenhaus, in das sie ihn bringen, beruhigt sie der Arzt. Nein, aber so gut wie... Er rät ihnen, langsam weiterzufahren: bei der geringsten Erschütterung könne das Herz versagen. Auch solle man ihn am Essen hindern. Der Magen könne unter der Last der Nahrung reißen. Gleichzeitig muß er endlich etwas essen.

Als der Wagen in der Rue Saint-Benoît eintrifft, sitzen Marguerite und François auf den Treppenstufen am Eingang. Sie rührt sich nicht. Vollkommen versteinert. Sie schreit, daß sie nicht sehen will, und bedeckt ihr Gesicht mit den Händen. Sie rennt weg, läuft hoch in die Wohnung. Man findet sie in einem Wäscheschrank versteckt, im Dunkeln hinter einem Kleiderstapel zusammengekauert. Sie kann sich Robert nicht nähern. Sie wird Zeit brauchen, ehe sie sich traut.

Fünfunddreißig Kilo anstelle von achtzig. Bei einem Meter achtundsiebzig. Auffällig aber ist, daß er nicht den gehetzten, gebrochenen Gesichtsausdruck des Verbannten hat. Er ruft nicht Mitleid hervor. Er hat etwas Unentstelltes. Ein von sich selbst zurückgenommener »Ecce homo«. Aus seinem besonderen Erlebnis ausgebrochen und dem Mensch an sich nahe. Er ist der »auf sein nicht mehr reduzierbares Wesen reduzierte Mensch«[10], beeindruckend an schlichter Würde.

Der Anblick von Robert Antelme, der weder ganz aus dem Jenseits stammt noch ganz zu dieser Welt gehört, einer von Tausenden ähnlichen Anblicken, prägt sich bei denen, die ihn ansehen, »als die Projektion des intimen Selbstbildes«[11] ein. Der Begriff Opfer fällt nicht. Sondern der des »Helden, Zeugen, Orakels«[12] einer universellen Tragödie.

In seiner Umgebung wird sich niemand mehr ganz davon erholen.

Die Ärzte stehen ratlos vor den Symptomen der Deportierten, die sie nicht unter Kontrolle bringen. Zuerst glauben sie, daß Robert Antelme, dessen ausgetrocknetes Gewebe sich jeder Behandlung widersetzt, nicht überleben wird. Schließlich betrachten sie ihn als gerettet.

In diesen zwischen Leben und Tod verbrachten Wochen wird der Davongekommene, immer wenn er sich ein wenig aus seiner Benommenheit löst, ununterbrochen sprechen, um sein ganzes vergrabenes, »vor dem Feind bewahrtes und gegen ihn aufgestautes« Wissen preiszugeben.

Doch niemals, selbst dann nicht, wenn er wieder »ein Mensch dieser Welt« sein und den ersten Brief schreiben wird, seine, wie er es nennt, »erste Tat eines gestärkten Lebenden«[13], wird er eine Rasse oder ein Volk anklagen. Den Menschen wird er anklagen.

Er war an die äußerste Grenze der Erfahrung gestoßen. Ein grotesker Sack Läuse, ein Müllschlucker war er geworden. Ein stinkendes Stück, von einer Brotrinde, einer Suppe getrieben. Abfall unter anderen lebendigen oder toten Abfällen auf ihren Strohsäcken.

Doch gerade daß ihm die SS und ihre Methoden sein Menschsein absprachen, bestätigte ihn in seiner unveräußerlichen Zugehörigkeit zur menschlichen Gattung.

In diesem Vernichtungslager war er eine Art Kämpfer gegen den Tod geworden. Widerstand zu üben hieß dort, zu leugnen, was leugnet, also darauf zu beharren, am Leben zu bleiben. In jenem »nackten Verhältnis zum nackten Leben«, Henker und Opfer Auge in Auge, die gleiche Ebene der Konfrontation zu wahren. Den Tod zu täuschen bedeutete, der SS zu entkommen. Gleich Robert Antelme konnten sich seine christlichen Gefährten nicht mehr auf die Mär vom erlösenden Tod zurückziehen, auf die letzte Stunde warten, sie als Befreiung annehmen... Die heroische Verteidigung des Lebens war jetzt der heilige Kampf. »Eine heilige Aufgabe.«[14] Sich zu ernähren, seine Bedürfnisse zu verrichten, den schwächsten Atemhauch aufrechtzuerhalten und sich daran festzuklammern verriet nicht verächtliche Niedrigkeit, sondern offenbarte ganz im Gegenteil die ermutigende Größe des Menschen.

Er fing an, über die inneren Grenzen dieser Gattung, ihren nicht zu reduzierenden Kern, diese »Natur«, zu meditieren. Und gewann daraus eine klare Einsicht in ihre unteilbare Einheit.

Robert Antelme war ein Überlebender. Nicht aus Verdienst, sondern aus Zufall. Weder seine Intelligenz noch sein Wesen oder seine Erziehung oder Tapferkeit hatten ihn für dieses Privileg ausgezeichnet. Nichts hatte gezählt. Er konnte nichts dafür. Seine Existenz war so zufällig wie jener Tag, an dem er gerade noch die Kraft gefunden hatte, nach einem Freund zu rufen, den er ein Jahr zuvor in der Pariser Rue Dupin verlassen hatte und der gerade durch den Sterbesaal von Dachau irrte...

Indem er von der Einheit der Gattung ausgegangen war – was ihn gerettet hatte –, erkannte Antelme in den SS-Leuten »Menschen wie wir auch«, die das Nazi-Unternehmen zu Vollstreckern außergewöhnlicher Verbrechen gemacht hatte.

Robert Antelme, Marguerite Duras und Dionys Mascolo weigerten sich, diesem Verbrechen den Namen eines Volkes zu geben, des deutschen, das *a priori* die eigentliche Verantwortung trug. Die einzige Antwort auf den Holocaust: »(...) daraus ein Verbrechen aller zu machen. Es zu teilen. Ebenso wie die Idee der Gleichheit, der Brüderlichkeit. Um es zu ertragen, um die Vorstellung davon auszuhalten, das Verbrechen teilen (...) Wenn dieses Naziverbrechen nicht auf die Ebene der ganzen Welt ausgeweitet, wenn es nicht auf der Kollektivebene verstanden wird, (...) wenn man aus den Nazigreueln ein deutsches Schicksal macht und nicht ein Kollektivschicksal, schränkt man den Menschen von Bergen-Belsen auf die Dimension einer Regionalfigur ein.«[15] Doch statt zu sagen: »Jeder ist verantwortlich«, was nur ein anderer Ausdruck wäre für »Niemand ist es... Gehen wir zu etwas anderem über. Fall erledigt«, sagen sie: die Trägerin des Bösen und des Todes ist die Gattung selbst. Und was geschehen ist, dieser metaphysische Kataklysmus, erfordert eine äußerste Wachsamkeit, damit es sich nicht wiederholt. Die universelle moralische Amnestie muß verhindert werden.

Dieses tiefe Bewußtsein von der Einheit der Gattung ließ sie über das politische Engagement hinaus ganz von selbst die kommunistische Idee übernehmen.

Mit seiner Rückkehr hatte Robert Antelme sie »mit ihm deportiert«.[16] Aus der Angst, »von der früheren persönlichen Identität wieder eingeholt zu werden«, fanden sie sich, ohne je etwas daran verstanden zu haben, »mit einer für immer judaisierten und kommunistischen Seele wieder«.[17]

Nie mehr wird Marguerite den Blick von dieser Plebs der Deportierten abwenden können, die den Rohstoff zur Herstellung von Seife oder Lampenschirmen abgab; nie mehr von den Speicherkammern zur Wiederverwendung von Haaren,

Schuhen, Spielzeugen, Brillen...; von den geschickten Händen der »MIT DEM ERWÜRGEN DER JÜDISCHEN KINDER BEAUFTRAGTEN FRAUEN«[18], »dem unendlichen Berg von elender Asche«.[19] Ihr ganzes Leben lang wird sie die ersten Bilder von den Massengräbern, den ausgeklügelten Folterungen, den noch nie dagewesenen Erfindungen der Barbarei vor Augen haben. Sie hat die Juden in jenem Sinn gesehen, in dem Jakob zu Esau spricht: »Ich sehe dich, wie man Gott sieht.« Angesichts der Abgründe von Perversion und des diabolischen Raffinements des Hasses verharrte sie in einem Zustand von Entsetzen, Atemnot, bestürzter Naivität: »Millionen Ermordete. Man kann überhaupt nicht. Man verfügt nicht über die Gehirnamplitude, die Gehirnkapazität dieses Konzepts.«[20]

Das Gedächtnis bleibt, oder anders gesagt, die offengelegte Wunde. Ein für immer gemartertes Gedächtnis. »Auschwitz ist da, mein ganzes Leben lang, ja, ich trage es, es ist nicht zu ändern. Es ist immerfort da.«[21]

Für sie hat die Zeit nicht nur keinen Zugriff auf dieses Ereignis von unermeßlicher Dimension, unvorstellbar ist auch, daß sie den Schock mindern könnte. Und völlig bestürzend ist es, daß dieses Verbrechen, das zur Kategorie des Unbeschreiblichen, des absolut nicht Wiedergutzumachenden gehört, im Bewußtsein archiviert werden kann, statt es bis zum Ende aller Tage permanent zu bewohnen.

Allein dieses Wissen läßt ihrer Meinung nach für die Zukunft hoffen. Doch bereits 1945 flieht man es, um einem General zu folgen, hinter dem es möglich wird, sich nicht darüber zu schämen, daß einem all dies herzlich gleichgültig ist. Wenn es einmal nötig werden sollte, gegenüber der Geschichte Rechenschaft abzulegen, dann später. Um so vieles später.

Das Bild dessen, was den Juden während des Krieges geschehen ist, wird sie nie wieder loslassen. »Der Tod eines Juden in Auschwitz bevölkert für mich die gesamte Geschichte unserer Zeit.«[22] Sie hat ein Kind verloren, einen Bruder, Freunde, vierzehn Freunde in den Lagern von Ravensbrück und Auschwitz, aber sie behauptet, diese »individuellen Verluste (besser bewältigt zu haben) als das allgemeine Los der Juden«.

»Als hätte ich dreißig Jahre geschlafen und würde nach dreißig Jahren erwachen, und man bringt Juden um, und mein Leben beginnt.«[23]

Das erwählte Volk in den Krematorien. Warum? Das zu verstehen ist unmöglich, außer man wäre ein Nazi. Die im Einvernehmen mit Gott stehenden Juden hatten es zu ertragen gehabt. Es blendete sie. Sie litt daran, nicht als Jüdin geboren zu sein, an diesem Märtyrertum nicht teilgehabt zu haben. In ihr gab es einen geheimnisvollen symbiotischen Wunsch – der sie nicht mehr verlassen sollte –, sich ihm zu nähern, mit ihm zu verschmelzen. Im Grunde empfindet sie sich jüdisch, nicht wegen eines Mitleidens und nicht einmal aus Solidarität. Sondern weil sie gleichsam jüdisch ist. Von allen Kühnheiten, zu denen sie fähig ist, verbietet sie sich nur eine: zu behaupten, daß sie Jüdin sei, gegen alles und alle. »Ich habe nicht das Recht dazu.« Dem, was sie weiß, wird sie jedoch bis ans Ende unerschütterlich treu bleiben. Dieser Glauben, von dem sie »in tödlicher Hellsichtigkeit« besessen ist, hat mit Exodus, Exil, Umherirren, Schreiben zu tun. Und mit dem Reich des Gedächtnisses. Dazu erklärt sie sich nie. Also warum? Weil es so ist. Es ist eben so.

Der erste August des Friedens. Gefühl, daß der Frieden eingekehrt ist. Wirklich schöne Sommertage. Die erwärmte Erde bringt Robert, der sich in Begleitung von Marguerite in einem Sanatorium in der Nähe des Sees von Annecy aufhält, allmählich die Kräfte zurück. Es ist warm. Auf dem Höhepunkt des Sommers, am 6. August 1945, sind es zehntausend Grad in Hiroshima.

Marguerite hat sich an die Wand gelehnt, ihr ist schwindelig. Entsetzen: es ist wieder gewagt worden. Und gelungen. So nah am Grauen des nationalsozialistischen Unternehmens. Wie in seinen Fußstapfen... als würde Auschwitz nach Hiroshima rufen. Unnütze Lehre.

Auf den Pazifik regnet es Flammen. Zwei verkohlte, vernichtete Städte. Zweihunderttausend Tote. Achtzigtausend Verletzte innerhalb von neun Sekunden. Sie kann überhaupt nicht mehr sprechen. Ihr wird mehr als klar, daß sie endgültig jemand anderes geworden ist.

Die mörderische Wut in ihr hat endlich ihre Zielscheibe gefunden: das war und wird das Verbrechen sein. Duras geht aus diesem Krieg als eine zur Wiederholungstat bestimmte, zur Vernichtung des Verbrechens entschlossene Mörderin hinaus.

Zweihunderttausend Tote in neun Sekunden. Das erste Ereignis, das Robert von draußen erreicht. Mit seiner noch schwachen Hand packt er seinen Stock. Als wolle er zuschlagen. Als sei er blind vor einer Wut, die er auf sich nehmen muß, weil er sich zum Weiterleben entschlossen hat.

Im Konzentrationslager nicht gestorben zu sein, die Heilnahrung zu sich genommen und sogar begierig darauf gewartet zu haben, zuerst kleine Schlucke Fleischbrühe, später kräftigere Mahlzeiten, überleben gewollt zu haben, sich gewissermaßen das Leben gegeben zu haben bürdete ihm eine riesige Verantwortung auf. Fliehen konnte er nicht. Er schuldete es sich, was auch immer geschah, sich ein Leben zu schaffen.[24]

Sobald er dazu die Kraft hat, nimmt Robert Antelme sich ein ganzes Jahr, um aufzuschreiben, was ihnen in den Lagern widerfahren war. Das Buch *Das Menschengeschlecht* widmete er seiner Schwester Marie-Louise, der entzückenden »Minette«, die mit vierundzwanzig Jahren in Deutschland vergewaltigt und ermordet worden war.

Obwohl es damals zahlreiche Berichte gibt, erschüttert die besondere Kraft dieses Buches mit der unverfälschten Nüchternheit eines Initialtextes. Es ist auch das Buch eines Schriftstellers, der, wie Duras anerkennt, »ins offene Meer der Literatur« gegangen ist. Robert Antelme wird nie ein anderes schreiben. Trotz Lob und Ehrungen wird *Das Menschengeschlecht* das einzige Werk eines ganzen Lebens bleiben.

Eine sympathische, aus neun Frauen bestehende Jury hat ihm einen »Preis für Beliebtheit« verliehen. Er muß darüber lachen. Er, dessen Umgang mit Rohlingen seine äußerste Feinfühligkeit und die Sorge, niemanden zu verletzen, noch gesteigert hat, ist aus den Lagern mit einem düsteren Lachen zurückgekehrt, »einem Nachtlachen«. »Ein großer Kenner des komischen Zynismus, kultivierter Liebhaber und Genießer jenes großen Ulks der Lüge, der Worte, die verwendet werden, um genau das Gegenteil von dem, was sie bedeuten, auszudrücken«, wie sein Freund Claude Roy sagt.

Nachdem *Das Menschengeschlecht* auf Betreiben von Albert Camus veröffentlicht ist, entscheidet er sich zu schweigen. Er spricht nie mehr von Buchenwald, Dachau oder einem anderen Todeslager. Nie wieder wird man ihn diese Worte aussprechen hören. Nie wieder. Nicht einmal den Titel seines Buches.

XI

Die stalinistische Eingemeindung

Die Zigarette im Mund und eingezwängt in ihre bolsche-wistisch anmutende Lederjacke, verkauft Marguerite Duras die kommunistische *L'Humanité* auf der Straße mit dem Eifer einer Novizin und der Kaltschnäuzigkeit eines bewaffneten Banditen. Mehr als die politische Aktion begeistert sie an diesem Kampf – ohne es populistisch zu meinen –, das Volk der Armen als ihre wahre Familie herauszustellen, es sozusagen zum öffentlichen »Star« zu erklären. Gern ist sie solch ein Sprachrohr, jemand, der den Skandal des Elends anprangert und der sich Gehör zu verschaffen vermag.

Davon hat sie der Wohlstand, in dem sie lebt, nie abgebracht. Die harte Existenz der Benachteiligten beschäftigt sie konstant. Das Aufstehen vor Tagesanbruch, die eiskalten Züge, die Tage der Not und das Sparen an jeder Kleinigkeit zerreißen ihr das Herz. Zugleich bezaubert sie diese Welt der Armen. Bei den »Ungebildeten« empfindet sie immer ein Gefühl von Offenheit und »Weitläufigkeit«, das sie bei den Versorgten nie antrifft, die die Gefangenen ihres Geldes sind. Nieder mit den Kapitalisten, sicher, doch vor allem hoch die Armut.

Im Boogie-Woogie der Nachkriegszeit bedeutet das politische Engagement in der KPF Verzicht und leidenschaftliche Strenge. Es ist der Beitritt zu einem Kult von Anbetern des Goldenen Kalbs, die nach Anweisungen dürsten und meinen, mit der Niederschrift der Gesetzestafel beauftragt zu sein.

Das kommunistische Priestertum stimmt Marguerite fröhlich wie eine Klosterschülerin vor dem Ablegen des Gelöbnisses. Eine glückliche, sogar fröhliche Periode im Dienste der zwei Milliarden Menschen des Planeten, wie sie meint, und in einem Geist von Solidarität, der sie entzückt. Sie liebt es tatsächlich, jenes Proletariat, den höchsten Retter in ihren Augen. Sie ist seine Dienerin, ist demütige Sekretärin einer Arbeiterzelle und untadelige Kämpferin, die bescheiden hinter den Erfordernissen der Sache zurücktritt. Außer dem Los der Werktätigen ist nichts von Belang. Marguerite hebt nicht den Blick zu Duras. Sie bemüht sich gar, sie zu verstecken. Nie würde sie sich trauen zuzugeben, daß sie zwei Bücher geschrieben und veröffentlicht, die Universität besucht hat, und noch weniger, daß sie sich eigentlich nicht von der Überzeugung lösen kann, eine Schriftstellerin zu sein, die zu künftiger Ausstrahlung ausersehen ist.

Schreiben ist keine Ambition, die man in diesen Tagen geltend machen kann. Es gibt immer eine Art Verlegenheit, keine rauhen Hände zu haben. Allein die gewerkschaftliche Arbeit ist des Vertrauens der Partei würdig. Jeder »Ausdruck der eigenen Persönlichkeit« riecht nach Abweichung. Talent? Eine Krankheit des Ego.

Marguerite Duras lebt »unten«, diszipliniert und farblos. Um ihre Aufnahme in die proletarische Familie zu verdienen, muß sie unersättlichen Eifer unter Beweis stellen. Wer könnte ihre demonstrative Verachtung für Reaktionäre, Trotzkisten, Reiche, Schriftsteller, Intellektuelle, Gläubige... in Zweifel ziehen? Strikt befolgt sie sämtliche Diktate der Partei.

Anfangs schüchterte sie die Institution der KPF mit ihrem beeindruckenden Gehorsamsritual, jener heidnische Orden, »in dem kein Wind der Revolte mehr weht«, ein. Ein wenig wie früher die Bonzengemeinschaften. Ist die Partei kein Tempel, wo die Initiierten mit außergewöhnlichen Fähigkeiten begabt zu sein scheinen? Zugegeben, noch macht ihr das angst. Doch diesmal hat sich die Tür geöffnet, sie ist eingeweiht und stolz darauf, eine unbestrittene Genossin zu sein. Die Arbeiterbrüder ihrer Zelle und ihres Sektionskomitees Rue Visconti in Saint-Germain-des-Prés schätzen an ihr die unkomplizierte, ausgesprochen heitere Frau mit der eher rührend naiven Frische, die mit Leib und Seele an der Seite der Werktätigen steht. Ja, was würde sie nicht alles für sie tun?

Wahrscheinlich fühlt sie sich zum ersten Mal in ihrem Leben im Einklang mit sich selbst.

Auch die Wohnung in der Rue Saint-Benoît, die Dionys und Marguerite mit Robert seit dessen Rückkehr teilen, spiegelt diese große Schlichtheit wider. Die Altbauetage bleibt unverändert, frei von Effekthascherei. Es ist ein gastfreundliches Haus, das den Freunden zu jeder Tageszeit offensteht, ein »Glashaus«, wie André Breton behauptet, geträumt zu haben.

Jeder hat Platz am gedeckten Tisch, Marguerite ist hierin äußerst großzügig. Einige mittellose Genossen nehmen hier ihre einzige Mahlzeit am Tage ein. Sie empfängt die »Mordshungrigen« als große Nährschwester. Viele leben auf ihre Kosten. Egal. Gelegentlich nörgelt sie, wenn sie sieht, wie die großen Säcke mit indochinesischem Reis, die ihr ihre Mutter schickt, immer leerer werden: »Wenn ihr zahlen müßtet, was ihr bei mir verbraucht!« Über die offenkundigen Mißbräuche fährt sie mit dem Schwamm. Und die Freunde nutzen sie weiter aus. Den beliebten Spruch »Eigentum ist Diebstahl« nehmen sie wörtlich und bedienen sich. In ihrer Abwesenheit trinken sie die Spirituosen leer, die damals noch ein Vermögen kosteten und für besondere Anlässe gedacht waren. Sie kriegt einen Wutanfall, als sie zurückkehrt. Danach ist es vergessen.

Lange wahren Robert Antelme und Dionys Mascolo Distanz zur KPF. Die Idee zieht sie an, die Einordnung widerstrebt ihnen. Trotz sanften Drucks von Edgar Morin und Marguerites Drängen zögern sie, den Schritt zu vollziehen. Schließlich treten sie 1946 der KPF bei, stärker beeinflußt von Michelets *Révolution française* als von Marx, von dem sie im wesentlichen den Begriff der »Negativität« behalten.

Ihr Vertrauen in das sowjetische Ideal ist von den stenographierten Protokollen der Moskauer Prozesse bereits angegriffen. Doch die Lehre der nationalsozialistischen Lager gebietet das Handeln, sei es auch ein gewagtes. Gibt es eine andere Alternative als die Reihen der KP, die als einzige in die erwünschte Richtung einer authentischen, internationalen, revolutionären Bewegung schreiten? Tatsächlich geben sie der allgemeinen Illusion nach. Nach einem von Georges Bataille eingeflüsterten Ausdruck glauben sie, daß ein »liberaler« Kommunismus möglich sei. Sie meinen, die Gewähr dafür übernehmen zu können. Die Mitarbeit von Intellektuellen an der Ausarbeitung einer neuen Welt soll die Klippen der von Arbeitern geführten kommunistischen Parteien umschiffen helfen. Robert Antelme und Dionys Mascolo haben weder Komplexe noch Schuldgefühle. Wenn es darum geht, sich einzureihen, um den Versuch zu unternehmen, die Geschichte zu beeinflussen und zu humanisieren, dann los...

Dennoch ziehen sie widerwillig los. Die von Moskau abhängige KP begeistert sie nicht. Noch ehe sie ihr beitreten, haben sie all ihre Schwächen wahrgenommen. Sie haken sich einander unter, um sich Mut zu machen. Als sie eintreten, sind sie schon Dissidenten.

Das disziplinierende Wahnsystem unter dem roten Banner kommt ihnen bald als Riesentheater vor. Noch weniger als den Zwang können sie sich die infantilen Ansprüche, die gewaltig aufgeblasenen Parolen zu eigen machen. Wenn sie auf Veranstaltungen hören, wie die Funktionäre ihren Mitgliedern empfehlen, »die Bezeichnung Stalinist zu verdienen«, halten sie sich den Bauch vor Lachen... Die Komik der kommunistischen Autorität, die sich zum Gericht ernennt, um unter dem Beifall der Unterwürfigen Aufsässige zu verurteilen, drängt sie unwiderstehlich dazu, Possen zu treiben. In Erwägung, daß die Partei notwendig recht hat, da sie die Verkörperung des revolutionären Proletariats ist... In Erwägung, daß selbst eine falsche reale Linie wertvoller als eine ideelle ist... In Erwägung, daß schon Vorbehalte an Hochverrat grenzen..., die im Strafgesetzbuch des Homo sovieticus vorgesehenen Absetzungs- und Enthauptungsurteile prasseln nur so nieder. Theatralisch ahmen Robert und Dionys die großen tragischen Ausschlußszenen nach. Dionys fällt auf die Knie und fleht: »Erbarmen, Erbarmen, nein! Schließt mich nicht aus!« Und Robert Antelme, den Zeigefinger gleich einem Würgengel erhoben, verurteilt ihn unerbittlich und stößt den Ungläubigen in die Schlangengrube zurück, wo seine Seele von CIA-Agenten zerfressen wird...

Marguerite ist da »ernsthafter«. Vom spontanen Engagement ist sie zur Beherrschung der marxistisch-leninistischen Grundlagen übergegangen. In der Abstraktion ist sie stets unbefangen, sei es eine mathematische, philosophische oder politische. Munter geht sie über alles hinweg, Einordnungen und Lügen. Sie stürzt sich auf die soziale Ungerechtigkeit, das ideologische Gerüst beschwert sie nicht. Sie führt Krieg als barocke Koryphäe und zugleich als »Landarbeiterin, die mit ihrem kleinen Rebmesser und ihrem kleinen Korb zur Feldarbeit loszieht«.[1]

Sie urteilt schroff. Ihre außergewöhnliche Persönlichkeit sichert ihr eine freimütige Rolle unter den großen Intellektuellen, die in der Rue Saint-Benoît vorbeischauen. Sie ist zwar lebhaft, intelligent und entschieden, doch im Grunde beeindruckt von den brillanten Argumenten eines Dionys Mascolo, der dazu neigt zu dominieren, und eines Robert Antelme, der für die totalitäre Gefahr des Stalinismus besonders empfindlich ist. Roberts Präsenz als emblematische Gestalt, mit seinem diskreten Auftreten weder geschwätzig noch belehrend, rigoros allerdings, wenn es um das Wesentliche geht, und ansonsten gleichgültig, verlangt der Gruppe – die er zusammen mit Dionys intellektuell überragt – Hellsichtigkeit und konstante Weiterentwicklung des Denkens ab.

Die Triftigkeit und das Ausmaß seiner Kritik erschüttern Marguerites Orthodoxie. Daß ihr die Dummheit und später die Schuftigkeit des Systems vor Augen geführt werden, verwirrt sie wahrscheinlich stärker als die Irrtümer, deren Tragweite sie herunterspielt. Der Feind, das ist der Kapitalismus, das Übel, dessen Früchte die Epoche trägt. Sie will die Zielscheiben nicht miteinander verwechseln und den Klassenkampf auf nebensächliche Unvollkommenheiten reduzieren. Das Wesentliche ist die Zielsetzung, und da ist das Vorhaben nach wie vor nicht ohne Größe. Wieviel Wahn und Perversion in jenem sturen Willen, zum Universellen zu gelangen, vorhanden ist: das zur Kenntnis zu nehmen, ist sie nicht bereit.

Die Aktion hat Vorrang, sei sie auch gelegentlich ungerecht oder gar kriminell. Kein Mitleid mit den Niederträchtigen.

Angesichts einer scheinheiligen, moralisierenden, miesmacherischen Partei, die sich in Kungeleien kompromittiert, als Vorkämpferin für Standgerichte entpuppt und das Vorankommen der Revolution selber behindert, verwickelt sich Duras jedoch in ihre Widersprüche.

Die Treue zu Stalin ist mit den Attraktionen der französischen Gesellschaft, die sich ihrer wiedergewonnenen Freiheiten erfreut, unvereinbar: verboten ist, der Mode der großen Krimis zu frönen, die amerikanische Musik zu mögen, die sich gerade am Jazz berauscht, oder Nachtlokale aufzusuchen, ohne ein erdrückendes Schuldgefühl zu empfinden. Eines Tages hat Marguerite das Verbot übertreten, und die Genossen Wachsam hielten es in einem Bericht fest: »Wurde in Nachtlokalen gesehen.« Sie vermerkten auch: »Lebt mit zwei Männern.«

Große Schriftsteller, die nicht zu bewundern ihr unmöglich ist, werden verbannt und als »Mülleimerhelden« beschimpft. Sie liebt John Steinbeck, Herman Melville – »Ich erinnere mich an die Lektüre von *Moby Dick* als an ein Schlüsselerlebnis meines Lebens«[2] –, hält Joseph Conrad die Treue – »Jedes Jahr ein neuer Conrad, wäre das eine Glückseligkeit!«[3] – und weiterer amerikanischen Autoren wie Henry Green oder Ivy Compton-Burnett. Sie rühmt sich dessen nicht. Hemingway ist aus der Literatur gestrichen worden, weil er in *Wem die Stunde schlägt* den leitenden Genossen André Marty angegriffen hat. Die Verleihung des Nobelpreises an Gide ist ein Skandal, weil er einen »alten homosexuellen Faschisten« krönt. Sie schweigt. Hätte sie die Kühnheit dazu, müßte sie gestehen, daß sie sogar einen Drieu La Rochelle und andere noch stärker gebrandmarkte Autoren nicht in Grund und Boden verdammt. Zwar stellt sie das Schreiben unter den Scheffel, aber das heißt nicht, daß sie jede Ahnung davon verloren hätte. Trotz ihrer Zurückhaltung und ihrem Wunsch nach Unterwerfung kann sie jene Verirrten nicht wirklich verurteilen.

Der Tag wird kommen, an dem sie ihre vorübergehend eingestellten eigenen Lebensprojekte wiederaufnehmen wird. Selbstverständlich hat sie auf das Schreiben nicht verzichtet. Das Ausmaß der aktuellen politischen Problematik rückt die kulturelle Debatte in die Ferne. Das sieht sie ein. Nörgeleien über die Spaltung von Politik und Kultur mobilisieren sie nicht. Doch das Mißtrauen der KP gegenüber den Intellektuellen und die doktrinäre Zurückweisung des »Kulturellen« durch linientreue Kommunisten in Habachtstellung vor Moskau erträgt sie zunehmend schwerer. Die Begründungen scheinen ihr sehr fragwürdig. Im Grunde, stellt sie fest, werde jedes unabhängige Schaffen diskreditiert. Elsa Triolet und später Laurent Casanova behaupten, daß ein antikommunistischer Schriftsteller unmöglich Talent haben könne. Das Genie wird an der Zustimmung zum Politbüro gemessen – vor kurzem war es noch die Propagandastaffel.

Das Ganze riecht nach Desaster und hat den bekannten Beigeschmack von Totalitarismus. Im stalinistischen Projekt erkennt Duras dieselbe »Kriegspsychologie« wie in der ›Vernunft‹ des Nazi-Unternehmens, mit Terror Frieden schaffen, mit Sektierertum Gerechtigkeit verhängen und mit Unterdrückung die Freiheit verheißen zu wollen.

Sie lehnt sich dennoch nicht auf. Wie in einer kaputten Beziehung bleibt sie hin und her gerissen zwischen der Liebe zur Liebe und dem Haß zu ihrem Objekt. Im schlechten Gewissen gelähmt. Eine gute Genossin zweifelt nicht. Zweifel ist Blasphemie. Eine gute Genossin hat keine Seelenzustände. Sentimentalität schadet dem Fortschritt. »Bist du nicht mit uns, bist du mit ihnen«, sagen die Genossen. Die unbezähmbare Marguerite, aufgewachsen ohne Zwänge, beinah ohne Vormund und Erziehung, widerspenstig gegen jeden Angriff auf ihre Autonomie, akzeptiert das Geschirr des Proletariats. Und kuscht unter der Omnipotenz der souveränen Klasse, gehorcht der Gendarmerie der Partei, stellt sich taub gegenüber ihrer eigenen Ablehnung. Sie »schluckt« immer noch alles. Worauf es ankommt, ist in der kommunistischen Familie zu bleiben. Außerhalb der Partei ist das Nichts, ist keine Hoffnung mehr. Es gibt kein größeres Unglück, als auf Brüderschaft, Solidarität mit den Armen und auf den gemeinsamen Kampf für das große Ideal verzichten zu müssen. Eine Art Tod, dessen ist sie sich sicher. Das wäre zu hart. Und außerdem hat in Indochina eben der Krieg begonnen. Sie spricht nie »spezifisch« darüber, sie demonstriert ausschließlich einen prinzipiellen Antikolonialismus. Doch endlich sind dort die Getretenen in den Ebenen, Reisfeldern, in den Bergen und im Dschungel aufgestanden. Das ganze Elend des – roten – Landes. Mit einer irren Hoffnung unter der kommunistischen Fahne versammelt.

Der Tag wird kommen ... Geduld. Man muß Abkürzungen finden. Nachdenken, diskutieren, das Leben genießen.

Die Gruppe in der Rue Saint-Benoît definiert sich nach einem Zitat von Hölderlin: Das Leben des freundschaftlichen Geistes, das Denken, das sich im geschriebenen und gesprochenen Austausch von Worten herausbildet, ist denjenigen, die suchen, unverzichtbar. Sonst sind wir für uns selbst ohne Denken. Denken gehört zur heiligen Figur, die wir zusammen darstellen.

Köstlichkeit der Diskussion, die individuelles Bewußtsein und kollektives intellektuelles Werk miteinander verbindet, Sprungbrett für das Handeln. Wiege von schismatischen Illusionen, die sie in einen latenten Zustand der Todsünde gegenüber ihrer Kirche versetzen.

Unter den hoffnungslos gespaltenen kommunistischen Intellektuellen in Saint-Germain-des-Prés haben sich neue Integrationen vollzogen und andere Klans herausgebildet. Vorbei ist die Zeit, als der Antifaschismus der gemeinsame Zement war und sich jeder auf den Kommunismus berief. Jetzt wird keine gemeinsame »Weltanschauung« mehr geteilt.

Sartre ist die strahlende Leitfigur. Der Existentialismus, das ist er. Die Theorie ist in Saint-Germain-des-Prés geboren, rund um die Welt gereist und berühmt und verherrlicht in den häuslichen Schoß zurückgekehrt. Jeder Mensch bestimmt darüber, wer er ist, und verantwortet seine Existenz selbst ... Begierig wird es aufgenommen. Stolz wird es empfunden. Sartre, das ist neben seinem Werk auch das Renommee. Er ist ein Star wie kein anderer und keiner aus der Rue Saint-Benoît. Sie machen nicht Schule. Ihre »Arbeiten« sind solche von Insidern, fast von Stubenhockern.

Duras mag Sartre nicht. Sie hält ihm ultra-bolschewistischen Idealismus, seltsames Gefallen an stalinistischer Disziplin und ein mit Irrtümern, Eintagsüberlegungen und blindem Starrsinn gespicktes Werk vor. Sowie einen grundsätzlichen Mangel: er sei kein Schriftsteller, sondern ein Literat, weil Schreiben bedeute, sich im Herzen des Schöpfungsgeheimnisses aufzuhalten, ohne nach Nutzen oder Beweisen zu trachten. Daß sie ihm darin, dies zu sehen, überlegen ist, weiß sie definitiv: das tatsächliche Schreiben verweist allein auf sich selbst. »Es ist autark.«

Sartre mag Duras nicht. Er wiederum hält ihr ebenfalls Idealismus, Fehlurteile und die Anmaßung vor, nach zwei Romanen eine *femme de lettres* sein zu wollen, wie sie sich selbst im Privaten bezeichnet. Und weitaus störender: sie verführt straflos die Liebhaber von Simone de Beauvoir.

Über den »Castor«[4] begnügt sich Duras mit der gleichgültig, gelassen, aber bedeutungsvoll vorgetragenen Enthüllung: »Beauvoir? Das ist eine bö-se Frau! Sie ist gefährlich, weil sie böse ist. Bö-se!!«

Préverts Clique nährt ihrerseits eine herzliche Verachtung für den »trikoloren National-Thorezismus«.[5] Mit fremden »Sensibilitäten« verkehrt man nicht. Die Rue Saint-Benoît errichtet ihren Elfenbeinturm. Für die Partei werden jetzt einige Stunden schneidender Debatten pro Woche aufgewandt. Ansonsten Saint-Germain-des-Prés, das Nachtleben, die Lokale, der Alkohol, die schnellen Bettgeschichten ... Und die Revolution Tag und Nacht bis zur Schließung der letzten Kneipen, wenn der Rausch per k.o. die Oberhand über die Dialektik gewinnt.

Die Abende bei Duras sind jansenistisch und epikureisch zugleich. In jedem Fall berauschend, Unterhaltung wie Getränke. Man diskutiert endlos, nächtelang. Die Welt wird neu entworfen ... Erstmals hat man das Gefühl, nach diesem Diktat schriebe sich oder ließe sich die Geschichte schreiben. Der schwächste Schein, der kleinste Keim eines neuen Gedankens oder einer Abweichung wird daher äußerst ernst genommen. Jeder Vorschlag ist bedeutsam, als entscheide er über das Schicksal des Planeten.

Getrunken wird, bis man nicht mehr aufrecht stehen kann. Duras beginnt, Wein in unvernünftigen Mengen zu sich zu nehmen, ohne allerdings darin völlig zu versinken. Gleich einem Insektenforscher mit Lupe beobachtet Raymond Queneau, Stammgast jener schrulligen Feten, seine Frau Jeanine hinter seinen dicken Brillengläsern, wie sie begierig diesen oder jenen in Beschlag nimmt, der halb im Koma auf dem Kanapee im Salon zusammengesunken ist.

Zahlreiche Menschen kommen in der Rue Saint-Benoît vorbei. Freundliche und andere, Parteihaie, die stolz in Pelzmänteln einherstolzieren, die sie anläßlich eines Prozesses aus Moskau mitgebracht haben. Edgar Morin haust hier, und während der großen Streiks im nordfranzösischen Bergbau wird Duras vorübergehend auch den Sohn eines Minenarbeiters beherbergen, dem der angenehme Aufenthalt bei den Intellektuellen derart gefiel, daß er nicht mehr zurück wollte.

Mit wachsendem Gefallen praktiziert die Rue Saint-Benoît einen mondänen Kommunismus. Sie versammelt die Avantgarde der Intelligenzija bei sich. Nach dem Vorbild von Nohant[6] hat sie ihre Tischordnung: hier der Platz von Michel Leiris, dort der von Georges Bataille, hier sitzt Raymond Queneau, dort der Musikwissenschaftler René Leibowitz, dann René Clément oder Jacques Tati... André Breton, Clara Malraux, Francis Ponge, Roger Vailland... Umgekehrt wird sie zu den Essen der intellektuellen Elite empfangen, wo sie auf Henri Michaux, John Steinbeck und andere trifft, ohne besonders bewegt oder geschmeichelt zu wirken.

Der Kreis erweitert sich um junge kommunistische Intellektuelle, die scherzhaft »Marxistische Studiengruppe« genannt werden. Die großen Probleme der Arbeiterklasse werden debattiert. Die Freiheit der Rede erschreckt die Neuankömmlinge. Der Graben wird tiefer. Man schreit »Fraktionismus«, »Reformismus«. Die Versammlungen geraten zum erschöpfenden, sinnlosen Kräftemessen. Es gibt Überwachungen, Denunziationen, Verurteilungen. Aus Angst, sich zu kompromittieren, wagen einige nicht mehr zu reden: die Parteikontrolleure sind in ihrer Mitte eingezogen.

Die KP verkündete die Geburt eines neuen Humanismus, des Neuen Menschen, des »Intellektuellen neuen Typs«. Robert Antelme sagt sanft: »Ja, die Partei hat einen Idioten neuen Typs geschaffen.« Duras-Mascolo-Antelme-Morin treffen alles wieder an, was sie verabscheuten, wovor sie hatten fliehen wollen und was sie gemeinsam bekämpfen wollten. Sie begreifen es als Vorgeschmack auf den Tag nach einem kommunistischen Sieg.

Eine Zusammenkunft mit Elio und Ginetta Vittorini, Vorbildern von mutigen Oppositionellen innerhalb der italienischen KP, ist Balsam für ihre Seele. Für Elio Vittorini gibt es keinen »äußeren Feind«, das Übel ist der »Nicht-Mensch«, das Unmenschliche des Menschen. Damit steht er der Grundüberzeugung von Robert Antelme nahe. Bei aller Verschiedenheit der Wege machen sie die Entdeckung, daß sie einander ähneln und alle fünf einer absolut gleichen Denkgemeinschaft angehören.

Ihr vollkommenes Einvernehmen gibt ihnen neue Energie, um dem widrigen Geschick standzuhalten. Sie bewundern den Freimut von Elio Vittorini, der nicht zögert, sich in aufsehenerregenden offenen Briefen direkt an den italienischen KP-Chef Togliatti zu wenden. Das müßte man in Frankreich wagen: tatsächliche Diskussionen, tatsächliche von Tabus befreite Kritiken ... Sie sind davon weit entfernt und haben sich noch nicht wirklich von der Angst, zu mißfallen und hinausgejagt zu werden, gelöst. Schon der bloße Umgang mit diesen wunderbaren Freunden, von denen sie sich nicht mehr trennen und mit denen sie in Italien Reisen unternehmen, wird Gegenstand eines Protokolls. »Vittoriner«, anders gesagt, verseuchte Renegaten. Vittorini stimmt die Kulturverantwortlichen der KPF aggressiv. Soeben hat er ihre Wut entfesselt, indem er öffentlich für die Notwendigkeit eintrat, »die Kultur in ihrer Totalität zu erhalten«, da auch die bürgerliche Kultur imstande sei, Bestes hervorzubringen, angefangen bei Marx.

Marguerite ist bezaubert. Abgesehen von seinem erfreulichen Mut und seiner blendenden Intelligenz ist Vittorini einer der schönsten Männer, die es gibt. Er hat die Schönheit des »Leoparden«, scheint Aristokrat, Bauer und Sizilianer in einem zu sein. Was ihn am attraktivsten macht: selber steckt er in einer weit repressiveren Zwangsjacke als jener der KPI: dem Zugriff seiner Mutter. Die mythische Mutter ist zur zentralen Obsession seines gesamten literarischen Werkes geworden. »Mutter-Göttin, Königin des Lebens und des Schmerzes (...), die mehr als die Gelehrtesten der Gelehrten weiß, weil sie stärker gelitten und tiefer gelebt hat (...) Mutter, reale und symbolische Verkörperung des Elends der Menschen, des Unglücks (...) und auch Verkörperung der Revolte.«[7]

Ist es die Anwesenheit der Sonne Vittorini, die Marguerite veranlaßt, die freiwillige Periode gefühlsmäßiger Vereisung zu unterbrechen und Entscheidungen von einer Frau mit lebendigem Körper zu treffen? Ein Kind wird geboren, mit Dionys Mascolo als Vater.

Vielleicht hoffte sie, daß sein Kommen Trennungen erzwingen würde, zu denen sie sich selbst unfähig fühlte. Die Geburt des Kindes hat jedoch nur zur Folge, daß Robert Antelme aus der Wohnung auszieht – so wie sie es damals vorbeugend ausgemacht hatten. Sonst verändert sich nichts, weder am Leben noch am Aktivismus. Während der ganzen Schwangerschaft hat Marguerite gezittert, daß ein Zwischenfall sie erneut um ihr Kind bringen könnte. Sie hat es aber wie selbstverständlich zur Welt gebracht. Sie zügelt den Liebeswahn, der sie angesichts dieses vollkommen gesunden Sohnes überfällt. Aus Angst, wieder allein dazustehen, falls der Tod ihn ihr nähme, atmet sie begierig seinen Atem ein. Nichts davon zeigt sie. Minimal gibt sie sich dieser Mutterschaft hin, fast scheint es, als bitte sie um Entschuldigung dafür, daß sie die kollektive Zeit für eine so strikt persönliche Beschäftigung beansprucht. Außer der konkreten und objektiven Sorge um den materiellen Lebenserhalt ist alles andere nur Klassenprivileg.

In ihren Augen bleibt das Leben eine reine Entsagung. Stets sind sie bemüht, alles zu verstehen, bis hin zum Sinn ihrer Anwandlungen. Heirat, Erziehung, die bloße Idee der Familie sind ihnen suspekt. Was heißt das, ein Kind zu wollen? Was ist der Mutterschaftswunsch? Endlos dreht sich die Spirale des Fragens, bis man schließlich mit beruhigtem Gewissen das schlichte, gebieterische Vorhandensein der Fähigkeit, Leben zu schenken, hinnimmt.

Robert Antelme und Dionys Mascolo haben beschlossen, ein Papier gegen die Kulturpolitik der Partei zu verfassen. Es ist ein Diskurs zur Einsicht in die Rolle des Intellektuellen innerhalb der revolutionären Bewegung. Aragons Antwort lautet klar, daß sie nur die Wahl haben, entweder wieder in den Hintergrund zu treten oder die Partei zu verlassen.

Ihre Hoffnungen sind verhöhnt, und sie sind in Verruf gekommen. Den Gläubigen gelten sie als Virtuosen der – natürlich spezifisch bourgeoisen – intellektuellen Akrobatik, die es sich in der Reserve gutgehen lassen und verdrossen sind »angesichts der persönlichen Unbequemlichkeiten, die ihr Anschluß an das Proletariat nach sich zieht«.[8] Der Affront ist derart gemein, daß man den Fehdehandschuh nur noch zum Duell oder Hara-Kiri aufnehmen könnte – mit den KP-Sitten nicht zu vereinbarende Praktiken. An die kleinen, steten Resignationen gewohnt und im elenden Schraubstock zweier Feigheiten eingeklemmt, derjenigen zu gehen und derjenigen zu bleiben, überstürzen sie zunächst nichts. Ihr Stolz ist angegriffen, sie lassen die Idee eines Austritts reifen. Ein Jahr vergeht, ehe er formal vollzogen wird. Zunächst beschränken sie sich auf ein beherztes Schmollen gegenüber den falschen Freunden. Krank vor Ekel und im Grunde nicht ganz sicher, ob sie sich nicht zuviel Egozentrismus erlauben.

Geschätzte Weggefährten beharren darauf, sie davon überzeugen zu wollen, sie zerbrächen sich über bedeutungslose Nebensächlichkeiten den Kopf. Und daß »man der Wahrheit eher anhängt, wenn man trotz ihrer Fehler in der Partei bleibt, als wenn man sich trotz ihrer Wahrheiten außerhalb der Partei begibt« . . .

Sartre selbst bekämpft die Haltung des Verzichts. Er erklärt: »Ja, die Partei ist bankrott, sie ist verrottet, aber wir haben nur diese (...) Man kann nicht Antikommunist sein, man kann nicht Kommunist sein.«

Resignieren bedeutet, daß man die Fähigkeit, die Gesellschaft zu verändern, verliert und die Sache der Arbeiter aufgibt. Wie schwer es auch fällt, die KP muß ertragen werden, um von innen heraus handeln zu können.

Handeln. Das genau ist das Problem. Offensichtlich haben sie nicht die Macht, irgend etwas geltend zu machen. Alles wird sehr weit oben und weit entfernt von ihnen entschieden... anderswo im hohen sowjetischen Norden.

Die intellektuelle, literarische, kulturelle Sterilität der KPF ist nahezu total. Und sie selbst lösen trotz unermüdlicher theoretischer Diskussionen nichts aus. Sie wollen das Leben verändern und sind unfähig, den geringsten Widerstand gegen den Stalinismus aufzunehmen.

Entweder verstricken sie sich tiefer hinein oder sie versuchen noch einmal, den »vor Dummheit und bereits vor Blut rutschigen Abhang wieder hinaufzugehen«.[9] Aber welche ernsthafte Hoffnung gibt es noch, diejenigen mitzuziehen, die sich weder an »revolutionären Antworten bolschewistischer Prägung« in Form von Staatsstreichen noch an gefälschten Prozessen gegen angebliche Verräter stören, weil sie davon überzeugt sind, daß diese eine für die Einheit der internationalen revolutionären Bewegung gefährliche Tendenz repräsentieren?

»*Le parti est notre garde-fou*« (die Partei ist unser Geländer), sagt Claude Roy. »*Mais nous ne sommes pas fous! Ce sont nos gardes qui sont fous!*« (Aber wir sind keine Irren! Unsere Wächter sind die Irren!), antwortet Edgar Morin.

Verrückt und besessen, zweifellos. Mit dem Rajk-Prozeß, der im September 1949 in Budapest stattfindet, wird ihnen überdeutlich, zu welchen Machenschaften sich Moskau gegen Menschen versteigt, die offensichtlich unschuldig an den Verbrechen sind, für die sie angeklagt werden. Die unantastbare Wahrheit der Partei, das Tabernakel, ist nichts als ein Knoten von Neurosen.

Diesmal entsteht die Empfindung von Abscheu im Kern ihrer Überzeugungen. Und erschrocken, wie in einem Starrkrampf, stehen sie als implizite Komplizen dieses Wahns da.

Plötzlich entdecken sie die seit Jahren an ihrer Brust genährte Schlange und fragen sich, ob man sie beim Kopf oder beim Schwanz packen muß, um sich von ihr zu befreien.

Hatten sie sich zuvor die Frage gestellt, ob unter solchen Bedingungen Kommunismus möglich sei, waren sie jetzt darüber beunruhigt, was der Kommunismus aus ihnen zu machen drohte. Würde jene zwar turbulente, doch eigentlich loyale Zugehörigkeit nicht alles an ihnen zerstören, was sie zum Kommunismus geführt hatte?

Der Bruch mit der Partei ist nicht länger vermeidbar. Das Ende schleppt sich allerdings noch bis März 1950 hin. Die Kritik wird allgemeiner und lauter, die Stellungnahmen explizit, trotzdem wird die Trennung sanft vollzogen. Keine unpassenden Ausbrüche. Keine Fronde. Der Rückzug reift auf verschwiegenen Zellenversammlungen.

Der Schlußakt spielt sich in der Bar Bonaparte ab. Die Szene ist alltäglich: die Gruppe zieht über den sozialistischen Realismus und die Meisterdenker der KPF her, über »die große Kokotte Aragon« und die »Trissotins der Diktatur«, die dem »Obergefreiten« Jean Kanapa dienten, den Stil des »korsischen Zuhälters« Laurent Casanova[10] praktizierten und »der Nutte des leibhaftigen Gottes«, der Frau von Maurice Thorez, ergeben seien... Die Heftigkeit der Attacken mißfällt einem der Genossen, einer künftigen Berühmtheit in der spanisch-französischen Kulturwelt, der den bösen oppositionellen Fraktionsgeist des Treffens in der Bar denunziert. Anschließend bekommen alle »Ärger« in der KP. Robert Antelme, der sich natürlich zu keiner Beleidigung hatte hinreißen lassen, schleudert dem Verräter jene vollkommenen Worte entgegen: »Du enttäuschst meine Verachtung!«

Es ist die Zeit, in der die KPF problemlos guillotiniert. Wo das Verdikt »der Antikommunist ist ein Hund« für einen Urteilsspruch reicht. Die Gruppe aus der Rue Saint-Benoît erhält Plätze auf den ersten Schinderkarren.

Bei Duras, Mascolo und Antelme wird es kein formales Ausschlußverfahren geben. Sie ergreifen vorsorgliche Maßnahmen, als ob sie schuldig seien. »Ich kann keinen neuen

Mitgliedsausweis annehmen«, schreibt Dionys Mascolo der KP-Sekretärin Lucienne Savarin am 11. Januar 1950. »Ich lege Wert auf die Feststellung und bitte dich, es den Genossen mitzuteilen, daß ich mit der politischen Linie der Partei vollkommen einverstanden bin... Nochmals: meine Motive sind zwar ausschließlich persönlicher Art, doch zur Zeit unüberwindbar...« Eine Woche später trennt sich Duras mit einem für die Genossen niederschmetternden, für die KPF jedoch wohlwollenden, ihre Verbrechen ausnahmslos verschweigenden Brief: »... Ich bin deshalb nicht zur Versammlung am letzten Mittwoch erschienen, weil ich mich nicht mehr als Parteimitglied ansehe... Ich muß euch gestehen, daß ich den Ekel und, ja, die Lächerlichkeit nicht habe überwinden können, die ich bei dem Gedanken empfand, mich ein weiteres Mal den grauenhaften, miesen Machenschaften von armseligen Hysterikern aussetzen zu sollen, die man genauso gut ›die Martinet-Fraktion‹ hätte nennen können, da mit dem Wort Fraktion Schindluder getrieben wird.

Meine Gründe, die Partei zu verlassen, sind nicht diejenigen von Dionys Mascolo. Ich stehe unter niemandes Einfluß. Ich habe diese Entscheidung alleine und lange vor Mascolo getroffen. Ich bleibe aus tiefer Überzeugung, organisch Kommunistin. Ich bin vor sechs Jahren eingetreten, und ich weiß, daß ich nie etwas anderes sein kann als Kommunistin. Die Gründe, weshalb ich die Partei verlasse, hätte ich gern geäußert, wenn ich nicht um einige Genossen wüßte, die mit allen Mitteln zur Entstellung der elementarsten Wahrheit entschlossen sind. Seid beruhigt, ohne sie euch sagen zu können, werde ich diese Gründe auch niemandem anderen gegenüber vorbringen. Mein Vertrauen in die Partei bleibt voll und ganz erhalten...«

Gleichwohl betrachten sie sich als Ausgeschlossene, denn die KP verläßt man nicht, man wird vor die Tür gesetzt.

Von einem Tag auf den anderen sind sie nichts mehr. Jeder erhält die Anweisung, sie weder zu besuchen noch ihnen die Hand zu drücken. Die Partei bestraft die Genossen, die weiter mit ihnen Umgang haben. Sie werden exkommuniziert. Entehrt. Wer sie unterstützt, soll ihnen folgen.

Monique, künftige Madame Antelme, wird aufgefordert, sich von Robert zu trennen. Ihre Weigerung bedeutet auch für sie Ausschluß. Die gleiche Erpressung und nachfolgende Sanktion erfährt Bernard, ihr früherer Lebensgefährte und Vater ihres ersten Sohnes.

Sie leiden alle schrecklich darunter. Am schwersten verletzt geht Robert Antelme aus dieser Niederlage hervor. Ihn, der sich am weitesten abseits des KP-Apparats gehalten hatte und über ihm stand, hat das Unvorstellbare ein weiteres Mal hintergangen. Das Böse ist durchtrieben. Antelme muß sich damit abfinden, nicht mehr auf Abhilfe sinnen zu können. Davon wird er sich nicht mehr erholen.

Trotz ihrer Trauer bleiben sie aktiv. Sie gründen Komitees, Zeitschriften und einen Verlag, *La cité universitaire*. Jedenfalls dem Prinzip treu zu bleiben, dem unersetzlichen »kommunistischen Geist« als ihrer ursprünglichen Identität, scheint ihnen allen notwendig. Wenn sie es »de jure« nicht mehr sind, bleiben sie es doch »de facto«.

Lange hat Marguerite Duras hingesehen, ohne zu sehen, jetzt sieht sie. Sie sieht das Talmi, das sich hinter den klaren Begriffen von Revolution, Klassenkampf, Ausbeutung, Diktatur des Proletariats verbirgt. Sie weiß, daß es hohl ist. Sie sieht die heimliche Übereinstimmung zwischen Unternehmerschaft und Proletariat, den gleichen Willen, die Revolution zu vermeiden, und die gleiche Furcht, die Sache könnte in einen reißenden Strom münden, der nicht mehr zu lenken wäre. Sie mißt ihre Verirrung und die grandiose Einfalt all dessen, woran sie geglaubt hat: die prinzipielle Gleichheit zwischen den Menschen, die Vormachtstellung einer Arbeiterklasse, die über das Los der anderen entscheidet, und die Selbstverstümmelung, die dieses Trugbild zum Preis hat.

Sie hat begriffen, daß es keine politische Lösung gibt. Im Grunde ist sie auf die gleiche Verblendung hereingefallen wie ihre Freunde, die Fernandez'. Jene als Kollaborateure, sie selbst als KPF-Mitglied ... Sie sagt: »Die Äquivalenz ist absolut, endgültig. Alles ein und dasselbe, das gleiche Mitleid, der gleiche Hilferuf, die gleiche Schwachsinnigkeit im Urteil, sagen wir der gleiche Aberglaube, der darin besteht, daß man an die politische Lösung des persönlichen Problems glaubt.«[11]

»Jede Lösung ist als solche suspekt aufgrund der Tatsache selbst, daß sie sich als Lösung begreift.«[12] »Es muß Schluß gemacht werden mit diesen Lebenswissenschaften, diesen politischen Autismen. Man muß aufhören, sich Auswege zu basteln... Sich in ›der Suche nach dem Sinn‹ zu vernichten. Statt dessen sich in seinen Widersprüchen offenbaren und sie auf sich nehmen. Die ›unerreichbare Utopie, das Unmögliche‹ weiterhin verfolgen.«[13] Nichts mehr zu glauben wagen.

Von dieser langen, der KPF geschenkten Zeit behält sie die Hoffnung, die sie darauf gesetzt hat. Eine unvergeßliche Hoffnung. Sie gehabt und genährt zu haben bleibt eine Stärke. Und das Bewußtsein, daß soziale Ungerechtigkeit unannehmbar ist, bewahrt sie intakt. Das Unannehmbare ist fortan ihr politisches Engagement. Sie bleibt eine Kommunistin, die weiß, daß der Kommunismus unmöglich ist. Seinen Mythos hütet sie. Sonst würde das Leben schrankenlos zynisch werden. Doch sie bemüht sich um keine Umsetzung mehr. Um keine Antwort.

Sieben Jahre eifrige, unvermeidliche Übungen in Dummheit hat sie hinter sich. Wie sollte man vorher wissen, daß es sich nicht lohnte? Daß die KP, wie Robert Antelme sagt, »nichts ist«. Ihr Weg mußte da hindurch. In diesem Sinn hat sie sich nicht geirrt. Inwiefern war ihr bei ihrem Eintritt bewußt gewesen, daß es sich für sie nur um einen Übergang, den Tribut an die Gemeinschaft und vielleicht auch an ihr früheres Versagen handelte, weil ihr eigener Raum anderswo, in der Einsamkeit und dem Umherirren lag? Jetzt, wo sie als »innere Emigrantin« in Frage gestellt, verleugnet, zurückgewiesen wird, ähnelt sie endlich wieder sich selbst.

Sie könnte erleichtert darüber aufatmen, wieder zu sich selbst zurückgekommen zu sein. Doch genau wie damals, als sie sich von ihrer Mutter verlassen und aus der Familie verstoßen fühlte, spürt sie Angst vor der Abwesenheit und dem Unbekannten. Die gleiche Gefahr, sich zu verlieren. Und die gleiche drängende Überzeugung, fortgehen zu müssen. Die vergiftete Familie zu verlassen. Sich zu verirren. »(...) Ich rufe mit Vorliebe zu den Wüsten hin, in Richtung der Wüsten.«[14]

Sie weiß, ihr Exil ist das Schreiben. Das Buch ist der Raum, das offene Meer, die Freiheit. Die Heimat des Wortes. »Diese Heimat ohne Land, ohne Nation, ist die solideste der Welt, die unzerstörbarste.«[15] Ihr wahres Zuhause, ihr gelobtes Land.

Dahin kehrt sie zurück, diesmal nicht von der Erfahrung der marxistischen Sackgasse bestärkt, sondern von der jüdischen Erfahrung erhellt.

Israel, Volk des Buches. »Eine Welt, in der alles, was einem auf der Suche nach der Wahrheit und den Gesetzen des Lebens begegnet, keine Welt, sondern ein Buch mit seinen Geheimnissen und Geboten ist. (...) In der alles von einem Text ausgeht und zu ihm zurückkehrt, dem einzigartigen Buch, in das sich eine sagenhafte Folge von Büchern einwickelt und eine Bibliothek bildet, die nicht nur universell ist, sondern den Platz des Universums einnimmt und umfangreicher und rätselhafter als es selbst ist«, schreibt der Freund und in mancher Hinsicht denkerisches Vorbild Maurice Blanchot. Der persönliche Umgang mit ihm und seine bedeutenden Arbeiten über das, was er den »literarischen Raum« nennt, bringen Marguerite Duras dazu, ihre Reflexion über den Sinn des Schreibens reifen zu lassen.

Der Nazismus hatte sie zur KP geführt. Die KP führt sie zum Judaismus zurück. Denn was auch immer jetzt geschehe, das bleibt es, worauf sie sich bezieht: die Juden, die sie ihren eigenen Judaismus entdecken lassen.

XII

Schreiben, Land des Exils

> »Aus Worten habe ich
> Himmel und Erde geschaffen,
> dasselbe gilt für euch.«
> (*Sohar*, Vorwort, 5).

Ich, Duras. Außerdem, Marguerite. Achtzehn Jahre. Schreibe. Dank »der neuen Gnade eines Himmels ohne Gott«[1], die ein Gott sein müßte.

Jüdisch durch diesen Willen, sich dem Götzendienst zu verweigern, sich der Theorie zu entziehen.

Jüdisch durch eine eigene Weise, in der Welt zu sein, durch das Bewußtsein, seiner Besonderheit dadurch zu entsprechen, daß man ein eigenes Werk schafft.

Jüdisch durch das Verstehen, daß dieses Werk ein Buch ist und daß es das für alle ist, für diejenigen, die schreiben, und für diejenigen, die nicht schreiben.

Jüdisch, weil sie sich auf das Undeutliche, auf das »unendliche Schweigen des Geschriebenen« einläßt, ohne Hoffnung, etwas zu erreichen.

Als Madame Donnadieu endlich aus Indochina zurückkehrt, ist es zu spät, um wieder zueinander zu finden. Marguerite fühlt sich fast zu träge, sie wiederzusehen. Sie liebt sie nicht mehr. Plötzlich ist es passiert, ähnlich wie man »einen Geliebten entliebt«[2], an dem Tag, an dem Paul gestorben ist.

Die Mutter ist als reiche Frau nach Frankreich zurückgekommen. Die vierhundert Schüler ihrer *Nouvelle école française* haben ihr ein Vermögen eingebracht. Schließlich wurde es einfacher, Geld zu verdienen, als sich daran zu gewöhnen. Es ist ihr nicht gelungen, die »unheilbare Mentalität einer Armen«[3] mit ihrer ständigen Angst vor der Not abzulegen.

Zusammen mit ihrer vietnamesischen Dienerin ist sie vor

den Kommunisten aus Indochina, das ihre Heimat geworden war, geflohen. Der bolschewistische Schlupfwinkel in der Rue Saint-Benoît nimmt sie auf. Bald entfaltet sie hier ihre Tyrannei, schenkt der Hausarbeit und vor allem dem Essen eine manische Aufmerksamkeit, wobei sie sich weniger um ihren Enkel Jean als um die Größe des Stücks Butter in seiner Suppe sorgt. Marguerite meidet den frontalen Zusammenstoß. Sie gibt klein bei, beflissen und vordergründig zuneigungsvoll. Sie achtet vor allem darauf, den brodelnden Fluß der Diskussionen zu kanalisieren. Es darf weder über kommunistisches Engagement noch über Marguerites Bücher geredet werden, das unnahbare Thema schlechthin.

Madame Donnadieu ist enttäuscht, daß ihre Tochter keine kommerzielle Karriere gemacht hat. Sie hat den »Kindereinfall« nicht aufhalten können: Marguerite ist nicht nur Schriftstellerin geworden, sondern allem Anschein nach sogar eine mit Zukunft. Diese Geltung zeichnet das Ausmaß ihrer Niederlage. Gegen Duras kann sie nichts erreichen. Außer Marguerite zu quälen.

Allein ihre übersteigerte Liebe zu Pierre gibt ihrer Rückkehr nach Frankreich einen Sinn. Während sie Marguerites Schreiben beklagt, wüßte sie ihrem Ältesten nichts vorzuwerfen. Unerheblich, daß er noch mit fünfzig Jahren unfähig ist, ohne Spiel und Diebstahl zu leben. Sie kauft ihm ein Anwesen in der Nähe von Amboise, das von mehreren Hektar Wald umgeben ist, die er sofort roden läßt und innerhalb einer Nacht in einem Bakkaratklub verspielt. Sie sucht nach anderen Möglichkeiten, ihm Geld zu besorgen, das er verschwendet. Zufrieden, vielleicht sogar glücklich, in diesem letzten mütterlichen Dienst ihre Erfüllung zu finden.

Jetzt erwirbt sie im Département Loir-et-Cher ein Schloß im Louis-XIV-Stil, aus dem sie ein Internat macht. Einen der großen Salons verwandelt sie in einen modernen Hühnerstall. Elektrische Brutkästen werden unter den Täfelungen angebracht. Eine Zucht von Klonen kommt zur Welt, sechshundert Küken auf einmal, die wegen einer Fehlbedienung des Infrarotlichts alle mißgebildet sind: ihre Schnäbel schließen nicht. Ein goldener Teppich von toten Küken liegt im Grand-Siècle Salon und verpestet die Luft im Schloß.

Aber keine der Katastrophen, die er heraufbeschwört, vermag das fünfzigjährige Kind zu entthronen. Enttäuschung und Verdruß werden ausschließlich Marguerite aufgehalst. Diese phantastische Liebe, die Mutter und Sohn einander entgegenbringen, dieser unerreichbare Traum macht sie stumm. Selbst in ihren Büchern weiß sie dazu nichts zu sagen. Aus der Ferne wohnt sie dem Geheimnis bei, das unaufhörlich ihre Neugier entfesselt. Trotz der expliziten Mißbilligung ihrer Mutter glaubt Marguerite nach wie vor, ein Buch könne ihren Zutritt in das behütete Reich erzwingen. Ein zu ihrer Ehrung geschriebenes Buch, schmeichelhaft wie ein bevorzugtes Kind. Ein zum Ruhm ihrer Tragödie errichtetes gedrucktes Monument, zur Ehren der Frau, das »sogar der an der Hoffnung Verzweifelten«[4] die Statur einer Legendenheldin verliehe, wie es den großen amerikanischen Filmemachern gelingt. Einen Titel hat es bereits: »Ein Damm gegen den Pazifik.« Soll man »Ein« oder »Der« sagen…? Darüber diskutiert sie endlos, bekümmert auf ihrer rührenden Entschlossenheit beharrend, *maman* zu gefallen.

In dem Buch erzählt sie ihr indochinesisches Abenteuer, den unglaublichen Betrug der Konzession – »das große Unglück und der große Spaß zugleich«[5] –, ihre Armut, das Elend der Einheimischen, den Tod, den es nach Kindern hungert. Auch die Schönheit von Saigon und seiner Traumplätze von seltener Eleganz, die von Tamarinden gesäumten Alleen, die vornehmen Wohnviertel, die Terrassen der Cafés, die Schwimmbäder, die Tennisplätze für die Weißen. Prachtvolle Orte der Ungerechtigkeit. Aber kein einziges Mal fällt das Wort »Nationalisten« oder »Kommunisten«, nicht einmal »Kämpfer« oder »Rebellen«. Das Unglück, das Madame Donnadieu als Symbol universeller Ausbeutung widerfährt, macht revolutionäre Erklärungen überflüssig. Der Indochinakrieg übernimmt die Bestrafung. Duras spielt nur behutsam darauf an, die Mutter, die sich im Grunde nach dem entgegengesetzten Regime zurücksehnt, soll so wenig wie möglich gereizt werden.

Fast zwanzig Jahre nach ihrer Rückkehr sind Marguerites Erinnerungen an Indochina in vollem Umfang erhalten. Ohne erzählerische Ausschmückung, ohne eine Korrektur der Erinnerungen tritt die junge Weiße aus Asien wieder als solche auf. Nicht die sechsunddreißigjährige Marguerite Donnadieu erinnert sich an die kleine siebzehnjährige Indochinesin, die sie war. Es ist die siebzehnjährige Marguerite Duras, die wiederauflebt. Die Schriftstellerin befreit die Heranwachsende aus der Vergangenheit, die sie begraben hatte, um die Fundamente ihres künftigen Werkes zu legen.

Noch wäre es sehr unvorsichtig, alles aufzudecken. Gott weiß, welchen Gebrauch die Mutter davon machen würde. Für Paul vor Liebe zu brennen, offen anzuzweifeln, daß es jemals ein Mann mit ihm aufnehmen könne, bleibt gefahrlos. Seltsamerweise. Keine noch so gewagte Erklärung dem kleinen Bruder gegenüber beleidigt die Moral von Madame Donnadieu. Ein sehr sicherer Instinkt diktiert Marguerite hingegen, Elisabeth X und vor allem den chinesischen Liebhaber weiter zu verschweigen.

Über Lê hat sie noch nie mit jemandem gesprochen, nicht einmal mit Dionys Mascolo. Lediglich ein paar, zudem verlogene Andeutungen einer Freundin gegenüber. Soweit das Gedächtnis reicht, hat man sie immer ihre unüberwindliche Abneigung vor den »Gelben« wiederholen hören: »Einen hübschen Schwarzen würde ich mir genehmigen, einverstanden, aber einen Gelben, nein, niemals.«

In *Heiße Küste* verspottet sie Lê. Sie beschreibt ihn als jämmerlichen Hampelmann und zaghaften Liebhaber, den man grausam abblitzen läßt. Herr Jo..., die Hälfte von Joseph, wie der kleine Bruder in dem Buch heißt. Weißer und Sohn eines steinreichen Plantagenbesitzers mit allem, was an den Weißen der Kolonie besonders verabscheuenswert ist. Entstellt liefert sie ihn dem Gelächter ihrer Familie aus und begeistert sich daran, über die Literatur jene Komplizenschaft wiederzufinden, die sie alle drei schon damals auf Kosten des chinesischen Liebhabers miteinander verband. Und sie lachen und lachen über den schlecht gebauten, kleinwüchsigen

»Affen«[6] mit den schmalen Schultern und den kurzen Armen. Die Anzüge aus Tussahseide und die schwarze, siebensitzige Léon Bollée Limousine verleihen ihrem Prügelknaben ein nur noch belangloses Prestige. Verführerischen Reiz übt nur der riesige Diamant an seinem Ring aus, den ihm das junge Mädchen skrupellos dafür abknöpft, daß er sie nackt sehen darf. Die Mutter nimmt das Schmuckstück an sich, um es zu verkaufen. Sie wird wütend, als sie »die Kröte«, eine kleine Unreinheit an dem Stein, entdeckt. Wer ist eigentlich die Kröte in dieser Bande von Übeltätern?

»Sie sind sehr unmoralisch, sagte Herr Jo im Ton tiefster Überzeugung. – Wir sind nun mal so.«[7]

Dann, im Laufe des Schreibens, wird das Buch unberechenbar. Duras folgt ihm, wohin es sie führt. Nicht nur Margueritees Liebe zu ihrer Mutter drückt das Buch aus, es macht auch den Haß sichtbar, den sie vor sich selbst nicht in Worte faßt, derart gut ist er »im Tiefsten ihrer selbst« verborgen. Der Roman befriedigt ihren Wunsch, endlich von dieser störenden Frau befreit zu werden. Auf den allerletzten Seiten, als habe sie eine Gewehrsalve erwischt, stirbt die Mutter plötzlich an einem jener Krampfanfälle, die ihre Kinder so sehr ängstigten. Die Nachlässigkeit ihrer Tochter hat den Tod beschleunigt. Sie stirbt in den Tropen, wird also nie zurückkehren. Natürlich Tränen und herzzerreißende Umarmungen. Aber es ist Schluß mit ihr. Duras beschreibt ihre letzten Augenblicke, als hätte sie die Vorzeichen davon hundertmal auf ihrem Gesicht gelesen.

Madame Donnadieu schaut zu, wie sie unter der talentierten Feder ihrer Tochter stirbt: »(Ihr Gesichtsausdruck) war teils außerordentliche, unmenschliche Erschöpfung, teils nicht weniger unmenschliche Freude. Aber kurz bevor der Atem aufhörte, verschwanden Freude und Erschöpfung aus ihrem Gesicht, das nun nicht mehr ihre eigene Einsamkeit widerspiegelte, sondern sich an die Welt zu wenden schien. Kaum merkliche Ironie legte sich über das Gesicht. Ich habe sie reingelegt. Alle.«[8]

Die Mutter nimmt die Ehrung überhaupt nicht wahr, die

ihr die Autorin in *Heiße Küste* erweisen wollte. Für sie ist das Buch eine öffentliche Anschuldigung, eine Denunziation. Es ist der genaue Ausdruck all dessen, was sie am Schreiben anwidert: die Tochter wirft ihre Angehörigen der öffentlichen Meinung zum Fraß vor.

Dieses Unverständnis verletzt Marguerite zutiefst. Sie fühlt sich verstoßen wie ein schwangeres junges Mädchen, das zur Schande verurteilt wird. Dazu verdammt, umherzuirren und um Liebe zu betteln, bis man ihm vergibt und es endlich wieder aufnimmt.

Nie wird sie das Herumstreichen um die verweigerte Behausung aufgeben, den Blick davon abwenden. Nie wird sie sich damit abfinden, ein vernünftiges Dasein zu fristen und irgendeinem Muster, sei es auch einem heilsamen, zu folgen. Sie kann es nicht. Die Gründe, weshalb ihr das unmöglich ist, versucht sie nicht herauszubekommen. Dieses Geheimnis interessiert sie nicht. Sie kann es eben nicht. Nichts wird sie von der Suche nach dem Weg abhalten, der sie zu dieser »Drecksfrau, Schuld an allem«[9] zurückbringen könnte. Doch endgültig steht fest, daß sie ihr Interesse mit nichts wecken könnte. Kein Ruhm vermag dieses Leid wettzumachen.

Heiße Küste ist Robert gewidmet. Das epische Genre, das an die großen amerikanischen Sagas erinnert, sichert ihr 1950 unmittelbaren Erfolg. Raymond Queneau spendet der wunderbaren Arbeit seines Schützlings Beifall. Die Kritik begrüßt in Marguerite Duras übereinstimmend die Geburt einer neuen klassischen Autorin.

Die Geschichte einer ausweglosen Armut ist es also, die ihr Glück ausmacht. Die komfortablen Einkünfte, die der Verkauf des Buches einbringt, werden schnell verbraucht. Doch als die Verfilmung von *Heiße Küste* acht Jahre später René Clément anvertraut wird – der dazu Silvana Mangano, den unvergeßlichen Star aus *Bitterer Reis* engagierte –, kann Marguerite Duras davon ein Haus in Neauphle-le-Château erwerben. In Erinnerung an die früheren Dienstwohnungen weiß sie den Wert eines persönlichen Besitzes zu schätzen. *Heiße*

Küste wird für den Prix Goncourt vorgeschlagen und verfehlt ihn nur knapp. In der letzten Ausscheidung siegt *Les jeux sauvages* von Paul Colin. Duras schließt daraus, daß die Jury ihr diesen »Preis für Typen« deshalb nicht verliehen habe, weil sie als Frau und Kommunistin keinen krönenswerten Kopf biete. Bis zur Revanche will sie sich mit dem Status einer Außenseiterin abfinden. Etwas Richtiges ist daran. Zwar ungerecht, hat es doch seine Richtigkeit, von einer literarischen Institution eher in Frage gestellt als anerkannt zu werden. Was hätte eine einhellige Zustimmung dieser Professionellen denn bedeutet? Marguerite Duras nimmt es hin, nicht aus besonderem Gefallen am Verdikt – sie hat ein zu starkes Bedürfnis danach, bewundert zu werden –, sondern weil sie objektiv von anderswo ist: sie ist eine Seltenheit, eine Vagabundin, die sich dem Skandal der Literatur verschrieben hat.

Nie wird sie versuchen, verstanden zu werden oder zu provozieren. Sie will da sein, wo sie ist und wo das »gewesene Sein« ist. Sie empfindet ein kindliches Frohlocken darüber, nicht gefunden, nicht eingefangen zu werden. Zumal sie selbst verzweifelt davonrennt.

Für Ehrungen ist es also zu früh. Duras zu sein, unfaßbar und vergöttert, das ist die ideale Anerkennung.

Schreiben und nichts als das. Das einzige, was sie tun wird, durchschnittlich ein Buch pro Jahr. Sie schreibt pausenlos, acht, zehn Stunden täglich am Arbeitstisch, im Laufen, beim Kochen, im Schlaf. Es verschafft ihr ein Hochgefühl, sich von dieser Qual, dieser »Selbstentreißung« mitreißen zu lassen, und sie bleibt, wenn das Buch abgeschlossen ist, entsetzlich einsam zurück, als ob sie beraubt wäre und an der Oberfläche der Gesellschaft triebe.

Sobald sie ein Buch beginnt, ist sie davon nicht mehr abzulenken, sie ist »in dem Buch«. Alles andere in ihrem Leben wird durch diese sehr aristokratische, sehr gehütete Einsamkeit verstümmelt. Vor ihrem weißen Blatt Papier hat sie den Eindruck, einen wuchernden, bewohnten, mit Fallstricken übersäten Ort zu betreten. Der Weg ist mühsam, denn etwas

Erhabeneres als Schreiben gibt es für sie nicht. Es ist entweder heilig oder gar nicht.

In das Schreiben vertieft sie sich ähnlich, wie sie damals in den gefährlichen nächtlichen Wald vorgedrungen ist. Eine Welt von Tiefe, Begehren und Terror. Sie betritt sie, ohne zu wissen, worauf sie stoßen wird. Nie plant sie ein Buch im voraus. Wenn sie anfängt, weiß sie nicht, was sie schreiben wird. Sie versucht nicht, es zu definieren und zu begreifen, woher es kommt, was auf dem Blatt Papier gelandet ist, wohin es geht oder warum es seine Wendungen nimmt. Sie ist allein auf die Fortsetzung gespannt, auf die zu schreibende Seite, von der sie, ehe sie sich ihr zuwendet, nichts kennt. Sie kennt die Orientierungspunkte, das Ereignis, zu dem sie den Text hinführen will, sie muß aber erst dorthin gelangen, »die ganze Reise machen«. Sie läßt den Instinkt spielen, immer besorgt, sie könnte den »Kindheitszustand« des Textes, der der Reflexion voranging, nicht wiederfinden. Sie befürchtet, das Buch könne ihr entkommen oder sich verirren. Das Narrative, das Deklarative ist jetzt vorbei. Trotz des Glücks, das sie bei der Arbeit an *Heiße Küste* empfunden hat, kann sie so nicht mehr schreiben. Jetzt folgt sie ihrem »Trieb«. Sie befindet sich »am Ende der Welt, am Ende seiner selbst«[10], im Herzen einer Region, die unmöglich festgemacht werden kann und aus der sie nichts zu befreien vermag. Dort ist das Geschriebene bereits vorhanden, in dieser Dunkelheit, die sie auch »den inneren Schatten« nennt, eine Lagerstätte des nicht aufgeschriebenen Geschriebenen, das auf seine Entzifferung wartet. Schreiben bedeutet zu lesen, »die Entzifferung dessen, was schon da ist, was man bereits im Schlaf seines Lebens, beim organischen Vorüberziehenlassen des Gewesenen, gemacht hat«[11], ohne es zu wissen. Die unübersetzbare Masse dennoch in das Schreiben zu übertragen muß versucht werden, man muß sie in einer für andere lesbaren Sprache vulgarisieren. Eine flüchtige Wahrnehmung, stets in Gefahr zu entschwinden, im Limbus der Erzählung enthehrt zu werden oder von jenem reservierten, an genialer Intuition verarmten Teil seiner selbst – der »Höhe des Geistes«[12] – sterilisiert zu werden, der sich nur murrend an die Mühsal des Schreibens macht.

Die Tage vergehen damit, den Text aus seiner Verpackung zu lösen, das Gold vom Erz zu trennen. Eine Arbeit, bei der die Anstrengung alles ist und nichts verwirklicht. Die Wörter werden gereinigt, bekommen Schliff durch ihre Verknüpfungen, endlich strahlen sie und werden freigegeben. Das Buch wird in der Glut einer Allmacht geschaffen. Beendet, doch nie vollendet, hoffnungslos von dem entfernt, was nur flüchtig erahnt worden ist.

Das Buch, das sie als letztes geschrieben hat, liebt Duras jedesmal leidenschaftlich. Es nicht zu lieben wäre eine Art Beleidigung des Himmels. Sie ist jedoch immer bereit, es auseinanderzunehmen und wieder neu zusammenzusetzen. Sie überarbeitet es, nicht um es zu korrigieren – die Fehler behält sie eher, sie gehören zum Rohmaterial –, sondern um es im beinah physischen Sinne des Wortes nachzufeilen, zuweilen Jahre später. Um das trockene Holz zu fällen. Um den Sinn, ihren Sinn, den sie nie beherrscht, zu erneuern. Vor allem um hinzuzufügen, was sie verschwiegen hatte.

Sie erträgt nicht, daß man ihr Buch nicht mag. Allem Anschein zum Trotz geschieht das nicht aus Eitelkeit, es geht ihr nicht um sie selbst. Für sie ist das ein Zeichen von schreiender Dummheit oder Feindseligkeit, da ihre Arbeit Teil des kollektiven Imaginären und ihre Triebfeder die Liebe als solche ist. Was sie in ihrem Umherirren leitet, was sie ihre von narzißtischer Euphorie weit entfernte und entfremdete Existenz ertragen läßt, das ist ihr Verlangen nach »Gesamtheit«, ihr Hang zur Solidarität. Sie liebt sich nicht selbst, sie liebt ihr Begehren. Ob sie über das Meer, den Sommer, den Regen, die Flüsse schreibt..., ihre innere Verfassung ist eine Anspannung, wie sie von der Liebe erzeugt wird, von der Entität des Liebesgefühls. Sie arbeitet in dem stets wachen Bewußtsein, auf den »schwarzen Block in der Mitte der Welt«[13] das Bild aufzuschreiben, wie es kommt. Das Buch entstammt den gemeinsamen Archiven einer universellen Vergangenheit, der Vergangenheit. Nie eignet sie es sich restlos an. Es hat nichts gemein

mit einem Kranken, der sich in seiner Neurose zusammen-
kauert, es ist auf tragische Weise ungenügend und zugleich
grenzenlos. In jeder Richtung offen schreitet es voran, ist
»nichts weiter als potentielles Leben«.[14] Die Menschen grei-
fen danach und nehmen es ihr weg. Es lebt, geht von einem
Leser zum nächsten und von einem Land zum anderen, wird
geliebt und verstanden auf eine Weise, die über sie hinausgeht. Diese vielfältigen Verständnisse, diese so unterschiedlichen Sensibilitäten, die in ihrem Text etwas sehen, was sie nie
sehen wird, die ihn lieben, wie sie ihn nie lieben wird, die ihn
nicht besser, sondern anders verstehen, faszinieren sie. Sie
sagt: »Das Buch ist der egalitäre Gegenstand schlechthin, bereits post mortem, etwas Ewiges.« Zwar hütet sie es ängstlich,
aber nicht als Besitz. Sie autorisiert die Übernahme von Formulierungen, längeren Passagen und zuweilen ganzer Kapitel
ohne Quellenangabe. An solchen unvorhergesehenen Fort-
schreibungen begeistert sie sich, stets von neuem verblüfft
über die Macht der undefinierbaren, spontanen, unfaßbaren
Liebe, die von einem Menschen zum nächsten geht. Vom Text
hervorgerufen und doch unmöglich in Worte zu transkribie-
ren, gehört sie zur ungeschriebenen Summe des Buches.

Duras wird schließlich eine von vielen Leserinnen ihrer eigenen Werke. Oft vergißt sie, was sie geschrieben hat, und
bricht in Entzücken aus, wenn sie es wieder entdeckt: »Das ist
von mir? . . . Ach, das ist schön«, ruft sie gerührt aus. Oder sie
fragt: »Die Frau hieß doch Anna? Waren in dem Buch nicht
zwei? . . .«

Von der Bedeutung des Anteils der anderen ist sie überzeugt: »Ein bißchen seltsam ist diese Umwandlung, die es vielleicht erfährt, dieser Klang, den es durch mich bekommt, aber
das ist alles.«[15] Ihr Privileg sei es, so etwas wie ein »Echo-
raum«[16] zu sein, in der die leise Andeutung, deren Wahrnehmung ihr gegeben ist, laut widerhallt. Nur an Knappheit ist
ihr gelegen: ausstaffierte, überfrachtete Texte verachtet sie.
Sie entblößt. Dieser Kern, der sich herausschält und alles andere als mager erscheint, bezaubert Millionen Leser in der
ganzen Welt. Duras, würde sie sagen, das findet überall Ge-

hör. Ein berauschender Sieg, in dem sie sich um so exzessiver gefällt, als er ihr nie restlos gelingt.

In der Verbannung des Schreibens, in der Angst, einen nicht lebensfähigen oder von der Kritik verrissenen Text zur Welt zu bringen, bei der Enteignung des veröffentlichten Buches gibt es zuweilen ein rettendes Glück.

Wie besessen arbeitet sie an dieser »Nicht-Arbeit«. Schreiben ist für sie eine Extremsituation. Selbstredend kann sie sich nicht vorstellen, es sparsam und ohne Qualen zu betreiben. Sie gibt sich vorbehaltlos hin und gerät in eine Krisensituation, die immer umzuschlagen droht. Der Gedanke des Todes ist da, täglich. »Schreiben ist untauglich, es bedeutet vor Schreiben sterben zu wollen, sonst lohnt sich das nicht.«[17] Ihr Werk trägt eine düstere Unterschrift.

So wie sie sich in diese Arbeit hineinkniet, wie sollte sie sich da schonen, auf sich achten, ausreichend schlafen, auf ihre Gesundheit Rücksicht nehmen, die Zigaretten im Aschenbecher und die Weingläser bis zum Morgengrauen zählen, wie sollte sie nicht übertreiben?

Duras verausgabt sich daran. Der ganze Körper leidet bei dieser Reise ohne Fortbewegung, wenn er der Wallfahrerin Quartier bietet. Vergessener und zugleich gemarterter Körper. Atemstillstände, Magenkrämpfe, Kreislaufstörungen, geschundener Rücken... Krankheiten brechen über sie ein. Manchmal ruft das Unerwartete, ein Wort, ein Satz, ein Einfall, eine derart starke Emotion hervor, daß sie die Hand an die Brust preßt, als hätte sie gerade einen Schlag abbekommen. Schließlich kann man all die Schocks auf ihrem Gesicht ablesen. Es ist bald nicht wiederzuerkennen, es verändert sich so radikal, als gehöre es jemandem anderen. Zwischen achtzehn und fünfundzwanzig hatte es schon einmal eine Verwandlung erfahren. Ein plötzliches Altern nach dem chinesischen Liebhaber. Das Gesicht »nahm eine unerwartete Richtung«.[18] Die Züge, die Augen, der Mund, die Stirn gerieten in neue Proportionen zueinander, veränderten sich eindrucksvoll. Sie ähnelte sich selbst nicht mehr. Jetzt nimmt ihr Antlitz sein drittes Gesicht an. Sie verzehrt sich, zerstört sich, vernichtet sich. Man nennt ihre Gesichtszüge »amphibisch«. Häufig heißt es jetzt, sie sei häßlich. Obwohl dem schamlosen Gesicht, das seiner natürlichen Geographie entgegenläuft, auch Glanz zugestanden wird.

Der Preis, der den Büchern zu entrichten ist, wäre hoch genug, um wenigstens im Kokon eines ruhigen Zuhause zu schreiben. Aber auch das kann sie nicht. Sie muß wüten, die Routine brechen, Dramen anzetteln ... Jeden Frieden muß sie sprengen. Sie läßt Dionys Mascolo die Hölle leben. Die ganze Welt schwärmt über die beiden: »Das beste Paar in ganz Paris! Was für eine Harmonie, was für ein Einvernehmen!« Von wegen. Es ist eine Katastrophe. Feuer und Schwert!

Seit dem Austritt aus der KPF tobt sie in besonderem Ausmaß, als wolle sie die Vormundschaft der Männer zerschlagen und sich von ihrem politischen und ehelichen Zugriff, die derselben Natur entsprängen, lösen. Jetzt wagt sie es, sich wie sie zu verhalten. Frei. Untreu. Sie wird wieder, wie sie früher war, sie trifft die Wahl.

Wegen des Kindes bleibt sie noch bei Dionys, rennt aber ständig davon. Sie trifft sich mit Männern und kehrt spät nachts zurück. Sie geht weg ... Sie kann nicht anders, als denjenigen zu betrügen, mit dem sie lebt. Sie wundert sich, daß Dionys sie noch nicht umgebracht hat. Er ist verdienstvoll. Er hat sie nicht umgebracht!

Neue Körper, neue Liebhaber zu erfahren ist ein gebieterisches Bedürfnis. Sie rühmt sich offen und in krudester Weise, »lauter Typen gehabt zu haben«, die sie namentlich angibt. Gelegentlich fabuliert sie. Der Ruf einer Messalina geht ihr in der Hauptstadt nach.

Sie liebt die Liebe, sie liebt zu lieben. Jedesmal wenn sie begehrt, liebt sie. Und liebt, solange sie nicht betrügen kann. Leidenschaft oder gar nichts. Kein Abenteuer bewahrt sie vor dem nächsten. Immer offen für eine andere Begegnung. Immer bereit, alles hinzuwerfen. Ihren Sohn und die Bücher natürlich ausgenommen.

Ihr Kind Jean liebt sie über alles, sie verhätschelt ihn, verschlingt ihn mit Küssen. Sie weigert sich, ihn zu erziehen. Jede

Vorschrift hält sie für Gewalt. Das Kind zu erniedrigen, indem man es zwingt, Regeln des *savoir-vivre* einzuhalten, kommt nicht in Frage. Sie läßt es wachsen, seine Launen besiegen sie von vornherein, seine geringste Verstimmung bringt sie durcheinander. Das Kind ist daher unerträglich geworden, »eine Plage, von der man sich kein Bild macht«, wie noch so wohlmeinende Freunde sagen, eine solche Nervensäge, daß es den Spitznamen »Outa« erhalten hat, nach jenen Erntemilben »*aoûtat*«, die im August für quälenden Juckreiz sorgen. Seine Mutter jedoch klagt nicht.

Sie weicht deshalb nicht vor Liebesabenteuern zurück, weil sie genauso vordringlich wie das Kind, genauso bezwingend wie die Bücher sind. Dem Ruf des unsichtbaren Abgrunds zwischen ihren Hüften, der seit dem chinesischen Liebhaber immer bereit ist, den zu empfangen, der vorbeikommt, kann sie nichts entgegensetzen. In dem Schwerpunkt des Begehrens, dem die Lust sich nähert, ohne ihn je zu erreichen, wohnt eine Kraft, die einem Gedanken ähnelt. Nach der Liebe sagt sie: »Es ist vollbracht.« Zwischen dem Begehren und der Lust, die in einem bestimmten Sinn dessen »Stütze« ist, sieht sie denselben Unterschied wie zwischen der Totalität der ungeschriebenen Materie und dem »zivilisierten« Text, in den sie schließlich übertragen wird. Für immer und hoffnungslos jenseits davon.

Wäre sie keine Schriftstellerin, dann wäre sie eine Nutte, behauptet sie. Von einem Mann zum nächsten und vor sich das breite Feld der Unbekannten. Die solidarische, anonyme Nacht des sexuellen Exils. Sie hungert nach Unbeständigkeit, Unordnung, rückhaltlosen, tödlichen Leidenschaften..., obwohl sie sich schon immer nach der einzigen Liebe sehnt. Ihr Körper aber hat nicht ihre Weisheit. Sie hätte sich gewünscht, daß er besser wüßte, was sie will. Daß er eine Wahl trifft und sich daran hält. Daß er Abscheu davor empfände, diese Wahl zu verraten und daß er sich diesen Verrat nicht aus moralischer Verstiegenheit, sondern aus organischem Unvermögen untersagte. Sie sagt: »Ist das Begehren nicht das Begehren eines einzigen Menschen? Ist das Begehren nicht das Gegenteil der Zerstreuung von Begehren?«[19] Gern unterwürfe sie sich jener Entfremdung. Nichts setzt sie höher an: »Ich sehe nichts, schlechterdings nichts, das zu erleben wünschenswerter wäre.«[20] Sie ist hinter einem Phantom her. Und sie schreibt *Der Matrose von Gibraltar*. Eine alleinstehende, ungebundene Frau widmet ihr Leben einer quer durch die Welt führenden Suche nach dem Mann, den sie liebt und der verschwunden ist. Mit anderen ist sie nur zu vorübergehenden, unbedeutenden Abenteuern fähig. Sie irrt von Hafen zu Hafen, um ihn wiederzufinden. Er hat keine genaue Identität. Sie ist sich einfach sicher, ihn an seinen blauen Augen wiederzuerkennen. Schläft sie mit einer Zufallsbegegnung, weist sie den Mann anschließend zurück: »Der ist es nicht.« Jedesmal ist er es nur beinahe. Irgendwo gibt es ihren unbezähmbaren, halb realen, halb schimärenhaften Abenteurer, diesen Halbgott. Sie gibt die Hoffnung nicht auf, ihn zu finden. Es ist aber klar, daß es ihr nicht gelingen wird.

Duras will ihre Heldin kein sinnloses Suchen fortsetzen lassen. Sie braucht ein Leben auf der Höhe des verlorenen Traums. Also darf sie mit ihrem letzten Liebhaber vorliebnehmen und sich allmählich von dem Geliebten, der sie verfolgt, befreien. Aber sie führt sie auch in die Versuchung, dem drohenden grauen Alltag durch einen Selbstmord zu zweit zu entkommen. Die Leidenschaft erstrahlt in der Aura des Todes.

Wie soll man, außerhalb des tödlichen Raums, die Liebe leben, ohne an ihrer Enge zu leiden? Duras fällt über alle Umzäunungen her. Für sie ist das Paar die unvermeidlich grauenhafte Einschließung: »... kein Paar, auch das beste nicht, kann zur Liebe ermutigen.«[21] Obwohl sie gern daran glauben möchte. Trotz ihrer Dramen, ihrer »Sümpfe von Langeweile«. Treue und die Selbsthingabe, die sie erfordert, bewundert sie. Das Opfer gibt die Liebe der Leidenschaft zurück. Doch meistens, stellt sie fest, ist die Treue nur eine elende Falle. Eine Zuflucht für Behinderte. Wie soll man also die Verrücktheit und Frische des Begehrens, seinen erschütternden Gnadenzustand anders bewahren als durch rückhaltlose Hinwendung zur Untreue?

Nach *Der Matrose von Gibraltar* verweilen ihre Gedanken in dem kleinen italienischen Dorf am Meer, wo der Roman aufhörte. Den Ort kennt sie gut, denn hier hat sie unmittelbar nach dem Krieg gemeinsam mit Robert, Dionys und den Vittorinis einen Sommerurlaub verbracht.

Das Bild dieses Ortes verläßt sie nicht mehr. Noch lange vor dem Entstehen des Textes setzen sich das Sommerlicht und die aufdringliche, anhaltende Hitze in ihr fest. Oder es ist jener Vorname – Sara –, der dem Ganzen vorausgeht. Zu Beginn eines Buches gibt es bei Duras fast immer einen Namen, ein Wort, einen Ort, die sie im Kopf behält und die sich dort niederlassen, bis dann der Satz hervorspringt.

»Sara stand spät auf. Es war etwas über zehn Uhr. Die Hitze war da, unwandelbar sich gleichend...« Sie schreibt *Die Pferdchen von Tarquinia*. Die Menschen lieben sich leidenschaftlich, treu, verliebt wie in den ersten Tagen. Duras will sie retten. Da ist die Sonne, das Meer, der menschenleere Strand, eine Jacht, ein reizender kleiner Weiler, der sich von den Bergen abhebt, lange Nachmittagsstunden beim Aperitif, abendliches Boulespiel, Bälle... Und das Ganze riecht nach Hölle. Das Glück zersetzt sich und schlägt um in eine alptraumhafte Monotonie. Täglich dieselbe Hitze, dieselbe Brise zur selben Stunde, dieselben Fischer, derselbe Ball, dieselben Szenen. Jeder ist das absurde Opfer einer Tortur und Inhaftierung, in die er eingewilligt hat. Der Tod lauert. Vergebens sucht man nach einem Ausbruch. Allein der Seitensprung heitert den farblosen Müßiggang wieder etwas auf. Und das Leben geht weiter, zwar regeneriert, doch genauso konventionell.

So gelungen es ist, Duras ist dieses Buchs – *Die Pferdchen von Tarquinia* – bald überdrüssig. Sie hält sich vor, es zu charmant, zu leichtfüßig gestaltet zu haben. Ihre Schreibweise, die die Kunst der Andeutung und der Ellipse bereits hervorragend beherrscht, verführt die Leser, aber sie »lehnt es ab«. Sie wirft sich ihre Vorsicht vor. Im Grunde ist es ein Buch, das für sie zu keinem Zeitpunkt »zeitgemäß« war.

Die Probleme des Paares bleiben das Thema, das sie im Leben am meisten fesselt und am meisten langweilt. Wie soll man jene miserablen Katastrophen vermeiden, die seit dem Anfang aller Zeiten die Paare heimsuchen? Wie dem Hindernis des Alltags, der Abnutzung oder der Trennung entgehen? Wie kann man zusammensein, ohne »sich zusammenzutun«, zusammensein und eins sein?

Von nun an erkundet Duras in ihren Büchern Räume, in denen Personen außerhalb der Paarstruktur Leidenschaften leben, die die Zeit nicht auflösen kann. In banalen Lebenssituationen erhellt sie den Ort, an dem die Liebe über den Augenblick, das Mittelmaß, die Häßlichkeit siegt. Wo sie wieder unfaßbar, weiträumig wird. Wo sie unsterblich ist.

Sie denkt an jene undefinierbare Bindung, die zum Beispiel ihre Mutter und ihren Bruder Pierre eint. Über dieses auf sich selbst zurückgezogene, erfüllte Duo schreibt sie *Ganze Tage in den Bäumen*.

Sie erinnert sich noch an den Botanischen Garten in Saigon und die meisterliche Lebenslektion jenes Tieres, der Boa, die, wenn sie ihre Beute verschlingt, Bauch und Phallus zugleich wird, Seligkeit und Grausamkeit vereint und weder Gut noch Böse kennt. Sie beruft sich auf das Verbrechen wie auf das Opfer.

Auch eine Anwandlung von Sympathie für die *Concierge* in der Rue Saint-Benoît ist nichts, was der Liebe fernstünde. Eine furchtbare Nörglerin, stets auf Kriegsfuß mit den schlampigen Mietern, die das Treppenhaus oder den Raum mit den Mülleimern zum Schauplatz des Klassenkampfs macht.

Vor allem ist sie zwischen jenem Mann und jener Frau vorhanden, die sich im Urlaub in einem Hotel begegnen und das bewegende, himmlische Geheimnis erleben, wie ihre Verliebtheit in jenem glücklichen Stadium wortloser Anziehung entsteht, wo der Ausgang für diejenigen, denen er bevorsteht, noch unsichtbar ist. Duras liebt es, diese Anwesenheit der Liebe in der Unschuld des Begehrens zu fassen, ehe die Begegnung der Körper sie entstellt.

Über solche subtilen Seelenzustände schreibt sie drei kurze Texte: *Le Boa, Madame Dodin, Les Chantiers*.

Sie wagt sich dort vor, wo niemand hingeht. Sie öffnet Wege. Sie zeichnet den Pfad des Nirgendwo. Menschen folgen ihr. Das beruhigt und erstaunt sie. Wohin gehen sie? Was haben sie davon, sie zu lesen?

Es hat etwas Abschreckendes, derart persönlich und derart öffentlich zu sein. Ob aus Selbstschutzinstinkt oder aus Manierismus, jedenfalls befürchtet sie, sich zu sichtbar zu machen. Zunehmend flüchtet sie ins Rätselhafte. Lügen, Romane. Man wird sagen, sie verkompliziert alles nach Herzenslust. Ja, sicher ist das ihre Laune. Meist folgt man ihr blind. Ohne verstehen zu wollen. Die Kunst überrumpelt. Sie schreibt. Sie flieht. Jedes Buch ist ein Ausbruch. Es lebt an ihrer Stelle ihre verfluchte, verbotene Geschichte. Es macht sie ihr erträglich. Denn bei allen ihren Fragen zur Liebe stellt sie die eine nicht, deren Antwort sie gerade unablässig sucht: wie kann man ein Frauenleben leben, wenn man weiß, daß es keinem einzigen Liebeserlebnis gelingen wird, die schuldhafte Verstrickung zu löschen, die Paul hinterlassen hat? Deswegen schafft sie Frauengestalten, die sich nach einer ersten Liebe zurücksehnen und über ihren Verlust untröstlich und sterbensunglücklich sind. Trotzdem bereit, über einen »Ersatzmann« das damalige Ideal wiederzubeleben und jedesmal tragisch enttäuscht.

Sicher gehört das Vergehen gesühnt. Nicht jenes, einen Bruder derart ausschließlich geliebt zu haben, sondern der Skandal, der es für sie bedeutet, ihn überlebt zu haben. »Eine Last, die jede neue Begegnung relativ macht«, sagt sie, und die doch ertragen werden muß.

XIII

Der Geschmack an einer unmöglichen Liebe

Sie war auf jenes Fest am Weihnachtsabend allein gegangen, auf der Suche nach einem Liebhaber. Sie wollte eine große Liebe erleben. Gérard Jarlot war da. Von der scheinbaren Lässigkeit der übrigen Gäste stach er durch sicheres Auftreten von schlichter Vornehmheit ab. Das war es nicht, was sie anzog. Sondern der eindeutige, eindringende Blick. Ein Blick, der sie erfaßt, sofort, »bis in die Tiefe ihres Begehrens«.[1]

Gérard Jarlot ist Liebhaber aus Berufung. Seine ganze Existenz steht im Dienst dieser Leidenschaft. Um sie zu leben, zögert er vor keinem Exzeß, vor keinem Leiden zurück. Unfähig zur Zurückhaltung, will er im Gegenteil alles von ihr erfahren, »sein Begehren ausleben«[2], und wenn er daran zugrunde gehen sollte.

Wie bei jeder neuen Begegnung versetzt der Anblick von Duras Jarlot in eine unkontrollierbare Erregung. Mit der ihm eigenen Genauigkeit wägt er das Ausmaß an Erwartung dieser Frau ab. Und Duras, für die Männer keinerlei Gefahr bedeuten, fürchtet sich zum ersten Mal vor dieser Eroberung.

Sie verließen das Fest gemeinsam. Aber sie schreckte zurück und ging allein nach Hause. Er ließ ihr ausrichten, er werde im Café X so lange auf sie warten, wie es nötig sei. Täglich hielt er sich dort stundenlang auf. Duras mied das Café. Nach einer Woche widerstand sie nicht mehr. Sie trat ein, »als führte man mich aufs Schafott«.[3]

Jarlot leitet die Trennung von der Schauspielerin Françoise Arnoul in die Wege, um die ihn ganz Paris beneidet. Wegen dieser kleinen, eher gewöhnlichen Frau, an der nichts auf ihre erotische Macht hinweist. Zusammen leben sie einen sexuellen Wahn von einer ihnen unbekannten Heftigkeit. In ihrer Verbindung gibt es weder Masochismus noch Sadismus, noch jenen geheimen Vernichtungswunsch der Anhänger von de Sade oder Bataille. Duras verabscheut die manisch von der

Erotik Besessenen. Für sie, die dieses »Laster« nicht teilt, sind es »Kranke«.

Bei Jarlot erfährt sie das Wesentliche, weshalb sie einen Mann zum Liebhaber nimmt: das Begehren seines Körpers und den Reiz seiner Intelligenz. Wenn sie mit ihm Liebe macht, verzaubert sie eine »zugleich beherrschte und wilde, erschreckende und höfliche Brutalität«.[4] Sie liebt ihn jedoch nicht. Seine Anmut eines Prinzen verführt sie, sie schaut ihm zu, wie er mit weitgreifenden, regelmäßigen Schritten läuft, betrachtet seine englischen *Richelieux*-Schuhe mit den eisenbeschlagenen Kuppen, seine honigfarbene Kleidung. Sein Aussehen gefällt ihr. Sie schätzt auch seine besondere »Redegabe«, sein journalistisches Talent sowie – obwohl es sie anfangs verunsicherte – seinen komischen Hang, in völlig nebensächlichen Dingen zu lügen. Dennoch hat sie das Gefühl, daß die Persönlichkeit von Jarlot eigentlich nicht zählt. Er ist wie das Instrument einer Liebesgeschichte, die über ihn hinausgeht und ihn fast nicht betrifft, einer bereits gelebten Liebe, die für Duras der absolute Bezugsrahmen bleibt.

Allerdings gibt es in der Beziehung mit Jarlot ein mysteriöses Zusammentreffen, das sie verwirrt und dessen Bedeutung sie undeutlich spürt. Doch schenkt sie sich selbst nicht genügend Aufmerksamkeit, um mehr herauszubekommen. Vielleicht liegt es am Auftreten dieses neun Jahre jüngeren Mannes, an der Art, wie er Frauen ansieht, an jener Unersättlichkeit, die sie bereits bei Paul erfahren hatte. Etwas Bewegendes kommt jedenfalls wieder zum Vorschein, als ob ein verlorenes Paradies wiedererweckt würde, das in einer unzugänglichen Region zwischen Erinnerung und Vergessen begraben lag. Ein unüberwindlicher Schmerz, den die Zeit zugedeckt hat und an den sie sich nicht erinnert, den sie aber auch nicht vergessen hat.

Sie ist nicht imstande, das Gespenst zu erkennen, das aus ihrem Leben nicht heraustreten will, obwohl sie seit Pauls Tod, seit *Das ruhige Leben*, all das geäußert und geschrieben hat, was sie heute zu ignorieren scheint. Man könnte meinen, sie hätte sich selbst nicht gelesen und nichts gelöst. Sie sieht nicht. Als könnte das Sehen sie töten. Es sei denn, sie wartete auf ein Wunder, das ihr gewichtige Gründe zu existieren bewiese. Sie fordert also dieses Leben heraus, das sich in gleichbleibender Verblendung fortsetzt.

Zur Stunde ist Jarlot da. Allein er wirkt unvermeidlich. Zum ersten Mal seit Weihnachten 1943 findet sie »den Geschmack an einer unmöglichen Liebe«[5] wieder. Eine Revanche der Gegenwart über die Vergangenheit: die Freiheit, eine verbotene und endlich doch zugestandene, von der Last des Geheimen befreite Geschichte zu leben. Und der geheime Wunsch, die Vergangenheit auszulöschen, indem sie ausgelebt wird.

Sie schreibt weniger. Ein Buch, *Im Park*. Zwei in der Wirklichkeit verwurzelte Menschen, die dem Paar, das sie mit Jarlot bildet, diametral entgegengesetzt sind. Sie sitzen auf einer Bank und tauschen, ohne sich zu kennen, Vertraulichkeiten aus. Es ist ein Ausbruch, wie ihn sich eine junge Hausangestellte und ein kleiner Vertreter erträumen. Menschen, »wie man sie überall sieht«, zwar einzig in ihrem persönlichen Ausdruck von Glück, doch in ihren Bedürfnissen allen anderen ähnlich.

Im darauffolgenden Sommer verbringen Duras und Jarlot einen gemeinsamen Urlaub in Saint-Tropez. Ein – wegen des Umwegs über Paris – verspätet eintreffendes Telegramm teilt ihnen den Tod von Madame Donnadieu mit. Sie brechen sofort zu dem Haus am Loire-Ufer auf.

Seit der Veröffentlichung von *Ganze Tage in den Bäumen* hatte Marguerite ihre Mutter nur noch ein einziges Mal gesehen. Da, in deren großem Zimmer, in dem bei Nachtfrost auch Schafe schliefen, war ihr die endgültige Erkenntnis von deren Wahn gekommen. Keine Exzentrizität, die zugenommen hätte, sondern ihr normaler, seit jeher vorhandener Wahn, den ihre Mutter »von Geburt an im Blut hatte«[6] und zu dem allein Pierre und Dô Zugang besaßen. Bis zu diesem Zeitpunkt war er ihr tatsächlich entgangen.

Die Mutter hatte sie liegend empfangen, in Schwarz, als trauere sie um ihre Tochter. Sie hatte sich geweigert, sie zu umarmen. Sie wollte keine Erklärung zu dieser Geschichte eines bevorzugten Sohnes, die für sie vollkommen haltlos war. Sie fragte sich, was Marguerite zu solcher Undankbarkeit bewege, wo sie doch allen drei Kindern gegenüber dieselbe Hingabe, dieselbe Opferbereitschaft aufgebracht habe.

Marguerite hatte ihr zu erläutern versucht, daß selbst eine unwillkürliche Bevorzugung eines Kindes durch die Mutter von den übrigen, weniger geliebten wahrgenommen wird, manchmal in winzigen Details, die jedoch ihr Unglück prägen.

Die Mutter wollte nichts hören. Sie hatte nur wiederholt, wie sehr sie bedaure, daß Marguerite sich auf eine falsche Karriere versteife.

Auf dem Sterbebett hatte sie nur nach der Anwesenheit ihres Ältesten verlangt. Er habe sie am besten verstanden, sagte sie, und am meisten geliebt. Er sei der intelligenteste, der feinfühligste, habe von allen dreien die stärkste »künstlerische« Veranlagung, sei reich an ungeahntem Zartgefühl.

Marguerite lächelt darüber. Sie stellt sich die letzten Augenblicke ihrer Mutter vor, wie sie sie vor vier Jahren in *Heiße Küste* beschrieben hatte: Tränen, Umarmungen, die Verschmelzung von Körpern, die an der Trennung verzweifeln. Sie wird erzählen, daß sie im Zimmer war und von ihnen nicht gesehen wurde.

Die Beerdigung soll am nächsten Tag stattfinden. Duras und Jarlot machen auf ihrer Reise Station in einem kleinen Hotel. Sie schlafen miteinander bis zum Morgengrauen, erholen sich kurz und fangen nach dem Aufwachen von neuem an. Dann fahren sie weiter.

Bei ihrer Ankunft nehmen sie ein Hotelzimmer am Ufer der Loire. Sie schlafen wieder miteinander. Und trinken, viel, ohne zu sprechen, beinahe erschrocken voreinander. Jarlot schlägt sie. Sie will diese vollkommene, ihrer Trauer so nahe Finsternis nicht verlassen. Schließlich geht sie zum Begräbnis. Alle warten auf sie, die Angestellten des Bestattungsinstituts, Dô und der alte Sohn der Toten. Die Schloßherrin ist noch nicht eingesargt. Marguerite küßt ihre Stirn. Pierre weint. Sie nicht. Sie denkt an Jarlot, der auf sie wartet.

Auf Verlangen von Pierre suchen sie anschließend an die Zeremonie den Notar auf, um die testamentarischen Verfügungen zu erfahren. Madame Donnadieus letzter Wille begünstigt ihren Sohn derart kraß, daß eine Annullierung denkbar ist. Doch Marguerite willigt ein, enterbt zu werden.

Das ganze Hab und Gut, die Immobilien, Möbel, Einrichtungsgegenstände, die Wäsche, das Geschirr – alles geht bei Pferderennen verloren. Ohne die gewohnte Zuflucht wird Pierre von nun an erbarmungslos wegsacken. Diesmal wird seine Schwester nichts tun, um ihm zu helfen. Sie wird auch keine Revanche nehmen. Nie wird sie darüber eine Zeile schreiben. Sie will das vergessen, den Ort inbegriffen, an dem er fünfzehn Jahre später nach dem Wunsch der Mutter an ihrer Seite begraben wird. Sie verliert die Erinnerung an den Friedhof irgendwo an der Loire. Aber das letzte Bild, das sie im Gedächtnis behält, ist »von unerträglicher Pracht«.[7] Es ist das Bild der beiden zusammen im Grab. »Nur sie beide.«[8]

Nach der Beerdigung von Madame Donnadieu bleiben Duras und Jarlot noch einige Tage in dem Hotel am Fluß. Sie schließen sich in ihrem Zimmer ein, verlassen es am späten Nachmittag, suchen nach geöffneten Cafés, kehren zurück und trinken weiter. Sie können sich nicht entschließen, diese Gegend zu verlassen. Die Versuchung, hier gemeinsam zu sterben, nimmt sie in Bann. Sie bedauern, daß sie sich nicht lieben. Sie werden also das Hotel in einer Art Schockzustand über das Erlebte verlassen. Sie wissen, daß es nie zurückkehren wird.

Der Liebeswahn dauert noch einige Monate an. Dann nimmt er ab. Jarlots fiebriger Sinnlichkeit genügt Duras nicht mehr. Er verläßt sie zunächst für Rita, eine intellektuelle Stripteasetänzerin. Und ist pausenlos für andere Frauen entflammt.

Auf die neuen Objekte der Begierde, meist schönere, jüngere Frauen, ist Marguerite Duras nicht eifersüchtig. Im Gegenteil, mit Interesse verfolgt sie das Spektakel der Liebe, die Wiederholung des immer gleichen Mechanismus. Zuerst die absolut unwiderstehliche Fatalität, die zwei Menschen zueinander stürzen läßt, jede weitere Erwägung mißachtend. Anschließend die Umkehrung der Dinge, wenn die Liebe sich erfüllt. Ohne Zweifel hofft Duras manchmal sogar, daß die Liebe schnell »vollbracht« wird, damit sie zusehen kann, wie sie ihrem Ende entgegengeht, anderswo hinzieht und sich niederläßt, wo sich die gleichen Emotionen, die gleichen Empfindungen, die gleichen Glücksgefühle und die gleichen Leiden von neuem ereignen werden. Die gleiche hingerissene Anziehung und die gleiche Niedergeschlagenheit angesichts der Trennung. Sie bemerkt, daß das Sterben einer Liebe schon das Entstehen derjenigen, die sie ersetzen wird, in sich birgt. Als würde eine »große unpersönliche Kraft«[9], die sich über die individuellen Absichten hinwegsetzt, durch die Paare gehen, sie eine Zeitlang mit Glück bestrahlen und dann fallenlassen. Weshalb sollte sie den von ihrem Liebhaber verführten Frauen grollen?

Obwohl sie Qualen leidet. Duras kennt sie alle, hält sie selber, die Diskurse zur Notwendigkeit der »vielfachen Erfahrung«[10], zur Trennung der Liebenden, die dem Versanden vorzuziehen sei. Ohne sich selbst zu belügen, akzeptiert sie das Scheitern eines Abenteuers. Genauso, wie sie die Sanktionierung des Alters hinnimmt. Das Ende einer Liebe zu erleben, interessiert sie beinah ebenso, wie ihr Vorspiel zu erleben. Um sie nicht der Unwürdigkeit preiszugeben. Aber nicht bei Jarlot: seine Unbeständigkeit zerreibt sie.

An diesem Punkt erfordert die Liebe in ihren Augen Vollkommenheit. Wäre sie doch da auf der Höhe ihrer nächsten Reinkarnation. Mit keinem anderen Ende als dem Tod.

Aber sie sind von dem Hotel am Ufer der Loire zurückgekehrt... Und Duras steckt in der Falle einer Liebe ohne Liebe, die besser ist als jede andere, weil sie dem Traum so nahekommt, und am schlimmsten von allen, weil sie sich jeder Möglichkeit widersetzt, sich von ihr zu lösen.

Vermutlich vor allem um ihr Zimmer zu verlassen und zu sehen, was draußen geschieht, sagt Duras eine lange Folge von Zeitungsartikeln zu. Ihr »erstes Kino« nennt sie das. Sie reklamiert ihren Platz in den aufkommenden anspruchsvollen

Massenzeitungen jener glanzvollen Jahre, in denen zahlreiche Artikel Lektionen im Schreiben erteilen. Die Frische der Unmittelbarkeit, die dem Elan des Bücherschreibens ähnelt, bevor man sich an die methodische Ausarbeitung und an die hartnäckige Suche nach dem Stil begibt, reizt sie. Sie strebt nicht mehr als vollkommen subjektive Meinungsfreiheit zu den unterschiedlichsten Themen an. In poetischen und subversiven »Eintagspapieren« bekennt sie ihre Zuneigung zu den Menschen und ihre bedingungslose Sympathie für alle Oppositionellen oder von der etablierten Macht Verurteilten – die *fellagha* in Algerien oder die Dissidenten im Osten. Freilich spricht sie nur noch im eigenen Namen.

Es gelüstet sie nach diesen Tribünen, die ihr jedesmal, wenn sie »das Draußen überschwemmt«[11], das Privileg bieten, ihre Empörung hinauszuschreien. Sie betreibt Journalismus, wie man einst ins *maquis* ging und sich der Résistance anschloß. Sie ist definitiv gewillt, die totalitären Gefahren zu bekämpfen, seien sie kolonialistisch, stalinistisch oder gaullistisch. Daß de Gaulle, der Mann mit der »eisernen Verachtung«, an die Macht zurückgekehrt ist, kann sie förmlich wahnsinnig machen. Sie arbeitet bei der von Dionys Mascolo und Jean Schuster mit Unterstützung von Maurice Blanchot gegründeten Zeitschrift *Le 14 juillet* mit. Dort sind die Vertrauten aus der Zeit der Rue Saint-Benoît wieder beisammen, um auf die Gefahr der personifizierten Macht des Generals hinzuweisen: »der Putsch von '58 (...), die Nacht, die über das Denken einbricht«.[12] Von dem entschiedenen Engagement der Freunde hält sich Duras etwas fern. Nie ist sie die Hauptperson der mehr oder weniger kurzlebigen Komitees, die sie nacheinander gründen: das Intellektuellenkomitee gegen die Fortsetzung des Krieges in Algerien – das die Rue Saint-Benoît der von André Breton geleiteten Surrealistengruppe annähert –, dann das Komitee der revolutionären Intellektuellen – an dem Georges Bataille mitwirkt, ehe er sich endgültig aus der Öffentlichkeit zurückzieht. Duras kehrt als Einzelkämpferin in die Straßenschlacht zurück. Sie geißelt das Untolerierbare dort, wo es bei allgemeiner Gleichgültigkeit grassiert: in den polizeilichen Verfolgungen von »Aussehensdelikten«, den Armengerichten, dem Amtsmißbrauch der Verwaltungen...

Diese Schlaglichter zu den Problemen des täglichen Lebens, meist in flottem Ton verfaßte Revolten, vertraut sie *France-Observateur* an, der seine Spalten für die »Spontaneität ihrer Intuition« öffnet und mit ihrer Vorliebe für die Marginalisierten, ihre zärtliche Familie, sympathisiert. Vom amourösen Diskurs abgesehen, der sicher nicht auf die ungeteilte Zustimmung aller Leser trifft, nimmt *France-Observateur* die »Schreibscherben«[13], die in diesen Texten funkeln, gerne an. Zwischen den analytischen Arbeiten von Gilles Martinet und den Leitartikeln von Claude Bourdet unterzeichnet Marguerite Duras ein Interview mit Germaine Roussel, einer zweiundfünfzig Jahre alten Metallarbeiterin, die Analphabetin geblieben ist; oder ein Interview mit einem siebenjährigen Klassenbesten, Pierre, den sie zur Welt und zu seiner Welt befragt; oder eines mit der Frau eines Mannes, André Berthaud, der sich umbrachte, nachdem er wegen der Ermordung eines zwölfjährigen Mädchens, Nadine, die er über alles liebte, verhaftet worden war... Sie veröffentlicht auch Artikel in Form von Notizen oder Novellen über Paris im August, die Pferderennen in Deauville, die Schlachthöfe in La Villette und über Straßenszenen... Über andere Schriftsteller schreibt sie selten, dann jedoch einprägsame und aufsehenerregende Texte. Sie setzt sich dem »Stier« Georges Bataille aus, um auf ihre Weise die Bewunderung auszudrücken, die sie für den Autoren von *Madame Edwarda* empfindet: »Edwarda betritt die Bühne eines der größten Texte der zeitgenössischen Literatur, sie streckt die Zunge heraus und ist nackt...« Oder: »Die Abwesenheit von ›Stil‹ in *Blau des Himmels* ist hinreißend. Als verfüge der Autor über keinerlei literarisches Gedächtnis: die Kritik hat hier keinen Bürgen. Wie kann man derart ›nichtschreiben‹?«[14] Überraschender kommt ihr überschwengliches Lob Sartres, an dem sie sonst vor jedem, der es hören mag, kein gutes Haar läßt. Seine letzten Texte über das venezianische 16. Jahrhundert – und besonders zu Tintoretto – haben sie vorläufig mit ihm versöhnt: »Man kommt nicht umhin,

von der historischen, lyrischen Erregung erschüttert zu sein
(...) Sartre hat sich jetzt sich selbst zugewandt, er hat hinter
sich Sartre gesehen ... Und schließlich, alles in allem, schreibt
er über Tintoretto.«[15]

Duras' Auswahl von Themen geschieht nie zufällig, insofern sie alle nahezu unabhängig von ihrem Willen stark in ihr
widerhallen. Mit den bearbeiteten Stoffen will sie nicht Rechnungen begleichen, Klarstellungen vornehmen oder Meinungen stützen. Ihre Artikel gleichen im Grunde ihren Büchern.
Was ihre Aufmerksamkeit erregt, darüber schreibt sie, wie es
ihr kommt. Sie erzählt, ohne sich über mögliche Schlußfolge-
rungen Gedanken zu machen. Ihre Texte sind nur meistens
von jener »zweifelhaften« Moral geprägt, deren sie sich
rühmt, das heißt einer Moral, die bedeutet: »an der Moral der
anderen zweifeln.«[16]

Sie vertraut sich selbst und irrt sich gelegentlich. Sie kann
sowohl umstandslos große Worte von sich geben, wie sie auch
ein Ereignis, das sie frontal getroffen hat, lange reifen läßt
und monatelang abwartet, bis sie etwas schreibt.

Das gilt zum Beispiel für eine mehr als drei Jahre zurückliegende ungewöhnliche Tat, die sie stark beeindruckt hat und
an die sie immer wieder denkt, ohne sich dazu zu rühren:
1954 hatten zwei pensionierte Eisenbahner, unauffällige
Leute, ihre behinderte Kusine ermordet, nachdem sie ein
Vierteljahrhundert lang scheinbar problemlos mit ihr zusammengelebt hatten. Sie hatten den Körper zerstückelt und die
einzelnen Teile anschließend in alle Himmelsrichtungen zer-
streut, indem sie sie von einer Gleisüberführung aus in Güter-
züge warfen. Die Polizei war dem Rätsel auf die Spur gekommen: es hatte genügt, auf dem Fahrplan den Punkt
auszumachen, an dem die Strecken der Züge, die die Leichen-
stücke in alle Ecken Frankreichs befördert hatten, sich ge-
schnitten hatten. Das festgenommene Paar war unfähig, irgendein Motiv anzugeben. Unfähig vor allem zu sagen, was
aus dem Kopf ihres Opfers geworden war. Dazu waren die Ermittlungen ergebnislos geblieben.

Auf Duras hat die Geschichte so eine nachhaltige Wirkung,

daß sie praktisch zeit ihres Lebens davon verfolgt wird. 1960 macht sie daraus ihr erstes Theaterstück, *Die Viadukte*. Sieben Jahre später arbeitet sie es zu einem neuen Stück um und im darauffolgenden Jahr erneut, was sie über die erste Fassung hinwegtröstet, die sie für mißlungen hält.

Blutige Geschehen, Verbrechen und Prozesse faszinieren sie generell. Ja, nichts interessiert sie stärker. Allerdings behauptet sie, in ihren Artikeln über diese Fragen zu erzählen, nicht sie zu »behandeln«. Stets auf der Seite der Kühnheit, der Unbesonnenheit, des Wahns der Taten. Und gegen die Stupidität derjenigen, die »sich anschicken, darüber, über die Natur nämlich, zu urteilen, als ob sie über Gewitter, über Feuer urteilen würden«.[17]

Allmählich wird sie zu der Person, die sie gern sein möchte und die sie lange verfehlt hat: jemand, der offen dagegen ist. Noch geht sie aber bedeckt vor. Sie verpackt ihre Offensiven – ein Reflex der alteingeprägten Angst. Sie ist beispielsweise gegen die Guillotine. Und gibt es mittels einer Unterhaltung im Bistro zu verstehen, in der sie karikierte Figuren sprechen läßt. Ohne sich offen gegen die Todesstrafe aufzulehnen. Ebensowenig erhebt sie die Stimme, um ihren bereits fest verankerten Feminismus zu bekunden. Warum zeigt sich Duras, eine Frau, die aufgrund ihrer ausgeprägten Neigung für Prostituierte, Wahnsinnige und Verbrecher zu den für die damalige Zeit unpopulärsten Kühnheiten imstande ist, bei diesem eher harmlosen Thema so kleinmütig? Diese intime Revolte teilt sie an den Orten, wo sie Gehör fände, nicht mit, weder im *France-Observateur* noch in *La cigue*, noch – warum nicht? – in der ihr nahestehenden Zeitschrift *Le 14 juillet*. Sondern in *Constellation* und hinter dem Deckmantel eines Pseudonyms. In dieser zweiwöchentlich erscheinenden, honorigen Zeitschrift tritt Marguerite Duras-La Pasionaria hinter Marie-Josèphe Legrand-die Gezierte zurück, um die manieriertesten Seiten der Zeitung zu unterschreiben. Derart diskret schließt sie sich der Redaktion an, daß keiner der Journalisten, unter denen sie enge Bekannte zählt, jemals von ihrer Mitarbeit erfahren wird.

Marie-Josèphe Legrand beschwert sich also über die Männer. Sie klagt über die Situation der Ehefrau, die einem egoistischen, für die Verdienste seiner Frau indifferenten Mann ausgesetzt ist, der keine Ahnung von den Leiden hat, die er sie unter dem Mantel des ehelichen Glücks ertragen läßt. Ist das Martyrium der Ehegattin, die ihre Urlaube mit den Kindern an tödlich langweiligen Stränden verbringen muß, während sich der in der Stadt gebliebene Mann an seinem Arbeitsplatz vergnügt, hinreichend bekannt? ... Ahnt man, wie sehr die kleinen, scheinbar harmlosen Lügen zwischen den Eheleuten das gegenseitige Vertrauen des Paars zu zerstören drohen und die Ehe gefährden? ... Beim Lesen stellt man sich eine ganz und gar traditionelle Ehefrau vor, die es müde ist, ständig perfekt sein zu müssen, die mit gepflegter Hand ihre Perlenkette streichelt und doch, sofern sich ihr Mann ein bißchen Mühe gibt, ausschließlich danach strebt, noch besser zu werden.

Sobald Duras zum Buch zurückkehrt, veröffentlicht sie in den Zeitungen nichts mehr. Die Artikel füllen nur die Leerzeiten aus. Ansonsten weiß sie so gut wie nichts vom öffentlichen Leben. Sie liest die Presse nicht mehr. Die Beschäftigung mit der äußeren Welt ist mit der Welt des Buches, einmal darin eingedrungen, unvereinbar. Trotz des Anscheins von gesellschaftlichem Leben entfremdet sie sich von der kämpferischen Unruhe um sie herum. Plötzlich kommt sie nicht mehr mit, versteht nicht mehr, hört nicht mehr zu. Als eines Tages eine Tischgesellschaft von Freunden das Manifest der 121[18] und die algerische Frage kommentiert, für die sie sich lange interessiert hat, kehrt Duras gereizt an ihre Arbeit zurück: »Also, wenn ihr jetzt über Allgemeinplätze reden wollt, dann gehe ich lieber!«

Zwischen 1954 und 1958 schreibt sie viel, veröffentlicht aber nur *Im Park*, das wenig Beachtung findet. Ihr fehlt Geld, um sorglos leben zu können. Ein Besuch von Alain Resnais und der Auftrag zu einem Drehbuch kommen wie gerufen. Ihm gefällt das Szenario nicht, das ein Unbekannter für einen japanisch-französischen Film zum Drama von Hiroshima geschrieben hat. Resnais, der sich auf seinen gerade erzielten Erfolg mit *Nacht und Nebel* stützt, wünscht sich einen Autor aus der Literaturszene. Die Produzenten haben zunächst bei Françoise Sagan und Simone de Beauvoir vorgefühlt und schließlich beide abgelehnt. Die Wahl fällt nun auf Marguerite Duras. Resnais, der sie bewundert, freut sich, ihr die Bearbeitung des Textes vorschlagen zu können. Der Vertrag hat eine einzige Klausel: einen japanischen Schauspieler und eine französische Schauspielerin einzuplanen.

Die Übung begeistert Duras zunächst nicht. Den Ursprungstext findet sie bleiern. Sie sagt Resnais: »Vielleicht kann man einen Teil der Geschichte behalten.« Später: »Ich sehe nicht, wie man die Geschichte behalten kann.« Für eine Million alte Francs soll das Drehbuch vollkommen neu geschrieben werden. Was auch immer aus dem Film wird. Niemand rät ihr, sich an den Einnahmen beteiligen zu lassen. Die Gepflogenheiten des Filmmilieus kennt sie nicht, und »alles in allem« ist die Million willkommen, um in Urlaub zu fahren.

»Ich werde Ihnen etwas machen«, verspricht sie Resnais. Nach zwei Wochen liefert sie ihm einen Text – das detaillierte Exposé von *Hiroshima mon amour*. Dieses »Etwas« sichert ihr bald weltweiten Ruhm.

Und doch hatte sie zehn Tage lang aufgeben wollen und sich eingeredet, zu einem Film über Hiroshima unfähig zu sein. Sie biß sich an ihrem ersten Satz fest, der ihr nicht mehr aus dem Kopf ging: »Nichts hast du in Hiroshima gesehen.« Resnais hatte ihr Dokumente aus Japan mitgebracht. Sie hatte an diesen Bildern gearbeitet und begriffen, daß sie nie etwas sehen, nie etwas schreiben, nie etwas über dieses Ereignis sagen könnte. Trotz der Ausstellungen, der Zeugenaussagen, der übergenauen Dokumentationen, trotz aller Anstrengungen, sie vor dem Vergessen zu bewahren, blieb es unmöglich, diese Vergangenheit zu restituieren, tatsächlich zu verstehen und wiederaufleben zu lassen. Hiroshima, dieses zentrale Ereignis in der Geschichte der Menschheit, war fortan außer über eine pathetische, beinah »satirische« Geschichtsrekonstruktion unzugänglich.

Von dieser Möglichkeit ging sie aus, um sich den Film vorzustellen. Sie wollte Schluß machen »mit der Schilderung des Entsetzlichen durch das Entsetzliche«.[19] Die kollektiven Tragödien schienen ihr schließlich den persönlichen zu ähneln, die ein Leben prägen. Die gleiche Illusion, die Erinnerung intakt zu halten, und letztlich der gleiche Sieg des Vergessens. Kein noch so entschlossenes Wollen kann das verhindern. Ob es sich um Hiroshima oder um den Tod einer Liebe handelt, die Erinnerung, die man am Ende noch davon behält, ist nur noch die Erinnerung an das Vergessen. In dieses Licht gerückt glaubt Duras, etwas schreiben zu können.

Und so entsteht *Hiroshima mon amour*. Eine Französin und ein Japaner lieben sich in aller Freiheit. Eine Geschichte intensiver sexueller Emotion zwischen zwei zeitweiligen Geliebten, die banal wäre, umarmten sie sich nicht »an einem der Orte in der Welt, an dem die Liebe am schwersten vorstellbar ist.« Aber in Hiroshima ist das Leben weitergegangen. Blumen wachsen. Die Menschen eilen zur Arbeit. Der Boden von Hiroshima ist von der Vergangenheit gewaschen. Man sieht dort den Mord an zweihunderttausend Menschen wieder, wenn man es will. Das Gedächtnis wirkt fakultativ.

Diese beiden Menschen mit den Namen ›Er‹ und ›Sie‹ lieben sich in Hiroshima genauso, wie ›Sie‹ während der Besatzung einmal einen Deutschen geliebt hatte. ›Sie‹ war siebzehn. Es geschah in Nevers, an der Loire, Hiroshima-Nevers. Die Geschichte von heute, strahlend und in ihrer Berechtigung stolz, rächt die schuldhafte, mit Schande bedeckte gestrige, die sie wieder lebendig macht. Aber das Desaster von Hiroshima und der Bankrott von Nevers entsprechen einander genau.

Resnais und Jarlot kontrollieren während der Redaktion regelmäßig den Text. Mal »sehen« sie, mal sehen sie nicht. In dem Fall bemüht sich Duras, sich verständlich zu machen. Bereitwillig nimmt sie ihre Kritiken an, die sie als »anspruchsvoll, scharfsichtig« schätzt, weil sie um ihren Nutzen weiß. Sie mißtraut sich selbst: bei diesem Thema könnte sie leicht abdriften.

Bis zu den Dreharbeiten fügt Duras dem Szenario neue Passagen hinzu. Gäbe es nicht den Zwang des Abgabetermins, würde sie damit nicht aufhören. Sie hat das Bedürfnis, die Nevers-Episode auszubauen, zu ergründen, was sich dahinter verbirgt. Die dazu angefügten Seiten tragen einen Untertitel: »Gewißheiten zur Nacht.« Ihr imaginäres Nevers, in dem sie behauptet, geboren zu sein, weitet sich unendlich, »nach den Maßen der Liebe selbst«[20], zur Metropole aus. Und stößt auf seinen Vorort Hiroshima. Von schlammigen Ufern gesäumt, fließt die Loire durch die Stadt. Der Fluß steigt zusammen mit der Pazifikflut.

Beide Geschichten verschmelzen ähnlich wie die Körper der Liebenden. Hiroshima-Nevers. Never more. Duras meint, sie in demselben fruchtbaren Vergessen zu begraben, das es am Leben erhalten könnte.

Die ausgewählte Schauspielerin heißt Emmanuelle Riva. Ein Foto von ihr in einem karierten Faltenrock überzeugt Duras davon, ihr die Rolle der Französin anzuvertrauen. Sie trifft sich mit ihr, um darüber zu reden: »Sie ist eher bezaubernd als schön... Mehr als andere Frauen ist sie ›verliebt in die Liebe selber‹.«[21] »Sie weiß, man stirbt nicht an der Liebe. Sie hat im Lauf ihres Lebens eine großartige Gelegenheit gehabt, an der Liebe zu sterben. Sie ist nicht gestorben in Nevers. Seitdem und bis zu jenem Tag in Hiroshima, an dem sie dem Japaner begegnet, schleppt sie in sich, mit sich die sehnsüchtige Erwartung eines, dem auf Bewährung eine einzige Chance blieb, über sein Geschick zu entscheiden... Das wurde bestimmend für ihr Leben, dieses Versagen, (...) nicht an Liebe (gestorben zu sein)... Was sie dem Japaner erzählt, das ist jene Chance, die ihr, eben da sie sie verlor, das Gepräge gab (...) Sich preisgeben mit Leib und Seele, das ist es (...) Der Gleichwert (...) für eine Hochzeit... Sie gibt diesem Japaner – in Hiroshima – preis, was ihr am teuersten ist auf der Welt, ihren ihr eigenen Ausdruck, ihr Überleben, in Nevers, über den Tod ihrer Liebe hinaus.«[22]

Duras erzählt, ohne den tiefen, persönlichen Sinn des Gesagten zu enthüllen. Riva weint. Sie vergißt darüber, daß sie den Film drehen soll. Duras ist entzückt. So wird die Schau-

1 Mit ihrer Mutter, um 1932

2 Marguerite Duras und Robert Antelme, 1952

3 In ihrer Wohnung in der Rue Saint-Benoît, 1955

4 Marguerite Duras und Yann Andréa
in der Nähe von Le Havre, 1981

5 Marguerite Duras und François Mitterrand
im Élysée-Palast, 1986

6 Anläßlich des Prix Goncourt für
L'Amant (Der Liebhaber), 1984

encore au visage. Et puis ils se
ferment.

Ils se ferment.

Vous avez tout regardé. A
votre tour enfin vous fermez les
yeux. Vous restez ainsi longtemps
les yeux fermés, comme elle.

~~Vous croyez que vous êtes sans~~
~~pensée aucune parce que~~ Vous
pensez au-dehors de la chambre,
aux rues de la ville, à ~~cette~~ petite
~~place écartée où vous tournez en~~
~~rond tous ensemble dans le noir~~
~~à vous guetter, à jouer le jeu sté-~~
~~rile et vain de la parodie de la~~
~~mort.~~

Vous écoutez la mer. Elle est
très près des murs de la chambre.
A travers les fenêtres, toujours
cette lumière décolorée, cette len-
teur du jour à gagner le ciel, tou-

41

place écartée du côté de la gare.

Et puis ... vous écoutez la mer.

7 Fahnen von *Die Krankheit Tod* mit
handschriftlichen Korrekturen Marguerite Duras'

8 Auf der Terrasse des Hotels Les Roches Noires,
Trouville, 1988

spielerin, unter der Wirkung ihrer Begegnung mit der Schriftstellerin, ihre Rolle spielen, mit »einem selbstvergessenen Blick«.[23] Einem Blick, der nichts betont.

Als Marguerite Duras ihre Geschichte auf der Leinwand liest, ist sie verblüfft, »wiederzuerkennen«, was sie geschrieben hat: »Ich glaubte nicht, daß es möglich wäre, ein mentales Bild zu sehen«, sagt sie. Nunmehr ist sie der Meinung, daß dieser Film, der sie lebenslänglich hätte reich machen können und ihr nichts einbrachte, ihr voll und ganz gehört.

Zu diesem Zeitpunkt verläßt Jarlot sie. Und Duras gelingt es nicht, die Trennung zu überwinden. Sie glaubt, es nie schaffen zu können. Ihre konsternierte Umgebung versucht sie zu trösten, abzulenken, auf Reisen mitzunehmen. Zwecklos: sie findet keinen Geschmack mehr am Leben.

Trotz ihrer Skrupel gegenüber Outa »rastet« sie jetzt »aus«. Die über alle Maßen nachgiebige Mutter läßt auf einmal bei Nichtigkeiten Strenge walten. Um ihrem Sohn etwas Fügsamkeit abzuringen, greift sie derart abrupt und unsystematisch ein, daß das Haus von heftigen Szenen erschüttert wird. Am schlimmsten ist es bei den Klavierstunden. Outas Rebellion vor der Klaviatur ist die einzige, die Duras unter keinen Umständen hinnehmen will. Die Ablehnung des Klaviers empfindet sie als Großangriff auf etwas Heiliges. Sie selbst findet sich schwer damit ab, es aufgegeben zu haben. Sie sieht darin ein Versagen, das vom Schreiben eben noch kompensiert wird. Sie zwingt ihren Sohn zur Musik, wie andere ihre Kinder zum Beten zwingen. Sein hartnäckiges Vergessen der Lektionen macht sie rasend. Sie schraubt ihn förmlich an den Klavierhocker fest.

Die Formen ihrer Ratlosigkeit zu dieser Zeit besorgen Dionys so sehr, daß er sich an seine stets besonnenen Freunde wendet: Robert und Monique Antelme, Elio und Ginetta Vittorini sollen ihm helfen, Outa vor dem unangenehmen familiären Klima zu schützen. Alle raten zum Internat. Duras beugt sich der kollektiven Entscheidung. Bis ins Jugendalter wird ihr Sohn fern von ihr bleiben und daraus seinen Groll nähren.

Outas Auszug aus der Rue Saint-Benoît läutet das Ende der ausdauernden Zwietracht seiner Eltern ein. Sie teilen weiter die Wohnung, obwohl eine neue Frau, die reizende Slawin Solange, in Dionys' Leben getreten ist. Duras selber überläßt sich, niedergeschmettert von diesen tiefgreifenden Veränderungen, der Psychoanalyse. Sie stellt sogar den Sinn ihrer Bücher in Frage. Soll sie weitermachen? Der Analytiker hört ihr zu, deutet sie und bricht die Behandlung ab: »Sie haben hier nichts zu suchen. Ihre Lösung ist das Schreiben.«

Das Buch, das wie selbstverständlich aus ihrer Feder entsteht, *Moderato Cantabile*, berichtet unter dem »gemäßigt liedhaften« Titel das zerstörerische Abenteuer mit Jarlot. Aus Schamhaftigkeit entzieht es Duras einem allzu grellen Licht. Sie ist bemüht, sich selbst im Verborgenen zu halten. Sie errichtet Mauern um diese brennende Erfahrung. Sie habe sie »mit Spiegeln umgeben«, sagt sie. Je mehr Gewalt in der Tiefe schlummert, desto mehr Strenge wendet sie für die Form auf.

Zum ersten Mal arbeitet sie mit der kalkulierten Absicht, aus einer Geschichte nur ihren Rohbau zu behalten. Sie achtet darauf, sie nicht mit bildhaften Erzählungen zu beschweren oder zu füllen. Sozusagen keine Literatur mehr zu machen. Sie verwirft jede beredte Gewandtheit zugunsten eines Stils, »der nicht spricht«, zugunsten einer Struktur, die das Buch offen läßt. In dem von ihr geschaffenen Rahmen kann der Leser sein eigenes Buch unterbringen.

Mit *Moderato Cantabile* vollzieht sie eine entscheidende Wende. Eine »Wende zur Aufrichtigkeit«[24], erklärt sie. Von nun an wird zwischen Duras und dem Buch ein neues Verhältnis eingeführt. Früher erzählte sie von sich in der Vergangenheit. Jetzt spricht sie von sich gleichsam »life«, und das Buch zeigt Duras beim Schreiben des Buches. Von *Moderato Cantabile* an setzt sie sich jener Gefahr des Schreibens aus, die sie bislang nur undeutlich erahnt hatte: hinter »derjenigen, die schreibt«, vollkommen zurückzutreten. Außerhalb des Krisenzustandes gedeiht das Buch nicht. Jetzt wird sie jedesmal zögern, ehe sie sich hineinbegibt.

Das Schreiben, das leicht, präzise, sorgfältig war, solange

sie sich um den Stil nicht kümmerte, wird jetzt, wo sie sich ihm unterordnet, inspiriert und glorreich. Der Bruch hätte das Einvernehmen mit den Lesern zerstören können. Das Gegenteil tritt ein. Sie »schlüpfen« immer zahlreicher in ihre Bücher. Fünfhunderttausend Exemplare von *Moderato Cantabile* werden in einer Rekordzeit verkauft. Das Werk gehört zu den weltweit am meisten kommentierten.

Mit *Moderato* geht für Duras eine Epoche zu Ende. Die vorherigen Bücher werden ihr derart fremd, daß sie sie beinahe verleugnen möchte. Mit der Marginalität, auf die sie verweist, und mit der nicht weiter vermittelbaren Begeisterung sperrt sich die Schriftstellerin. Viele, die sie bislang verstehen konnten, erkennen sie nicht wieder. Spöttisch betrachten sie das Phänomen Duras als Ausdruck des Zusammenbruchs einer literarischen Kunst und vielleicht einer Zivilisation. Beweis: mit *Moderato* zieht Duras beim Verlag Éditions de Minuit ein, der im Ruf des intellektuellen, avantgardistischen Verlags schlechthin steht. Er ist der Tempel der Stars des *nouveau roman*, der Helden der unmöglichen Kommunikation: Alain Robbe-Grillet, Michel Butor, Nathalie Sarraute, Philippe Sollers... In demselben Jahr, in dem *Moderato* erscheint, erhält Butor den Renaudot-Preis für *La modification*. Das elitäre Prestige der Meisterdenker dieser Schule, die en vogue ist, ändert nichts daran, daß es Duras verärgert, mit ihnen gleichgesetzt zu werden. Selbstredend verwirft sie jede Zugehörigkeit. Das Prinzip einer Mode beim Schreiben kann sie nicht nachvollziehen. Die Schriftsteller des *nouveau roman*, im übrigen gute Freunde, nennt sie »Geschäftsleute«. Allein Nathalie Sarraute – die Autorin der *Tropismen*, des Elementaren, des Nebensächlichen –, die mit ihr an Ruhm rivalisiert, findet etwas widerwillig Gnade in ihren Augen. Die beiden Frauen werden viel miteinander verkehren. Unter der Wirkung von *Hiroshima mon amour* und *Moderato Cantabile* wird Duras in die Jury des Médicis-Preises gewählt. Sie fühlt sich geehrt, an diesem »wichtigsten französischen Preis« beteiligt zu sein, und vor allem befriedigt sie die Revanche für den vor zehn Jahren verweigerten Goncourt-

Preis. Nathalie Sarraute ist ebenfalls Mitglied der Jury. Sieben Jahre später werden sie gemeinsam das Weite suchen. Und sich in der Folge entzweien.

Das Kino reklamiert *Moderato* für sich. Der von Peter Brook mit Jeanne Moreau und Jean-Paul Belmondo gedrehte Film wird in Cannes begeistert aufgenommen und erhält den Preis für die besten weibliche Darstellerin. Duras aber mag ihn nicht. Sie findet ihn »triefend«, sie meint, daß Peter Brook »das Thema verfehlt« hat. Alle Übertragungen von Szenen aus ihren Büchern bringen sie zum Verzweifeln. Sie findet sie grell, furchtbar vulgär. Sie bedauert auch das Drehbuch, das sie, nach ihrer Trennung, in Zusammenarbeit mit Jarlot geschrieben hat: »Schlecht, falsch!« Jarlot ist mit Bedacht an der Oberfläche des Textes geblieben, als habe er Angst davor gehabt, sich zu sehr hineinzubegeben. Der Gedanke, den Mann, der dieses Buch so heftig inspiriert hat, dazu zu bringen, den Stoff gemeinsam mit ihr zu bearbeiten und seine Gefühle dabei aus nächster Nähe preiszugeben, hatte etwas Diabolisches, das ganz und gar die Unterschrift von Duras verrät. Aber auch hier hat ihr ehemaliger Geliebter es vorgezogen, die Geschichte abzukürzen.

1961 sollte die nächste gemeinsame Erfahrung mit *Une aussi longue absence* besser gelingen. Denn Jarlot widmet sich jetzt uneingeschränkt der Arbeit. Ein Herzinfarkt zwingt ihn zu einem Leben ohne Rauchen, ohne Trinken und ohne Frauen. Er nutzt die Pause, um ein vor mehreren Jahren begonnenes Buch zu Ende zu schreiben, *Le chat qui aboie*. Dank der Unterstützung von Duras, die von seinem schriftstellerischen Talent ehrlich überzeugt ist, erhält er den Médicis-Preis. »Ein Männerbuch«, behauptet sie.

Mit der Zeit hatte sie allmählich gelernt, weniger unter der Trennung von Jarlot zu leiden. Sie glaubt jetzt den Ausweg aus der Fatalität der Anziehung gefunden zu haben, die zwei Menschen unwiderstehlich zueinander führt: »Dieses Leiden kann erträglich sein, man muß es selbst auslösen«, sagt die verlassene Frau in ihrem folgenden Buch *Im Sommer abends um halbelf*. Hier verleiht sie ihrer Doppelgängerin Maria die

Kraft, den Schiffbruch ihrer Beziehung dadurch zu überwinden, daß sie eine zwischen ihrem Mann und einer anderen Frau aufkommende Leidenschaft begünstigt. »Den Dingen zusehen« bedeutet dort zu sein, wo auch die Liebe ist.

Nach so zahlreichen Anstürmen von Männern und beinah ebenso vielen Enttäuschungen erwartet Duras allmählich nichts mehr von ihnen, was sie nicht geben können. Sie empfindet einen Geruch des Versagens, der sich über ihr Leben ausbreitet. In *Hiroshima* schrieb sie: »Der Tag bricht für niemanden mehr an. Nie. Endlich.« Diese Ruhe hat sie noch nicht erreicht, Gérard Jarlot hat ihr nicht den erwarteten Frieden geschenkt. Er hat sie nicht von der Liebe zu einem Bruder befreit, die die endlose Agonie in ihr fortsetzt. Er ließ sie aber in schmerzhafter Deutlichkeit sehen, daß »keine Liebe der Welt die Liebe ersetzen kann«.[25] Und daß die totale, vollkommene, grenzenlose Liebe, die sie idealisiert, kein Gesicht hat. Kein Objekt. Sie ist das Paradies des Todes.

Nunmehr und für alle Zeiten beruhigt, läßt sich Duras in diesem Paradies nieder. Schreiben und Leben verschmelzen miteinander. Beinah monoton verrinnt die Zeit, auf diese Monomanie, diese »Monovie« zentriert. Sie schreitet in einer Art »ozeanischer Dauer«[26] voran, aus der allein Bücher hervortreten. Ob friedlich oder gewalttätig, alle übrigen Ereignisse gehören zum Gewöhnlichen des Lebens.

Duras bewegt sich praktisch nicht fort, reist nicht und erwartet nichts mehr von männlichen Zufallsbekanntschaften. Schreiben ersetzt alles.

Die Geschichten, die sie leben, die Figuren, die sie schaffen wird, sind für sie wirklicher als jene aus der Welt der Lebenden. Wirklicher als sie. Die Frau, die in den sechziger Jahren an die zwanzig Titel schreibt und zur gefeierten oder auch verunglimpften Schriftstellerin wird, jedenfalls zu einem der Leuchttürme, zu einer der »Stimmen« der französischen Gesellschaft, ist von dieser tatsächlich abwesend. Nur gelegentlich streift sie herum wie ein Geist.

XIV.
Eine dürre Einsamkeit

Duras schafft Leere um sich. Mühelos entfernen sich ihre Gefährten von ihr, aus Verdruß über das fanatische Interesse, das sie ihrem Werk widmet, und über die vorbehaltlosen Zustimmungen, die sie von ihnen verlangt. Dionys Mascolo hat an die Berufung zur Schriftstellerin nie geglaubt. Nach seiner Überzeugung ist »Marguerite Duras« die späte Schöpfung einer Frau mit einer starken Persönlichkeit, die, von paranoidem Machtwillen geleitet, im Schreiben die Möglichkeit gefunden hat, ihr fanatisches Bedürfnis nach »Über-le-gen-heit« zum Ausdruck zu bringen. Robert Antelme, der seinerseits in Duras eine geniale Schriftstellerin sieht, wünschte sie sich skrupelhafter, dichter an der Außergewöhnlichkeit, die er ihr zuerkennt. Er findet, daß ihre Bücher ihren besonderen Wert nicht vollends widerspiegeln. Außerdem ist sie seiner Meinung nach zu sehr »Schreiberling«, wobei er besonders bedauert, daß sie sich mit Zeitungsartikeln abgibt und sich weigert, dieses Genre als minderwertig zu betrachten. Und besorgt sieht er zu, wie sie in ein gefährlich egozentrisches »Leben im Asyl« flüchtet.

Das erloschene Interesse erträgt sie schlecht. Hörte man auf die beiden, taugten die meisten ihrer Manuskripte wohl nur für den Papierkorb. Bei Dionys Mascolo macht sie den Neid des glücklosen Schriftstellers aus; alle verdächtigt sie einer getarnten Frauenfeindlichkeit, die ihr unerträglich wird. »Wenn etwas eine Frau interessiert, redet niemand mit ihr darüber. Ich habe elf Jahre lang geschrieben, ohne je gefragt zu werden, was ich schrieb, wie ich vorankam. Niemals! Ich hatte Lust zu sagen, das ich das mochte, was ich tue, ohne es groß anzukündigen, ohne die Trommel zu rühren. Ohne zu rufen... Sobald ich Leser hatte, bin ich gerettet gewesen.«[1]

Marguerite Duras nähert sich ihrem fünfzigsten Geburtstag mit dem Gefühl, sich als Blinde auf einem von anderen vorgezeichneten Weg bewegt zu haben. Über ihr Leben nie bestimmt zu haben, keines gehabt zu haben. Nur sinnlos gewartet und im Schatten ihrer selbst gelebt zu haben. Distanzierte, ängstliche Bücher geschrieben zu haben.

Die Fügsamkeit, die sie bislang bezeugt hat, konsterniert sie jetzt: »Ich frage mich, wie ich so viel Nettigkeit, so viel Fürsorge, tiefe Zuneigung, Beschütztwerden, so viel Bemitleiden, so viel Einschläferung und all die vielen, vielen Ratschläge ertragen habe, wieso ich dort, bei ihnen, bleiben konnte, ohne jemals zu fliehen. Wieso ich nicht daran gestorben bin. Alle Ferien mit ihnen zusammen, mit demselben Mann, denselben Männern, jeden Sommer, jeden Sommerabend, mit ihnen, mit demselben, denselben, die Liebe, die Reisen, der Schlaf, die Musik, Jahr um Jahr eingeschlossen mit demselben, denselben. Der Schmerz, die quälenden Treuebrüche, ohne ein Morgen, die Überwachung, der Schmerz, daß ich laut hätte schreien mögen, schweigend ertragen, und warum, warum? (...) Ein vergeudetes, verkümmertes Leben.«[2]

Nicht das Bedürfnis, besser erkannt zu werden, bringt sie dazu, diese ganze »Falschheit« zu zerschmettern; es ist ein unwiderstehlicher Reiz, eine amouröse Leidenschaft für das Unbekannte, das in ihr lebt und dessen Geheimnis sie begreifen möchte, um es verborgen zu halten.

Es beginnt also die Zeit der Bücher der tatsächlichen Einsamkeit. Männer kommen darin nicht vor, höchstens als vorübergehende Erscheinungen. Das zu schaffende Werk setzt den vollen Besitz ihrer Freiheit voraus. Nicht mehr mit einer Liaison vorliebnehmen, noch weniger mit jemandem zusammenziehen, jenes »Unglück, zu zweit zu bleiben«, das jedes Abenteuer des Geistes verhindert. Vorbei ist die Abhängigkeit, und weg ist auch die Zuflucht. Egal. Sie will ein Leben ohne Dissonanzen zwischen dem, was sie ist, und dem, was sie tut.

Wozu sich belügen? Niemand fesselt sie so sehr wie sie selbst und nichts so sehr wie die Welt, die sie bewohnt. Sie akzeptiert sich so, wie sie ist. Ohne sich wirklich zu lieben, bevorzugt sie doch sich selbst. »Was mich bewegt, bin ich selbst, was mich zu Tränen rührt, das ist meine Heftigkeit, das bin ich.«[3] Marguerite Duras erträgt es nicht mehr, sich ablenken zu lassen. Sie kann sich selbst nicht länger aus dem Weg gehen, wie sie es ausdrückt.

Je älter sie wird, desto banaler werden die Ereignisse draußen. Was soll der bereits gelebten Erfahrung hinzugefügt werden? Das Neue ist innerlich. Die Vergangenheit nährt die sterile Gegenwart mit ihrem Schlick. Sie bedeckt sie. Duras gibt sich alle Mühe, sie zurückzudrängen. Gegen ihren Willen tritt sie immer neu hervor. Sie umzingelt sie. Eine Kleinigkeit, eine noch so geringfügige Koinzidenz läßt die Kindheitsliebe, die sie braucht und die sie quält, nachhallen. Ihre Entscheidungen, ihre Neigungen, ihre Begeisterungen beziehen sich ausnahmslos auf das verehrte Damals. Wenn sie ein Buch, einen Film, einen Menschen, einen Ort, ein Lied oder gar ein Gericht mag, dann deshalb, weil sie ein Echo darauf sind. Zwar wehrt sie sich, und doch lebt sie allein der Vergangenheit zugewandt. Obwohl sie alles tut, um sich ihrer zu entledigen.

Als sie 1961 in *Une aussi longue absence* die Obsession einer Frau erzählte, die in den Zügen eines amnesiekranken Vagabunden ihren gestorbenen Mann zu erkennen meint, träumte Duras von einer solchen Erholung des Vergessens. Der um seine Identität wundersam erleichterte Mann lebte mit »durchlöchertem Kopf«, zufrieden mit seinem Schicksal, sorglos und glücklich. Er hatte zur Unschuld zurückgefunden, wurde neu geboren. Der Text, den sie für einen von Henri Colpin mit Georges Wilson und Alida Valli gedrehten Film schrieb, zelebrierte das Wohlbefinden eines begrabenen, gestorbenen und tatsächlich toten Gedächtnisses.

In dem darauffolgenden, 1962 veröffentlichten Buch, *Der Nachmittag des Herrn Andesmas*, verging die Zeit mit der Unbeflecktheit einer beinah ereignislosen Dauer. Ein Vater sitzt vor seinem Haus und wartet auf seine Tochter, die sich verspätet hat. Über vielfältige Verweise kehrt die Vergangenheit an die Oberfläche zurück: Takte eines Schlagers, den ein Tanzorchester in der Ferne spielt, ein junges Mädchen, das sich in den Armen des geliebten Mannes dem Tanz hingibt, der Wald und ein bestimmtes Licht, die Nähe des Meeres und das »schlechte, schale, von Pflanzensaft gesämte Wasser«.

Wie im Laufe des Schreibens und von der Autorin unbeabsichtigt, setzt die Vergangenheit ihr unheilvolles Wirken fort. Sie zu ignorieren erspart nicht die Qual. Selbst im Text verschanzt, bleibt sie schmerzlich. Daher ist es besser, sich ihr auszusetzen. Die Psychoanalytiker haben Duras auf ihre Bücher zurückverwiesen. Sie sollen letztlich die ausgebliebene »Trauerarbeit« leisten. Wenn sie erst aufgedeckt hätte, was sie verletzt hat, bekäme sie es in den Griff und könnte sich davon befreien. Ihr Erwachsenenleben würde endlich beginnen.

Mit hartnäckigem Mut käut Marguerite Duras ihre Vergangenheit wieder. Sie schickt sich an, sie unermüdlich neu zu leben, in sich selbst und in den Büchern. Sie neu zu beginnen, um sie zu entwirren. Sie versucht, jeden Augenblick zu rekonstruieren und die wesentlichen Bilder wie in Zeitlupe vorüberziehen zu lassen. Bis zum Schlußbild, wo der Knoten geknüpft wurde. Es gelingt ihr, bis zur Rekonstituierung dieses Augenblicks vorzudringen. Sie redet sich ein, es hätte wenig bedurft, eines Satzes, vielleicht nur eines im richtigen Moment gesagten Wortes, um das Unglück abzuwenden. Ein Wort ist nicht gesprochen, eine Etappe ist übersprungen worden: dieses fehlende Kettenglied hat alles, was folgte, entstellt. Sie versteht es. Sie könnte dieses »Hohlwort« an seinem Platz innerhalb der Kette einfügen, nachträglich den Verlauf der Dinge ändern. Duras spricht sich die gottgleiche Macht zu, die Vergangenheit zu korrigieren. Mit der literarischen Schöpfung könnte sie annullieren, was als Verhängnis gelebt worden ist. Die getilgte Vergangenheit würde sie durch eine andere, die einzig reale, weil geschriebene, ersetzen.

Zu diesem Zeitpunkt ereignet sich etwas Entscheidendes in ihrem Leben. Sie entdeckt einen Ort: den Badeort Trouville am Ärmelkanal.

Die unerwartete Emotion, die hier über sie hereinbricht, hätte sie vielleicht auch anderswo überfallen können. »Das

Gedächtnis ist für mich etwas, das an jedem Ort vorhanden ist, und so nehme ich die Orte wahr«, sagt Duras. Aber es passiert in Trouville vor dem niedrig hängenden, mit dem Meer verschmolzenen Himmel, dem weißen Monsunlicht, dem lagunenartigen Strand mit den Maserungen eines Deltas, vor der Mündung des breiten Stroms sandigen Wassers, vor den hohen Schornsteinen des Hafens von Antifer und vor der majestätischen Architektur des *Grand Hôtel des Roches Noires* – da kehren die »unermeßlich fernen« Bilder aus Indochina mit der Klarheit einer angehaltenen Zeit zu ihr zurück.

Trouville, *ville-trou*, Loch-Stadt, Stadt des Vergessens, werden die Liebhaber solcher Zufälle sagen. In jedem Fall eine *ville trouvée*, eine gefundene Stadt: sie liegt nahe der Gegend, wo Marie Donnadieu geboren ist, sie ist auf ihre Weise ein Entre-deux-Mers und beherbergt in einem großen Naturschutzgebiet auch eine Vogelebene. Alles scheint vorhanden zu sein, um aus diesem Aquitanien des Nordens das neue Eldorado, das gelobte Land von Marguerite Duras zu machen.

Zunächst bedeutet der Strand am Ärmelkanal die erste Rückkehr ans Meer, den unbegrenzten Horizont der Kindheit. Ein entscheidendes Erlebnis. Das Meer macht ihr immer noch angst. Die Überflutung bebildert weiter ihre Alpträume. Sie bleibt mit der Erinnerung an Paul verbunden. Doch ist das Meer in jedem ihrer Bücher vorhanden, manchmal sogar unbeabsichtigt. 1987 fällt ihr plötzlich auf, daß alle Orte in ihren Büchern am Wasser liegen. Man wird sie darauf aufmerksam machen, daß, wenn ihre Mutter – *mère* – in einem Buch nicht vorkommt, das Meer – *mer* – im Dekor eines Zimmers, in der Szenerie einer Stadt vorhanden ist, selbst wenn diese auf dem Kontinent liegt. Doch die Schriftstellerin greift diese Hinweise nicht auf. Sie sagt: »Das Meer anschauen ist das All anschauen.«[4]

Die kilometerweiten Sandflächen, die die Ebbe in Trouville freilegt, ähneln undeutlichen, flüchtigen, wechselhaften Landschaften. Duras kannte das nicht. In Indochina ließen die Fluten nur weiteres Wasser zurück. Diese unendlichen, unbestellten, namenlosen Landstriche ohne jeden Orientierungspunkt, die die phantastischen Fluten des Ärmelkanals entblößen, sind von beeindruckender Neuigkeit. Duras wird den Ort mit einem Wort illustrieren: S. Thala. Den imaginären Namen, in dem man *thalassa* liest, schlüsselt sie jedoch nicht auf. Dieser Ort wird ihrer. Das Land, das nie jemand besetzen wird.

Regen und Wind über dem blassen Strand hätten vielleicht nicht genügt, die indochinesische Kindheit hierher zurückzuholen, stünde da nicht direkt am Meer das *Grand Hôtel des Roches Noires*, das die luxuriösen Kolonialresidenzen der zwanziger Jahre nachhaltig heraufbeschwört. Seine von Mallet-Stevens entworfene Architektur, seine feierliche Eingangshalle, seine Säulen aus dunklem Stuck, seine mit Fresken bemalten Wände, sein komfortabler Salon hinter hohen, großen Glasfenstern erinnern an die Botschaften und Baudenkmale, die in den Kolonien die französische Pracht bezeugten.

Könige, Aristokraten und berühmte Künstler haben hier residiert: die Königin von Spanien buchte für sich und ihr Gefolge das ganze Hotel; Edward VII. kam, um seine Romanzen vor Neugier zu schützen. Monet, Zola hielten sich gern hier auf und vor allem Proust, der gelegentlich Cabourg verließ, um das Zimmer 111 mit Blick aufs Meer zu beziehen.

Für Marguerite Duras, die im Grunde sehr wenig andere Autoren liest und sich selten von ihnen fesseln läßt, ist Marcel Proust das Meistervorbild. Vor einer solchen Berufung verneigt sie sich. Sie hat das Gefühl, das Wesentliche ihres Zugangs zum Lesen und zum Schreiben sei auf ihn zurückzuführen. Entdeckt hat sie ihn erst sehr spät. Von da an hat er sie gelehrt, bestimmte Schriftsteller – Gide oder Péguy beispielsweise –, die sie zuvor schätzte, weit weniger wohlwollend zu lesen. Und damit lehrte er sie zu schreiben: »Zu vermeiden, so zu schreiben, wie er das nicht tat.«[5] Das heißt, die Rhetorik und das didaktische Genre als Verrat an der Literatur zu verabscheuen. Zu verstehen, daß die vom Autor geschaffene Welt allein um sein Bewußtsein kreist. Von Proust hat sie sich vor allem die Lektion gemerkt, daß »das Lebensabenteuer eines einzigen Menschen keine andere Realität als eine literarische haben kann«.[6] Einzigartig in der Literatur, ist Prousts

Werk zugleich sein Leben gewesen. Und dieses eine Mal geschah es, daß ein Schriftsteller, der sich ausschließlich der Suche nach der verlorenen Zeit widmete, diese Zeit wiederfand.

Die Proustsche Anwesenheit, die diese Wände, diese in rosafarbenes Licht getauchten Gänge mit dem kostbaren Schweigen noch zu prägen scheint, hat bestimmt etwas mit jener Liebe auf den ersten Blick zu tun, die Marguerite Duras für das Hotel empfand. Ja, sie mußte hier sein, in Trouville, in diesem ehemaligen Luxushotel mit dem Namen vulkanischen Gesteins, Dekor einer versteinerten, begrabenen Vergangenheit. Ort des gelöschten Gedächtnisses.

Das Grandhotel konnte seine glanzvolle Klientel vom Anfang des Jahrhunderts nicht halten. Die zweiundneunzig Zimmer wurden parzelliert. 1963 konnte Duras eine kleine Wohnung, hinten, zur Straße gelegen, erwerben. Nur von zwei Zimmern aus kann man aus schrägem Winkel das Meer erblicken. Aber »die Idee des Meeres« ist da, selbst wenn sie es von ihrem Arbeitstisch aus nicht sieht, und das ist es, was zählt. Die Wohnung hat weiter keine Bedeutung: möbliert ist sie nüchtern und unpersönlich wie eine Übergangsunterkunft. Sie leiht die Schlüssel gern aus. Ob draußen oder drinnen, die Hauptsache in Trouville ist das Vorhandensein des Meers. Als würden sich die Erinnerungen »entlasten«, entsanden und den in Paris erstickten Atem wiederfinden.

Die meiste Zeit des Jahres stehen fast alle Wohnungen leer. Duras genießt diese Momente, in denen sie in dem riesigen, menschenleeren Gebäude so gut wie alleine ist und schreibt. Die Vergangenheit breitet sich vor ihr aus, so weit der Blick reicht. Sie betritt sie ohne die Absicht, sich darin niederzulassen, doch mit der Freude, »ihr wahres Zuhause« wiederzufinden. Die Episoden ihres Lebens haben, genau besehen, nichts Außergewöhnliches an sich; sie spricht ihrer intimen Welt keine faszinierende Besonderheit zu. Es ist die »symphonische Folge des Ganzen«[7], die einzigartig ist und sie staunen läßt. Duras ist von ihrer eigenen Existenz gebannt, sie lebt unter ihrem Zauber, von sich selbst und der Schärfe ihrer Intelligenz erleuchtet und angesteckt. Morgen, das ist endlos vollendete Zukunft.

Die Bücher ähneln zunehmend Musikpartituren. Sie versuchen nicht, erlebte oder ersehnte Realität zu übertragen. Unbeaufsichtigt lassen sie sich von der Lyrik forttragen. Sie reißen alles an sich, das Reale wie das Imaginäre, und bringen beides zum Tanzen. Es sind Bälle. Die Musik der Phrasierung läßt die Magie von damals, jenes absolute Glücksgefühl beim Tanzen mit Paul, neu aufleben. Von Buch zu Buch wirbelt Duras im Kreise, bis ihr schwindelig wird: »Es ist unvorstellbar, wenn Ihnen etwas geschieht, das stärker als Sie selbst ist, wenn man nichts, nichts wird...! Eine Art von fortgetragener Feder!«[8]

Allein in der Mitte der Tanzfläche, am Arm eines entschwundenen Partners tanzt ein siebzehnjähriges Mädchen weiter in dem leeren Ballsaal, in dem die Lichter ausgeschaltet worden sind. Eine »aufrecht Schlafende«, von ihrem Partner verlassen, vernichtet. Eine Wahnsinnige, die nur dem Schein nach überlebt.

Die Schriftstellerin nennt sie Lola Valérie Stein oder Lol V. Stein. Der Zufall eines Tages, den sie allein mit einer psychisch Kranken verbrachte, entscheidet über deren Eingang in die Literatur.

Es genügt oft wenig – ein bestimmter Blick, ein gewisses frisches, spontanes Lachen –, um Duras zu einer Figur zu inspirieren, die sich ihr dann souverän und unzerstörbar aufzwingt. Diesmal handelt es sich um eine junge Kranke, die sie einen ganzen Tag lang bei sich hatte und abends in die Anstalt zurückbringen mußte. »Ich habe sie einen ganzen Tag gekannt«, sagt Duras, und genausogut hätte sie sagen können: das ganze Leben. Wiedergesehen hat sie sie nicht. Aber aus dieser kurzen Begegnung entsteht Lol V. Stein, die Figur mit dem sonderbaren Namen, »der nicht nennt«, hohl, mit einem Loch in seiner Mitte. Zwölf Jahre lang wird sie durch Duras' Werk spuken.

Die Verzückung der Lol V. Stein, 1964 veröffentlicht, markiert ihr erstes Auftreten. Als sie sich blind in das Schreiben des Buches hineintastet – eine schrecklich mitnehmende Grabesfahrt –, setzt sich Duras dem Schlimmsten aus: dem Wahn, vor dem ihr schon immer graut, stärker noch als vor dem Tod. Im übrigen geschieht bei diesem Buch ein seltsames Phänomen, das noch nie zuvor aufgetreten ist: sie schreit vor Angst. Mitten in der Arbeit hört sie sich plötzlich schreien. Das Wesen dieser Angst kennt sie nicht genau: »Ich denke, es war irgendein Durchbruch, der mir aber entging, weil... Man kann Schwellen nicht überschreiten. Und weil sich das nicht in klares Bewußtsein übertragen läßt, vielleicht eine Schwelle der Undurchsichtigkeit. (...) Ich fiel hinterher in noch größere Undurchsichtigkeit; das war es, was mir den Schrei entpreßte.«[9]

Gleich einer Stoßwelle erschüttert *Die Verzückung* Tausende von Lesern. Die unfaßbare Lol V. Stein übt eine verwirrende Macht aus. Das Buch kommt an die Spitze der Verkaufslisten. Diskussionen, Veranstaltungen, Interviews: alle fragen nach ihr. Sie wird die beliebteste aller Durasschen Romanfiguren.

Verwundert beobachtet Duras das öffentliche Gefallen an jener jungen Wahnsinnigen, die regungslos in eisiger Abwesenheit verharrt. Woher die Begeisterung? Ihr selbst gelingt es nicht, ihre Heldin vollkommen zu erfassen. Sie lächelt über den Ruhm ihres wie toten Balls in S. Thala, der in immer weiteren Entfernungen ein glanzvolles Echo auslöst, bis er schließlich New York erreicht. Als Star wird sie in den Vereinigten Staaten empfangen.

Marguerite Duras wird immer stolz bleiben, mit Lol V. Stein eine jener legendären Figuren geschaffen zu haben, die das Kennzeichen der großen Schriftsteller sind. Wenn ein anderer das geschrieben hätte, erklärt sie später, hätte sie es nicht ertragen. *Die Verzückung* schenkt ihr den Glauben an ihr literarisches Genie, den die Reaktionen der Kritik nie erschüttern werden.

Die unmittelbare Würdigung des Buches durch Jacques Lacan bestärkt sie noch in ihrer Überzeugung. Der Psychoanalytiker ist von Lol V. Stein derart eingenommen, daß er sich mit

Duras um Mitternacht in einer Bar verabredet, um sie von dieser Frau, von Lol sprechen zu hören. Zwei Stunden lang stellt er Fragen, diskutiert über den Fall, als handle es sich um eine seiner Patientinnen. Die instinktive Kenntnis, die die Schriftstellerin von psychischen Erkrankungen hat, beeindruckt ihn. Ohne Abstriche bewundert er die »klinisch perfekte« Beschreibung des Wahns ihrer Romanfigur: »Duras zeigt, daß sie das weiß, was ich lehre (...), daß die Praxis des Schreibens mit der Verwendung des Unbewußten konvergiert.« Zuerst geschmeichelt, Lol diesen Adoptivvater geschenkt zu haben, wird Marguerite Duras später eine gewisse Ratlosigkeit darüber empfinden, durch den Ruhm allmählich von etwas enteignet zu werden, »das dazu bestimmt ist, mit der eigentlichen Person verbunden zu bleiben und sie bis zum Tod zu begleiten«.

Ununterbrochen reißen Expertenrunden ihre »sogenannte Lol V. Stein« an sich. Artikel, Thesen, Konferenzen werden ihr gewidmet. Duras hört nicht zu, mißtrauisch gegenüber jeder Einmischung in ihre Arbeit. Außerdem behauptet sie nicht zu verstehen, was dazu gesagt wird. Obwohl ihr Werk zunehmend aus der Psychoanalyse schöpft und sie – verbal – gern deren Fachvokabular verwendet, wie man an komischen Wörtern Spaß haben kann, glaubt sie nicht wirklich daran. Sie flieht die naiv beteuerten Deutungen, die Verweise auf ein schon eingepacktes, »wissenschaftlich gesichertes« Wissen. Vollends irritiert sie die zugleich technische, gelehrte, autoritäre, beliebige und indiskrete Zerlegung der poetischen Materie ihres Werks. Mit einer Gerichtsmedizin der Literatur will sie nicht paktieren.

Duras hütet ihre Ignoranz. Sie legt Wert darauf, ihre Unordnung allein aufzuräumen, sie so aufzubereiten, wie es ihr gefällt, ohne nach Wahrheit, Genauigkeit oder schlimmer noch Objektivität zu streben, deren Anteil an Dummheit sie unerbittlich taxiert. Das Bemühen um Transparenz hält sie für verlogen. Sie zieht den majestätischen, meisterhaften persönlichen Fehler vor; also arbeitet sie im Gegenlicht, dämpft die überschüssige Helligkeit, die den Wesenszug entstellt.

Dem blendenden und täuschenden Weiß zieht sie ein nie undurchdringliches Schwarz vor. Lol V. Stein versteckt sich hinter einer »Persönlichkeit unbestimmter Art«.[10] Sie stirbt ohne Illusion. Und zerstört nacheinander alles, was von ihrer entschieden künstlichen Existenz geschaffen worden ist. Sie ist nicht jemand, »der sich sehr folgerichtig verhält«.[11] Sie ist die Ewigkeit ihrer Autorin.

Dementsprechend kann Marguerite Duras die Aufklärer nicht leiden, die als unerschrockene Pfadfinder ihr Werk zu erklimmen suchen, um dort ihr Fähnlein zu hissen. Die Neugier, die sie provoziert, befriedigt und verärgert sie zugleich. Daß man Dinge fabriziert, die von ihren Büchern inspiriert sind, nett gebastelte, schlecht verpackte kleine Geschenke, wie sie die Kinder zum Muttertag machen, bringt sie abwechselnd zum Lachen und in Wut. Denn sie liebt ihre Geheimnisse und behält sich das Recht vor, davon Gebrauch zu machen. Das ist ihr Eigentum. Weil sie überzeugt davon ist, sehr viel zu geben, will sie unbedingt allein darüber entscheiden, was sie für sich behält. Sie lesen, sie bewundern, ja. Es soll aber an nichts gerührt werden, das wäre Schändung.

Weil »ihr der Blick auf ihre Geschichte entgeht«[12], schreibt sie Romane, die von ihr erzählen. Ohne allerdings das Gefühl zu haben, sich zu enthüllen, da sie sich nicht darstellt. Sie greift nicht einmal auf ihr Gedächtnis zurück. Sie schreibt »darauf« wie in einer Überblendung. Man könnte sagen, daß sie im Grunde nie auf ein weißes Blatt Papier schreibt. Daher erstaunen sie die unglaublich vielfältigen Lektüren ihrer Texte nicht.

Für Marguerite Duras ist auf Erden nichts realer als die Menschen und Orte, die sie erfindet. Nichts scheint ihr schöner zu sein. Sie betrachtet ihre Wunder, freut sich darüber, daß niemand sie jemals kennen wird, wie sie sie kennt, und strahlt, daß ihr nicht gelungen ist, deren Komplexität zu Papier zu bringen. Sie hütet sie ängstlich.

Selbst heftige Leidenschaften empfindet sie für ihre Romanfiguren. Sie verfolgen sie, bis sie krank daran wird. Sie ist glücklich, besorgt oder gequält über das, was sie erleben. Als würden sie ihre Allmacht als Autorin hintergehen.

Duras liebt Lol V. Stein über alles. Sie entdeckt an ihr »eine unerschöpfliche Anmut«.[13] Aber sie weiß auch, daß sie auf gefährliche Weise unerträglich ist. Und sie fühlt sich nicht mehr imstande, von ihr bedrängt zu werden. Um sich von ihr zu befreien, hat die Schriftstellerin sie ruhen und in einen anderen Körper schlüpfen lassen, den einer Frau, die sie »bis auf einen Hauch« ersetzt. Die Frau hat sich Lols Geschichte bemächtigt, sie hat ihren Platz in den Armen des Verlobten eingenommen. Und Lol ist, ohne daran zu leiden, hinter dieser Rivalin zurückgetreten, die sie prächtig verkörpert.

Tatsächlich war die Neue seit ihrer Kindheit Marguerite Duras nie aus dem Kopf gegangen. Ihre Identität ist für die Schriftstellerin heute eine Evidenz: das ist Anne-Marie Stretter. Nunmehr ist die schöne, elegante Verführerin mit den hellen Augen und dem rotblonden Haar die Hauptdarstellerin. Romane und Filme werden jahrelang »wahre Liebesgeschichten« mit ihr sein.

Als die Muse von Vinh Long hinter Lol V. Stein wieder zum Vorschein kommt, fragt sich Duras, ob nicht auch alle übrigen Frauen in ihren Büchern in Wirklichkeit sie maskierten. Sie bezweifelt sogar, jemals zu verstehen, weshalb diese Erinnerung eine solche Macht auf sie ausübt.

Anne-Marie Stretter trägt das Gedächtnis der Schriftstellerin. Sie ist zugleich Elisabeth X und Marguerite Donnadieu; Asien, Licht und Elend; schon als Kind lehnt sie sich, Abbildung des kommunistischen Grundmotivs, gegen das Schweigen über das Martyrium der Völker auf. Reales und imaginäres Leben. »Es ist eine Hingerissenheit, von einem Verlangen, von dessen Existenz man zuweilen gar nichts weiß. Weit stärker ist sie mein Sehnen, als ich glaubte, daß sie mein Sehnen sei; sie gibt mehr Antworten, als ich Fragen stelle, wenn Sie wollen. Weil sie umfassend antwortet.«[14]

Ähnlich Lol V. Stein sieht die Schriftstellerin sie in einer endgültigen Einsamkeit eingeschlossen. Auch sie ist gekränkt; ihr Leiden ist jedoch äußerlicher, politischer. Es beginnt dort, wo das Leiden der auf sich selbst zurückgezogenen, an sich selbst erkrankten Lol aufhört. In diesen beiden miteinander verschränkten Frauen, der privaten und der öffentlichen, findet sich Marguerite Duras am ehesten und allseitigsten wieder.

1965 veröffentlicht sie *Der Vize-Konsul.* Anne-Marie Stretter bringt sie ins Herz Asiens zurück, in jenes Asien der Schande, das sie gekannt hat. Hier werden keine Privilegien angegriffen. Sie meidet es, dem Kolonialismus den Prozeß zu machen, und schont die weiße Gesellschaft. Weil die Verantwortung für so großes Leid zwar dem kapitalistischen System obliegt, darüber jedoch weit hinausgeht.

Zwischen der satten und der hungernden Menschheit Asiens gibt es eine unüberwindliche Schranke. Wenn Anne-Marie Stretter, Ehefrau des französischen Botschafters in Kalkutta, in ihren Salons die vornehme Gesellschaft empfängt, läßt sie die Tore ihrer Residenz offen, damit die Bettler in den Genuß der Essensreste kommen. Ihre Geste hat jedoch weder mit Güte noch mit Barmherzigkeit zu tun. Sie tut es einfach automatisch, weil sich Wohltätigkeit schickt. Die Frau des Verwaltungsbeamten hält sich abseits, ohne sichtbares Mitleid für die schmutzigen Lumpen der Bettler. Sie nähert sich ihnen nur über den »organischen Schmerz«, der sie angesichts des Unannehmbaren ihrer Existenz durchdringt. Daran könnte sie sterben.

Dennoch bleibt sie schweigsam, protestiert nicht, diskutiert nicht mehr. In ihr gibt es nicht einmal eine innere Rede. Darüber ist sie hinaus. Keine Überlegung, kein Gedanke hält sie fest. Sie bildet nur noch ein Ganzes mit Kalkutta, jenem symbolischen Ort, »Heimstatt der Absurdität, diese unsinnige, unlogische Anhäufung von Hunger, von Mangel«.[15] Anne-Marie Stretter empfindet eine absolute, politische und metaphysische Verzweiflung in einer gleichwohl brutalen, scheinbaren Gelassenheit.

Jenseits der offenkundigen Unterschiede befindet sich die weiße Frau in der gleichen Not wie eine Vagabundin. Mit drückender Genauigkeit sieht Duras diejenige wieder, die sie erschreckt hatte, als sie klein war. Die Bettlerin von Vinh Long hat Tausende von Kilometern zurückgelegt; ein langer

Marsch, vorbei an zahlreichen Namen: Pursat, Battambang, die Vogelebene ... Jetzt läuft sie zu den Kardamomen. Sie kehrt Kotschinchina, Preynop, Phnom Penh den Rücken, jenen Gegenden der Vergangenheit, von denen sie aufgebrochen war und die sie sicher in sich trägt. Sie ist schwanger. Mit ihrer eigenen Kindheit? Es wirkt so. Sie ist jung, siebzehn. Ihre Mutter hat sie fortgejagt, sie zum Umherirren, zum äußersten Elend verdammt. Sie dreht sich im Kreis zwischen dem Tonlé Sap und Savannakhet. Sie redet mit sich selbst, singt. Scheint verrückt zu sein. Schleppt ihre Not durch Asien, folgt dem Mekong, ehe sie schließlich in der wimmelnden Menge der Armen von Kalkutta untergeht, der sie sich anschließt, wie man die Freiheit findet.

Monatelang stößt sich Duras an der Schwierigkeit, die zu lebhafte Erinnerung an die Bettlerin in den Roman aufzunehmen. Sie wehrt sich gegen die Versuchung eines »persönlichen Realismus«, der sie dennoch nicht entgeht, als sie jene Episode aus ihrem Leben anspricht. Ihre Bücher lehnen die Verpflanzung wahrer Geschichten ab. Die Bettlerin stört im *Vize-Konsul*. Sie fälscht die Erzählung, und doch ist sie hier an ihrem Platz. Duras ist wütend, Opfer der eigenen Falle zu sein und den Mängeln einer Anfängerin zu verfallen, die es mit dem Beschreiben zu eilig hat. Sie meint, sie könne das Buch unmöglich schreiben, ohne es zu entstellen. Sie gibt es auf. Bis zu dem Tag, an dem ein Produzent einer Schallplattenreihe – »Franzosen unserer Zeit. Menschen von heute« – sie darum bittet, über ihren Beruf zu improvisieren.

Die Schriftstellerin beschließt, von dem Problem zu berichten, dem sie in *Der Vize-Konsul* zum ersten Mal begegnet ist. Sie sagt: »Ich bin dabei ein Buch zu schreiben, das nicht erscheinen wird.« Acht Tage später findet sie die Lösung. Duras versetzt sich in die Rolle eines anderen, gerade in Asien neu angekommenen Schriftstellers. Er beschließt, seine entsetzte Entdeckung Indiens über das Irren einer jungen Hungerleidenden mitzuteilen, die gezwungen ist, ihr Neugeborenes auf dem Markt zu verkaufen. Unter der neuen Feder des Reisenden kommt der autobiographische Monolog ganz von selbst.

Er wird ein Meisterwerk an Poesie, in dem das Dröhnen der elementarsten Naturgewalten – Himmel, Wasser, Schlamm, Steine, Staub, Salz – den Hunger, die »Halluzination und Absurdität«[16], wiedergibt.

Erstmals seit *L'empire français* betrachtet Duras ihr gebürtiges Asien außerhalb des intimen Kreises ihrer Familie. Ein Vierteljahrhundert von Desastern ist vergangen, das die großen Lektionen des Nazismus, des Kommunismus, der Unabhängigkeit Algeriens hervorgebracht hat. In Vietnam dauert der Krieg an. Der Wind der Geschichte weht zugunsten der Autonomie der Völker. Was taugt die absehbare politische Lösung? Duras unterstützt den Vietkong. *Der Vize-Konsul* engagiert sich jedoch nicht auf der Seite dieses Kommunismus. Das Buch ist keine implizite Anerkennung dieses langen heroischen Kampfes. Es ist eine nackte, wilde Revolte gegen das Elend, so wie man vor Zorn den Kopf gegen die Wand schlägt. Fast ein tierisches Brüllen.

Laos, Kambodscha, Siam, Indien..., Asien strömt auf S. Thala, auf den Strand von Trouville zu, wo sie das Buch schreibt. Rache des zu lange zurückgehaltenen, zu lange auf das andere Ende der Welt verbannten Geburtslandes. Für Duras liegt Kalkutta nunmehr hier und überall. Diese Stadt, in der sie als Siebzehnjährige während einer Schiffsreise für einen einzigen Tag Station gemacht hat, liefert den Rahmen für *Der Vize-Konsul*. Der Ort ist bar jeder Nostalgie, jeder sentimentalen Konfusion. Für sie ist es der Ort der nackten Revolte.

Jetzt muß es raus, platzen, explodieren. Daß man es draußen hört. Duras kann sich nicht damit abfinden, zu schweigen. In diesem Buch muß eine Person her, die die Weigerung hinausruft, auch nur die »Vorstellung« von Indien zu ertragen, ein Doppelgänger von Anne-Marie Stretter, der gegen all dies anschreit und brüllt. Der Aufsehen erregen soll. Ein Mann, dessen Daseinsgrund die Wut, die handelnde Wut sein soll. Und der anschließend verschwinden soll, ohne besondere Spuren zu hinterlassen.

Die »Mordmaschine, (...) voller Feuer, voller Sprengkörper«[17] wird der Vize-Konsul von Lahore sein. Er ist aus der kolonialistischen Gesellschaft verbannt, weil er den Schein nicht wahrt. Zu Hause schießt er in den Spiegel. Und vom Balkon aus schießt er auf die Leprakranken.

Der Diplomat schießt auf die Armen, auf die Millionen Kinder, die in den nächsten Monaten an Hunger sterben werden. Er schießt auf das Elend, das Leiden, das Verbrechen. Da all dieses Übel existiert, maßt er sich das Recht an, es nicht zu ertragen. »Man kann das Elend umbringen«, sagt Duras. »Man kann auf den Tod schießen.« Der Vize-Konsul schießt auf »das allgemeine Denken«, die Prinzipien, die Philosophien. Es ist keine Wut auf das kapitalistische System im Besonderen. Er schießt ganz genauso auf Gott. Seine Ablehnung ist radikal..., und letzten Endes benennt er dadurch, wer verantwortlich ist: »...die Menschheit hat das geschehen lassen (...), sie hat es geschehen lassen, wie man schläft, wie man lebt..., ohne zu wissen, daß es geschah«, wird Duras sehr viel später erklären.

Drei Jahre vor den Ereignissen vom Mai '68 ist es noch zu früh, um einen Diskurs aufzunehmen, in dem das Religiöse und das Politische dieselbe Bedeutung teilen. Marguerite Duras wird lange brauchen, ehe sie in ihrem eigenen Text ihre »religiöse Auffassung des Kommunismus«[18] entdeckt. Als *Der Vize-Konsul* erscheint, herrscht vor allem Bestürzung. Man fragt sich nach dem tieferen Sinn der verrückten Geste des französischen Diplomaten in Lahore. Sie wird auf die tropische Hitze zurückgeführt. Zum ersten Mal scheint der Zugang zum Werk tatsächlich schwer zu sein. Die dennoch von jenem Ball der französischen Botschaft in Indien angezogene Öffentlichkeit hält sich zurück, hat den Eindruck, sitzengelassen zu werden. Wegen der Musik, die schön ist, wegen der unvergänglichen Eleganz kolonialer Pracht vor dem Verfall bleibt sie trotzdem. Sie läßt sich vom Skandieren der Syntax wiegen... Und begeistert sich: »Ach, Duras' Musica!« Eines ihrer Theaterstücke heißt so und bald avanciert »Musica« zum Modewort, um von Duras zu reden, wenn man sonst

nichts mehr zu sagen weiß. Sie verwendet es selten. Sie überläßt es den anderen, bis zum Überdruß darüber zu reden, und
lacht dazu mit ihrem knarrenden kleinen Hexengelächter. Sie
als Schöpferin von Gemeinplätzen, die Vorstellung ist nicht
ungefällig.

XV.
Der Alkohol an Gottes Stelle

In S. Thala geht die Ballmusik nie zu Ende. Aus der Welt zurückgezogen, unerreichbar, berauscht sich Duras. Im Dunst der Gauloises schreibt und trinkt sie.

Der Alkohol begleitet ihre einsamen Ausbrüche. Er begleitet sie körperlich. Er hebt das »Grauen des face à face« mit sich selbst auf. Er besetzt ihren Körper, nimmt den Platz ein, den die Männer hatten, ersetzt, sagt sie, »den Akt der Lust«[1], das abgrundtiefe Bedürfnis nach Rausch, das bislang mit dem sexuellen Verlangen, seiner Erinnerung oder seinem Phantasma assoziiert war. Vor allem erfüllt er die Funktion des Glaubens, gleicht dessen Abwesenheit aus. »Es fehlt einem ein Gott (...) Der Alkohol ist erschaffen worden, damit man die Leere des Universums ertragen kann (...) Diese Leere, die man eines Tages als Heranwachsender entdeckt, läßt sich durch nichts verdrängen.«[2] Übermäßig zu trinken heißt, das Glück zu erfahren und zugleich um seine Unmöglichkeit zu wissen.

Ziemlich bald entdeckt Duras, daß sie Alkoholikerin ist. Sie trinkt immer mehr. Bier, Whisky, Calvados, Wermut, Kräuterlikör aus dem Velay, alles mörderisch für die Leber. Dann geht sie zum Wein über. Sie schluckt ihn literweise, ohne damit aufhören zu können. Kaum kommt sie irgendwo an, fragt sie schon: »Gibt's hier keinen Wein?« Man bringt ihr Flaschen. Sie leert sie. Bald fängt sie schon am Morgen zu trinken an. Man trifft sie niedergeschlagen in einem kleinen Pariser Bistro sitzend an, das sie nie ohne mehrere Flaschen unter dem Arm verläßt. Sie berauscht sich, betrinkt sich jedoch nicht. Stets bleibt sie bei klarem Verstand, nur herzlicher, freundlicher, redseliger ist sie. Ohne Wein hingegen kann sie von sehr distanzierter, schroffer Kühle sein. Ihre Gesundheit verschlechtert sich. Sie hält sich nicht mehr gerade auf den Beinen und stützt sich beim Laufen an der Wand ab.

Das ist das einzige, weshalb sie das Trinken bedauert, der körperliche Verfall. Es kostet sie Überwindung zuzusehen, wie aufgedunsen und unförmig sie wird. Sie findet, sie sieht fürchterlich aus. Aber sie macht weiter. Sie erbricht den Wein und trinkt weiter, bis zur Zirrhose, bis zum Erbrechen von Blut. Die Ärzte machen ihr angst: »Sie müssen sich dringend behandeln lassen, sonst werden Sie sterben.«

Sie schreckt auf und beschließt, eine Entziehungskur zu beginnen. Im Bemühen, sie einzuhalten, verzichtet sie heldenhaft auf »das kleine Whiskyfest nach jedem zu Ende geschriebenen Kapitel«[3] und geht, wenn die anderen neben ihr trinken. Die Aussicht, rückfällig zu werden, beunruhigt sie. »Glaubt ihr, daß ich nie mehr trinken werde?« fragt sie. Ja, antwortet man ihr, das glauben wir. Sie ist sich dessen schon nicht mehr so sicher: »Nicht zu trinken ist absolut unmöglich... Es ist unmöglich, man erträgt es aber. Und morgens gewinnt man. Morgens schlage ich alles kaputt!« In den Phasen von Nüchternheit bleibt sie Alkoholikerin, dann eben eine abstinente.

Sie hält stand und füllt sich den Körper mit Zitronenschweppes, Granatapfel- oder Pfefferminzsirup, wovon sie natürlich ebenfalls Unmengen trinkt. Viel schwerer ist es, wenn sie abends mit Freunden ißt: »Nüchtern kann man nicht albern! Das geht nur auf dem Papier!« Dann verlangt sie »einen Tropfen Wein«. Gegen die Proteste der Freunde insistiert sie: »Das ist kein Risiko. Ich bin jetzt total entwöhnt. Nur ein halbes Glas...« Und sie wird rückfällig. Sie geht daran zugrunde, egal, sie trinkt: »Das ist sehr schön. Sehr, sehr schön. Man stirbt daran, trotzdem ist es sehr schön...« Bis zum nächsten Entzug und zum nächsten, zusehends schwereren Rückfall. Das Schreiben leidet darunter allerdings nicht. Die Bücher verändern sich nicht. Sie trinkt permanent, aber langsam. Weil ihr ein betrunkenes Schreiben zuwider ist, bewahrt sie sich die Fähigkeit, »die Trunkenheit in Schach zu halten«.[4] Aus Spaß erstellt sie eine Liste der nüchtern verfaßten und der übrigen Bücher: niemandem fällt ein Unterschied auf. Sie schenkt dem Alkohol kein Vertrauen und weiß, daß er über nichts hinwegtröstet, auch wenn er das Leiden betäubt. Daß er die Intelligenz nicht erstrahlen läßt, selbst wenn er viele Gedanken anregt. Daß der Rausch nichts erschafft, selbst wenn die Illusion vollkommen ist. »Das ist Luft (...) der Alkohol (...) versetzt ihn in erhabene Regionen, wo er Herr seines Schicksals ist (...) bestärkt den Menschen in seinem Wahnsinn.«[5]

»Es gibt nichts Wahres im Realen, nichts«, sagt Duras. Die materialistische Gesellschaft widert sie an. Sie haßt die Zufriedenheit der Etablierten. In ihrem Leben gibt es nichts Komfortables, Solides, Stabiles. Nirgends festen Boden. Wohnorte, ja, aber in ihrer persönlichen Geographie angesiedelt: in einer zersetzten Welt. Noch dazu in einer versteinerten, gefrorenen, ausgedörrten.

Eine bestimmte Form von ihr ist da, »eine ungeheure Fleischmasse, stumm«[6], ihr Kopf jedoch ist anderswo, wie vom übrigen Körper getrennt. Verlorener Kopf. Weiß sie wo? Sie schweigt. Um ihr Geheimnis hat sie eine »Geschichte (errichtet), die auf eine andere montiert ist und die wieder auf eine andere...« Das Ganze behält den Schein von Kohäsion, bis auf eine Einzelheit: das fehlende Stück im Zentrum, das den ganzen Rest gefährdet.

»In allen meinen Büchern drehe ich mich im Kreise«, sagt Duras. Sie kreist um diese Leere, die sie endlos widerhallen läßt. Sie kommt ihr immer näher, aus der Versuchung, vollständig in ihr aufzugehen, um die Einheit neu zu schaffen und endlich ihre Identität zu erfahren. Schon 1944 sprach sie in *Ein ruhiges Leben* davon, »die Scherben zusammenzubringen«.

Duras, verrückt? Ihr zufolge ja, in dem Sinne, daß der verrückt ist, »der sich nie mit dem Leben abgefunden hat« und deswegen unvermeidlich zum Wahn verurteilt ist. Verrücktheit als Zuflucht, als Konsequenz dieser Zuflucht selbst. Das kann zum Mord oder Selbstmord führen, »damit das Unheil auch vollkommen sei«.[7]

Häufig hat sie an jene zwei pensionierte Eisenbahner gedacht, die ihre behinderte Kusine enthauptet und zerstückelt hatten, ohne ein Motiv nennen zu können. 1960 hatte sie daraus ein Theaterstück geschrieben, *Die Viadukte*, das ihr inzwischen überhaupt nicht mehr gefällt. Sie meint den mörderischen Wahn ihrer Figur Claire Lannes jetzt besser zu erfassen. Besonders ihre beharrliche Weigerung, anzugeben, wo sie den Kopf ihres Opfers versteckt hatte.

Unter dem Titel *Die englische Geliebte* schreibt Duras den Text als Roman um, ergänzt um eine Bühnenfassung. Zwei Jahre also, von 1966 bis 1968, lebt sie mit einer Frau, deren konkrete Geschichte sich mit ihrem schizoiden Phantasma vom zerstückelten Körper trifft. Das »unbekannte Motiv« der Verbrecherin wird ihr jetzt so klar, wie sie ihre Protagonistin getauft hat – Claire.

Für sie ist Claire Lannes eine Frau, die von einer ersten Liebe eine unauslöschliche Sehnsucht behalten hat. Das damalige Glück hat »auf (ihr) ganzes Leben übergegriffen«.[8] Sie liebte wahnsinnig einen Mann. Sie hörte nur noch auf ihn. Er war ihr Ein und Alles auf der Welt. Sogar von Gott, an den sie geglaubt hatte, hatte sie sich losgesagt. »Und eines Tages hat er gelogen... Der Himmel stürzte zusammen.« Sie hat das nie verwunden. »Ich frage mich schon, womit ich seither mein Leben verbracht habe«, läßt Marguerite Duras sie sagen.

In *Die englische Geliebte* ähnelt der geliebte Mann dem Vater wie ein Bruder. Wie dem auch gewesen sein mag, die Nachforschung ist heikel und eigentlich uninteressant. Jedenfalls ist es der Verrat eines »Gott-Vater-Liebhabers«, der in allen Büchern von Duras den Wahn, und hier den Mord, auslöst.

Keine Spur von Wahn in dem, was Claire Lannes sagt, die sehr auf Genauigkeit achtet, außer im entscheidenden Punkt. Den Ort, an dem sie den Kopf der Toten versteckt hat, behält sie für sich allein. Ein Hinweis, ein Wort? Nein. »Also gäbe es nur dieses Wort, das inmitten aller anderen zählen würde? Und Sie glauben, ich würde mir dieses Wort entlocken lassen? Damit alle anderen und ich mit ihnen in der Klinik lebendig begraben sind?«[9]

Claire Lannes hat getötet. Sie ist zur Tat übergegangen. Weil sie verrückt ist? Aber »wo ist der Unterschied? Zwischen einem Verrückten und einem Normalen – im Falle eines Verbrechens?«[10] schreibt Duras. Für sie gibt es keine getrennte Kategorie von Verbrechern. Alles ist eine Frage der Umstände. Daran glaubt sie fest. Jeder kann eines Tages dazu gebracht werden, einen Mörder abzugeben, ohne zum verbrecherischen Monster berufen oder veranlagt zu sein. »Niemand kann sagen: das werde ich nie tun... Man ist niemals sicher vor einem Gedanken, der einen durchzuckt«, sagt einer der Darsteller.

Für Mordfälle interessiert sich Marguerite Duras nach wie vor leidenschaftlich. Die Urteile, ob streng oder milde, machen sie zornig. Sollen sich die Richter doch um ihr eigenes Leben kümmern! Mordverbrechen sind nicht Sache der Gerichte.

Was sie 1967 interessiert, sind bereits alle Ausdrucksformen von Ablehnung der Materialität. Darin sieht sie die wahre Neurose. In der Fiktion von *Die englische Geliebte* fühlt sich die Frau von diesem Ekel zum Töten gedrängt. Sie schwankt zwischen den gleichwertigen Wünschen, die Welt zu vernichten oder sich selbst zu zerstören. Ihr Mord ist ein Selbstmordersatz. Er ist Ausdruck der Gewalt von Duras, die schon damals von der Versuchung des Mordes übermannt wird. Zerstören, verbrennen, zerschlagen. Leere schaffen.

»Im Grunde genommen«, sagt Pierre Lannes, »ist das Motiv der meisten Verbrechen vielleicht nichts mehr und nichts weniger als die Möglichkeit, in der wir uns befinden, sie zu begehen.«

Auf diese Gelegenheit hofft Duras. Natürlich nicht, um sich an den Menschen zu vergreifen, sondern am System. Sie wartet auf die Stunde des großen Kataklysmus. Alle sind sich ähnlich, alle tragen, davon ist sie überzeugt, »einen ursprünglichen, natürlichen Linksradikalismus« in sich. Ihre Normalität ist nur ein bißchen weiter vorangetrieben. Das Schreiben bietet ihr das Privileg, Phantasmen zu verwirklichen, die allen eigen sind, aber bei den übrigen Menschen in den Tiefen des Imaginären begraben bleiben.

Ohne Kalkül, ohne Führungsambition tritt sie nach vorne. Skandalös. Sie spricht sich keine Mission zu, sie handelt jedoch so, sie versucht, Wege zu erschließen. Sie ist vom Gefühl durchtränkt, selten zu sein. Und sie glaubt an sich, bis hin zum Rausch.

»Selbst sein eigenes Objekt des Wahnsinns zu sein und darüber nicht wahnsinnig zu werden – das könnte das wunderbare Unglück sein. Alles übrige ist zusätzlich«[11], sagt sie. Aber kann man den Wahn vermeiden, wenn man gleichzeitig diese Vorsicht mißachtet? Bei dem Schreiben, das sie unternommen hat, ist der Wahn nie fern. Die Gefahr, die Hölle ist real. Schreibend setzt sie sich jetzt den Risiken einer Reise ohne Rückkehr aus. Das »Jenseits«, das sie in ihrem Wahn entdeckt, entfernt sie zwar schwindelerregend von den anderen, bietet ihr aber auch Freuden. Sie könnte nicht sagen, weshalb. Im Wahn vollzieht sich etwas, was ihn begehrenswert macht. Etwas, was die Erkenntnis über diese zwar irrsinnige, jedoch wirkliche Welt berührt. »Allein die Wahnsinnigen schreiben vollständig«, sagt Duras.

Sie behält die Entscheidungsgewalt über das Buch. Sie überläßt es nicht ganz sich selbst. Jedesmal macht sie sich Gedanken darüber, welche Beziehung zwischen der schreibenden Autorin und dem entstehenden Roman am angemessensten wäre. Sie »sucht ihren Platz in dem Buch«.[12] Nie ist es derselbe Platz. Mal beobachtet sie die Ereignisse, mal sucht sie Schutz in einer Figur, mal ist sie inmitten ihres Irrsinns. Anschließend kontrolliert sie nichts mehr, sie läßt dem Schreiben seinen Lauf. Und wenn es sein muß, den Wahn herrschen. Sowieso muß man ihn akzeptieren. Wahn wie Intelligenz lassen sich nicht erklären, lassen sich nicht herstellen. Wenn er da ist, bemächtigt er sich unser, was wir auch tun.

Zunehmend entzieht sich ihr, was sie schreibt. Bald wird sie sogar aufhören, sich zu verstehen. Und sie freut sich, beim Schreiben ein Stadium nachlassender Absicht zu erreichen, man könnte sagen, ein Stadium »völliger Arglosigkeit«. Duras glaubt allein an den unpersönlichen Trieb der »Wörter auf die Wörter, des Sinns auf den Sinn«. »Wenn eine bestimmte Musik vorhanden ist, weiß ich, daß der Text vorangeht. Wenn die Musik stillhält, unterbreche ich mich. Wenn sie neu einsetzt, mache auch ich wieder weiter.«[13]

Danach geht sie zurück: sie liest sich. Der Moment, wo die Schriftstellerin ihre erste Leserin wird, entscheidet. Entweder zwingt sich die Harmonie des Textes ihr auf, oder sie bearbeitet ihn neu. Meistens arbeitet sie ihn endlos um. Sie mißtraut ihrer zu großen Gewandtheit. Jener »Vulgarität«, kraft deren sie innerhalb weniger Tage ein Buch fertigstellen kann. Daher verhängt sie sich selbst eingehende, arbeitsame Neulektüren. Bis zur katastrophalen Korrektur der Fahnen, die sie pausenlos umformuliert, so daß man sie ihr aus den Händen reißen muß, um das Buch endlich drucken zu können. Ist es veröffentlicht, schreibt sie es wieder um, stiftet bald eine zweite oder dritte Auflage an, entwirft anschließend noch – mindestens – eine neue Fassung für sofort oder später. Sie beendet es nie.

Die Wörter entspringen gleichsam einem unversiegbaren Brunnen kostbaren Heilwassers. Etwa vier bis fünftausend Seiten sind bereits veröffentlicht. Ekstatisch kniet sie nieder vor diesem Strom. Daß es sich bei anderen anders verhält, toleriert sie mühsam. Jedes Gespräch mit ihr beginnt mit einem Verhör: »Haben Sie mein letztes Buch gelesen? Mögen sie es? Was denken Sie darüber genauer? Finden sie es nicht schwierig? Wirklich? Ich, ja. Ich finde es sehr schwierig. Ich verstehe es nicht.«

Die Frage stellt sich, ob die Kunst in ihrem Wahn bestehen bleibt. Viele sind von ihren Büchern verwirrt und lesen sie von dieser Zeit an nicht mehr. Sehr lange, eigentlich bis 1984, werden ihre Werke höchst vertraulich aufgenommen. Irritiert über den Übergang zur Unverständlichkeit, den sie für Hochstapelei halten, nehmen die Schmäher zu.

Die Selbstsicherheit von Marguerite Duras, die um ihren Wert weiß, erschüttern die Kritiken nicht: »Das, was ich geschrieben habe, ja, das ist das Richtige. (...) Daß ich das geschrieben habe, (...) das ist viel weniger wichtig.«[14] Allerdings hat sie jenes unersättliche Bedürfnis, bewundert zu werden. Ihr feindlich gesonnen zu sein heißt zu versuchen, sie umzubringen. Gegen vermeintliche Infamie greift sie zornig zur Feder, ihrem Dolch. Auf dem Papier macht sie nieder, sie zerfetzt, durchbohrt, spießt auf, verunstaltet. Sie zertrampelt und zerquetscht den Mörder in einer phänomenalen Aufwallung, die an die Rache des Herrn in hollywoodschen Gewändern erinnert. Meistens schickt sie den Brief nicht ab. Am Schluß gibt die Wut der Verachtung nach.

Äußerungen von Bewunderung kann sie nie genug bekommen. Die Mischung von Megalomanie und Durst nach Liebe macht sie tyrannisch. Sie braucht aber eher Anerkennung als Ehrungen: »Er liebt mich, er vergöttert mich! Er ist verrückt nach diesem Buch!« Oder: »Zu Hunderten stehen sie unten vor meiner Tür, um mich zu sehen! Es ist furchtbar, ich kann nicht mehr ausgehen!« Wenn sie Autogramme gibt, wirkt sie, als frage sie sich, was diese Leute von ihr wollten, aber wenn sie nicht bemerkt wird, ist sie enttäuscht.

Ihr Narzißmus reizt oder amüsiert. Sie muß immer alles besser und schöner als jeder andere haben. Vor Absurdem und Lächerlichem macht das nicht halt. Es wimmelt von Anekdoten, die sie mal konsternierend zeigen wie an dem Tag, an dem sie das kleine schwarze Kleid, das Jeanne Moreau in *Moderato Cantabile* trug, übergestreift hatte und, die Hände an den Hüften, ihre Taille in sinnlicher Pose herausstellend, entzückt behauptete: »Hast du gesehen? Mir steht es mindestens genausogut.« Ein andermal rührend, fast süß, beispielsweise als sie sich ein wunderschönes Auto für ihre Fahrten nach Trouville geleistet hat. Fern von jeglichem Wortspiel ist das Automobil für sie absolut kennzeichnend, weil sie sich damit für die mittellose Kindheit revanchiert. Das aktuelle, ein hellblaues Singer Kabriolett, versetzte sie in Hochgefühl: ihr Wagen war selbstverständlich stärker und schneller als jeder andere Singer des gleichen Typs.

»Von Paris nach Trouville habe ich eine Stunde vierzig Minuten gebraucht!« versichert sie einem Freund, der den gleichen Wagen besitzt.

Der, ein ziemlich schneller Fahrer, wundert sich:

»Marguerite, mit dem Wagen schneller als 140 zu fahren ist unmöglich.«

»Nicht für mich«, erwidert Duras, »ich fahre sehr schnell. Und dieses Auto kann eine unglaubliche Geschwindigkeit erreichen! Du machst dir keine Vorstellung davon!«

»Ich kann es mir vorstellen, ich habe doch das gleiche… Marguerite, hör auf, solche Märchen zu erzählen! Was bringt's dir denn?«

Wo sie auftaucht, muß sie unvergeßliche Spuren hinterlassen. Immer, überall und besonders im Leben der Männer, die sie verlassen hat. Deren neuen Frauen klagen über ihre infernalische Eifersucht, wenn Kinder aus diesen Verbindungen hervorgehen. Mit Dionys Mascolo wie mit Robert Antelme erfolgt deswegen bald der tatsächliche Bruch, der so weit geht, daß man sich nicht mehr trifft und nicht mehr miteinander spricht: eine Unterhaltung, die sich nicht um sie dreht, ist nicht mehr möglich; jedes angesprochene Thema führt unweigerlich auf ihr schöpferisches Genie, und mit den Frauen geht sie diabolisch um. Sie können sie nicht mehr ertragen.

Eines Tages wird Robert Antelme im Restaurant schließlich die Fassung verlieren. Ihrer permanenten Berauschung an sich selbst überdrüssig, explodiert er: »Du bist die Irre von Chaillot!«

XVI.
Die Tagundnachtgleiche vom Mai

Einen so vergnüglichen Frühling hatte Duras noch nie erlebt und wird sie auch nicht mehr erleben. Fröhlicher Mai '68, der Flieder blüht, die Pflastersteine tanzen in den Straßen von Paris. Ein toller öffentlicher Ball. Alles explodiert oder steht im Begriff zu explodieren. Duras jubelt. Mit aufsässigem Lächeln und einer Kippe im Mund sieht sie dem unglaublichen Ereignis zu: einem Studentenkrawall, der in einen Volksaufstand ausartet.

Sie war von ihrer Reise in die Unterwelt zurückgekehrt, um schnell einige politische Theatertexte zu schreiben: *Suzanna Andler*, *Yes, vielleicht*, *Das Shaga* und *Die Kommunisten*. Die Stücke, Anfang 1968 gespielt, zeigen eine visionäre Schriftstellerin. Sie nehmen nicht nur den Geist der geprobten Revolution vorweg, sondern beschreiben auch, was davon übrigbleiben wird. Das Ganze leidet zwar daran, zu schnell heruntergeschrieben worden zu sein, nichtsdestoweniger sind die Ideen, die diese Epoche prägen sollten, vorhanden: der Wille, mit allen Formen von Macht aufzuräumen und den alten Menschen mit seinen gesellschaftlichen und privaten Gewohnheiten bis hin zur Sprache zu entfernen, den Glauben an die Phantasie wiederzufinden, das Entstehen des feministischen Bewußtseins als wesentliche Voraussetzung für einen Neubeginn zu unterstützen. Nur eine Losung gilt: die systematische, permanente Desorganisation.

Als das Ereignis stattfindet, ist sie also bestens vorbereitet. Als habe sie sich von Geburt an langsam auf diese Verabredung zu entwickelt.

Endlich revolutionäre Agitation und keine, die angst macht. Streiks, Aufstände, Barrikaden: die Kraft der Unordnung gegen die Ordnungskräfte. Dort blockierte, taube und sogar idiotische Institutionen, hier das erfinderische Brodeln der Protestierenden. De Gaulles Schwanengesang. Aber auch die Revanche der Intellektuellen für die früheren Ächtungen. Und vor allem Wörter, eine Wörterlawine; das Fest, der Wahn, das Dynamit der Wörter. Sie sind die einzige Waffe.

Reden. Ein ganzes Jahr lang verläßt Duras das Schreiben und erlebt die Erfahrung der politischen Macht der Wörter. Als Marxistin, wie sie sich selbst weiterhin sieht, wirft sie sich mit neuer Zuversicht in jenes Unternehmen, an das sie nicht mehr glaubt: einen wahren Kommunismus einzuführen. Ihr notorischer Ruf, gegen alle Konservatismen Krawall zu schlagen, sichert ihr die Rolle einer linksradikalen Diva an der Seite der maximalistischen, utopistischen Jugend, die sie als Hohepriesterin der Verweigerung inthronisiert. Daran glaubt sie gern.

Schon am 5. Mai ruft sie zum Boykott der ORTF, des staatlichen französischen Rundfunks, auf. Einige Tage später nimmt sie an der Gründung des *Comité d'action étudiants-écrivains* teil, wo von einigen Skeptikern abgesehen die Freunde aus der Rue Saint-Benoît wieder zusammenkommen. Dionys Mascolo ist hocherfreut über das unverhoffte Chaos. Robert Antelme interessiert sich für die Bewegung, schenkt ihr aber keine Zukunft und fürchtet den Rückschlag. Claude Roy hält sich fern von etwas, was er für eine jugendliche Reaktion auf die Eisenstein-Filme hält.

Diesmal steht für die Sympathisanten des neuen Revolutionsversuchs von Anfang an fest, wie sie sich zu verhalten haben. Es geht darum, jede Kollaboration mit den kulturellen Institutionen des gaullistischen Staates abzulehnen. Unzweideutig. Die Geschichte hat sie gelehrt, wie leicht die Kultur der Komplizenschaft verdächtigt wird und wieviel besessene Wachsamkeit ihre völlige Unabhängigkeit erfordert.

Das aus Schriftstellern, Journalisten, Fernsehberichterstattern, Soziologen und Studenten bestehende Komitee trifft sich entweder an der Sorbonne oder im Odéon-Theater, einem zentralen Ort der Revolte, dessen Intendant Jean-Louis Barrault den Protestierenden die Türen weit aufgemacht hat.

»Hier wird nicht diktiert, hier gibt es keine ›Linie‹. Hier wird niemand im voraus klassifiziert. Hier ist die Unordnung«, verkündet Marguerite Duras, der ein Andauern des poetischen Chaos nur recht wäre. Während der fünfzehn Tage, in denen Frankreich, ehe der Angstreflex das Ruder wieder herumreißt, wie im Freilauf regierungslos ist, vollzieht sich für sie etwas Magisches. Aus der spontanen Zusammenkunft der Menschen, die aus allen gesellschaftlichen Horizonten stammen und einander auf bislang unbekannte Weise begegnen, entsteht ein Glücksgefühl, das sie sich nicht vorzustellen wagte. Die undefinierbare Gemeinde sperrt sich um so heftiger gegen jeden ideologischen Zusammenschluß, als sie um ihren nur vorübergehenden Bestand weiß. Es sind begnadete Tage, in denen die Menge, Sängerin des Neuanfangs, darauf achtet, nach der Verkündung des »politischen Tods« der früheren Macht nicht voreilig die Fahnen der nächstbesten zu schwingen. Das Unmögliche jetzt: so lautet die Losung.

Die Leere, eine tatsächliche Leere aufrechterhalten anstelle »dieses spezifischen Sammelsuriums, der Müllberge der ganzen Ideologie des 20. Jahrhunderts«.[1] Sich keinen Plan vorgeben und in den Debatten und Kontroversen allem mißtrauen, was dazu tendiert, Reformen einzuführen oder das Anonymat aufzugeben. Seine Meinung äußern, ja, aber frei hat sie zu bleiben. Darauf achten, sie nicht im theoretischen Diskurs einzufrieren. Der Zeit Zeit lassen, ohne darüber ungeduldig zu werden, daß man nichts aufbaut, daß man meint, nichts aufzubauen. Sprechen, auch um nichts zu sagen. Warum denn nicht? »Wir sind die Vorgeschichte der Zukunft!« ruft Duras aus, elektrisiert von jener spontanen Solidarität, die jeden zu bewegen scheint und den großen Stunden der Französischen Revolution ebenbürtig ist.

»Die Phantasie an die Macht!« steht an den Pariser Mauern. Von allen Parolen, die damals blühten, wird Duras das berühmte »Unter dem Pflaster wächst der Strand« zugesprochen. Alle glauben an die unerforschten Kräfte der »menschlichen Erfindungsgabe«, um die Wege in eine in jeder Hinsicht unbekannte und als solche akzeptierte Zukunft freizulegen. Es ist die zerbrechliche Romantik einer Bewegung, die durch ihre Ablehnung aller Direktiven darin einwilligt, mit der eigenen Vergänglichkeit für ihr Ohnmachtsgelöbnis zu büßen. Irgendwann werden die politischen und gewerkschaftlichen Organisationen wieder zur Besinnung kommen. Doch in jenen Glanzstunden, in denen, wie Mascolo sagt, einem »gegeben (wird), eine noch in der Zukunft liegende Zeit zu leben«, steht der Sieg des Mai bereits fest. Die Gewißheit, daß sein außergewöhnliches, unverhofftes Einschlagen die französische Gesellschaft langfristig verändern wird, bewegt Marguerite Duras, ihre Zurückgezogenheit aufzugeben, um dem kollektiven Werk ihr persönliches Siegel aufzuprägen.

Stärker als die Universität oder die Veranstaltungen ist das Theater die große Bühne des »künstlerisch-politischen« kulturellen Protests. Das Prestige, das es jetzt all seinen Akteuren als Handwerkern der Revolution verleiht, macht das Theater zu einer neuen Versuchung.

Seit 1955 hat das Theater bestimmte Texte von Marguerite Duras angefordert, obwohl sie beim Schreiben gar nicht daran gedacht hatte. Ihr Erzählmodus, der dem dramatischen Genre zuweilen sehr nahe kommt, hat diese Texte ohne großen Ehrgeiz der Urheberin beinah von allein auf die Bretter geführt. Eine große Karriere war ihnen dort nicht beschieden. Vielleicht war es gerade dieser Mißerfolg, der Duras angestachelt hat, es weiter zu versuchen. Um ihr Werk nicht mehr vollständig an andere zu delegieren, hatte sie 1960 mit Unterstützung von Claude Régy die Inszenierung von *Die Viadukte* übernommen. Obwohl sie das traditionelle Theater ablehnte, wagte sie nicht, damit zu brechen. Sie strich zwar ein gewisses *decorum*, ließ sich aber von Régy nicht dazu verleiten, die gewohnten Bahnen zu verlassen. Mag sein, daß sie auch gern ein Theater versucht hätte, das sich auf schlichte Freuden begrenzt, vor allem diejenige, einer Figur Gestalt zu geben und sie gut dargestellt zu erleben. 1965 war das der Fall, als Madeleine Renaud in *Ganze Tage in den Bäumen* die Rolle der Mutter spielte. Einige knappe Hinweise zur Persönlichkeit von Marie Donnadieu hatten der Schauspielerin genügt, um sie so zu verkörpern, daß Duras wie angewurzelt am Eingang des Saales stehenblieb: auf der Bühne stand ihre Mutter. »Du bist die Theaterschauspielerin, die Pracht des Zeitalters, seine Vollendung, die Unermeßlichkeit seiner letzten Sendung«[2], sagte sie eines Tages, überwältigt von soviel Talent.

Jetzt, 1968, sieht Duras besser, woran es bei diesen Schauspielen »haperte«. Vor allem wird ihr bewußt, wie sehr das Gesetz der Gattung den geschriebenen Stoff verarmen läßt und den Autor in den Hintergrund drängt. Immer verschlechtert die aufgesetzte Interpretation das Werk. Selbst im besten Fall verkürzt das Theater dessen Lektüre. Alles bremst den Text: die Kulissen, die physische Anwesenheit der Schauspieler, ihre Diktion.

Ein anderes Theater zu machen bedeutet für Duras, dem Geschriebenen die Oberhoheit zurückzugeben. Wenn das Rampenlicht nicht den Text, und nicht ihn allein, erstrahlen läßt, dann interessiert es sie nicht länger.

Anderen gelingt es: vor allem Beckett, gegen den sie gelegentlich stichelt – »Ich habe etwas gesehen, was mich sehr gelangweilt hat: einen Typen, der endlos ein Tonband anhörte« –, dessen Bedeutung sie jedoch anerkennt, zumal sie sich gelegentlich von ihm inspirieren ließ.

Vereinfachen, noch klarer machen, so daß nur das Geschriebene herausgestellt wird. Größtmögliche Verknappung der Dekoration, der Bühnenspiele, der Redeeffekte. Den Schauspieler immobilisieren: er soll nicht wie an der Comédie Française gestikulieren, sondern einer spärlichen Gestik mehr Kraft verleihen. Nicht Theater spielen, sondern es sprechen. Äußern. Alles hat hinter der Sprache zurückzutreten, das ganze Drama muß im Wortlaut zusammenlaufen, auf rezitative Weise, wie im Gottesdienst: »Ich kenne kein Bühnenwort, dessen Kraft den Worten eines Priesters in einer beliebigen Messe gleichkäme«, sagt Duras. »In der Umgebung des Papstes spricht und singt man eine merkwürdige Sprache, vollkommen deutlich, ohne tonischen Akzent, überhaupt ohne Akzent, fad, die nicht ihresgleichen hat, weder im Theater noch in der Oper (...) Ich glaube allein daran.«[3]

Erneut wendet sie sich an Claude Régy, um mit ihm und in diesem Geist *Die englische Geliebte* zu inszenieren. Régy ist inzwischen mit zwei Stücken von Harold Pinter berühmt geworden, der ziemlich en vogue ist: *The lover* (*Der Liebhaber*) und *The collection* (*Die Kollektion*), gespielt von Delphine Seyrig und Sami Frey. Die Perspektive eines *remake* von *Die Viadukte* reizt ihn nicht. Die neue Fassung gefällt ihm aber. Schließlich überzeugt ihn die Gelegenheit, hier jenes »Theater der Stimme« zu verwirklichen, das er anderswo nicht durchsetzen kann. Zumal Renaud und Barrault das Stück gern in den Spielplan des Odéon aufnehmen wollen, das jetzt bei weitem die interessanteste Bühne von Paris ist. Madeleine Renaud wird Claire Lannes sein. Auch wenn die Rolle ursprünglich Loleh Bellon vorgeschlagen worden ist.

Das Theater häutet sich, was nicht ohne Zwänge geht. Insbesondere müssen im Namen der Meinungsfreiheit die symptomatischen Wünsche der Studenten hingenommen werden: das Vorlesen eines großen politischen Textes zu Beginn des Stücks ist obligatorisch. Grauenhafte Minuten. Das Neue hat bereits seine Traditionen: auseinandergenommene Sitze, damit der Saal nach antikem Vorbild in stufenweise ansteigende Absätze verwandelt wird, Gestalten, die plötzlich hinten im Saal auftreten. Allenthalben Symbole. Man zerbricht sich den Kopf, um zwischen dem Text und einer Theaterform, die den Zeitgeschmack widerspiegelt, eine Entsprechung zu finden.

Die von Duras und Régy beabsichtigte Zelebrierung des Geschriebenen schließt auch bühnenbildnerische Veränderungen oder sogar Erfindungen ein. Einige ihrer Ideen werden übrigens von anderen aufgegriffen werden. Keine Dekoration, das hat man bereits verstanden, nur eine kleine, zwei bis drei Meter breite runde Bühne, in deren Mitte die Schauspieler stehen, und Beleuchtungseffekte. Die Behänge aus rotem Samt werden zugunsten eines großen Eisenvorhangs in Form eines konkaven Halbrunds aufgegeben. Beim Zusammenziehen ein schöner Effekt: in der offengelassenen Spalte wirkt Claire Lannes wie in einem Schraubstock gefangen. Man kann es als die enge Pforte zur geschriebenen Kommunikation verstehen. Mit der Rechtschaffenheit eines Benediktiners achtet Claude Régy darauf, das Imaginäre nicht zu begrenzen, um der These von Duras entgegenzukommen: »Lesen und schreiben, das ist dasselbe.«

Um die Schriftstellerin zufriedenzustellen, kann man sich nie genug um Verfeinerung bemühen. Allein die Nähe zum Buch interessiert sie. Selbst wenn sie allein in einer nackten Dekoration stehen, selbst wenn sie sich nicht bewegen, drängen die Schauspieler dem Text durch ihre Anwesenheit immer noch eine Interpretation, eine Bebilderung auf. Mit ihrem Aussehen, ihrer Kleidung, mit der Art, wie sie sich bewegen, wie sie den Habitus tragen, aus dem sie einfach »gemacht« sind, beladen sie die Wörter mit ihrer ganzen persönlichen Geschichte ... Das trifft auch für die Stimmen zu, selbst wenn sie einzeln da sind, selbst im »off« sind sie »angezogen«. Gegenüber der Literatur hat das Theater einen grundlegenden Mangel, mit dem man sich abzufinden hat. Daher sieht Duras das Theater als einen »Fremdkörper« an, der »außerhalb von sich selbst fabriziert« wird.[4]

Ihre Darsteller wählt sie entsprechend ihrer Fähigkeit aus, hinter den Figuren zurückzutreten. »Ein Schauspieler ist zum Vortragen geschaffen, er ist ein Mund, der sich öffnet, um Wörter zu sprechen, die andere geschrieben haben«, sagt sie in Übernahme eines Zitats von Jeanne Moreau. Es ist nicht ihr Text, sondern »der« oder genauer »ein« Text. Jedes Mittel ist geeignet, um sie davon abzubringen, sich als Besitzer ihrer Rolle zu fühlen. Von Zeit zu Zeit wechselt Michael Lonsdale mitten im Stück die Rolle, um später zu der ursprünglichen zurückzukehren. Oder er spricht den Text einer Frau, deren Stimme auf Tonband aufgenommen worden ist. Beweise, daß allein das Geschriebene zählt.

Zu keinem Zeitpunkt der Arbeit kann sich Duras damit abfinden, das Schreiben des gegenwärtigen Stückes aufzugeben. Unermüdlich kürzt sie Sätze, verändert sie, fügt neue hinzu, entfernt Wörter und setzt sie manchmal doch genauso wieder ein. Mitten in den Proben nimmt sie sich ganze Passagen des Stücks vor. Mal ist sie von ihren Geistesblitzen begeistert, mal niedergeschlagen – dann verzichtet sie darauf und streicht sie heraus. So könnte es ewig weitergehen. Man muß sie anflehen, sich für eine endgültige Formulierung zu entscheiden. Erst wenn der Termin fällig wird, daß der Vorhang hochgeht, hört sie endlich auf. Nie gibt sie jedoch vollständig nach, weiter verändert sie hier und dort Kleinigkeiten, stets begierig, das Schreiben fortzusetzen.

Dieser Autorenanspruch begeistert die Schauspieler, das Privileg des direkten Austauschs schätzen sie, aber sie wünschten sich dennoch, daß die Schriftstellerin ein für allemal damit aufhörte, ihnen die Worte aus dem Mund zu nehmen. Sie können es nicht verhindern! Kaum gelernt, müssen die Dialoge wieder vergessen werden, zugunsten anderer, die vielleicht ähnlich provisorisch sind.

Ist es Zufall? Die außerordentlich erfahrenen Schauspieler, mit denen Marguerite Duras gern arbeitet, behalten mühsam ihren Text. Michael Lonsdale hat ein sehr schlechtes Gedächtnis; Bulle Ogier, die eine ganz besondere Art hat, zugleich da und anderswo zu sein, ist ebenfalls dafür bekannt, einen Kopf »wie ein richtiges Sieb« zu haben. Und was Madeleine Renaud betrifft, die versteht nichts von den Texten, die sie darstellt: »Selbst von den Marivaux-Intrigen, die ich lange gespielt habe, habe ich nie etwas begriffen«, sagt sie. Die geniale Schauspielerin hat die Gabe, Regiehinweise, die ihr oft unerklärlich erscheinen und sie restlos abstoßen, hervorragend umzusetzen. Als Claude Régy sie darum bittet, am Ende von *Die englische Geliebte* Schweigen eintreten zu lassen, gelingt es ihr, während sie auf einem Hocker sitzt, den Saal ganz, ganz lange still zu halten. Obwohl Schweigen ihr Unbehagen bereitet und sie Momente, die sich hinziehen, unerträglich findet. Vom Naturell her ein Gegensatz zu Duras, wird sie als Avantgarde-Schauspielerin, die den klassischen Regeln des Theaters fest verbunden ist, dennoch diejenige sein, die am besten die Schriftstellerin interpretiert.

Dieser Darstellerin, die jedes Wort neu erfindet, ist Marguerite Duras unendlich dankbar. »Ich weiß nicht, wie sie das macht, womit sie spielt«, sagt sie. »Beckett hatte mir davon erzählt: ›Nicht im Kopf hat sie die Intelligenz, sie hat sie unter der Haut.‹ Ich glaube, daß das ›offene Meer der Intelligenz‹ genausogut in dem Unverständnis, in der getreuen Aussprache der Wörter, in dem grammatischen Gedächtnis von einem Text liegt. Wenn Madeleine Renaud einen Text zu sprechen beginnt, ist es ungeheuer, es ist, als würde sie sich auf einem Schiff entfernen.«[5]

Duras leidet unter allen Formen von Beschlagnahme ihres Werks. Sie erträgt nicht, auch nur den Blick darauf zu teilen. Zwar bietet die Zusammenarbeit ihr Freuden, die einigen während der Résistance oder anläßlich der Befreiung von Paris erlebten Momenten ähneln, doch zweifellos ist es nicht das, was ihr liegt. Die Inszenierungen mit Claude Régy verlaufen trotz der Achtung, die sie ihm entgegenbringt, äußerst turbulent. Die »beiden« Regisseure sind nie einer Meinung. Ihre Anweisungen gehen auseinander. Auf wen soll man hören, wem folgen? Hinter Régys Rücken nimmt sich Duras die Schauspieler persönlich vor. »Hört nicht darauf, was er euch sagt! An dieser Stelle möchte ich, daß ihr das macht...« Wie Kinder zwischen Vater und Mutter hin und her gerissen, sind die Darsteller gezwungen, selbständig zwischen dem, was der eine sagt, und dem, was der andere befiehlt, zu entscheiden. Also protestieren sie: »Einigt euch, das ist eine unmögliche Situation! An irgend etwas müssen wir uns halten können!«

Die Rivalität wird derart unerträglich, daß es Michael Lonsdale eines Tages einfach zuviel wird: er, der nie trinkt, schnappt sich eine Flasche Whisky und leert sie aus. Auf der Stelle bricht der Riese Lonsdale zusammen. Eine Ambulanz bringt ihn ins Krankenhaus. Noch heute erinnert er sich an die wohltuende Erleichterung, die ihm der Krankentransport damals bereitete.

»Hör zu, Marguerite, wenn du so gut weißt, was du willst, weshalb machst du deine Inszenierungen dann nicht alleine? Versuche es! Los! Dann wirst du niemanden haben, der dir widerspricht«, empfiehlt er Duras. Was sie auch tun wird. Doch nicht vor 1983.

Gestützt auf ihre Erfahrungen als debattengeübtes ehemaliges KPF-Mitglied und aus der Theaterpraxis, engagiert sich Duras voll und ganz an der Seite der Jugend, für die der Mai '68 der erste Kampf ist. Die Vergangenheit tilgen, um alles neu anzufangen: diese Revolution ist die ihre. Wo Tribünen aufgestellt werden, kommt sie, um sich Gehör zu verschaffen. Wo Unterschriftenlisten im Umlauf sind, bietet sie die eigene an. Mit denen, die dagegen sind, geht sie überall hin, zu Diskussionen, Demonstrationen, Umzügen. Gelegentlich etwas bange mischt sie sich unter die Menge, die den Polizeieinsätzen trotzt. In einer Fernsehreportage sieht man sie mit ein bißchen ängstlicher, doch auch beherzter Miene in eine »grüne Minna« steigen, als sei es ihr eine Ehre, aufgegriffen zu werden. Wenn man Marguerite Duras heißt, haben Festnahmen keine besonderen Folgen. Allerdings geht sie ernstere Risiken ein. Als der Ministerrat im Juli 1968 die linksradikalen Gruppierungen auflöst, unterstützt Duras die Sprecher der *Jeunesse communiste révolutionnaire*[6], die den Kampf erklärtermaßen fortführen wollen. Sie schützt sie im Untergrund bis dahin, sie bei sich zu Hause zu verstecken. Alain Krivine, einer der Gründer der Organisation, und Daniel Bensaïd, eine Hauptfigur des berühmten *Mouvement du 22 Mars*[7], setzen in der Rue Saint-Benoît ihre aufrührerische Arbeit fort.

Daß die KPF die Arbeiterklasse wieder in den Griff bekommt, macht sie rasend. Schon wieder haben die Stalinisten ein Ideal sabotiert, das sich nicht direkt von ihrem Modell ableitete. Seit zwanzig Jahren besteht ihre Politik ausschließlich daraus, neben ihr entstehende revolutionäre Bewegungen zu behindern. Sie verändern sich nicht. Ihre sowjetisierten Chefs haben über die Arbeiterklasse gewissermaßen das Verbot einer freien Revolution verhängt. Im übrigen sind die Kommentare der *Prawda* zu den Mai-Ereignissen deutlich: für die Moskauer Führung kann nur der Gaullismus Frankreich vor sozialen Wirren schützen. Hand in Hand finden Unternehmerschaft und Proletariat zum gewohnten Dialog zurück. Duras erstaunt es nicht. Hingegen kann sie sich schlecht damit abfinden, daß die »Werktätigen« als Individuen nicht den

Mut zur Freiheit fanden. Weshalb sind sie zurückgewichen? Ohne die Arbeiterjugend, davon ist Duras überzeugt, hätte der Aufruhr der vergangenen Monate nicht stattgefunden. Aber am Ende ließen sich alle wieder einfangen. Überall hat die Angst dafür gesorgt. Zunächst war es die überforderte kommunistisch orientierte Gewerkschaft CGT, die sich von der KPF unterstützen ließ, um die Hoffnung zu »massakrieren«. »Andererseits besteht die Angst, die Strömungen freier politischer Kraft, die es in Frankreich mehr und mehr gibt, nicht meistern zu können, die Angst, die Partie zu verlieren, gegenüber der Imagination der Völker, gegenüber der Utopie, der Poesie, der Liebe, das Spiel aufgeben zu müssen. Wie soll man so etwas wie Liebe politisch meistern?«[8] kommentiert Duras. Dann war es das Erschrecken der Basis über ein abstraktes Abenteuer, das sich nicht unmittelbar in die Begriffe von mehr Brot, mehr Lohn und sozialem Fortschritt umsetzen ließ. »Von Kindheit an hat man uns gelehrt, daß unsere ganze Anstrengung dahin tendieren soll, in der Existenz, die wir führen und die uns angeboten wird, einen Sinn zu finden. Da müssen wir raus und zwar fröhlich...«, entgegnet Duras. »Das Scharnier, das ist die eingetrichterte Angst vor dem Mangel, der Unordnung. Sie muß überwunden werden. Ich behaupte: wenn jemand diese Angst nicht mehr hat, schadet er allen Formen von Macht (...) Zwischen Angst und Macht ist die Beziehung direkt.«[9]

Ihr Zorn wird nie verrauchen. »Das aktive Mitglied der KPF ist für mich, sage ich, ein Mensch, dessen Freiheit, dessen Sinn für Freiheit Schaden genommen hat, jemand, der vom größten aller Übel befallen ist: dem der Macht. Jemand, der anderen seine Ideen *aufzwingt*.«[10] Jede Gelegenheit, die Partei und ihre Führung anzugreifen, wird sie unerbittlich nutzen. »Apolitisch zu sein, das bedeutet es, bei der KPF eingeschrieben zu sein«, schleudert sie ihnen entgegen. »Wenn die Mitglieder der Zentralkomitees von der Revolution sprechen, ist das Pornographie.«[11] Ihr Haß wird zur Obsession. Sie wünscht den Verantwortlichen den Tod. Sie macht kein Hehl daraus, daß eine Beschwichtigung nicht möglich ist. Bis zur

Stunde war sie von ihrer eigenen Angst vor der KP nicht geheilt: die Erfahrung des Mai hat sie davon erlöst.

Als viele andere den Kampf längst aufgegeben haben, macht sie verbissen weiter, als handle es sich darum, jenen Banditen, die pausenlos von Revolution reden und sich davor hüten, sie zu machen, eine Lektion in Mut zu erteilen. Sie hält stand. Sie arbeitet daran, den Bruch immer realer und radikaler zu gestalten. Es geht ihr weiter darum, die Fähigkeit zur Destruktion zu gewinnen und sei es mit Hilfe von »selbst bereits zerstörten Wörtern«.[12] Jede Neigung, Anfälligkeit, Möglichkeit zur Anpassung gehören verfolgt. In einem der schwersten verbalen Geschütze des Komitees schreit sie hinaus: »Nichts verbindet uns als die Verweigerung. Abgewichen vom rechten Pfad der Klassengesellschaft, aber lebendig, nicht einzuordnen, aber auch nicht kleinzukriegen, sind wir Verweigerer. Wir treiben die Verweigerung so weit, daß wir es ablehnen, uns in politische Gruppierungen zu integrieren, die behaupten zu verweigern, was auch wir verweigern. Wir lehnen die programmierte Verweigerung der oppositionellen Institutionen ab. Wir lehnen es ab, daß unsere Verweigerung verschnürt, verpackt und abgestempelt wird. Daß ihre lebendige Quelle versiegt und ihr Lauf umgelenkt wird.«[13]

Das Aktionskomitee der Studenten und Schriftsteller begreift sich als Ideenwerkstatt. Mit voller Kraft nimmt Duras an dem Versuch teil, etwas Überzeugendes zu verwirklichen. Die tägliche Realität ist nicht wirklich auf der Höhe des Ideals? Das ist normal. Die Zerstörung der staatlichen Strukturen und der persönlichen, privaten Verhaltensweisen kann nicht ohne Fehlzündungen vonstatten gehen. Und bekanntermaßen sind die Fehlzündungen die Seele der Aktion. Störender ist, daß der Diskurs nicht jeden erreicht. Viele nehmen nur ein, zwei Male an den Debatten teil und kommen nie wieder. Die Beherrschung des Wortes erzeugt die erste Selektion. Zwar haben alle das Wort, doch nicht jeder ergreift es. Man hört immer wieder dieselben. Die schweigende Mehrheit tritt auch hier hinter der beredten Minderheit zurück. Viele finden nicht ihren Platz und ziehen es vor zu gehen.

Außerdem, was sagen? Was tun? Was demonstrieren? Was beschließen, wenn das Ziel des Aktionskomitees eben darin besteht, sich vor der Aktion zu hüten? Welches Minimum an Disziplin einklagen, wenn die Abwesenheit von Regeln das einzige Kriterium einer Versammlung ist? Hier handelt es sich darum, die Nichtorganisation zu verwalten. Die Freiwilligen streiten sich nicht um die Übernahme von Verantwortlichkeit. Sich ernsthaft darum bemühen, nichts Ernsthaftes zu tun, was für eine Arbeit! Projekte werden entworfen, doch die eingesetzten Kommissionen treffen sich nie. Die Besetzung von Sekretariat und »Bereitschaftsdienst« wird mit ähnlich unbefriedigender Unregelmäßigkeit gewährleistet. Die Sympathisanten gehen eher knausrig mit ihrer Zeit um. Bald zählt das Komitee nur noch drei, vier Getreue, die da sind, wo und wann sie gebraucht werden. Andere kommen, wenn ihnen danach ist. Der Vertrag wird jedenfalls erfüllt.

Die vom Komitee enttäuschten Schriftsteller treffen sich anderswo. In der *Société des gens de lettres* reflektieren sie ihre Funktion und »deren Wunde: das Wort«, weil sie von den weitschweifigen Reden der Zensoren genug haben, die erbarmungslos den Fehltritt jagen.

Marguerite Duras fühlt sich wohl in dem Komitee und der bunt zusammengewürfelten Versammlung, die wegen ein paar neuer Formulierungen fieberhaft zusammentritt: »Kritisieren heißt noch immer dazuzugehören« oder »Leugnen heißt noch immer etwas zu behaupten«. Mit Eifer und Geduld kämpft sie hier für den Geist der Freiheit. Darüber läßt Duras nicht mit sich reden. Die Revolution verpflichtet: das ehemalige Parteimitglied ist Scharfrichterin geblieben.

Innerhalb des Komitees erreicht die Kritik bald die schizophrene Phase. Die Ablehnung wird systematisiert: zuerst und zu allem Nein. Danach kann der abgewiesene Vorschlag untersucht werden. Nachdem er die rituellen Klippen der Zurückweisung, dann der Anklage, des Prozesses und der Verurteilung überstanden hat, liegt der Text meistens in fast identischer Form mit der ursprünglichen Fassung wieder vor, jetzt freilich beglaubigt durch ein Kollektiv, das per definitionem integer ist.

Stundenlang wird die Erledigung kollektiver Aufgaben, die zu nichts nutze sind, außer jeden neu Hinzukommenden in die Flucht zu treiben, hartnäckig abgefragt. Gleichgültig gegenüber den Abgängen, setzt das Komitee ungerührt seine spröde, esoterische Arbeit fort.

Mit lobenswerter Ausdauer hält Marguerite Duras aus, was sie selbst als »Hölle« bezeichnet und wofür es ihrem eigenen Eingeständnis nach »außergewöhnlicher« Zähigkeit bedarf, um die todlangweiligen Versammlungen einigermaßen mit Würde zu ertragen. Sie verteidigt jedoch die Heilkräfte dessen, was man später den intellektuellen Terrorismus nennen wird. Trotz allem gibt es ihrer Ansicht nach in diesen hochgradig spannungsgeladenen Verhältnissen nämlich etwas Revolutionäres: eine Aufrichtigkeit, die die Authentizität der Gruppe bezeugt. Das unerbittliche Niedermachen der vorgeschlagenen Texte stört sie nicht. Ihr, die sich in der Sprache wunderbar wohlfühlt, die in derart gelungenen Formulierungen mit Worten spielt, daß man nicht weiß, ob der Gedanke das Wort schafft oder das Wort den Gedanken, bereitet das sicher eine bestimmte Lust. Jedenfalls behauptet sie, daß etwas Gutes daran sei. Und das Endergebnis feiert sie enthusiastisch: »Gemeinsam schreiten wir einer rigorosen Freiheit entgegen.« Sie meint, daß der Wert des einzelnen sich in dieser Prüfung erweise. Außerdem stabilisiert sich die Gruppe. Vorübergehend gibt es keine Austritte mehr. Und so folgert sie: »Wir sind ewig.«

Der Tag bleibt nicht aus, an dem Marguerite Duras selbst mit dem Komitee aneinandergerät. Nun wird sie ins Gebet genommen wegen eines Textes, der eine kritische Hommage an die Funktionsweise der Gruppe außerhalb der »Arbeit« an der Sorbonne ist. Abgelehnt! Wenn sie glaubte, alles sagen zu dürfen, hat sie sich getäuscht. Obwohl sie sehr konziliant gegenüber dem Komitee ist, wird ihre Freimütigkeit als zu »persönlich«, »literarisch«, »böswillig«, »falsch« befunden. Diesmal allerdings hat die Beleidigung des Stars das Auseinanderbrechen des Komitees nach viermonatiger Existenz zur Folge.

Sie vergißt das nicht. Später sagt sie in einer allgemeinen Erörterung der Frage der Macht: »Ich bin der Ansicht, daß Macht, welcher Art auch immer, die des Volkes oder die einer Partei, stets eine ekelerregende Episode in der Geschichte des Menschen und der Welt ist. In allen Fällen ist die Machtergreifung eine Usurpation der vorhergegangenen Macht.«[14]

Im Oktober 1968 erscheint ein Bulletin, um trotz allem eine konkrete Spur der Träume des Komitees von Schriftstellern und Studenten zu hinterlassen. Getreu dem Prinzip der damals geforderten egalitären Anonymität wird kein Artikel unterzeichnet. Erinnerungshalber sind nachher mehrere Exemplare handschriftlich mit Unterschriften versehen worden.

Duras schreibt: »Morgen war der Mai: die unendliche Macht der Destruktion-Konstruktion.«

Für Marguerite Duras ist der Mai '68 also nicht vorbei. Sie will weiter jeden Anlaß nutzen, in einer Gesellschaft, die sie ansonsten für tot hält, eine revolutionäre Flamme am Leben zu halten. Demonstrationen, Unterschriftenlisten, Kleingruppenaktionen, provozierende Erklärungen...: sie verharrt im Stand unveränderten, unumkehrbaren Protestes.

Keine Gelegenheit läßt sie aus, um Krach zu schlagen. Auf Initiative von Roland Castro[15] besetzt sie, als fünf Immigranten in einem heruntergekommenen Heim vor Kälte gestorben sind, aus Empörung die Räume des französischen Unternehmerverbandes. Mit ihr dringen Dionys Mascolo, Maurice Clavel, Jean Genet, Pierre Vidal-Naquet und zahlreiche andere Akademiker, Schauspieler und Mitglieder der Gruppe *Vive la révolution!* in das Hochhaus ein, das wenig später von der Polizei geräumt wird. Es gibt Verletzte. Duras wird festgenommen und landet als Angeklagte in Beaujon. Gern hätte sie gemeinsam mit Henri Thomas auch die Éditions Gallimard besetzt. Andere schlimme Ereignisse mobilisieren sie, die

Selbstverbrennung eines Gymnasiasten, die Arbeitsunfälle an den Dünkirchener Werften.

Nach der Verabschiedung der »*loi anti-casseurs*«[16] durch die Regierung von Georges Pompidou werden die Linksradikalen verfolgt, die Führungsmitglieder verhaftet, die Organisation *Gauche prolétarienne*[17] aufgelöst. Satirische Blätter werden verboten. Die von Sartre herausgegebene Zeitung *La cause du peuple*[18] wird beschlagnahmt. Duras unterstützt die von Simone de Beauvoir gegründete Gesellschaft der Freunde von *La cause du peuple*. Wann immer es geht, fördert sie die Unordnung.

Hingegen sind für sie politische Unterstützung und der Rahmen einer Gruppe, »das Äquivalent einer Neurose«, wie sie sagt, vorbei. Jedesmal ist sie darauf hereingefallen, und jedesmal verebbt das Abenteuer schließlich in Rhetorik. Ach, hätten die Menschen nur schweigen können und etwas Demut gezeigt angesichts eines derart bedeutenden Ereignisses, wie es der Mai '68 war, hätten sie sich die Zeit genommen, es zu erfahren, anstatt es eilig erklären, deuten, benutzen zu wollen, noch ehe die Masse die Möglichkeit zur Innovation hatte! Dann wäre zweifellos etwas absolut Neues entstanden. Die Ungeduld, sofort das Terrain in Beschlag zu nehmen, sofort das Schweigen zu füllen, mit frommen Parolen in aller Namen zu wetteifern, hat es erstickt: Duras verflucht sie, eine derartige Hoffnung ruiniert zu haben.

Sicher ist sie selbst nicht stumm geblieben und hat einen Teil Schuld an dem Bankrott. Immerhin hat sie nie etwas rationalisiert. Das Unbekannte ist ihr Reich. Sie folgt dem, was sie »das Licht im Grab« nennt, und läßt sich von ihrem »Wahn« leiten. Sie erwartet keinen anderen Trost als den, wenn möglich: brüderlich zu teilen. Doch Anweisungen und Absprachen, um zu handeln – damit ist Schluß.

Duras glaubt nur noch an die politische Utopie. Weil es ihrer Ansicht nach die Utopie ist, die die Ideen der Linken vorwärtsbringt. Selbst wenn sie ohne Ergebnis bleiben, hinterlassen sie Spuren. Jeweils konkret und direkt auf die Unterdrückung zu antworten, ohne Wirkung oder Folgen abzuschätzen, das ist jetzt die einzige Taktik, die ihr geeignet scheint, um eine Bresche in die Zivilisation zu schlagen: »Man muß Dinge versuchen, selbst wenn sie zum Scheitern verurteilt sind. Selbst gescheitert, sind es die einzigen, die den revolutionären Geist vorantreiben«[19], erklärt sie.

Sie idealisiert eine Rebellion, die sich anders, negativ in die Politik einbringen würde: sich weigern, Steuern, Telefon- oder Elektrizitätsrechnungen zu bezahlen; kein Auto mehr kaufen; in den Läden klauen; nicht mehr wählen. Millionenfach passiven Widerstand leisten. Dann die Gefangenen befreien oder die Gefängnistore offenlassen für diejenigen, die dort bleiben wollen... Sie träumt von improvisierten, durch und durch sinnlosen Aktionen, die sich von der politischen Logik nicht entfremden lassen. Sie träumt von einem gigantischen Aufräumen des Planeten. Und vom anschließenden Neubeginn der Menschheit.

»Allein der Wahn ist vor der Welt geschützt«, sagt Marguerite Duras. Möge sich das Feld des Wahns ausweiten: nichts wünschenswerter als das. Für sie bedeutet das, daß die Empfindungsfähigkeit zunimmt, die Indifferenz abnimmt und die Intelligenz die Verworfenheit der gegenwärtigen Gesellschaft besser erkennt. »Wenn der Vietnamkrieg, der Algerienkrieg, der Biafrakrieg die geistige Gesundheit der Menschen nicht im geringsten antasten würden, dann wäre alles vollständig zum Verzweifeln (...) Ich sage nicht, daß die Verrückten Weise sind, aber sie sind das lebendige Neue, das kommt.«[20] Sie wird kein Buch mehr schreiben, in dem kein Verrückter vorkommt.

Noch gibt es eine Hoffnung. Sie entdeckt sie heute deutlicher in einer parallelen Welt, mit einer immensen Bevölkerung, der Mehrheit der Weltbevölkerung und doch marginal, die den von Männern erlassenen Gesetzen unterworfen ist, aber aus etwas Anderem, sehr Geheimnisvollem geschaffen ist: die Frauen. Frauen ertragen ohne Panik die Abwesenheit von Gewißheiten. Sie leben mühelos im Unfaßbaren. Sie sind eine Welt von Schweigen, die aus einer vor den Ideen, aus einer »vor dem Wort liegenden Dauer«[21] hervorgeht. Hier liegt ein mächtiges revolutionäres Potential. »Ja, die Frau besitzt diese unvergleichliche Gnade, im Zustand des konstanten Verderbens zu sein (...) Verdorben zu sein, das ist prächtig. Das unterliegt noch der Kindheit. Alle Kinder sind verdorben (...) Das liebe ich an den Frauen.«[22]

Aus der redseligen Sackgasse des Mai '68 kommt jetzt in Frankreich eine stockende, doch kraftvolle Rede hervor, der Marguerite Duras sofort die eigene Stimme hinzufügt. Das weibliche Denken kann die Welt retten. Daran, daß das Anliegen der Frauen ihr eigenes ist, wird sie stets festhalten. »Es ist die grundlegende Frage. Davon ausgehend, ist alles möglich. Ohne sie wird nichts passieren. Das ist eine Grenzfrage: jenseits davon ist nichts. Wird sie, die integrale Entfremdung in der Erduldung, nicht gelöst, werden wir nie über das, wo wir sind, hinauskommen.«[23]

Ihre Interventionen zugunsten der Frauen sind trocken, entschlossen, ihre Positionen radikal. Sie unterzeichnet das »Manifest der 343« in *Le Nouvel Observateur*, der »343 Säue«, wie die Rechtsaußenpresse sie nennt, und schließt sich den Forderungen nach freier Kontrazeption und Straffreiheit der Abtreibung an. Der Aufruf hat in der Öffentlichkeit eine extreme Wirkung.

Sie steht immer an der Seite der demonstrierenden Frauen, die sich von den Riesenversammlungen jenseits des Atlantiks ermuntern lassen. Rückhaltlos stellt sie sich als moralische und intellektuelle Bürgin für zahlreiche Frauenaktivitäten zur Verfügung: Filme, Romane, Zeitschriften. Außerdem wirkt sie an der Monatszeitschrift *Sorcières* mit. Ihre besten Freundinnen sind engagierte Feministinnen. Bei aller Solidarität aber bleibt sie entschieden unabhängig. Theoretischer Begeisterung gegenüber mißtrauisch, ermutigt sie den feministischen Kampf abseits der organisierten Militanz. »Jeder militante Vorschlag ist zwangsläufig behindert«, wiederholt sie. Nie wird sie die Rolle einer Sprecherin übernehmen, auch nicht die einer bedingungslosen Aktivistin, in der sie das *Mouvement de libération des femmes*[24] gern gesehen hätte...

Ihr Sohn Outa macht ihr Freude. Jenen Generationen kläglicher Männer, die für die Menschheit eine Zukunft planen, welche ausschließlich ihrem eigenen Vorteil dient, wird er nie ähneln. Sie glaubt, ihn zu einem freien Menschen gemacht zu haben. In ihren Augen verkörpert Outa die Hoffnung auf eine vollständige Erneuerung der sozialen Verhaltensweisen.

Seit einiger Zeit sucht er seinen Weg in einer Hippiegemeinschaft. Er »erfindet das Leben neu«. Seine große Reise in das Unbekannte unternimmt er nicht in der Welt der Wörter: das Abenteuer bringt ihn sehr konkret nach Katmandu. Wutentbrannt wird ihn sein Vater abholen, nachdem er *in extremis* ins Krankenhaus von Neu-Delhi gebracht worden ist.

Duras wird das Umherirren ihres Sohnes in Asien nie direkt kommentieren. Die Hippies interessieren sie nicht. Ihr Indien ist nicht ihres. Sie ließ ihn tun. Das ist ihre Pädagogik. Über die Befreiungsbewegung des Mannes sagt sie: »(sie) hat dieses offene Wesen hervorgebracht, (...) wie den Hippie beispielsweise, welcher bereits fast als ein Modell des Androgynen erschien. Der Antiheld sozusagen, der bewirkt, daß es für die Frau ganz plötzlich ein Loch gegeben hat, es gab ein Loch auszufüllen.«[25]

Was die Zuflucht jener jungen Mutanten in das Schweigen der harten Droge betrifft... ein schwieriges Thema. Sie weiß, daß sie selbst, wäre sie mit Heroin in Kontakt gekommen, sehr schnell abhängig geworden wäre. Und in ihrer Umgebung hat sie so viele Opfer gesehen. Mit welchem Recht sie verurteilen? Bei ihr siegt jedoch immer die Emotion über die Prinzipien: »Jeder Dealer gehört umgebracht!«

Zu einer Zeit, die reich an subversiven Schriften ist, unter denen sich einige innovative Werke hervortun, die für das moderne Denken bestimmend sein werden – *Erziehung in Summerhill* von Alexander S. Neill, *Anti-Ödipus* von Deleuze und Guattari, *Psychiatrie und Antipsychiatrie* von David Cooper –, kehrt Marguerite Duras 1969 mit *Zerstören, sagt sie* in die literarische Aktualität zurück. Es ist ihr Stempel auf die Ereignisse.

Ihre letzte, Anfang 1968 veröffentlichte Sammlung von

Theaterstücken war nicht recht angekommen. Trotz des avantgardistischen Einschlags blieben *Das Shaga, Yes, vielleicht* und *Die Kommunisten* auf einen ganz engen Kreis von Rezipienten eingeschränkt. Außerdem gab es noch einen vierter Text, *Suzanna Andler*, »so etwas wie ein unmögliches Boulevardtheater«, das sie jetzt lieber vergessen möchte. Sie hatte ihn sehr schnell und leicht draufgängerisch für Loleh Bellon geschrieben, die um die Rolle in *Die englische Geliebte* gebracht worden war. Sicher wurde ihr nun klar, daß die vermögende Suzanna, die in ihrer Villa in Saint-Tropez der Traurigkeit ausgesetzt ist, in diesen Zeiten inquisitorischer Ethik mit weniger auffälligen Zügen besser ausgestattet gewesen wäre. Selbst wenn sie den guten Geschmack bewies, lieber eine glanzvolle Liebestragödie mit Blut und Mord als einen faden bürgerlichen Seitensprung zu erleben.

Die Kritik war furchtbar gewesen. Von seltener Härte. Letztlich aber konnte sich Marguerite Duras den Argumenten ihrer Kritiker nicht gänzlich verschließen.

Hingegen ist sie bereit, mit Zähnen und Klauen *Zerstören, sagt sie* zu verteidigen, ein Buch, auf das sofort ein Film folgt, den sie als eines der Hauptwerke in dieser Periode der nachachtundsechziger Ratlosigkeit sieht.

Zerstören, sagt sie – die moderne Fassung des 1954 veröffentlichten Textes *Les chantiers* – ist die Apologie der Zerstörung, die Kriegserklärung an den bürgerlichen Konformismus mit einem möglichen Ausweg. Die erste Zielscheibe, um eine viel tiefergehende Mutation der ganzen Gesellschaft zu ermöglichen, ist das Paar, der Stein des Anstoßes für das Glück. In *Zerstören* finden sich zwei Männer und zwei Frauen an einem undefinierbaren, von Wald umgebenen Ort eingeschlossen. Dort fallen ihre sozialen Gewohnheiten ab. Ihre Vergangenheit löst sich auf. Sie zeigen sich als andere. Über sexuelles Umherschweifen, ein wirksames Instrument gegen die bestehende Ordnung, ist eine der beiden Frauen bereits in den revolutionären Prozeß eingetreten. Die andere verabscheut zunächst ihre eigene Vergangenheit, womit sie, Duras zufolge, den ersten Schritt getan hat. »Ich bin sicher, eine Revolution wird es nur geben, wenn sie von der tiefen Veränderung eines jeden ausgeht«, behauptet sie in Übernahme eines Gedankens der Surrealisten. Die Revolution kann sofort anfangen. Es genügt, die Verhaltensweisen und die Mentalitäten anzugreifen, um das tägliche Leben unmittelbar zu verändern.

Das Buch wird aufgenommen wie ein Pflasterstein gegen ein Polizisten-Schild. Die Aufforderung zur Zerstörung wird in den meisten Fällen wörtlich genommen, und der Öffentlichkeit bricht der Angstschweiß aus. Ende 1969 wird Marguerite Duras von Jacques Chancel interviewt. Die entscheidenden Passagen lauten:

»Muß unbedingt alles zerstört werden?«

»Ich glaube, ja. Ich möchte, daß man alle Schulen, alle Universitäten, alles zerstört.«

»Um alles neu zu machen?«

»Ja, aber später. Erstmal um ein ausgiebiges Bad im Unwissen, in der Absurdität zu nehmen... Ich denke, vor der Wiedergeburt wird es eine sehr lange, tiefe und unangenehme Periode von Dunkelheit geben. Es wird furchtbar sein. Es ist wesentlich schwerer, sich von einer Denkgewohnheit, einem Vorurteil zu lösen, loszureißen, zu befreien, als einen Molotow-Cocktail zu werfen.«

»Kann man einem Jugendlichen sagen: Zerstören Sie sich?«

»Nein, man kann ihm sagen: höre auf nichts. Tue genau das, was dir gefällt.«

»Wenn in China Schulbücher verbrannt werden, finden Sie daran etwas Richtiges?«

»Ja, das denke ich. Ich bin keine Maoistin, ich denke aber, das ist richtig.«

»Um alles neu zu erfinden?«

»Damit sich alle die Ohren verstopfen, sagen wir mal...«

»Für Sie ist das alles idyllisch?»

»Nein, das ist realistisch.«

»Sind Sie eine geborene Revolutionärin?«

»Niemand ist im Sinne des Wortes ein geborener Revolutionär. Nun, ich hoffe, eine Kommunistin zu sein... Alles, was ich tue, was ich denke, was ich sehe, was ich höre, hat sein politisches Korrelat. Ich komme nicht darum herum. Es ist inzwischen ein unvermeidliches Korrelat.«

»Was ist für Sie der Kommunismus?«

»Das Ende von allem, was Sie hier und heute um sich und allerorts sehen... Ich weiß nicht, was es sonst ist. Niemand weiß es. Bisher sind die kommunistischen Experimente gescheitert. Von China und Kuba einmal abgesehen. Castro weiß nicht, wohin er geht. Mao Tse-tung auch nicht. Was mich in China beruhigt, ist, daß es einen Linksradikalismus gibt. Die Russen, das ist bereits hinüber. Ich bin vollkommen linksradikal, ich bin von Grund auf für sie. Ich glaube, daß man unumkehrbar links ist. Man ist das für immer. Sowieso ist die Linke noch im Kommen... Ja, die Linke ist zerrissen. Doch zerrissen wie sie ist, ist sie lebendiger als jede andere Bevölkerungsschicht. Überall.«

»Ihr Herz schlägt links?«

»Ich denke nicht mit meinem Herzen. Ich denke mit meinem Kopf. Und mein Kopf ist links, ja. Ich hoffe es zumindest. Das ist ein Wunsch, den ich habe.«

»Sie denken, daß die Menschen in China und Kuba glücklich sind?«

»Das ist nicht das Problem. Sie werden es sein. Sie sind es noch nicht.«

Vielleicht stärker als jeder andere zieht Marguerite Duras damals enormen Haß auf sich. Mit Ausnahme des Teils der Jugend, der sie vergöttert, verfeindet sie sich von links bis rechts praktisch mit allen. Außer ihrem Feminismus, ihrem Antikonformismus, ihrem politischen Extremismus bündelt sie einen Komplex von Widersprüchen, die für viele untragbar sind. Die Linke hält ihr ihre hochmütige Unabhängigkeit vor, die Attitüde eines »links von mir ist nur noch die Wand«, die sich nicht dazu herabläßt, nach einem Zugang zu den Renault-Arbeitern zu suchen. Ihre Person repräsentiere eine bestimmte »Kaviarlinke«. Die Rechte steht nicht nach und ironisiert die begüterte Linksradikale, die die Ungleichheiten und Privilegien anprangert, während sie hinter Publizität und

Geld her ist und eine Immobilie nach der anderen erwirbt. Diese Frau verwirrt, stößt ab, beunruhigt. Ihre Intelligenz ist des Teufels. Man empfindet sie als gefährlich, so wie man es von einem frei herumlaufenden Verbrecher meint. Zumal ihre tatsächliche Geistesfreiheit sie auf alles eine Antwort finden läßt:

»Sie sind für das Auto und für das Eigentum?« fragt Jacques Chancel.

»Sicher. Nun, das Eigentum... Ja, ich bin dafür, daß man ein Auto besitzt... Ich bin nicht dafür, daß man ein Kind oder eine Frau besitzt... Die Jugend von heute hat diesen Liebesmodus von Inbesitznahme und Bevorzugung aufgegeben, das ist sicher.«

»Das ist keine sehr linksradikale Argumentation.«

»Finden Sie? (Sie lacht). Ich finde es auch nicht!«

»Sind Sie für Verzicht?«

»Keineswegs. Ich bin im Gegenteil für ein weitaus intensiveres Leben.«

»Haben Sie Gefallen an Geld?«

»Ich hätte gern viel davon. Ich habe nicht so viel.«

»Ein wenig kommunistisches Gefühl.«

»Sie machen sich vom Kommunismus eine vollkommen unschuldige Vorstellung... Ich will gern kein Geld haben in einer Welt, in der es keines gäbe. Aber in einer Welt, in der es da ist, will ich nicht darauf verzichten!«

»Sie sehen ein, daß andere darüber anders denken?«

»Nein, das sehe ich nicht ein.«

»Sind Sie sektiererisch?«

»Ich bin in gewisser Weise sektiererisch, ja. Ich glaube unbedingt an die Niederlage des Gaullismus und seiner Folgeerscheinungen. Im übrigen ist er kaum noch vorhanden, das ist nur noch ein Aufschub.«

Für die revoltierende Jugend wird Marguerite Duras mit *Zerstören, sagt sie* ein unantastbares Monument. Sie wird verehrt, aus Gründen, die sie zugleich begeistern und erschrecken. In der damaligen Konfusion ist Duras eine klare Stimme, die die Richtung angibt. Ihre Rede ist neu, sie versteht sich als diskurslos, doch die ausgearbeitete Negation bietet einen Rückgriff: getreu dem achtundsechziger Geist ist sie die pausenlos eingehämmerte Behauptung des Bruchs und Ausdruck eines sich entwickelnden, also der Zukunft aufgeschlossenen linken Pessimismus. Duras traut sich. Sie hat genau den nötigen Vorsprung gegenüber ihrer Zeit, damit die Jugend in ihre Fußstapfen tritt und sie selber sich, vor den anderen, bewußt werden kann, daß sie sich geirrt hat. So wirkt ihr Diskurs immer wie an der Speerspitze der Avantgarde.

Zerstören? Ja, und sehen Sie, ich sage es und ich tue es. Ich, die Schriftstellerin, die nicht leben kann, ohne zu schreiben und ohne über das, was auf meinem Blatt Papier erscheint, vor Ergriffenheit zu weinen, ich habe ein ganzes Jahr nicht geschrieben, und dann habe ich ein »zerbrochenes Buch« gemacht. Ohne Beschreibung des Dekors, ohne Situation der Handlung, ohne Hinweise zu Raum und Zeit und sogar ohne »Sätze«. Personen, von denen man beinah nichts weiß, in Szenen, die elliptische Chronologien trennen. Ein vom Romanhaften geläutertes »Material zum Lesen«, in dem sich die Erzählung auf szenische Hinweise beschränkt, die an Filmskripts erinnern. Jeder kann an seinem Leben etwas ändern: ich habe mir die Zerstörung des Schriftstellers vorgenommen. Die jungen *aficionados* knien nieder vor einem solchen Modell.

Duras verallgemeinert bald diese Arbeitsmethode. »Ich kann überhaupt keinen Roman mehr lesen. Wegen der Sätze«, sagt sie. Auch keinen gewöhnlichen Film will sie mehr sehen: »Ich langweile mich. Und zwar tödlich.« Sie zieht es vor, sie sich von Freunden berichten zu lassen, das ist ihre Weise »hinzugehen«. Sie schätzt nur den intellektuellen Film. Andere Filme findet sie völlig unverständlich: sie begreift tatsächlich nicht, was ihr da gezeigt wird. Das könne man so sehen, als ob sie »in der Situation einer Analphabetin« sei[26], gibt sie zu. Was sie allerdings deutlich erkennt, ist, wie sehr dieser Film erledigt ist. Und wie heilsam die Anklage eines parallelen Kinos ist:

»Die phänomenale Zuhälterei des Kapitalismus gegenüber

dem Kino vom Augenblick seiner Entstehung an hat vier bis sechs Generationen von Zuschauern geprägt, und wir stehen jetzt vor einem *Himalaya* von Bildern, der zweifellos die größte Ansammlung von Dummheiten in der Neuzeit ist«[27], stellt sie fest.

Warum sollte sie, da alle Verfilmungen ihrer Bücher sie niederschmettern, nicht selbst versuchen, das Kino zu machen, das sie gern auf der Leinwand sähe? Von ihrem Standpunkt aus kann es sowieso nicht schlimmer werden. Nach dem, was sie mitbekommen habe, behauptet sie, erfordere die Praxis des Films keine größere Begabung, als ein Auto zu fahren. Natürlich zieht sie den Film als Unterstützung des Geschriebenen in Betracht. Das Neue wird also sein, anhand des Bildes Bücher zu schreiben.

1966 hatte sie nicht gewagt, allein die Regie von *La Musica* zu übernehmen, sondern sich mit Paul Seban zusammengetan. Ihr Freund Jules Dassin hatte den Film produziert. Die in den Film gesteckte Summe, hundertzehn Millionen alte Francs, davon fündundzwanzig Millionen vom *Centre national du cinéma*, hatte sie angewidert, während Dassin die Kosten lächerlich fand. Das viele ausgegebene Geld, nein, wirklich, das konnte sie nicht... Der Gedanke, *Zerstören* zu verfilmen, war ihr nicht von Anfang an gekommen. In einem 1969 gedruckten Interview der *Cahiers du cinéma* erläutert sie: »Es gab keine Filmidee, sondern die Idee eines Buchs, das genausogut gelesen, gespielt, gefilmt, und ich füge immer hinzu, weggeworfen werden könnte.« Für alle Fälle hatte sie Subventionen beim nationalen Filmförderungszentrum beantragt, weil sie dachte: »Was riskiere ich? Wenn ich kein Geld bekomme, drehe ich nicht.« Einige Fonds wurden aufgetan. *Zerstören, sagt sie* drehte sie innerhalb von zwei Wochen.

Mit Duras einen Film zu drehen bedeutet zunächst einmal Knappheit. Knappheit ausdrücklich und erklärtermaßen an allem, an Mitteln, Handlung, Aufnahmen. In einem Film, der mit Dollars vollgepumpt wird, riecht das Bild nach Dummheit. Sie glaubt allein an den Wert des Dürftigen. Als Joseph Losey erklärt, daß er diese Art Arbeit verabscheue, kontert sie: »Für mich hat er nie einen Film gemacht, der diesem das Wasser reicht.«

Der Jugend, bei der der Zauber des Werks sofort Wirkung zeitigt, imponiert diese ein Meter fünfzig große, sagenhaft unverfrorene und intelligente Königin. Duras erobert ein Publikum von glühenden Anhängern, die sich ihre Worte einsaugen und in die Vorführungen wie zu einer Kultstätte gehen. Einige werfen alle ihre Bücher weg, um ausschließlich ihre zu behalten.

Die Welt dieser Jugendlichen terrorisiert sie ein wenig, weil sie ständig auf alles Antworten verlangt, sie zu erobern ist aber wichtig. Die revolutionäre Tragweite von *Zerstören* bringt sie dazu, an Universitäten, in Jugendzentren und Filmclubs darüber zu sprechen. In Hochstimmung über diese Zusammenkünfte folgt sie jeder Einladung, denn zu dieser Zuhörerschaft unterhält sie eine ungewöhnlich herzliche und privilegierte Beziehung.

Ohnehin nimmt sie allein das Urteil der Jugendlichen ernst. Sie erinnert sich, wie der Vorsitzende der Jury Marcel Achard bei der Vorführung von *Hiroshima* in Cannes sagte: »Geht nicht hin... Das ist Scheiße...« Der Arme... Ist es heute nicht wirklich zum Lachen? *Zerstören* hat die Kritik noch übler aufgenommen. Duras macht fast eine heitere Miene dazu: »Weil sie den Film nicht mögen, denken sie, der Film sei nicht gut. Nun, ich sehe sie ganz unverächtlich als Menschen, die noch nicht vollkommen erwachsen sind.« Aber wenn die Jugendlichen nicht in ihren Film gehen, schmerzt es sie, »weil ich beim Schreiben, bei der Produktion in die Liebe zur Jugend eintauchte«. Der Rest der Bevölkerung ist ihr gleichgültig.

In Amerika und in England erntet *Zerstören* unglaubliche Ovationen. Das – hier ebenfalls vor allem jugendliche – Publikum erhebt sich und ruft: »Bravo, das ist die Welt, die zu schaffen ist, das ist die Richtung, in der gedacht werden muß!« berichtet Marguerite Duras, überzeugt davon, daß ihr in Frankreich die Rechte mit allen Mitteln schaden will. Trotzdem beginnt man ihre Werke in die offiziellen Lehrprogramme aufzunehmen. Zunehmend behandeln Studenten ihr Werk in Dissertationen, Prüfungen, Abhandlungen, wobei sie die unterschiedlichsten Zugänge finden. In den Vereinigten Staaten gibt es, sicher von der feministischen Bewegung angespornt, an zahlreichen Universitäten Forschungsarbeiten zu ihren Büchern. In Berkeley wird ihr politisches Engagement in einer Doktorarbeit als »natürlich« bezeichnet. Welche Freude, so etwas zu hören! Genauso erlebt sie es: als natürlich, ohne es zu durchdenken und auszuarbeiten. Im Ausland, wo sie zuerst anerkannt und in den Himmel gehoben worden ist, fühlt sie sich sowieso besser verstanden. Es ist auch das Ausland, das für ihre materielle Existenz sorgt. Die Presse in Berlin, New York, London, Toronto reißt sich um sie. Sie ist die Muse, die Pasionaria, die offizielle Statue der bürgerlich-linksradikalen Dissidenz. Jetzt ist sie international. Welche Revanche, immerhin!

Amerika, Exilland *par excellence*, zieht sie an. Besonders New York, für das sie schwärmt. Als sie nach einem Aufenthalt von anderthalb Monaten nach Frankreich zurückkehrt, spielt sie mit dem Gedanken, sich in den Vereinigten Staaten niederzulassen. Wird sie befragt, wie sie, mitten im Vietnamkrieg, ihren Kommunismus mit dem Gefallen am kapitalistischen Mutterland vereinbart, antwortet sie, ohne sich diese Logik zu eigen zu machen, New York bedeute für sie das Privileg eines sehr intensiven, sehr heiteren Lebens in der schönsten Stadt der Welt. Vor allem macht sie sich Sorgen, die amerikanischen Behörden könnten sich weigern, ihr Visum zu erneuern. »Dort habe ich das tiefe Bedürfnis verspürt, mein Leben zu verändern (...) Dort war ich permanent erregt, außer mir. New York bedeutet mir genausoviel wie Paris. Und dennoch ist es eine Stadt, in der ich jedesmal Lust habe, sie niederzubrennen«, erklärt sie und ergänzt: »In fünf Jahren wird es ein Ballungsraum von acht Millionen Proletariern sein, einzigartig in der ganzen Welt. Jedes Jahr verlassen fünfhunderttausend Menschen, Bürger, New York. Und fünfhunderttausend Jugoslawen, Puertorikaner, Portugiesen und Schwarze kommen in Manhattan neu hinzu. Das ist ein in der ganzen Welt einzigartiges Phänomen. Und äußerst spannend.«[28]

Gegenüber Frankreich kehrt sie jetzt eine große Indifferenz heraus. Dieses Land, das gerade in einem Plebiszit der Rückkehr zur alten Ordnung zugestimmt hat, enttäuscht sie. Sie ist geneigt, darauf bösartig zu reagieren. Einzugestehen, daß sie sich hier in Wirklichkeit noch nie zu Hause gefühlt habe. Und daß sie außerdem keine hundertprozentige Französin sei. Zum ersten Mal seit sehr langer Zeit erwähnt sie ihre indochinesische Herkunft und ihre Doppelkultur. Sie erinnert daran, daß sie im Abitur Vietnamesisch als Wahlfach hatte und beide Sprachen bis zu ihrem siebzehnten Geburtstag gleich gut sprach. Die Mehrheit der Leser entdeckt jetzt, daß Marguerite Duras eine Kreolin ist. Seitdem erwähnt sie es immer wieder.

Hat sie hier nicht die Freiheit, alles zu tun, was ihr beliebt? Sicher, aber auch nicht mehr als anderswo. Die Engländer wollen sie: »Ich soll dorthin gehen, haben sie mir gesagt. Es trifft zu, daß ich mich in Frankreich ein bißchen wie im Ausland fühle, das ist es! Ich kenne die Leute nicht gut; die Pariser, ich weiß nicht, wer das ist, ich sehe sie nie. Ich lebe in einem sehr abgeschlossenen Milieu. Nun ja, ich lese Zeitungen.«[29]

Der letzte Krieg hatte ein nationalistisches Gefühl in ihr aufkommen lassen; die Natur der achtundsechziger Ereignisse führt sie zu einer eher kosmopolitischen Einsamkeit. Von nun an spielt sich das Schicksal der Welt für sie im wesentlichen außerhalb des Hexagons ab. Allerdings hält sie die französische Sprache hier zurück. Sowie ihre Freunde, in der Mehrheit Immigranten, vor allem die argentinischen Künstler der TSE-Gruppe. Die politische Verfolgung und die polizeiliche Gewalt, denen sie in Argentinien, diesem »Vietnam des südlichen Pazifiks«, ausgesetzt sind, bringt diese Exilierten der Schriftstellerin nahe. »Sie gehören komplett zu mir«, sagt sie. Schöpferische Kraft sieht sie immer und überall nur außerhalb des Establishments: »Die tatsächliche Regierung aller Länder ist im Untergrund und in den Gefängnissen.«

Ob hier oder anderswo: jede Revolution ist unmöglich. Sie glaubt nicht mehr daran und sieht das schon sehr klar. Im Laufe der siebziger Jahre wird sie prägnante Formulierungen herausschälen, die zu Zeitungsschlagzeilen werden. »Soll die Welt zugrunde gehen, das ist die einzige Politik«[30], trifft ihre Haltung am besten.

Unter der Wirkung des Scheiterns des Mai '68 beschließt sie, für einige Zeit zu schweigen. Immer häufiger lehnt sie Gespräche und Interviews ab. Zu keinem Thema will sie sich mehr äußern. Es lohne sich nicht: »Von einem bestimmten Grad der Verkalkung an ist es sinnlos, mit den Menschen zu reden.« Immerhin hat sie doch eine Theorie des Romans? Sie hat keine. »Das bringt mich zum Lachen. Schon der Gedanke daran.« Für die Jugendlichen gilt dasselbe: sie hat ihnen überhaupt nichts mehr zu sagen. »(...) die Jugend ist ja sehr nett, aber es gibt nichts Einförmigeres (...) Es geht mir auf die Nerven, wenn ich den ganzen Tag mit Studenten zusammen bin, die mir Fragen stellen, wenn ich nie allein bin.«[31]

Selbst wenn sie es noch nicht laut sagt, ist sie mit den Linksradikalen nicht mehr solidarisch. Subversiv, ja und für immer, aber mit jener kindlich bornierten Aufgeregtheit, die unfähig ist, ihr Handeln den politischen Veränderungen anzupassen, stimmt sie nicht überein. Jene Nostalgie nach unreifen Revolten sei letztlich albern, und beunruhigend sei auch das Ausbleiben von Skrupeln davor, um jeden Preis eine vollkommen unbedeutende Rolle zu spielen. »Bei einigen von ihnen gibt es ein geistiges Durcheinander, ein Mißverhältnis zwischen politischem und geistigem Alter, das sie zu sehr großen Dummheiten verleiten kann. Das kann gefährlich werden«[32], urteilt Duras vier Jahre später.

Die Welt ist falsch und unerträglich, man bekommt keine Luft mehr. Die Welt der anderen ist ein Zwangslager. Wenn sie ausgeht, sieht sie es jetzt überall. Wie schaffen es Millionen von Menschen, das auszuhalten? An manchen Tagen möchte sie verschwinden. Wie an dem Tag, wo sie nach Rom gereist war, um Nello Risi zu treffen. Am Flughafen war sie mit Produzenten verabredet, aber sie ging nicht hin. Bis zum Abend blieb sie in der Eingangshalle sitzen. Sieben Stunden lang. Nur einmal stand sie nachmittags auf, um einen Capuccino zu trinken. Den Kaffee hatte sie sich über ihren weißen Rock geschüttet, aber nichts unternommen: sie setzte sich an derselben Stelle wieder hin, mit einem riesigen Fleck in Kniehöhe. Eine verlorene Clochardin. Alle Welt erregte sich über ihr Verschwinden. Sie jedoch fühlte sich wohl auf jener Bank. Vollkommen wohl. Mit dem Gefühl, genau am richtigen Ort zu sein. Niemand wußte, wo sie war. Vor allem das genoß sie. Unerkannt und unbekannt. An jenem Tag wollte sie nicht mehr leben. Als die Produzenten sie schließlich fanden, mit dem Milchkaffe auf dem Rock, sagten sie sich: »Das soll Duras sein? Oh...« Und dann setzte sich die Maschine wieder in Betrieb, sie sprach von ihrem Film, schimpfte, kämpfte, glaubte. Doch der Schwung ist gebrochen.

Sie muß ausreißen. Sie muß ihren Tonlé Sap in der Umgebung von Trouville wiederfinden. Das Meer, den Sand, den Wind. S. Thala, das Niemandsland. Hier ist sie in der »Allgemeinheit der Welt«, in der »zum Ganzen aufgeschlossenen Weite«. Ihre »Bevölkerungen« irren schlafwandlerisch über den Strand. Laufen, bleiben stehen, warten. Sie weiß nicht, wie sie hierhergekommen sind. Ihre Verrückten, ihre Toten sind vorgegangen, und sie folgt ihnen. »Wächter des Sandes, des Meeres.« Für jene ist es vorbei. Keine kapitalistische Gesellschaft mehr, kein Kolonialismus mehr, keine Anklage mehr, keine Bindungen mehr. Sie widersetzen sich nicht mehr und sind von nichts mehr abhängig. »Sie ›sind‹ die Politik, sie machen keine mehr.«[33]

Duras tritt hinter diesen Menschen aus S. Thala zurück, die an »einem toten Punkt des Raumes, an einem toten Punkt der Zeit«[34] umhergehen. Die Strecke, die sie zurücklegt, ist so weit, daß sie diesmal den Rückweg ganz aus den Augen verliert. Sie schreibt *L'amour*, *Liebe*. Das Buch wird gemacht, wie, vermag sie nicht zu sagen. Es entgeht ihr vollkommen. Auf einer seiner Seiten entdeckt sie einen Satz, den sie als den schönsten ihres Lebens betrachtet: »Hier, bis zum Fluß, ist S. Thala. Und hinter dem Fluß ist immer noch S. Thala.« Sie versteht ihn nicht. Weint. Lol V. Stein ist an das Ende ihres Wahns gelangt. Duras läßt sie allein darin untergehen. Sie kehrt zurück. Entschlossen, nie wieder so weit weg zu gehen.

In einer französischen Gesellschaft, in der die Leidenschaften verebbt sind, bleibt Marguerite Duras lange eine der wenigen Persönlichkeiten des öffentlichen Lebens, die nie ins Glied zurücktreten werden. Und sie wird auch die Schärfe nicht mildern, um ihre permanente Wut von Kindheit an auszudrücken. Dem Wahn und Marie Donnadieu treu. Aber sie erschreckt niemanden mehr, sie wirkt nicht einmal mehr provozierend, einfach nur noch extravagant. Wie alle Schriftsteller ist sie eben exzessiv. Wenn sie in regelmäßigen Abständen ihre Handgranaten wirft, ruft sie höchstens Gelächter hervor. »Das genaue Sehen der Welt ist ein terroristisches Sehen!« Ja, ja, schon gut... Ach, unbeschreiblich, diese Frau! Die Karikaturisten halten sich nicht zurück. Man wird sie wie zur Zerstreuung weiter über Politik befragen. Einen *melting pot* zu ihrem Werk und zum Leben im allgemeinen. Darin brilliert sie. Nun ist Marguerite Duras zu den Reden eines Künstlers verdammt.

XVII.
Zehn Jahre Flucht in den Film

M it *Liebe* ist eine Schwelle erreicht. Schreiben ist eine zu ernste Angelegenheit geworden, um das Buch vor dem völligen Untergang zu bewahren und sich trotzdem ein wenig dabei zu schonen. Duras mag es nicht mehr riskieren. Ohne bewußten Entschluß verläßt sie für unbestimmte Zeit die Literatur. Sie findet, sie sollte ihre Kreativität jetzt auf den Film lenken. Die französische Gesellschaft der siebziger Jahre liest nicht mehr. Von den Titeln zeitgenössischer Autoren werden nur noch eine Handvoll Exemplare verkauft. Wird am Ende gar nicht mehr verlegt werden? Duras befürchtet es. Die Menschen gehen ins Kino oder sie kaufen Marcuse – der seinerseits eine Auflage von hunderttausend Exemplaren erreicht. Erschreckender Rückstand des Wortes, denkt sie. Die Literatur fällt dem Film anheim.

Die Banalisierung des Werkes durch den Film schmerzt sie. Seine Vorführung in Kinosälen ist noch vulgärer als seine Darbietung am Theater. *Den Vize-Konsul* beispielsweise auszuliefern, »von ihrem Inneren loszureißen«[1], um das Buch in die Hände einer mindestens zwanzigköpfigen Gruppe zu legen, ehe es der Menge präsentiert wird, das ist ein schwerwiegendes Problem. Duras fragt sich, ob sie dazu befugt ist.

Filmskripts zu schreiben bedeutet zugleich aber auch, der Nüchternheit der Bücher zu entkommen. Es bedeutet, jener Angst zu entgehen und sich Vergnügen zu verschaffen. Mit dem Bild ist das Schreiben zu Ende, hört das Buch auf. Ideal wäre es, Stifte und Kameras überhaupt zu vergessen, um sich einfach dem Müßiggang hinzugeben. Duras ist gewillt, es auszuprobieren. Also geht die Schriftstellerin in Neauphle-le-Château, ihrem Landhaus, in Rekonvaleszenz. Eine bessere Ablenkung von der Abenteuerlust als dieses Refugium, in dem etwas von Glück aufblüht, gibt es für sie nicht.

Duras' eigentliches Zuhause ist weder in Paris noch in

Trouville. Es ist dieser alte Bauernhof an einem wunderschönen Teich, umgeben von einem Garten mit Tausenden Rosen, der bis zum Wald durch einen Park verlängert wird. In den Bäumen und in der Voliere lauter Vögel, im Teich Frösche und Kröten; Sträucher und Pflanzen im Überfluß. Das Ganze hat den wunderbaren Charme jener alten Anwesen, deren Erhalt sorgsam gepflegt wird.

Daß sie diesen Besitz den Autorenrechten von *Heiße Küste* verdankt, begeistert sie immer von neuem. Sie kennt alles, jede Einzelheit, vom Keller bis zum Dach; und draußen den Platz jeder Pflanze, ob sie wild gewachsen oder gesetzt ist. Sie entdeckte Kinderspielsachen, Murmeln, Taschenmesser und zerbrochenes Geschirr, die in der Erde begraben lagen, und forschte nach weiteren Spuren der früheren Bewohner. So erfuhr sie, daß ein Gärtner hier gelebt hatte. Seine Frau hieß Marguerite-Victoire Sénéchal: ihr Name wird nun in einem Raum angebracht. Weiter kommt nichts zum Vorschein, was ihre Neugier befriedigen könnte. Keine Porträts, keine Briefe, keine Schulhefte. Zwei Jahrhunderte Schweigen: diese Menschen, vermutlich Analphabeten, haben keine geschriebene Spur hinterlassen. Also nichts von ihrem Leben. Das findet sie entsetzlich.

Jetzt fügt sich Marguerite Duras, geboren am 4. April 1914, berühmte Schriftstellerin, in diese Kontinuität ein. Jetzt ist sie es, die ihr Leben der Geschichte dieser Mauern hinzufügt, die auch nach ihr weiterstehen werden. Trotz ihres Eigentumstitels empfindet sie sich als vorübergehende Bewohnerin: »Angeblich gehört mir das Haus. Da ich es bezahlt habe, müßte es mir gehören. Doch nein. Im Grunde gehört einem ein Haus nicht. Es entzieht sich dem Besitz. Es gehört der Zeit (...) Es ist im vollständigen Sinn des Wortes eine Anlage. Dort legt man die Frauen, die Kinder und das Geld an«[2], sagt sie.

In Neauphle lebt Duras allein mit ihrer schwarzen Katze Ramona, »meiner Freundin, meiner Schwester, meiner Liebe«. Gegenüber dem Miauen der übrigen, verlassenen Katzen stellt sie sich taub, weil sie fürchtet, überrannt zu werden. Den

Freunden aber steht das Haus offen, und es ist so konzipiert, daß sie dort zu mehreren sein können, ohne sich gegenseitig zu stören. Als Gastgeberin, die in allen Bereichen des häuslichen Lebens glänzt, sorgt sich Duras liebevoll darum, ihren Wünschen nachzukommen. Wenn ihre Gäste ausgegangen sind oder am frühen Nachmittag schlafen, kocht sie für sie. Ein Wohlbehagen umfängt sie, ähnlich jenem, das dem Schreiben vorangeht. »Was das Schreiben am besten ersetzt, ist konkrete Arbeit. Das kommt aufs selbe heraus«[3], sagt sie. Mit minutiöser Sorgfalt bereitet sie die Suppe vor, eine hochernste Angelegenheit. Langsam schält sie das Gemüse, setzt es zum Kochen an. Ihre Lauchsuppe ist einmalig. Sie verrät auch das Rezept: »Den Lauch sollte man erst hinzugeben, wenn die Kartoffeln schon kochen: die Suppe bleibt grün und behält viel mehr Geschmack.«[4] Man darf sie bloß nicht auf dem Herd vergessen! Fünfzehn bis zwanzig Minuten Kochzeit genügen. Die meisten Französinnen verkochen das Gemüse so stark, daß ihr schaudert! Sich um das Haus kümmern, viele Kinder großziehen – gern hätte sie sechs gehabt –, und schreiben: damit hätte sie ihre Berufung restlos erfüllt. In Neauphle stürzt sich Duras in Hausarbeiten, ohne sich eine Atempause zu gönnen. Von ihrer Mutter hat sie die Freude an dieser Arbeit und die Gewohnheit, aus Widerwillen gegenüber Verschwendung Tricks und Kniffe zu suchen, um alles und jedes noch wiederzuverwerten: sie kann Reste von Mahlzeiten aufbereiten, reparieren statt kaufen, Wäsche flicken, einen gebrauchten Mantel in eine Jacke, ein Kleid in einen Rock umarbeiten. Sie dringt darauf, sogar die Kleider ihrer Freundinnen auszubessern, weil ihr das Spaß macht: »Das kannst du nicht wegwerfen! Schau, was man daraus machen kann!« Unordnung, vor allem in den Schränken und an Orten, die sich dem Blick entziehen, ist ihr ein Zeichen von Ratlosigkeit, das sie bei einer Frau beunruhigt. Genauso wie Schmutz. Übrigens schenkt sie der Sauberkeit eines Menschen mehr Bedeutung als seiner Intelligenz. Sie erfaßt sie beim ersten Blick.

Der Vorteil der Ordnung ist, daß man sich jederzeit vergewissern kann, ob etwas fehlt. Duras muß jederzeit wissen, was in den Küchenschränken noch da ist. Eine Folge der früheren Sorgen um das Überleben der Familie: »Ich suche noch immer die Autarkie des Schiffes auf der Reise durchs Leben«, sagt sie. Daß die Vorräte aufgebraucht sind, kommt bei ihr nicht vor. In Neauphle hat sie eine erschöpfende Liste der Produkte an die Wand gepinnt, die stets vorhanden sein müssen: Körnersalz und Streusalz, Pfeffer, Zucker, Kaffee und Nescafé, Wein, Tee, Öl, Essig, Brot, Nudeln, Kartoffeln, Reis, Knoblauch, Zwiebeln, Milch, Butter, Mehl, Eier, geschälte Tomaten, nuoc-mâm, Käse, Joghurt, Reinigungsmittel, Toilettenpapier, Glühbirnen, Seife, Putzschwamm, Javelwasser, Waschpulver für die Handwäsche, Kratzlappen, Ajax, Metallschwamm, Filtertüten, Sicherungen, Isolierband. Unbeeindruckt von den Fortschritten der Haushaltsindustrie ändert sich diese Liste im Laufe der Jahre nie. Sie hängt in keiner anderen ihrer Wohnungen. In Trouville oder Paris käme ihr gar nicht erst der Gedanke daran.

Nie hat Duras in der Rue Saint-Benoît der Einrichtung oder der Atmosphäre ähnliche Aufmerksamkeit geschenkt. Seit 1942 ist die Wohnung weder renoviert noch verschönert worden. Alles bleibt so, wie es war. Die Haushaltsgeräte funktionieren recht und schlecht, ohne daß sie es für sinnvoll hält, dem abzuhelfen. Der Kühlschrank beispielsweise schließt nicht richtig, wodurch die Lebensmittel verderben, trotzdem reicht er aus. Der Staubsauger saugt nicht mehr. Die Putzfrau beschwert sich darüber. Duras lehnt es ab, einen neuen zu kaufen. »Das ist ein hervorragendes Gerät, das ich 1945 gekauft habe, und es funktioniert noch sehr gut«, behauptet sie. In der Rue Saint-Benoît kommt ihr immer alles überflüssig vor.

Hingegen liebt sie es über alles, Gegenstände für das Haus auf dem Lande zu erwerben, dessen Atmosphäre etwas Koloniales ausströmt. In Neauphle vergnügt sich Duras. Sie spielt mit den Dingen, wird oft von unglaublichen Einfällen gepackt. Erst streicht sie alles rosa, dann alles grün. Alles heißt wirklich alles: die Tische, die Stühle, die Fenster, die Möbel – Kommoden, Schränke, Geschirrschrank. Bis zum letzten auf

einem Trödelmarkt erworbenen Gegenstand. Voller Leidenschaft steht sie da, mit ihren Pinseln und Farbtöpfen, und
tüncht.

Neun Frauengenerationen sind in diesen Wänden aufeinander gefolgt. Sie haben den Boden gewischt, Holz in den Kamin gelegt, dieselben Zimmer bewohnt, unter den gleichen
Lichtstrahlen am Fenster genäht, dieselben Ecken im Halb-
dunkeln gekannt. Nach identischem Muster haben sie das
Glück ihrer Familie inszeniert. Hier haben sie gelebt, hier sind
sie gestorben. Von einer zur nächsten derselbe Film. Marguerite Duras hätte an deren und sie an ihrer Stelle sein können.
Genauso wie andere Frauen heute ihre Rolle in dem Haus ein-
nehmen könnten. Seit beinah zwei Jahrhunderten beschützen
diese Steine und Balken eine Remanenz des Weiblichen, ein
»weibliches Auf-der-Stelle-Bleiben«[5], das Duras gleich einer
lebendigen Anwesenheit intensiv spürt.

Sie beginnt sich auszumalen, was früher um diesen Hof
herum geschah. Sie sieht immer dieselbe Szene: eine Frau
kehrt von der Feldarbeit zurück; ihr Mann erwartet sie unter
der Lärche im Garten, ein Kind schläft bei ihm; es ist sehr
heiß; die Frau klagt darüber. Dieser Seufzer, den Duras auf einen Apriltag legt, der natürlich durch keine Erinnerung termi-
niert ist, bewegt Duras derart, daß sie beschließt, einen Film
zu drehen, der dieses Schweigen sichtbar machen soll. Das ist
es im übrigen, was all ihre Filme kennzeichnen wird: »Leere,
Nichtgesagtes, Nichtssagen filmen.«[6]

Zum ersten Mal dreht Duras einen Film, der von einem bewohnten Haus ausgeht, als ob er von einem ihrer Romane
ausginge. In *Nathalie Granger* »ist das Haus der Text. Das
Haus ist das Buch«.[7] Schritt für Schritt, von einem Raum zum
nächsten, prägt Duras das Geschriebene des Ortes auf den
Film – und veröffentlicht es nach Beendigung der Dreharbeiten. Das sehr lange, sehr breite Erdgeschoß spielt die Hauptrolle vor Jeanne Moreau und Lucia Bose. Die beiden Stars de-
gradiert Duras zu schlichten, beinah stummen, von hinten
aufgenommenen Statistinnen, die Geschirr spülen, den Tisch

abräumen, Krümel fegen – in Echtzeit! Ein Neuling, Gérard Depardieu, verkörpert »den Typen«, der in diese ausschließlich weibliche Welt eindringt. Ein Handelsreisender, der mit existentieller Überzeugung auf komische Weise an seiner Funktion hängt.

Duras läßt sich von der Welle des ultraradikalen Feminismus mitreißen. Hinter der scheinbaren Gelassenheit der täglichen Gesten brütet die Gewalt. Die Versuchung war zu stark, jene vielen Generationen schuftender, von der männlichen Vormundschaft erdrückter Frauen zu rächen. Und zu zeigen, wozu eine Filmemacherin fähig ist, wenn sie richtig anfängt, über die Frauen zu sprechen.

Inmitten der Rosen, Vögel, Katzen und Frösche hallen an manchen Tagen in Neauphle die hysterischen Ausbrüche des Geschlechterkrieges wider. Wenn Duras sich mit einem Mann aus ihrer Umgebung duelliert, hält sie ihn jedesmal in ihrer Gewalt. Keiner ihrer Gegner ist streitbar, motiviert oder stark genug, um die Oberhand zurückzugewinnen. Wehe dem, der in den Orkan gerät, denn sie schreit sich die Lunge aus dem Hals und fällt dermaßen heftig über ihn her, daß sie die Kontrolle zu verlieren scheint. Selbst wenn er schon lange um Gnade bittet, reitet sie immer neue Attacken und tritt ihn weiter mit den Füßen, bis sie selbst nicht mehr kann.

Die engen Freunde, die ihre Entwicklung seit Jahren beobachten, fragen sich, was in sie gefahren ist, daß sie sich als Opfer darstellt, wo sie doch immer schon ihnen nicht nur gleichgestellt war, sondern ihre Anführerin abgibt. Wie hätten sie es anstellen sollen, sie zu unterdrücken? Nichtsdestotrotz greift sie, von entfesselten feministischen Freundinnen umgeben, die Doppelzüngigkeit des männlichen Despotismus an, der um so mehr kastriere, je gerissener er sei.

Duras liebt die fröhliche und spielerische Komplizenschaft der Beziehungen zu Frauen. Sie findet sie anrührend: »Der Anblick von Frauen mit ihren Kindern ist der einzige, der nicht demoralisiert«, sagt sie. Von den Männern jedoch erträgt sie nichts mehr. »In jedem Mann steckt ein Paramilitär. (...) Es gibt den Familien-Para, den Frauen-Para, Kinder-

Para, Papa-Para (...) jeder Mann ist einem General, einem Militär viel näher als der letzten Frau. (...) Ja, es ist unüberwindlich, man müht sich so ab miteinander, aber es gibt Schranken zwischen ihnen und uns«[8], sagt Duras.

Die Scheidung ist definitiv, aber der Kampf geht weiter.

Durch ihre Tür geht, wie sie sich ausdrückt, kein einziges »Männchen« mehr. Sie duldet einige Künstler, Schauspieler, Maler, Musiker, deren weiblicher oder kindlicher Anteil ihre Sympathie erobert. Aber sie verkehrt praktisch nur noch mit Homosexuellen, die, den Frauen ähnlich, Opfer der »phallischen Unterdrückung« sind.

Am schönsten wäre gewesen, auf Liebhaber verzichten zu können. Sie hat versucht, ihr Begehren für Frauen sexuell auszuleben. Aber wenn die amourösen Beziehungen auch leidenschaftlich sind, der Körper fängt keine Flamme. »Hinterher hätte ich mich dem Erstbesten in die Arme werfen können!« lacht sie auf. Einmal hatte sie sich plötzlich mitten während einer zärtlichen gemeinsamen Reise mit einer Frau völlig frustriert davongemacht. Abrupt fuhr sie nach Paris zurück, um sich dort mit einem Mann zu treffen: »Ich finde den nackten Körper einer Frau schöner als den des Mannes, auch begehrenswerter, aber die Frau verschafft mir eine Art kindlichen Orgasmus, ohne Taumel.«[9]

Später beginnt das »weibliche Ganze« ihr zur Last zu fallen. Daß die Feministinnen damit beginnen, ihre »theoretische Rassel« zu schwingen, wird der Anlaß zu denkwürdigen Auseinandersetzungen. Der Anblick von Frauen, die dem männlichen Modell nachsetzen, betrübt sie: »Sobald eine Frau Macht hat über andere Frauen (...), wird sie zu einer Bordellbesitzerin ...«[10]

Ohne die Schwesterlichkeit zu desavouieren – für die sie immer Zuneigung bewahren wird –, ermißt Duras jetzt deutlicher, was dieses Engagement »neben ihr selbst« an Zwanghaftem hatte. Vieles kann sie mit Frauen überhaupt nicht teilen. Die meisten Themen ihrer Unterhaltungen langweilen sie. Sie kann nicht ununterbrochen von ihrem Körper reden. Ihre

Falten traumatisieren sie nicht. Auch nicht ihre vom Tabak vergilbten Zähne. Sie ignoriert Friseure und Schönheitspflege. Sie gibt sich auch keine besondere Mühe, »sich wohlzufühlen«. Sie ist ohne Eitelkeit. Sie kleidet sich nicht zum Vorteil ihrer Figur mit dem kurzen Hals. Gern würde sie hübsche Kleider von Yves Saint Laurent tragen, die sie über alles mag und sich auch leisten kann. Doch hat sie sich ein für allemal damit abgefunden, daß es besser ist, ihren Kleinwuchs nicht zu unterstreichen. Daher lenkt sie die Aufmerksamkeit davon ab, indem sie sich immer gleich anzieht: ein enger Rock, eine schwarze ärmellose Weste über einem Rollkragenpullover und hochhackige Stiefeletten. Das ist ihre Uniform. Von ein paar kleinen Varianten abgesehen, ist die Kleidung endgültig: ein Männerhemd kann die Wolle ersetzen, und im Sommer trägt sie goldene Sandalen, die jenen ähneln, die sie in Indochina trug. Der »Duras-Look« ändert sich nicht. Er definiert sie so perfekt, daß ein Couturier eine von ihrem Stil inspirierte Kollektion kreiert. Für eine Saison schließt sich die Straße an. Die Duras-Mode! Der Gipfel! Das macht Spaß.

XVIII.
Die Jagd nach dem Unsichtbaren

Kaum ist *Nathalie Granger* im Juli 1972 gedreht, hat Duras, ärgerlich über ihre zu didaktische Botschaft, es eilig, etwas anderes zu machen. Bereits im September schreibt sie *La femme du Gange* (*Die Frau vom Ganges*), eine Übertragung von *Liebe* in ein Szenario, das im November am Strand von Trouville gedreht wird. Nichts zu machen: fern von jeder Zuflucht ist das ihr wahrer Ort, wo »man nie zurückkehrt, wo man nicht wohnen kann«.[1] Hier begegnet sie den Figuren, die ihr teuer sind, von denen sie sich jedoch verabschieden will. Sie beseitigt Lol V. Stein: »Ich bringe sie um, damit sie mir nicht mehr über den Weg läuft«, sagt sie. Anne-Marie Stretter läßt sie in *India Song*, einer Neufassung von *Der Vize-Konsul*, im Wasser des Ganges untergehen: »Ich kam da nicht mehr raus (...) Ich lebte in einer Art Wahnsinnsliebe für diese Frau und fing unablässig dasselbe Buch, denselben Film wieder an. Also sagte ich mir: Sie muß sterben. Weil sie mich so stark getroffen hat.« Über den Tod der Frau zu entscheiden, die sie in den »Doppelsinn der Dinge« eingeweiht und gewiß zum Schreiben bewegt hat, unterbricht die Quelle des Geschriebenen. Von nun an veröffentlicht Duras nur den Text ihrer Filme, und zwar nach Ende der Dreharbeiten.

Die Gespenster der Vergangenheit liefert sie der Kamera eines jungen Anfängers, Bruno Nuytten, aus. Sie bittet ihn, in *Die Frau vom Ganges* nur monochrome Aufnahmen zu machen – ausschließlich Grautöne, jedoch auf Farbfilm –, um jene Art Jenseits der Realität zu schaffen, in dem Geistergestalten umhergehen.

Nach Abschluß der Dreh- und Schneidearbeiten hat Marguerite Duras die Idee, Stimmen auf die stummen Bilder zu legen. Von den Körpern versetzte, abgespaltene Stimmen. Öffentliche Stimmen, die »sich an niemanden wenden«, nicht aufeinander antworten, die weder dem Ablauf der Geschichte auf der Leinwand folgen noch sie kommentieren, sondern die ganz im Gegenteil ihren Sinn verwischen und den Zuschauer daran hindern, sich an der Realität dessen, was er sieht, festzuhalten. Duras wünscht sich anonyme Stimmen von jungen Mädchen, die »seit langem achtzehn sind«.

La femme du Gange kam nicht in den Vertrieb. Duras bedauert es nicht: die Farbe, die unvermeidlich auf den Bildern erschienen ist, stört sie. Aber sie hat jene Technik der Entsynchronisierung der Stimmen entdeckt, mit der es gelingt, eine konstante Vorstellung von Vergangenheit heraufzubeschwören und den Tod zu vergegenwärtigen, ohne auf die Rekonstruktion zurückzugreifen, die ihr »ein Greuel« ist. Dieses Experiment will sie fortsetzen.

Marguerite Duras produziert siebzehn Filme in etwa zehn Jahren. Häufig zweistündige Spielfilme – soviel Zeit braucht sie, um das Buch auf der Leinwand angemessen auszubreiten –, die in weniger als zwei Wochen und »ohne Kohle« gedreht werden. Auf den Kraftakt hätte sie gern verzichten mögen. Nach *Jaune, le soleil*, der nie in die Kinosäle kam, war sie nach eigenen Angaben für zwei Jahre verschuldet: »Ich war für einen guten Schluß verantwortlich, da mußte ich zweieinhalb Millionen alte Francs zahlen!«

Sie bewundert Tati, den sie an die Spitze aller Filmemacher setzt, auch Bresson, der sie unendlich bewegt, Godard, der frei und nonkonform wie sie selbst denkt, oder Chaplin, den Giganten des Eden-Cinéma: »Ganz allein stellte er die Masse dar.«[2] Ihrer Ansicht nach hat er dem Stummfilm eine Dimension verliehen, die der Tonfilm nie erreicht hat. Bergmann ödet sie an; Cocteau ist nichts für sie; Renoir ja, wenn er sie in *Le fleuve* an die Buschposten ihrer Kindheit erinnert, aber wiederum auch nicht wegen seiner »ständigen Nettigkeit«. Und Duras? Sehr bedeutend, daran zweifelt sie nicht. Ihre Werke werden die Kunst des Films prägen. Vielleicht ohne Schule zu machen; zum Kino unterhält sie zu persönliche Beziehungen von Provokation, Herausforderung, Belastungsprobe. Beinah ein Duell. Als handle es sich darum, herauszubekommen, ob die Filmemacherin oder die Schriftstellerin, ob der Film oder Duras stärker ist. Wer von beiden vor dem anderen kapitulieren wird. Daß das Publikum schlichtet, erwartet sie nicht. Von ihm hängt der Sieg in ihren Augen nicht ab.

Offenbarungen gibt Duras in ihren Filmen ebensowenig preis wie in ihren Büchern. Alles ist seit langem gesagt. Sie greift ihre früheren Werke auf, wie wenn man flußaufwärts schwimmt. Die Welt des Films ist genau dieselbe. Die Entwicklung vollzieht sich anderweitig, eben in der Erforschung der bereits erzählten Geschichten, deren dunkel gebliebener Anteil zu erkunden ist.

Sehen, was nicht geschrieben worden ist. Die Sprache des Films könnte ihr ermöglichen, die schwarzen Löcher zu durchdringen, um die sie jetzt kreist, fern vom Realen in einem romanesken Kosmos, den sie universal sehen möchte. Es ist immer dasselbe Bemühen wie in ihren Romanen, »das Negativ zu fixieren«, allerdings auf einem Bild. »Das ist sehr anspruchsvoll«, sagt sie selbst.

Duras arbeitet ein wenig als Pionierin des Films. Unvoreingenommen nähert sie sich ihm, mit Naivität und Autorität. Die Technik überfordert sie, Schneidetische lähmen sie: faßt sie das Filmmaterial an, beschädigt sie es; oder sie bringt die Aufnahmen durcheinander, wenn sie sie anders haben will. Ansonsten hat sich das Instrument ihren Anforderungen zu beugen. Sie stellt nicht die Fragen einer Cineastin, sondern einer Abenteuerin, und das hat etwas Gutes, weil ihre Starrköpfigkeit das Team zur Improvisation zwingt. Sie beweist den Technikern, daß das Unmögliche machbar ist. Denn sie hat sehr sichere Instinkte. Vor allem den Sinn für ein Licht, das die Gewohnheiten verändert. Sie will keine deutlichen Bilder, sondern bevorzugt entweder sehr dunkle oder sehr helle Überblendungen.

»Marguerite, wenn wir das tun, wird man nichts sehen«, warnt Bruno Nuytten.

»Mach das«, beharrt sie meist zu Recht.

Die Filmemacherin Duras steht morgens zwischen fünf und sechs Uhr auf. Sie erscheint am Drehort, ohne irgend etwas vorbereitet zu haben, und ist bereit zu jeder Improvisation.

Mit einer Geduld, die man bei ihr nicht vermutet hätte, zieht sie aus allem Nutzen, aus Hindernissen, Versagen, Unvorhergesehenem. Nach und nach macht sie etwas aus dem, was sie hat. Wenn an einem Regentag nicht gedreht werden kann, läßt sie überall den Klang der Wassertropfen aufnehmen, im Garten, auf den Blättern, den Kieselsteinen, auf den Dielen der Terrasse, um die Atmosphäre des Monsuns wiederzugeben. Diese spottbilligen Tricks, die im Ergebnis mehr überzeugen als die schwerfälligen Nachstellungen bei hohen Budgets, machen ihr Spaß: »Nur einer Frau kann so etwas einfallen. Das macht die Gewohnheit des Flickens!«

Wozu ein Filmteam aufwendig in die Ferne schicken, wo man, wenn man zu sehen und zu hören versteht, die Totalität der Welt doch überall aufnehmen kann. Asien, das Asien »in ihrem Kopf« und zahlreiche andere Reisen kann Duras überall aufleben lassen: »Es ist nicht nötig, nach Kalkutta, nach Melbourne oder nach Vancouver zu fahren, alles ist in den Yvelines, in Neauphle. Alles ist überall. Alles ist in Trouville. Melbourne und Vancouver sind in Trouville. Es ist nicht nötig, suchen zu gehen, was an Ort und Stelle vorhanden ist. Es gibt immer da, wo man ist, Orte, die Filme suchen, man muß sie nur sehen.«[3]

Selbst in Paris sieht sie Asien: die großen Kolonialalleen an der Place de l'Étoile, die Basare von Cholon in Ménilmontant oder den Mekong bei Bercy. »Asien, zum Verwechseln ähnlich, ich weiß, wo das ist in Paris, vor Renault, hinter den Pappeln der Ile Saint-Germain, ein Gewirr von Schlingpflanzen, in Richtung des Dschungels, der Siam umschließt, vor dem Leuchtfeuer und dem Totenlicht.«[4]

Wenn sie einen Ort filmt, kehrt sie dahin zurück. Als könnten die Orte, die bereits Filmbilder ergeben haben, endlos neue Bilder hervorrufen.

India Song dreht Duras im Pariser sechzehnten Arrondissement. Ihre französische Botschaft von Kalkutta läßt sie in dem wunderschönen verlassenen Haus der Rothschilds einrichten, das seine Eigentümer verfluchen, seit es 1942 durch Göring in Beschlag genommen worden ist. Eine verkommene

Fassade in einem vergessenen Park: auf den Bildern von der Ruine wird die Atmosphäre der früheren Kolonie lebendig. Von den Empfängen, die Anne-Marie Stretter gab, wird nur das Allerwichtigste gezeigt, einige Gestalten, einige Gegenstände, ein Klavier. Die Gäste haben keine Gesichter, ihre Stimmen reichen aus. Alles wird so angedeutet, daß alles gesehen wird. Am Rande des mondänen Abends ist Indien nicht wegzudenken, sein Epos vom kontinentalen Unglück, sein Leprageruch, die stickige Hitze vor dem Monsunregen, das allgemeine Grauen ... Es ist da, obwohl es an keiner Stelle von *India Song* gezeigt wird.

Im Studio versteht niemand, was »die Schriftstellerin, die Regie führt«, wie sie sich selbst definiert, eigentlich erreichen will. Man hört ihr aber zu, man schaut auf sie. Jeder läuft auf Zehenspitzen. Für alle Beteiligten, Techniker wie Schauspieler, ist es ein nicht gekanntes Abenteuer. Duras macht Eindruck, ohne daß sie versucht, den brüllenden Chef zu spielen oder zu demütigen. In der Regel wird alles sehr sanft gesagt und getan. Wenn sie entdeckt, was man alles realisieren kann, auf weniger ernste, zugegebenermaßen weniger subtile, aber auch weniger feierliche Weise, wenn man den geschriebenen Text verläßt, ist sie derart aufgeregt, daß sie von nervösem Lachen ergriffen wird. Selten ist sie wirklich vergnügt gewesen, selten für längere Zeit entspannt. Doch die Dreharbeiten mit ihr sind reich an unterhaltsamen Momenten. Spannungen halten nicht an. Sowieso zeigen sich diejenigen, die sie gut kennen, meistens ungerührt. »Aber mein kleines Äpfelchen, du weißt doch, daß wir dich über alles lieben!« sagt ihr Delphine Seyrig, die ihre gelegentlichen Ausbrüche geschickt zu übergehen weiß.

Wenn Duras das Kommando hat, bedeutet das, daß der Zeitbegriff derselbe wie beim Schreiben bleibt. Zuweilen vergißt sie, daß die Kamera läuft. Weit weg ist sie mit starrem Blick in ihre Meditation versunken. Das Schweigen dauert an, ohne daß sie dessen gewahr wird: in solchen Momenten ist sie unfähig, Zeit in Geld zu konvertieren, wie es der Film erfordert.

Häufig weiß sie überhaupt nicht mehr, was sie will. Sie zögert lange, ehe sie sich entscheidet. Einen Freund, der gerade vorbeischaut, kann sie genausogut um Rat fragen wie einen Mitarbeiter, weil sie nicht versucht, die Professionelle herauszukehren: »Was habe ich zu verlieren? Ich bin keine Cineastin.« Dreißig Menschen warten das Ende ihrer Überlegungen ab, neugierig darauf, was sie diktieren wird.

»Was für ein Einfall! Wie kommst du bloß darauf?« wird ihr manchmal gesagt, wenn sie scheinbar unmögliche Sachen ausprobiert. Zunächst wirkt alles nahezu unseriös, dann fügt es sich wie selbstverständlich zusammen. Doch die Dreharbeiten bedeuten eine Aufspaltung des Themas, und dabei fühlt sich Duras nicht wirklich auf ihrem Platz. Stets fürchtet sie, die Kohärenz, den Atem, das wahre Schweigen der Bücher nicht wiederzufinden. Deren Atmosphäre dürfen die Filme nicht verletzen, das verlangt nach Kalkül und Willkürlichkeit zugleich. Keine einfache Übung. Einen Film zu schreiben heißt für Marguerite Duras, das Buch vorauszusetzen, das ungeschrieben vorhanden ist, und auf Anhieb die Position der Lektüre einzunehmen, sich also in ihr Gegenüber zu versetzen. Sich zur Betrachterin dessen, was sie schreibt, zu machen: der Vorgang ist ihr ganz und gar nicht selbstverständlich. Ein Duras-Film liest sich. Man folgt dem Einschlag des Geschriebenen.

Ihr Platz als Filmemacherin ist vor der Kamera. Dahinter sieht sie nichts. Am Gerät braucht sie einen absoluten Komplizen, der sie versteht, ohne daß sie sich erklären muß, und der das Know-how beherrscht. Der Mechanismus besteht also aus dem Aufnahmeleiter und ihr, aus beiden gleichberechtigt.

Hätte sie weiter Filme produziert, wenn sie nicht Bruno Nuytten begegnet wäre? Hätte sie es ertragen, ewig kämpfen zu müssen? Mit ihm sind Einvernehmen und Unstimmigkeit zwei Seiten des gleichen Affekts. Die Ausbrüche sind irrsinnig und folgenlos: »Wir hängen aneinander ein bißchen wie Kriegskameraden«, erklärt Duras. »Bruno Nuytten, das bin ich. Mit dem Unterschied, daß er die Kamera zu bedienen weiß. Er ist mein Doppelgänger. Wäre er Regisseur, wäre er ich. Wäre ich Kamerafrau, wäre ich er.«[5]

Ihre Zusammenarbeit wird sie vom kommerziellen Kino und auch von allen experimentellen Filmen immer mehr entfernen, doch ist es ihr artigstes gemeinsames Werk, *India Song*, das die meisten Preise erhielt. Bei den Festspielen von Cannes wurde der Film 1975 mit dem Preis des französischen Verbandes für Kunst- und Experimentalfilm gekrönt. Er avancierte zum »Kultfilm«, der heute nach wie vor gezeigt wird. Von Kopie zu Kopie verblaßt das Bild, und die auf den Markt gebrachten Videokassetten sind 1992 völlig unleserlich. Der Ton übersteht das besser. Die Musik von Carlos d'Alessio hat sich verewigt. Die Zeit macht aus *India Song* den Film, den sich Duras ursprünglich wünschte, »zu 80% taub und blind, man sieht schlecht und hört schlecht«.[6]

Für sie hat auch im Film der Text die Hauptrolle, die Schauspieler kommen weit dahinter. *India Song* steht daher für eine enorme Arbeit an den Stimmen, die mehr Zeit beanspruchte als der Schnitt. Duras hat überall Ton aufnehmen lassen: in Kirchen, an sehr lauten Orten, in Kellern, in Gängen, in Wohnungen... Seit ihrer Kindheit in Indochina ist sie für die Geräusche, die aus Straßen, Cafés, von öffentlichen Orten emporsteigen, für zufällig aufgeschnappte Unterhaltungsfetzen, sehr empfänglich geblieben. In Paris öffnet sie häufig die Fenster, um ihnen zu lauschen. Das von sehr klaren Klängen, Gelächter, Dialogfetzen, von Meeresrauschen und Vogelrufen unterbrochene Stimmengewirr gibt in *India Song* Asien wieder. Im Surren der Ventilatoren erfüllen etwa hundert unverständliche Sätze den Botschaftsempfang mit Leben. Aufschluß geben nur einige wenige Schlüsselwörter, die wie Farbtupfer wirken – Krieg in China, Hitze, Gärten von Shalimar. »Aus diesem Durcheinander, dieser Nacht« tauchen die Stimmen auf, die den Text sprechen.

Der Tonstreifen ist wie eine Partitur geschrieben. In einem Heft sind die Sätze nach dem Moment, wo sie geäußert werden, numeriert und klassifiziert. Währenddessen wird Alessios Musik, unabhängig vom stattfindenden Ereignis, einfach, natürlich, gleich einer »himmlischen Mechanik« gespielt. Sie kehrt praktisch jede Minute zurück, weil es ihr Tempo ist, regelmäßig wie ein Fluß. *Song* bedeutet im Vietnamesischen »Fluß«, mit einem Akzent auf dem *o* heißt es »zwei«, und im Englischen bedeutet es »Lied«. Der südamerikanische Musiker und die südasiatische Schriftstellerin teilten genau die Vorstellungen, wie diese Rumba zu sein hatte. »Wir haben einen Ball veranstaltet«, sagt Duras. Carlos d'Alessio hat sie jenen nachempfunden, die er in den vierziger Jahren in Argentinien erlebt hatte. Die Bälle in Luxushotels ähneln einander auf der ganzen Welt.

Wenn Duras an die Musik von *India Song* denkt, sieht sie die Feste vor sich, die jeden Abend auf den Ozeandampfern mitten im Atlantik oder im Indischen Ozean gegeben wurden. Sie hört sie. Die Passagiere haben nicht nach der Musik von *India Song* getanzt. Das Orchester des Hotel Continental hat sie nicht zur Aperitifstunde gespielt. Diese Musik hat Saigon nicht erobert, nein, aber ein paar nette Revanchen eingebracht. Sie begleitet die internationale Fernsehwerbung von »Paris«, einem Parfum von Yves Saint Laurent. Sie wird heute überall gespielt und gehört zum Repertoire der Klavierstunden wie *Für Elise*. Wie viele Kinder werden gezwungen, nicht eher vom Klavier aufzustehen, als bis sie das Stück fehlerlos beherrschen?

Während der Dreharbeiten für *India Song* spielen die Schauspieler zu dieser Musik, die aus einem kleinen Transistor übertragen wird. Parallel hören sie dem auf Band aufgenommenen Text zu. Marguerite Duras filmt sie mit geschlossenem Mund und von ihren Stimmen getrennt: »Damit ich sie in meinen Händen habe«[7], sagt sie.

Duras will leere Schauspieler. Sie sind ausschließlich dazu da, um das Bild zu füllen. Was sie filmt, ist eine Welt im Verfall. Sie sollen sich also nicht in den Kopf setzen, etwas errichten zu wollen. Oder »die Psychologie« der Rolle »zu spielen«, die sich im übrigen der Autorin entzieht. Nicht von ihnen ist die Rede, sondern von einer Geschichte, die sie nicht beherrschen, die sich außerhalb von ihnen ereignet. Duras bittet sie darum, konstant »etwas Weggetretenes« an sich zu haben. »Tue nie als ob, nie! Nie! Nie! Keine Sekunde. Das große Geheimnis der Schauspieler ist, daß ihnen das egal ist. Total egal. Mir ist es egal, was über meine Filme oder meine Bücher erzählt wird. Deswegen mache ich etwas. Man muß vergessen, alles vergessen.«[8] Sie sollen sich von den äußeren Stimmen tragen, von der Musik durchdringen lassen.

Die vollkommen ihr dargebrachte Hingabe bewegt sie, und deswegen liebt Duras ihre Schauspieler: »Diese Leute zu haben, die zu allem bereit sind ... zu allem, was man will. Das ist großartig. Der Schauspieler nimmt den Regisseur an. Das ist das treffendste Wort. Er nimmt sein Begehren an. Das ist etwas sehr Heftiges. Es macht mich schwindelig. Ich habe immer Lust, sie noch zusätzliche Dinge machen zu lassen.«[9] Sie gibt ihnen zahlreiche Hinweise, um ihr Erscheinen auf der Leinwand zu bereichern, aber sie kann sich auch sehr unangenehm, sogar gemein gegenüber bestimmten, zu stark bemühten Schauspielern verhalten. Die überläßt sie nicht nur der Selbstquälerei, sondern macht ihnen bewußt oder unbewußt auch angst. Erst mittellos stehen sie ihrer Rolle endlich näher. Das angestrengte Auftreten irritiert sie derart, daß sie es vorzieht, immer mit denselben zu arbeiten, jenen, die spontan Zugang zu ihrer Welt finden. Sie durchqueren den Film, sie ziehen vorbei. Sie tauchen in einem anderen auf, ziehen wieder vorbei. Der Gedanke, daß sie in jeder beliebigen neuen Geschichte neu auftauchen könnten, gefällt ihr am besten. Mehr als ihre Schönheit, ihr Ruhm oder sogar ihr Talent. Die physische Glaubwürdigkeit ist zweitrangig. Ein älterer Mann kann ein Kind darstellen. Ihre Schauspieler »stürzen die Erwartungen um«.[10] Sie lassen sie neue erzählerische Regionen entdecken, in die sie sofort einzieht. Alles, was sie unter ihrer Anleitung bringen, gehört ihr. Sie bedient sich ihrer als Rohmaterial und ohne Rücksicht auf ihren Standeskodex.

Sie wünschte sie sich ihren Filmgestalten ähnlich, ohne »*desiderata*«. Hat sie Michael Lonsdale fast vollständig aus *India Song* gestrichen, weil er sich freute, der Vize-Konsul zu sein? Hat sie ihn auf einen Schrei reduziert, weil es ihr Spaß machte, diesen ironischen, paternalistischen Brocken kleinzukriegen? Zu Recht würde sie antworten, daß das Wesentliche des Vize-Konsuls in diesem Schrei enthalten ist. Michael Lonsdale verrenkte sich zu einem Gebrüll von derart unmenschlicher Intensität, daß er sich dabei verletzte.

Delphine Seyrig mit ihrer zerstreuten, fernen, irrealen Präsenz, die ausschließlich ihr selbst gilt, begreift instinktiv, was Marguerite Duras von ihr erwartet.

Delphine Seyrig ist das ewig Weibliche. Sie hat etwas von Maria aus Nazareth und von Maria Magdalena. Auch auf den feministischen Tribünen, wo ihr Duras häufig begegnet ist, behielt sie diese Weiblichkeit aus einer anderen Zeit, eine Erinnerung an die Pracht der weißen Frauen, die die kleine, dunkelhäutige Marguerite in Indochina kennengelernt hatte. Für die Rolle war zunächst bei anderen Schauspielerinnen, beispielsweise Dominique Sanda, vorgefühlt worden, doch wie hätte der Autorin entgehen können, daß die Erwählte – diese schöne, klare, elegante Frau – die Verkörperung ihrer Anne-Marie Stretter war?

Wenngleich Seyrig die äußere Erscheinung für die Rolle hat und beinah mit der Erinnerung verschmilzt, die Duras von ihrer Muse behält, steht außer Frage, daß sie sie in *India Song* interpretiert. Es geht im Gegenteil darum, sich im Ungefähren aufzuhalten. Ein Mißgeschick beim Färben tönt ihre Haare nahezu rot. Duras freut sich: »Du bist die Verrückte mit dem roten Haar.« Und sie verwischt die Spuren weiter, indem sie zwei Bilder von anderen Frauen zeigt, die angeblich ebenfalls Anne-Marie Stretter darstellen.

Delphine Seyrig nimmt sich zurück, wie es ihre Regisseurin von ihr will: sie läßt eine körperliche Hülle vor der Kamera umhergehen, hält sich geheimnisvoll abseits. In Indochina ist sie nie gewesen, sie ist jedoch im Libanon geboren. Anne-Marie Stretter ist für sie durchaus keine Unbekannte. Ihre lebte in Beirut. So spielt die Schaupielerin, als redigierte sie anhand des Textes von Marguerite Duras ihre eigene Geschichte, ohne dabei das Imaginäre der Schriftstellerin anzutasten. Und vor allem ohne zu wissen, welche seltsame Verwandtschaft sie mit der wirklichen Gattin des Kolonialverwalters verbindet, die wie sie aus einer Genfer protestantischen Familie kommt und begeisterte Musikliebhaberin ist. Noch ein sonderbarer Zufall: Anne, die zweitjüngste Tochter von Elisabeth X, wird einen engen Freund des Vaters von Delphine Seyrig heiraten, der wie er ein renommierter Archäologe ist.

Es gibt weitere Koinzidenzen, die der Filmemacherin und der Schauspielerin nie bekannt wurden. Für den Film läßt sich Seyrig von ihrer Schneiderin ein auberginerotes Kleid nähen, dessen Schnitt ganz und gar einem hocheleganten Kleid gleicht, das Elisabeth bei einem Empfang ihres Schwiegersohns, des französischen Botschafters in Wien, trug.

Auf der Leinwand setzt sich also Anne-Marie Stretter unübersehbar in Gestalt von Delphine Seyrig durch, die die Rolle mit verwirrender Präsenz prägt, ohne daß eine Identifikation mit dem Vorbild angestrebt worden wäre.

Ihrer rätselhaften, aristokratischen Gegenwart verdankt *India Song* viel von seinem gewaltigen Erfolg. Auch Marguerite Duras ist bezaubert. Fortan ist diese Fremde unzertrennlich mit ihrem Werk verbunden. Hat sie etwa die Macht, es zu verändern? Plötzlich ist sich Duras nicht mehr sicher, die Bedeutung des Selbstmordes von Anne-Marie Stretter zu verstehen. Unermüdlich fragt sie: »Weshalb hat sie sich Ihrer Meinung nach umgebracht?« Jeder teilt seine Sichtweise mit. Sie hört gespannt zu und wartet auf eine Offenbarung. Manchmal gefällt ihr die Antwort: »Ja, ja ... das ist es!« Doch sie bleibt unruhig und stellt die Frage immer wieder.

Kann man sagen, daß es *India Song* ohne Delphine Seyrig nicht gäbe? Trotz der Zuneigung, die sie für sie empfindet, ist Duras dieser Gedanke unerträglich. Zwar herrscht die Schauspielerin über den »Film der Bilder«, aber der wahre Schatz von *India Song* bleibt für Duras der »Film der Stimmen«, der entpersonalisierten Stimmen. Sie ist fest entschlossen, den Beweis dafür zu liefern.

Wenige Monate nach *India Song* kehrt sie beinah heimlich mit einem bedeutend kleineren Team an den Drehort zurück. Die Trümmer des Rothschild-Hauses werden ihr kurz vor dem Abriß noch einmal zur Verfügung gestellt. Eingemummt in einen Pelzmantel, nimmt sie bei Temperaturen um minus zehn Grad neue Bilder auf, diesmal ohne Schauspieler. Die Kamera gleitet die leerstehenden Räume entlang, die Wände mit den zerfetzten Tapeten, die eingebrochenen Fußböden und Kamine, die zerbrochenen Fensterscheiben, die Arabesken an den rostigen Balkonen, die Glasscherben auf dem Boden, die »Wand« von Spinngeweben. »Das ist schön, seht mal her, das ist wunderschön!« sagt Duras ihren Technikern, die eilig die Bilder einfangen.

Prachtvolle Aufnahmen des beschädigten Dielengerippes auf der Terrasse. Helle Flecken und Moosbüschel. Wasseradern und flimmernde Pfützen, die den Eindruck einer Luftaufnahme vermitteln. Landschaft. Vietnam.

Von weitem gesehen scheint das Gebäude wie ein Dampfer zwischen den Wipfeln der hundertjährigen Bäume voranzukommen. Es tritt aus der Nacht heraus. Hier hält kein menschliches Gesicht die Kamera an. Auch kein Detail hält sie zurück. Es ist der Abgrund. Die Vergangenheit von Verschwundenen. Das Gerät betrachtet den menschenleeren, zerstörten, so deutlich von Erinnerungen geprägten Ort, wie wenn ein Spaziergänger vor den Überresten eines Kunstwerks meditiert. Duras filmt das Unsichtbare.

In *Son nom de Venise dans Calcutta désert* wird es also keine Personen geben. Die Regisseurin verzichtet auf Schauspieler, braucht jedoch deren Stimmen. Sie montiert ihre Bilder also heimlich und im stillen Winkel auf den Tonmitschnitt von *India Song*. Michael Lonsdale, der sich über die ungewöhnliche Heimlichtuerei wundert, will wissen: »Was heckst du gerade aus?« – »Ach, irgend so ein Ding...«, weicht Duras aus.

Als die Betroffenen entdecken, daß sie sich ihrer Stimmen bedient hat, ohne sie zu fragen, reagieren sie wütend und schockiert. Sie versteht nicht: »Weshalb? Was ist denn? Was habt ihr?« Es übersteigt ihr Auffassungsvermögen. Das ist ihr Werk. Sie wollte einen Film über das Vergessen drehen und ihn anderen Gedächtnissen als ihrem eigenen unterbreiten:

»Gedächtnisse, die sich ähnlich an beliebige andere Liebesgeschichten erinnern«, sagt sie. Etwas Grundlegendes war mit *India Song* nicht verwirklicht worden, und daß das so ist, geht nur sie etwas an. Für Kritik ist sie absolut unzugänglich. »*India Song* mußte dieser Prüfung unterzogen werden. In *Son nom de Venise dans Calcutta désert* sehe ich nicht mehr Anne-Marie Stretter. Die Zeit ihres Glanzes ist vorüber. Und doch ist alles da, alles bezeugt es. In *India Song* habe ich vielleicht etwas vorgetäuscht. Dieser Film war in Vorbereitung. Er fehlte.«[11]

Die Wette wird gewonnen. Der Film besteht ohne die physische Anwesenheit der Schauspieler. »Für mich ist es das Bedeutendste, was ich im Film gemacht habe. Das ist noch nie getan worden«, ruft Duras aus. In der Begeisterung freut sie sich sogar, daß der Film »ohne alles, ohne Text« gesehen werden kann. Und es stimmt: die Bilder sind derart »sprechend«, daß das Umherirren der Kamera in dieser Friedhofsstille genügt.

Marguerite Duras folgert daraus nicht die Überlegenheit des Bildes über das Geschriebene. Nein, sie wird sich bemühen, das Gegenteil zu beweisen. Sie hatte angefangen, Kino zu machen, weil sie es »auf die kreative Fähigkeit zur Zerstörung des Textes«[12] abgesehen hatte. Jetzt ist das Bild die Zielscheibe. Sobald sie einen Film in Angriff nimmt, beginnen die Feindseligkeiten. »Ich stehe in einem mörderischen Verhältnis zum Kino«[13], warnt sie.

XIX

Die Hinrichtung des Films

Nunmehr entsteht jeder Film von Marguerite Duras aus der Zerstörung des vorherigen. Zerstören, immer wieder zerstören, was sie geschaffen hat, so kann man ihre »enorme Ungehörigkeit« definieren. »Hier bin ich, damit verbringe ich mein Leben«, gesteht sie. »Wenn du dein Leben damit verbringst, dich selbst nachzuahmen, dann schaffst du nichts. Man schafft nichts, ohne erstmal zurückzunehmen, was geschaffen worden ist, was nicht heißt, es zu leugnen. Das bedeutet, nicht darauf zurückzukommen, sondern darauf zu bauen.«[1] All ihr Können setzt sie ein, um sorgfältig die Zerstörung aufzubauen.

Der triste Pessimismus der ausgehenden siebziger Jahre irritiert sie. Er ist wohlfeil und verkauft sich gut. Jeder erklärt sich für verzweifelt, und jeder lebt recht ungestört in dieser »Befindlichkeit«. Man hat einen Glauben empfangen. Sie, Duras, verfällt der Glückseligkeit einer Verzweiflung, die sie als »heiter« bezeichnet.

»Das ist es, was man glaubt: an nichts mehr«[2], wiederholt sie gern. Für sie bedeutet es Gewinn einer wunderbaren, freudig erlebten Freiheit. Was sie zur Politik sagt: »Die Welt soll untergehen, das ist die einzige Politik«, sagt sie auch zum Film: »Das Kino der Erkenntnis ist aus Folgendem herzustellen: Es lohnt sich nicht mehr. Soll das Kino bald untergehen, nur das ist Kino.«[3] Regisseure und Politiker, all ihr Schauspieler in euren Übeltätigkeitsvereinen: hört auf, uns etwas vorzuspielen!

Mit dem Film *Der Lastwagen*, 1977 auf dem Filmfestival von Cannes aufgeführt, rast Marguerite Duras weiter auf das no man's land eines anderen Filmemachens zu.

Ursprünglich ging es darum, eine Geschichte zwischen einem Lastwagenfahrer und einer Anhalterin mittleren Alters zu erzählen. Der Lastwagen sollte durch menschenleere Vororte im Département Yvelines fahren, und Duras hätte, statt Fließbandarbeiter zu filmen, lediglich ihre Welt gezeigt: die großen Wohnkomplexe – »alle diese tödlichen Mietshäuser«, »diese fabelhaft aufeinandergetürmten Wohnstätten«[4] –, die Großmärkte, die verkehrsreichen Straßen, die Parkplätze. Im Führerhaus des Lastwagens hätte die Anhalterin über Kommunismus, Weltuntergang, über Lebenswichtiges und alles mögliche, was ihr in den Sinn gekommen wäre, gesprochen. Er als Vertreter der Arbeiterklasse hätte ihr mangels Alternative zugehört und Fragen gestellt. *Der Lastwagen* wäre ein politischer Film geworden: auf der einen Seite ein engagierter Rebell, auf der anderen eine ernüchterte Rebellin.

Simone Signoret und Suzanne Flon waren nicht abkömmlich. Duras ließ sich überzeugen, an der Seite von Gérard Depardieu selbst die Rolle der »Frau im Lastwagen« zu spielen. Außerdem: Wie sie diese Vagabundin beschreibt – »Klein. Mager. Grau. Banal. Sie hat diesen Adel des Banalen. Man bemerkt sie nicht«[5] –, das ist sie selbst. Zum ersten und einzigen Mal in ihrem gesamten Werk ist eine Gestalt ihr direktes Spiegelbild: »Vielleicht ist diese Frau mein Vorbild. So wäre ich am liebsten gewesen«[6], sagt sie.

Ähnlich der Frau im *Lastwagen* sieht sich Duras gesichts-, identitäts- und staatenlos – es sei denn dem Wahn, dem Nicht-Sinn angehörig. Die Frau, die »weder weiß, wo sie ist, noch wer sie ist«[7], gerät in Panik bei dem Versuch, sie festzulegen. Eine »Deklassierte«[8], die von allem abgesondert umherirrt. Doch keinesfalls desillusioniert, o nein! Ganz im Gegenteil ist sie von allem, was es zu sehen gibt, gefesselt, und ihr Herz quillt über vor unbestimmter Liebe für alle und niemanden. Dem Ganzen sehr nahe, wie in Osmose. Sie hat nichts dagegen, wenn man es Gott nennt.

Auch Duras liebt es, durch die Vorstädte, die »Hauptstädte der Immigration», zu streifen, die sie an die gemischte Bevölkerung der Kolonien erinnern. Als »Madonna der Einkaufszentren« bezeichnet sie sich spöttisch. Sie bemüht sich, nicht aufzufallen, auf die Menschen zuzugehen, um mit ihnen gewöhnliche Unterhaltungen über alles mögliche zu führen,

ohne zu versuchen, ihre Auffassung durchzusetzen. Das Bedürfnis, mit Unbekannten auf der Straße, in den Läden, im
Zug, im Flugzeug zu reden, ist sogar eine Manie. Reden, um
zu reden, über die Landschaft, die Reisen, alles. Das Wort zu
zelebrieren, wie Maurice Blanchot es ausdrückt. Sie betreibt
es in jener abrupten Weise, die sie charakterisiert: sie stellt
Fragen ohne Umschweife, wechselt unversehens das Thema
und schlägt einen Tonfall wohlwollender Autorität an, der
den Gesprächspartner meistens erstarren läßt. Stets befürchtet sie, ihre Sprechbulimie könne die Menschen verunsichern.
Aber die fragen sich meist, was die illustre Marguerite Duras
bloß von ihnen will.

Wie soll das Szenario konkret gedreht werden? Wie kann
die zerfaserte Dauer der Reise im Film wiedergegeben werden? In einer schlaflosen Nacht kommt ihr der Einfall, den
Film nicht zu drehen, sondern zu erzählen, was er gewesen
wäre. Depardieu und sie werden in dem Haus in Neauphle an
einem Tisch sitzen und den Text vor der Kamera von Bruno
Nuytten vorlesen. Die Darstellung wird sich auf die Lektüre
als solche begrenzen. »Eine gesehene Lektüre, eine erste gesehene Lektüre mit den Manuskriptseiten in der Hand, das ist
ebensoviel Film – wenn nicht mehr – wie die inhaltliche
Handlung dieser Lektüre oder deren Darstellung«[9], behauptet
Duras. Der Film entsteht im Laufe der Dreharbeiten. Er soll
alle übrigen enthalten, die sie zu dem Thema hätte realisieren
oder sich auch nur vorstellen können. Ähnlich wird der Zuschauer seine eigenen Bilder in die Erzählung einsetzen. Hier
kann jeder seinen eigenen Film machen. Hier ist »der Text das
aufgenommene Objekt«. Ein weiterer Beweis dafür, daß das
Schreiben unendlich viele Bilder trägt.

Der stattliche Lastwagenfahrer-Schauspieler entdeckt seine
Rolle in Direktübertragung, im gedämpften Licht einer altmodischen Lampe, in einem Raum mit zugezogenen Gardinen, einer »Dunkelkammer«, in der ihn die Schriftstellerin
auf eine Reise mitnimmt, auf die er überhaupt nicht vorbereitet ist.

Duras frohlockt über seine Ratlosigkeit. Da sieht er mal!

Sie hört ihm zu, lauert auf das Zögern, die kleinen Mängel in der Diktion, die mit der professionellen Virtuosität brechen. Depardieu enttäuscht sie nicht. Weil er nicht geprobt hat, spielt er nicht. Die Regisseurin ist höchst zufrieden: »Er verheddert sich, er kann nicht lesen, er kann nicht schreiben. Er ist ein Analphabet. Jeder weiß es. Er gibt sich eine Wahnsinnsmühe, er folgt den Zeilen nicht, er bringt sie durcheinander, und derweilen spielt er nicht.« Aus reinem Spaß daran, die Gewohnheiten der Schauspieler zu unterlaufen, gestaltet es Duras noch schwieriger: sie improvisiert, ohne ihn zu warnen. Das sind die Augenblicke, die sie am meisten schätzt, weil er vollkommen verloren ist. Oder sie hört plötzlich auf zu lesen und schweigt. Mit ungerührter Miene ergötzt sie sich an Depardieus Fragen und stellt sich seine Qual vor. Was soll man mit einem Durasschen Schweigen anfangen, ohne einen unverzeihlichen Patzer zu begehen? Abwarten oder den Dialog wieder in Gang bringen? Sie gibt ihm keinen Fingerzeig. Sie denkt: »Er fragt sich sicher, ob er nicht vergessen hat, was ich gesagt habe. Oder er versucht, unbedingt etwas zu sagen.« Richtig, er kurbelt die Unterhaltung wieder an: »Wollen Sie eine Zigarette rauchen?« Sie nimmt sich Zeit, ehe sie lakonisch antwortet: »Nein.«

Trotz der unübersichtlichen Kurven fährt Gérard Depardieu diesen *Lastwagen* ohne allzu große Probleme. Seinem Selbstbild entsprechend vermittelt er das Gefühl, mit seiner Passagierin nicht ganz auf derselben Wellenlänge gelegen zu haben. Die Reise mit Duras war schwierig, die starke Frau hat allerdings etwas von einer kleinen Nervensäge, das ihn anrührt: »Ich war sehr glücklich, Marguerite so zu lieben, wie ich sie in *Der Lastwagen* geliebt habe, weil es eine etwas bedürftigere Marguerite war, die zugleich eine beinahe menschliche Stärke besaß. Denn ihre Stärke ist manchmal unmenschlich. Hat man sich einmal mitreißen lassen, bereitet es eine unendliche Lust, man genießt. Für einen Schauspieler braucht man nichts anzustellen, umsonst bemühe ich mich, Marguerite das beizubringen. Es ist ein Herzklopfen, eine Überzeugung. Man hat nur zu sein.«

Der Film ist kürzer als die vorherigen. Duras will das Publikum nicht zu stark strapazieren. Hätte es zwei Stunden derart »schonungsloser« Rede ertragen? Dann bedauert sie ein wenig, daß sie sich hat einschüchtern lassen. Ihr Film beeindruckt sie: »*Der Lastwagen* ist äußerst gekonnt. Das ist sicher das Gekonnteste, was ich je gemacht habe. (...) Ich denke, daß es im gewissen Sinn ein Film ist, der davon abhält, Filme zu machen. Finden Sie nicht? Also hätte ich vor, eine Geschichte zu drehen, und ich würde diesen Film sehen, dann wüßte ich nicht, ob ich die machen würde.«[10]

Mit *Der Lastwagen* schließt Duras eine Etappe ab. Sie entdeckt die Nutzlosigkeit der Bilder. Wozu dem Zuschauer welche anbieten, wenn sie die Einbildung verstümmeln? Sie hätte hier aufhören können. Aber wie soll man sich beschäftigen? Außerdem ist unterhalb des Exzesses noch nichts vollständig bewiesen. Duras braucht verbrannte Erde.

1978 nähert sie sich einem echten Ende. Sie unternimmt die Dreharbeiten einer Geschichte, die unmöglich gefilmt werden kann, *Das Nachtschiff*. Bereits am ersten Tag trägt sie in ihr Notizbuch ein: »Film mißlungen.«

Das stand sowieso von Anfang an fest, da *Das Nachtschiff*, vom Bericht eines jungen Mannes inspiriert, die intensive, ausschließlich am Telefon gelebte Leidenschaft zweier Verliebter erzählt, die sich nicht kennen und einander nie begegnen. Drei Jahre hindurch sprechen sie nächtelang miteinander, lieben sich, schlafen zusammen in vollkommener Verschmelzung auf Distanz, neben dem abgehobenen Hörer. »(Sie) empfinden Lust aneinander. – Es ist ein schwarzer Orgasmus. Ohne gegenseitiges Berühren. Ohne Gesicht. Mit geschlossenen Augen«[11], schreibt Duras. Sie existieren füreinander nur über die Stimme. Die Frau gibt wenig Auskünfte zu ihrem Leben. Was sie davon erzählt, wirkt ungewiß und zuweilen widersprüchlich. Der Mann macht sich schließlich eine bestimmte Vorstellung von ihr. Als sie ihm ein Foto schickt, stirbt das Begehren, von dem Bild getötet. Bis der Zweifel an der Authentizität des Fotos es wieder erweckt.

Derselbe Ausgang droht dem entstehenden Film. Statt aber

darüber betrübt zu sein, macht Duras daraus ihren Sieg über das Kino: »Das war mir noch nie passiert: nichts mehr zu sehen, nicht mehr die geringste Möglichkeit eines Films, eines einzigen Filmbilds zu ahnen. Ich hatte mich vollständig geirrt. (...) Ich war glücklich so, plötzlich in eine grenzenlose Unproduktivität versunken (...) Endlich mir selbst gegenwärtig in dieser Feststellung eines eingestandenen Scheiterns ohne jede Zuflucht. Das war klar. Das war vorbei. Kino, vorbei. Ich würde wieder anfangen, Bücher zu schreiben, ich würde in die Heimat zurückkehren, zu dieser erschreckenden Mühsal, die ich seit zehn Jahren aufgegeben hatte. Inzwischen fühlte ich mich wohl. Glücklich. Ich hatte dieses Scheitern errungen, ich hatte gewonnen. (...) Ich bin noch nie eines Erfolges so sicher gewesen, wie ich es in jener Nacht dieser Niederlage war.«[12]

In ihrer Schlaflosigkeit sieht sie jedoch die schon begonnene Arbeit, die sie aufgibt: das Team, die Dekoration, die bereits geschminkten Schauspieler. Ein Film für sich. Sie beschließt, das »Desaster des Films« zu drehen, die Vorbereitung auf etwas, das nicht stattfinden wird. Sie bittet ihren Kameramann, Ansichten der Seine, der Ufer, des Louvre, der Tuilerien, der Champs-Elysées aufzunehmen. Die Kamera wird umgedreht und filmt, was ins Bild kommt: »Nacht, Luft, Scheinwerfer, Straßen, auch Gesichter.«[13]

Die Bilder sind im Grunde bedeutungslos. Auf Reisen, wenn das Denken dem Alltag entgeht, verliert sich der Blick in der Landschaft, die man passiert, beinahe ohne sie zu sehen. Genauso ist hier die Verbindung zwischen Träumereien und lokalen Gegebenheiten abgerissen. Austauschbare Bilder also, die auf beliebige Texte gelegt werden können. Entsprechend der Erzählung, die sie streift, nehmen sie Form an. Der Film wird dadurch eine Geschichte ohne Bilder. »Geschichte aus schwarzen Bildern.«[14]

Marguerite Duras schreibt *Das Nachtschiff* mehrmals um. Auf der Grundlage von nicht verwendeten Einstellungen verfaßt sie fünf Texte, aus denen sie Filme macht. Einige der fallengelassenen Bilder waren zu prächtig, zu figurativ für den

Film. Sie verwertet sie neu. Andere waren verschwommen oder hatten andere Mängel. Diese Einstellungen läßt sie noch einmal machen, um die neuen am Ende doch nicht zu verwenden: sie behält die mißlungenen Aufnahmen.

Diese fünf verfilmten Texte produziert sie 1979: *Caesarea, Die negativen Hände, Aurelia Steiner, Aurelia Steiner, Aurelia Steiner*. Seit dem Abdriften von *Das Nachtschiff* zieht einer unvermeidlich den nächsten nach sich. Hinter dem nächtlichen Ruf der Liebhaber im *Nachtschiff*, über Trennung und Entfernung hinweg, nimmt Duras den Ruf des Begehrens von Berenike und Titus wahr. Die legendäre Gestalt der von ihrem Verlobten verstoßenen Königin der Juden ruft in ihr einen Widerhall von einer Heftigkeit hervor, die sie erschüttert. Mit glühender Bewegung hat sie alle großen Theateraufführungen von *Berenice* gesehen. Racines Talent ist für sie unwiderruflich aktuell.

Sie schreibt *Caesarea*. Der Ruf durch den Raum geht nun durch die Zeit. Weit zurück. Bis ins Zeitalter jener Darstellungen von Händen in den La Madelaine-Höhlen des südatlantischen Europas, die man »negative Hände« nennt. Darin sieht sie Zeichen, die Menschen den künftigen Generationen machten. Eine Brücke zwischen Menschen, die der Tod trennt und die sich durch die Gnade einer besonderen Schrift in der Leidenschaft treffen.

Das Volk der Toten. Von hier kommt jetzt deutlich der Ruf. Von den Toten der Konzentrationslager. Sie sind alle ihre Toten. Von ihnen ist sie geboren. »Ich heiße Aurelia Steiner. Ich bin achtzehn Jahre alt. Ich schreibe«, setzt Marguerite Duras bei drei im Sommer 1979 redigierten Briefen jedesmal ans Ende. Welches Eintauchen in die Dunkelheit von einem zum nächsten Brief! Am Ende zeichnet sich das Rechteck eines Grabsteins ab, das Grab eines Abwesenden, dem die junge Frau zuruft: »Ich liebe Sie über meine Kräfte. Ich kenne Sie nicht. (...) Ich betrachte mich. Die Augen sind blau, sagt man, die Haare schwarz. (...) Ich bin Ihr Kind. (...) Allmählich, ohne daß ich etwas kommen fühlte, kehren Sie aus dem Exil der Nacht zurück, von der anderen Seite der Welt, dieser schwarze Schatten, in dem Sie stehen. (...) Kleines Mädchen. Liebe. Kleines Kind. (...) Du bist sieben Jahre alt.«[15]

Kaum traut man sich zu lesen, so sehr enthüllen sie die Worte. Mit den drei Texten *Aurelia Steiner* sagt Marguerite Duras alles über sich, gibt alles hin: »Aurelia Steiner ist jetzt vollständig zu den Liebhabern des weißen Rechtecks des Todes gestoßen«, schreibt sie. Ihr selbst bleibt jedoch weiterhin rätselhaft, was sie offenbart. »Ein Loch«, vereinfacht sie. Sie erklärt sich nichts. Trotzdem enthüllt sie, daß sie dieses Grab als ihre Geburtsstätte empfindet. Sie ergänzt: »Es ist auch eine Seite, eine Szene.« Es ist ihre »Dunkelkammer« des Schreibens.

Angesichts der »phänomenalen Kraft von Aurelia Steiner« muß der Film das Weite suchen. Auf der Leinwand, dem weißen Rechteck des Kinos, sind keine Bilder möglich. Kein einziges mehr. Duras ist zum Schwarz in Schwarz des Films vorgestoßen: »Mit dem Schwarzfilm wäre ich also beim idealen Bild angelangt, bei dem der eingestandenen Ermordung des Kinos«[16], schlußfolgert sie. »Die absolute Negation wäre gewesen, mich umzubringen!«

1982 wird *Atlantik Mann* dreißig von insgesamt fünfzig Minuten Schwärze wagen. In *Le Monde* gibt sie eine Anzeige auf, um die Zuschauer davon abzubringen, ihn anzusehen, »weil der Film unter vollkommener Ignorierung ihrer Existenz gemacht worden ist«. Sie empfiehlt ihnen also die Flucht: »Geht nicht das Risiko ein, hinauszugehen: geht nicht hinein.« Die anderen aber, die ihr blindlings folgen, sollen ihn unter keinen Umständen verpassen. Die vorgewarnten Zuschauer bleiben sitzen, die Augen unentwegt auf die leere Leinwand gerichtet, und hören ihrer Stimme zu: »Seht ihr, selbst bei Abwesenheit von Bildern gibt es immer noch eines.«[17]

Am Ende der Reise taucht das Buch wieder auf. Marguerite Duras kehrt endgültig zu ihm zurück. Ihre Erfahrung als Cineastin faßt sie mit dem Gefühl zusammen, im wesentlichen nie wirklich sie selbst gewesen zu sein. Filme habe sie gemacht aus Unvermögen, überhaupt nichts zu tun. Zugleich ist sie überzeugt, die bedeutendsten Kinowerke realisiert und »die Filmemacher der ganzen Welt« ausnahmslos ausgestochen zu haben. Einschließlich der von ihr als Mangel angesehenen »Vollkommenheit«. In jedem Fall hat die gefahrvolle Reise an Bord des *Nachtschiffes* sie wie im Traum dahin geführt, wohin sie nicht mehr gehen konnte, ohne zu leiden: zu einem kleinen, siebenjährigen Mädchen, das ganz und gar »dem leeren Schlund der Erde«[18] zugewandt ist.

XX.
Yann Andréa Steiner

Niemand kommt mehr zum Wochenende nach Neauphle. Marguerite Duras hat ihre Freunde gebeten, sie nicht mehr zu besuchen. Sie hat nicht mehr die Kraft, sie zu empfangen. Die Tage verbringt sie mit Nichtstun, nachts zieht sie durch die Cafés der Yvelines. Sie trinkt. Keine zwei Stunden hält sie durch ohne Alkohol. Mitten im Schlaf wacht sie auf, um ein Glas Wein zu trinken. Morgens schluckt sie Aspirin, um wieder klar zu werden: seit fünfzehn Jahren eine mechanische Handlung. Der Arzt hat ihr Antidepressiva verschrieben, damit ihr Blutdruck gesenkt wird; da sie ihm verheimlicht hat, daß sie Alkoholikerin ist, wird sie mehrmals am Tag ohnmächtig. Es kommt vor, daß sie mitten in der Nacht ins Krankenhaus von Saint-Germain-en-Laye gebracht werden muß. Sie kehrt nach Hause zurück, greift wieder zu ihrem teuflischen Cocktail, wird wieder krank, geht ins Krankenhaus, kehrt zurück.

Stundenlang kann sie zwischen ihren Bäumen auf einer Bank sitzen, nur von ihren Cayenne-Hühnern umgeben, den »Paradiesvögeln«, die sie über alles liebt. Sie haben eine eigene Sprache, dessen ist sie sicher, und faszinierende Verhaltensweisen, die zu beobachten sie nicht müde wird. Ginge es nach ihr, sie hätte überall welche, selbst in Paris. Nur würde man sie wohl für völlig verrückt erklären und in die Anstalt bringen, würde sie eine Kuh an ihrer Wohnungstür festbinden! Und außerdem, was für ein Jammer, wenn man ein Tier verliert. Sie verwindet nicht den Tod ihrer Katze Ramona, die ein Auto wie ihres überfahren hat.

Sämtliche Kämpfe für den Umweltschutz erhalten ihre lebhafteste Unterstützung, freilich nur verbal: Geld gibt sie keines. Bravo für Bardot. Bravo für die Ökologen. Die Verwüstung des Planeten schmerzt sie beinah ebensosehr wie ein Völkermord. Als sie eines Tages mitbekam, daß man in der

Nähe von Neauphle vier Hektar alter Eichen brutal abgeholzt hatte, war sie vor Entsetzen wie gelähmt. Hätte die Stadt gebrannt, es hätte sie nicht stärker erschüttert.

Ihre gegenwärtige Abgeschiedenheit belastet sie nicht. Im Leichentuch des gefrorenen Gartens gefangen, lebt sie mit sich selbst verbunden, ohne Trauer. Nie ist die Einsamkeit so groß und seltsamerweise gleichzeitig so leicht gewesen. Sie spürt sie nicht. Sie meint sogar, daß sie sich in diesem »lebendigen Tod« am besten fühlt, in dieser allgemeinen Entlastung ihres Lebens, in der sie die Bettlerin aus Savannakhet wiedertrifft. Und alle ihre Angehörigen. Hier ist sie niedergelassen in ihrer Welt und hat irgendein Ende erreicht, jedoch wie an der Schwelle zu einer neuen Freiheit.

Kein äußeres Ereignis kann ihre Existenz noch verändern. Sie richtet den Blick ausschließlich darauf, was sie allein sehen kann, und sie sieht nur das, was ihr vertraut ist. Ihr Staunen, ihre Emotion erwachen, wenn sie etwas entdeckt, was ihr ähnelt. Nur ein bedeutendes Ereignis, etwas, das sie schon kennt und das die Erwartung eines ganzen Lebens zu erfüllen vermöchte, kann ihre Einsamkeit noch beenden.

Liebhaber hat sie keine mehr. Allerdings schreibt sie seit zwei Jahren leidenschaftliche Briefe an einen Mann, dem sie nie begegnet ist. »Lichteinfälle in der Dunkelheit der Zeit«[1] nennt sie das. Weil es ihr unmöglich ist, vollkommen ohne Liebe zu sein. Oder vielleicht ohne vollkommen unmögliche Liebe zu sein. Dank den Worten wird die Liebe gelebt. Das genügt.

Bekundungen der Verehrung erhält sie nach wie vor in jeder ihrer Wohnungen. Selbst in dieser Periode diskreten Ruhms bleiben sie nicht aus. Bewunderer schieben Briefe unter ihrer Tür durch oder legen Geschenke auf den Fußabtreter. Weshalb treten die Briefe eines gewissen Yann Andréa auf einmal aus der Anonymität heraus? Marguerite Duras beantwortet sie nie, aber sie hebt die knappen Zeilen auf, die mit hartnäckiger Regelmäßigkeit täglich in ihr Leben einbrechen. Sie ersetzen schließlich die fiebrigen Briefe, die sie selbst abschickte.

Die Erklärungen dieses Unbekannten, der schwört, sich umzubringen, falls er sie nicht kennenlernt, berühren die Schriftstellerin, obwohl sie solche Erpressungen gewohnt ist. Ihre
Schönheit verwirrt sie – »die schönsten, die ich je erhalten
habe« –, ihre Lektüre gibt ihr ein sonderbares Gefühl von
Verwandtschaft.

Sie hat keinerlei Erinnerung an diesen jungen Bewunderer,
dem sie bei einer Vorführung von *India Song* in einem Film-
kunsttheater in Caen begegnet war. Keine Erinnerung an die
Debatte, an der er neben anderen Studenten mitwirkte, die
sich alle auf die *agrégation* in Philosophie vorbereiteten; auch
vom anschließenden gemeinsamen Kneipenbesuch hat sie
kein Bild behalten. Kaum erinnert sie sich, nach Caen gefahren zu sein. Einer von vielen schnell hinter sich gebrachten
Auftritten zur Förderung des Films. Überall das gleiche Par-
kett von begeisterten jungen Leuten, die eine Berühmtheit aus
der Welt der Literatur sehen wollen. Alles in allem Umstände,
die wenig dazu beitrugen, die angespannte, stumme Gegenwart eines hinter Brille und Schnurrbart verschanzten blaß-
blonden Bretonen zu bemerken. Wie üblich hatte sich der Star
mit Ehrungen überhäufen lassen und war nach Neauphle-le-
Château zurückgefahren, erleichtert, wieder allein in seinem
Schlupfwinkel zu sein.

Jeden Tag finden sich also Briefe dieses Jungen in der Post,
der ihr nicht aufgefallen war. Von seinen Rufen aufgerüttelt,
die zu ihr gelangen, als würden sie »an einem unerträglichen,
tödlichen Ort, von einer Art Wüste aus geschrien«[2], beginnt
sie ihn zu lieben. Sie wird einer tiefen Ähnlichkeit mit ihm gewahr. Erfindet sie es oder willigt sie nur folgsam in den letzten
Theatercoup ihres Lebens ein? Jedenfalls ist Yann Andréa
weit davon entfernt zu ahnen, daß er der letzte Erwählte seines Idols werden soll.

Als Marguerite Duras *Aurelia Steiner*[2] schrieb, hatte sie
seine Briefe noch nicht beantwortet. Trotzdem läßt ihr das
Heraufbeschwören dieser Not, die so leidenschaftlich an sie
herangetragen wird, keine Ruhe mehr. Der Fremde wird ihr
wichtig. Ihr Text trägt Spuren davon. »Und dann habe ich auf

den jungen Matrosen mit dem schwarzen Haar gewartet. Während ich auf ihn warte, schreibe ich Ihnen. Während ich vor Begehren nach ihm zittere, liebe ich Sie.«[3] Lange bevor sie Yann Andréa kennenlernt, läßt Duras ihn in ihre Bücher einziehen. Fortan wird alles, was sie schreibt, mit ihm zusammenhängen, direkt oder indirekt von ihm bestimmt werden. Seine Gegenwart wird das Ende ihrer Tage prägen wie bisher zweifellos noch keine andere Beziehung.

Sie könnte sich mit dieser dunklen Korrespondenz begnügen, ohne ihn zu treffen, ohne ihm zu antworten. Aber als plötzlich keine Briefe von Yann Andréa mehr eintreffen, wird das Schweigen unerträglich. Auf einmal erschreckt sie ihre Einsamkeit. Sie kann an nichts anderes mehr denken, als dem jungen Studenten aus Caen zu schreiben, ihm die Hölle des Alkohols und des Krankenhauses mitzuteilen. Es ist ein Hilferuf. Mit einer kurzen Nachricht kündigt Yann Andréa daraufhin sein Kommen an.

Marguerite Duras packt die Angst. Wozu soll er kommen? Wozu dieses Risiko eingehen nach sieben Monaten einer nahezu idealen Beziehung? »Um sich kennenzulernen«, antwortet Yann Andréa. Aber eben, wozu? »Auch um über die Bücher zu sprechen.« Gut, das ist etwas anderes. Sie willigt also ein, hin und her gerissen zwischen Besorgnis und Belustigung und mit dem Gefühl, eine Dummheit zu begehen. Ist es denn nicht komisch, einen modernen Nomaden bei sich landen zu sehen, der von einem Tag auf den nächsten bereit ist, alles aufzugeben – Arbeit, Wohnung, Freunde –, um eine ungewisse Geschichte mit ihr zu erleben? So etwas könnte sogar eine neue Lebensweise werden! Man klopft an die Tür einer Person seiner Wahl, legt sein Handgepäck ab und verkündet: »Hier bin ich, ich bleibe hier. Ich will Sie entweder kennenlernen oder sterben.«

In diesem Sommer 1980 geht Duras wieder nach Trouville, wo sie, da unfähig, das Haus in Neauphle zu verlassen, zehn Jahre lang nicht gewesen war. Im Vorjahr hatte sie die Wohnung während der Ferien vermietet, um die Eigentümerkosten zu senken. Sie nimmt ihre Gewohnheiten einer Einsamen wieder auf: Mittagessen immer im gleichen Hafenrestaurant und immer das gleiche Menü; Abendessen zu Hause, ebenfalls stets gleich: kaltes Hühnerfleisch, Brot und Käse, Kastaniencreme mit Crème fraîche, Kekse; Meerbäder abends, wenn der Strand sich leert; und Tag und Nacht trinken.

Als Marguerite Duras, Weltstar der Literatur mit sechsundsechzig Jahren, einem siebenundzwanzigjährigen Mann mit der komischen Haltung eines Heranwachsenden, mit schüchterner Unbeholfenheit und der Dringlichkeit eines Menschen, der nichts mehr zu verlieren hat, ihre Tür im Roches Noires öffnet, weiß sie, daß er ihretwegen von sehr weit her kommt. »Ich kenne Sie von jeher«, sagt sie ihm.

Sie täuscht sich über ihre Gefühle nicht. Der Kuß für Yann Andréa, noch in der Tür, gilt der früheren Liebe. Übrigens sei es immer so, meint sie, jede Leidenschaft entstehe aus einem »wundersamen Zusammentreffen«[4] mit einer ursprünglichen, inzestuösen Bindung und neige dazu, diese absolute Bindung zu reproduzieren.

Yann Andréa liebt die Frauen nicht. Am Tag nach seiner Ankunft in Trouville wird er der Liebhaber der Schriftstellerin sein, danach wird er es nicht mehr können. Bald schon jagt er wieder den schönen Barkeepern nach, die in den Luxushotels des Badeortes für eine Saison eingestellt werden. Mitten in der Nacht kehrt er zurück. Duras paßt seine Rückkehr ab, genauso wie sie früher auf Paul wartete, wenn er sie zurückließ, um sich in Saigon nach Frauen umzusehen. Sie ärgert sich, daß dieser Mann, den ihr Körper abstößt, sie nicht sinnlich liebt. Aber sie weiß auch, daß die Kraft ihrer Liebe gerade an dieser Unmöglichkeit hängt. Daß sie sich daraus speist. Und sie feiert sie für das, was sie ist, verzweifelt und für immer festgelegt »mit ihrem Schmerz, ihrem Verlangen, mit der unerträglichen Qual, die dieses Verlangen erzeugt – selbst auf die Gefahr hin, daß sie einen in den Tod treibt«.[5] Dennoch findet sie sich schwer damit ab. Wem auch gelänge es, sie, egal auf welchem Gebiet, von der Notwendigkeit, sich abzufinden, zu überzeugen?

Gelegentlich fragt sie sich, wohin sie sich beide verirren. Zugleich empfindet sie ein Hochgefühl darüber, nicht zu verstehen, weshalb sie aneinander gekettet bleiben. Yann wird gelegentlich fliehen und zurückkehren. Sie wird ihn manchmal fortjagen und zurückholen. Sie wissen, daß es kein Ende haben wird. Ihre Geschichte ist verrückt, sie hat keinen Sinn, aber richtig ist sie. Es ist die Geschichte von einem jungen Mann, der nicht weiß, was Liebe ist, und einer alten Frau, die im Grunde sonst nichts weiß. Sie leben sie so, wie sie sich darstellt, unterwerfen sich ihrer Notwendigkeit. Und bleiben taub für Kommentare, die in ihrer Liaison ohne Umschweife die Hoffnung eines erbschleicherischen Gigolos und die Illusion einer Romanautorin sehen, die nicht mehr ganz bei Sinnen sei.

Wenn Duras von Yann spricht, spricht sie von Paul. Es sind dieselben Wörter: »Das ist die Geschichte einer nicht eingestandenen Liebe zwischen zwei Menschen, die durch eine unerklärliche Kraft daran gehindert sind, zu sagen, daß sie sich lieben. Und die sich lieben. Das ist nicht klar. Das läßt sich nicht deklarieren. Das entzieht sich die ganze Zeit. Das ist ohnmächtig. Und ist doch da. In einer Verworrenheit, die ihnen gemeinsam, die ihnen eigen ist und die die Identität ihres Gefühls ausmacht. Bemerken sie etwas von dem, was zwischen ihnen vorgeht und sie verbindet? Ich weiß es nicht. Sie wissen besser als andere, wie die Liebe in Schweigen zu hüllen ist, aber sie vermögen sie nicht zu leben. Sie leben statt dessen eine andere Geschichte, als wären sie andere Menschen (...) Hier handelt es sich um Menschen, die nicht zu lieben vermögen und die doch eine Liebe leben. Aber das Wort kommt ihnen nicht über die Lippen und das Begehren nicht übers Geschlecht, um die Liebe auszudrücken, freizusetzen (...) Nein. Nichts als Tränen.«[6]

Er, der »falsche Liebhaber«, schweigt. Der Mann, der nicht zu leben weiß, hat sich bei der Frau, die Bücher macht, niedergelassen, fasziniert davon, den Alltag eines genialen Menschen zu teilen und zu sehen, wie die Schrift vor ihm hervorsprudelt. Er ist der Tempelwächter. Er schützt sie vor ungelegenen Besuchern und hält sie von der Mehrzahl der Freunde fern. Er macht die Einkäufe, fährt den Wagen, tippt die Manuskripte ab, die sie diktiert, und trinkt mit ihr zusammen Rotwein in Mengen, die er nicht gewohnt war. Anfangs befolgt er alles. Dann bietet er ihr die Stirn. Er kritisiert einige ihrer plötzlichen Begeisterungen, läßt aber nichts auf ihre Schriften kommen. Er berät sie, um nicht zu sagen, er entscheidet über ihre Medienauftritte. Er lacht mit ihr, schreit gegen sie an. Er lebt in finanzieller Abhängigkeit von ihr, klagt, daß er nicht genug bekommt, sie hält ihn jedoch mit dem Schreiben. Hier läßt ihn die große Duras an ihren Schätzen teilhaben. Aus ihrer Feder fließt Gold. Yann Andréa folgt ihr. Wohin sie auch geht, er kommt nach. Sie bahnt ihm den Weg in den Wald, sie erzählt ihm seine Geheimnisse, sie trotzt den Gefahren. Dann sind sie gleichermaßen bezaubert, gleichermaßen glücklich. Er ist verrückt nach Lol V. Stein, Anne-Marie Stretter, Aurelia Steiner... Er reißt aus, um sich in den Bars mit Männern zu treffen, und dennoch, S. Thala verläßt er nie. Für Duras bedeutet er ein Wiederfinden der Kindheit. Er gehört ihr. Sie sind beide achtzehn.

Zu diesem Zeitpunkt macht Serge July, Herausgeber der Tageszeitung *Libération*, Marguerite Duras das Angebot, ein Jahr lang in seiner Zeitung regelmäßige Chroniken zu veröffentlichen, am besten täglich. Hinsichtlich der Themen läßt er ihr freie Wahl: der Zeitgeist soll sie, je nach Laune, inspirieren. Mit dieser Häufigkeit: nein, sie kennt sich, nie wird sie die Verpflichtung einhalten. Für drei Monate hingegen, die Dauer eines Sommers, verführt sie der Gedanke. Aber nur ein Artikel pro Woche, mehr nicht.

Duras redigiert also für *Libération* ihre Strandchroniken, die anschließend unter dem Titel *Sommer 1980* herausgegeben werden. »Das ist das einzige Tagebuch meines Lebens«, sagt Duras, »das Tagebuch meines Verderbens im schlechten Sommer '80.« Zunächst behandelt sie die reichhaltige politische Aktualität dieses Jahres: die Olympischen Spiele in Moskau, das Begräbnis des Schahs, der Ajatollah Khomeini – der Nachbar in Neauphle –, der Hunger in Uganda, der Sturmwind Allen, der vorgebliche Anschlag der Roten Brigaden am Bahnhof von Bologna[7] und vor allem das Entstehen der Solidarność. Doch dann klaut die Romanautorin der Journalistin ihre letzten Seiten, um in Form einer amourösen Freundschaft zwischen einem Mädchen und einem Kind die persönliche Geschichte zu erwähnen, in die sie mit Yann Andréa verstrickt ist. Und er, der zum »Kind mit grauen Augen« avancierte bretonische Student, der kleine Bruderliebhaber, liefert sich dieser Fiktion aus, die ebenso grauenhaft zu leben wie nicht zu leben ist.

Seit Pauls Tod – im Alter von Yann, meint sie, obwohl er etwas älter war – war Marguerite Duras unfähig, jemals von diesem Bruder zu erzählen, dessen Namen sie nicht einmal aussprechen kann. Sie sagt »der kleine Bruder«, um sich an ihn zu erinnern, der zwar älter, aber zur Unreife bestimmt war. In den Büchern ist er überall anwesend, doch das Verbot wird nirgends übertreten. Dem Schuldeingeständnis droht nach wie vor Schlimmstes.

Die deutlich inzestuöse Zuneigung von Ulrich und Agatha, den beiden Romanfiguren in Robert Musils *Der Mann ohne Eigenschaften*, hat in Duras dieselbe Liebe wachgerufen, die sie ihren Brüdern entgegenbrachte. Zu Pierre, trotz des Hasses, und vor allem zu Paul. Doch es ist die Begegnung mit Yann Andréa, die der Kühnheit den Weg bahnt, über Inzest zu schreiben.

Agatha hätte sie ohne ihn vermutlich weder geschrieben noch verfilmt. Es ist eine Erzählung von Sommerferien, in denen die Leidenschaft zwischen einem Bruder und einer Schwester nur über einen Dritten vermittelt wird. *Agatha* bezaubert sie wie das Auftauchen einer lange gesuchten Lichtung. Noch fürchtet sie, sich zu offen zu zeigen, und bleibt vorsichtig versteckt. Allmählich tritt sie, von der Scham befreit, ins grelle Licht hinaus in der Überzeugung, da zu sein, wohin jeder, ohne es sich einzugestehen, zu gehen träumt, hin zum »Begehren an sich, essentiell, unmöglich zu leben«.[8] Und für sie universell.

Mit siebenundsechzig Jahren wagt Duras zum ersten Mal

diese öffentliche Mitteilung: »Das ist eine Trauer, die immer noch da ist, ja. Mein Bruder behält das Alter seines Todes. Er war siebenundzwanzig, achtundzwanzig, glaube ich. Er hat immer noch dieses Alter. Ich habe in diesem Sommer viel daran gedacht, und plötzlich habe ich begriffen, daß er für mich eine sehr große Liebe gewesen ist. Eine immense.«[9]

Marguerite Duras dreht *Agatha* in zwei Tagen, in Trouville. Mitten im Winter. Sie erklärt Yann Andréa kurzerhand zum Schauspieler: niemand anderem hätte sie die Rolle des Bruders anvertrauen können. Ihre Lieblingsschauspielerin Bulle Ogier – »sie ist mein eigener Körper« – verkörpert selbstredend die Schwester.

Vom Alkohol entstellt, aufgedunsen, an Zitteranfällen leidend, strahlt Marguerite ihre Darsteller glücklich an: »Weil es sich um eine Liebe handelt, die nie enden wird, die keine Lösung erfährt, die nicht gelebt wird, die unlebbar ist, die verflucht ist und die sich im Schutz des Fluches hält. (...) Sie sind weit davon entfernt, sie zu vollziehen. Sie vollziehen sie mit anderen. Es ist eine Art tragisches Spiel, von dem ich sage, es ist das Glück. (...) Sie lieben sich, gemeinsam sind sie diesem Verbot ausgesetzt. Sie werden sich ihr ganzes Leben lieben.«[10]

Als Marguerite Duras 1981 eingeladen wird, sich dem Gefolge des Präsidenten anzuschließen, um ihren Film *Agatha* in den Vereinigten Staaten vorzuführen, fragt sich die Presse, welche Gründe den frisch gewählten François Mitterrand dazu bewogen haben könnten, unter allen talentierten Filmemachern diese Schriftsteller-Cineastin auszuwählen, die keine Kinosäle füllt. Damals war die Geschichte ihrer alten Beziehung sehr wenigen Franzosen bekannt. Besonders die Tageszeitung *Le Figaro* äußert sich ironisch über die Bevorzugung, die der ehemaligen Kommunistin gewährt werde, obwohl sie im Verlauf des Wahlkampfs bekanntgegeben hatte, sie werde sich wahrscheinlich enthalten, falls der sozialistische Kandidat um die Stimmen der Kommunisten ersuchen sollte. Sodann hatte man sie, kurz vor der Wahl, als aktives Mitglied im Unterstützungskomitee für François Mitterrand wiedergefunden und am Tag des Wahlsiegs entsprechend euphorisch erlebt. Die Zeitung unterstellte Marguerite Duras, die am Tag des Regierungsantritts im Elysée-Palast anwesend war, ein opportunistisches Revirement und spottete darüber, wie sie ihm entgegengelaufen war, um ihn zu umarmen und ihre Freude kundzutun.

Seit ihrem gemeinsamen Abenteuer in der Résistance war Duras dem Freund François selten begegnet. Während all dieser Jahre blieb er vor allem Robert Antelme sehr nahe, dem Gefährten, der an einer halbseitigen Lähmung infolge einer schweren Hirnerkrankung litt. Trotz eines übervollen Terminkalenders besucht ihn Mitterrand regelmäßig. Unglaubliche Szenen spielen sich zwischen den beiden Männern ab: der Staatschef und der wegen der Lähmung ans Krankenhausbett Gefesselte, der nicht weiß, daß sein Besucher jetzt Frankreich regiert, reden miteinander jenseits einer unmöglichen Unterhaltung. Und dies bis zum Tod von Robert Antelme im November 1990.

Duras liebt diese Treue, die bei François Mitterrand aufrichtig ist. Und sie liebt ihn, ja. Für seinen Charme, der sie seit ihrer Jugend verführt, für seine tiefe, ihr wesensfremde Intelligenz und dafür, was sie seine »beherrschte Leidenschaft« nennt. »Stolz« ist der Begriff, der ihre Gefühle für den Präsidenten spontan zusammenfaßt. Sie bewundert ihn und vertraut ihm vorbehaltlos, weil sie ihn als Träger einer Ethik und Spiritualität, einer Bodenständigkeit empfindet, die ihn außerstande setzen, »Frankreich als Privatmann zu übernehmen«.[11] Sie entdeckt durchaus keinen zynischen Machtwillen an ihm, sondern im Gegenteil Ratlosigkeit, Zweifel und eine gewisse Scheu vor der Macht. »Sie machen ihn zu einer Gestalt des Scheiterns?« wird sie gefragt. »Ja, das ist das einzige, was mich interessiert«, antwortet sie.

Sie erklärt also, »Mitterrandistin« zu sein, das heißt »für die Person von Mitterrand«. »Weil er eine Person im Sinne des Wortes ist. Er hat nichts hinter sich. Er hat kein Geld. Er ist eine Art Herr. Er hat etwas Herrschaftliches an sich, finde ich.«[12] Er besitze auch keine Ideologie, oder wenn doch, dann sei es schon »hohe Kunst«, sie so gewandt zu umgehen. Manchmal schmollt sie mit ihm, manchmal schwört sie, daß sie nie mehr, nie mehr...! Dann kehrt sie stets bedingungslos zurück. Im Grunde ist sie geschmeichelt, mit einem Prinzen befreundet zu sein, der in Frankreich die Todesstrafe abgeschafft, die Badinter-Reform ermöglicht und das Wunder vollbracht hat, »die ökonomische Krise zu einer kulturellen Frage zu machen«[13], so daß das Land, statt sie zu erleiden, begonnen hat, darüber nachzudenken. Im Regierungsstil von François Mitterrand gibt es einen triumphalischen Ernst, den sie genießt.

François im Elysée-Palast, ja, sie ist glücklich. Nach einem von der Rechten beherrschten, vor Langeweile und Mittelmäßigkeit drückenden Jahrzehnt glaubt sie an das Wiedererwachen der Intelligenz der Nation. Ein linker Präsident der Republik ist etwas Paradoxes, das ihrer Meinung nach immer noch mit Untergrundkampf zu tun hat. Also unterstützt sie das: die Linke ergreift nicht die Macht, sie bleibt deren Aktivistin, erledigt ihre Aufgabe.

Versucht man sie auf dem politischen Schachbrett einzuordnen, erklärt Marguerite Duras mit distanzierter Miene, »nichts mehr« zu sein. Sie begreift sich als »frei und links«, »eine Art parteiunabhängige linke Aktivistin«.[14] Sie sagt aber auch »Wir, die Linke«. Das ist ein für allemal ihr Lager. »Es zu verlassen bedeutet, die Poesie, den Wahn, den Grund zum Leben aufzugeben. Und daran ist nichts zu machen: das Denken braucht stets Verzweiflung.«[15]

Pessimistisch, besorgt, unablässig wachsam, ist Marguerite Duras frühzeitig vom Sozialismus enttäuscht, beinah aus Prinzip, jedoch ohne Verdruß. Ihre Überzeugung geht im Gegenteil aus dem Scheitern wie gestärkt hervor: »Meiner Meinung nach ist die Enttäuschung fast notwendig, um diese essentielle Treue zu bewahrheiten«, sagt sie. »Der Sozialismus wird nicht sterben. Das ist wie das Leben, die Intelligenz, das alles stirbt nie. Es ist das einzige politische Denken. Man kann die Quelle des politischen Geistes nicht stillegen.«[16]

Was auch während der zwei Mandate von François Mitterrand geschieht, sie wird bei ihrer Position bleiben. Trotz des

Versagens der sozialistischen Regierungen ist es für sie beim gegenwärtigen Zustand der Welt schlicht undenkbar, diesem Lager nicht anzugehören. Sich für die Rechte zu entscheiden hieße in ihren Augen, das schlimmste Übel, Massenarmut und Zynismus angesichts des Elends der Menschen, zu wählen: »Man kann unmöglich rechts sein. Schon in der Definition liegt die Dummheit begraben. (...) Entweder wird die Unbedarftheit der Rechten integriert oder sie stirbt.«[17]

Duras betrachtet die Rechte als eine groteske Krankheit. Sie leide an einer Behinderung, die ihr nicht einmal bewußt sei: der Abwesenheit von Hoffnung. Verbissen bekämpft sie sie als allgemeine Auffassung, aber auch in Gestalt einiger ihrer Sprecher, denen sie die Aufrichtigkeit und den Mut aberkennt, die sie gelegentlich bei anderen wahrnimmt.

Gegen die Kommunisten ist der Krieg sinnlos geworden. Der Feind liegt am Boden. Zwar schüttet sie über der Partei noch einen letzten Rest Verbitterung aus, ihre schrankenlose Gehässigkeit jedoch entlädt sich an den gaullistischen Erben: »Der vom Gaullismus transportierte Nationalismus ist Rassismus.« Oder: »Wenn die Rechte brüllt: ›Wir sind und werden Gaullisten bleiben!‹, höre ich: ›Wir sind und werden die Söhne von Tim bleiben!‹«[18] Frankreich zurückzuerobern, als dessen Eigentümer sie sich wähnen, sei der einzige Ehrgeiz der Rechten. Ihr Drama: mit der Linken zu koexistieren. Ihr Programm: »Platz da, damit wir rankommen!« Ein zentraler Grund ihrer Bewunderung für François Mitterrand ist, daß er ihrer Ansicht nach sowohl die Linke als auch die Rechte regiert: »Da das Programm der Rechten darin besteht, genau das Gegenteil davon zu sagen, was Mitterrand sagt, und ausschließlich Schlechtes über ihn zu verbreiten, dirigiert er folglich alles«[19], wirft sie ein, nie um Unerbittlichkeiten verlegen, um der Opposition den Weg zu versperren.

»Wissen Sie, bei dem, was ich denen entgegenschleudere, werden es Millionen sein, die mich nicht ausstehen können!« Dieser Haß ist ihre Freude; sie beansprucht ihn, verlangt gar danach. Das ist ihr Ruhm, ihr ureigenes Statussymbol als Frau des öffentlichen Lebens.

Also gelüstet es sie ständig nach den politischen Tribünen in den Zeitungen. Der breite Raum, der ihren Büchern zuteil wird, genügt ihr nicht. Sie ist sogar bereit, ihn zugunsten einiger gut gezielter Giftpfeile auf die Aktualität abzutreten. Befragt man sie zu ihrem letzten Buch, von dem sie allzugern sprechen würde, lehnt sie es häufig ab, das Thema zu vertiefen: »Nein, dazu will ich nichts mehr sagen. Fragen Sie mich besser nach meiner Meinung zum Libanon, zu Afghanistan, zu den Gefängnissen oder zu Le Pen.« Sie bestimmt Fragen und Antworten. Nur das Minimum, das sich gehört, überläßt sie dem Interviewer – widerwillig, daß man um dieses Zugeständnis an die Pressefreiheit nicht umhinkommt. Sowieso überarbeitet sie das Interview später, wofür sie die gleiche Sorgfalt wie für ihre Bücher aufbringt. »Mein Standort als Schriftstellerin und mein politischer Standort sind dieselben. Ich spreche vom exakt selben Ort aus, im selben Stil und mit derselben Ablehnung von Typen. Mit derselben uneingeschränkten Aufrichtigkeit. Politische Texte zu schreiben ist etwas sehr Schwerwiegendes.«[20]

Größtes Vergnügen bereitet es ihr, sich erfolgreich in die Kolumnen auf den hinteren Seiten einzuschleichen, um politische Artikel »durchzubringen«, wie sie sagt. »Ach ja«, gesteht sie ein, »das ist, als wenn es mir schmeichelte. Es ist etwas kindisch ... Als wäre die Tragweite meines Artikels der Redaktionsleitung entgangen!« Eine bloße Andeutung, ihre journalistische Aktivität entspreche nicht ihrer schriftstellerischen Qualität, und schon erstickt sie vor Wut: »Aber das ist dasselbe! Es sind genauso die Vorstädte, die einen zum Schreiben bringen. Die großen Emotionen sind politisch!«

Prinzipiell ist sie bereit, überall zu schreiben, in einem elitären Intellektuellenblatt wie in einer Tageszeitung mit Massenauflage. Es ist eher die persönliche Streitlage, die über ihre Wahl entscheidet. Diese Zeitung hat »Scheußlichkeiten« über sie geschrieben: ihr wird sie nichts mehr geben! Ihre Beziehungen zu den Redaktionen enden fast zwangsläufig im Konflikt, weil sie mitunter auf zwielichtige Methoden trifft und es schon gar nicht verträgt, wenn ihr kein geschöntes Bild zurückgeworfen wird. Über Trennungen und Rückkehren dauert so seit Jahren eine emotional hoch geladene Beziehung zu *Le Nouvel Observateur* an. Eines Tages überwarf sie sich mit der Leitung der Zeitschrift, die den Mäandern ihres Ressentiments nicht immer folgt, weil diese einen »monströsen« Artikel zu ihrer Beteiligung am Filmfestival von Hyères veröffentlicht hatte. Unerhört sei das, schrie sie: wie habe Jean Daniel, ein Freund und »Résistant wie sie«, schreiben lassen können, daß sie dort schlecht angezogen gewesen sei!

Zwanzig Uhr, Zeit für die Fernsehnachrichten, ein unantastbarer Moment. Duras unterbricht alles, Arbeit oder Telefongespräch, um die Sendung mitzubekommen. Regelmäßig behauptet sie, sie könne »das« nicht mehr »sehen«, es lohne sich nicht mehr. Aber uninformiert zu sein, erträgt sie nicht lange. »Ich muß wissen, wie das Chaos der Welt funktioniert!«

An manchen Tagen triumphiert sie: die Länder des Ostens geraten in Bewegung oder irgendein Volk versucht, »die Utopie zu leben«. Dann ist es ein schöner Tag. Leider gibt es mehr Stoff, der traurig stimmt. Beinah jeden Abend weint sie über die Nachrichten. Was sie im Fernsehen gesehen und gehört hat, macht sie krank. Sie leidet daran körperlich, fühlt sich Tag und Nacht niedergeschlagen. Sie schläft schlecht. Spricht lange mit Yann. Manchmal genügt das nicht. Dann greift sie zum Telefon, um vor anderen ihre Wut auf die Politik und ihren Schmerz über das Leiden der Menschen hinauszuschreien.

Ihre persönlichen Angelegenheiten berühren sie nie ähnlich stark. Sich selbst gegenüber läßt sie es an Aufmerksamkeit fehlen. Ihr Narzißmus läßt sich allein mit ihrem völlig fehlenden Egoismus messen. Der Gedanke, zu sterben, läßt sie gleichgültig, hingegen richtet sie der Tod von Nahestehenden zugrunde. Sich selbst bewilligt sie weder Fürsorge noch Klage, hingegen bringen sie Krankheiten anderer so weit aus der Fassung, daß sie deren Ernst so gut wie immer übertreibt. Eine Grippe oder ein schlichtes Gerstenkorn – und wochenlang ist sie besorgt, erkundigt sich ständig nach dem Krankheitsverlauf, will Einzelheiten wissen und kommentiert die verschriebenen Medikamente. Noch lange nach der Genesung vergewissert sie sich, daß alles wieder in Ordnung ist. Aus Indochina hat sie die Panik vor scheinbar harmlosen Wehwehchen behalten, aus denen sich bösartige Krankheiten entwickeln. Mit der Gewissenhaftigkeit einer Ärztin untersucht sie das geschilderte Symptom. Sie vertieft sich in ihr altes medizinisches Handbuch, um die Diagnose zu verfeinern. In bedeutenden Fällen sagt sie eingangs: »Das ist kein Krebs. Das entnehme ich Ihrer Stimme.«

Sie empfiehlt, sich warm zu kleiden, oder hält Rauchern Standpauken: »Sie müssen achtgeben, Rauchen ist etwas Entsetzliches, und fast immer hört man zu spät damit auf.« Dabei merkt sie nicht, daß sie selbst mit einem Bein im Grab steht. So im Herbst 1982, als die Verheerungen des Alkohols ein höchst alarmierendes Ausmaß erreicht haben.

Ihr Blutdruck steht auf 210, das Herz schlägt 120, ihre Leber ist im kritischen Zustand, der Alkoholgehalt im Blut – in Form von Ammoniak – ist gefährlich hoch, der Magen wie vom Wein verbrannt... Vermutlich sind die Schäden bereits irreparabel. Zum Laufen muß sie sich jetzt entweder an den Möbeln oder an Yann festhalten; ihre zitternden Hände hat sie nicht mehr unter Kontrolle. Es ist höchste Zeit zu reagieren, doch ihre Gesundheit interessiert sie nicht. Sie fährt fort, den Gesetzen des Organismus zu trotzen. »Ich bin in einem Alter, in dem man sterben kann, wozu das Leben verlängern wollen?«[21] sagt sie. Das Unausweichliche scheint ihr noch in weiter Ferne zu liegen. Sie hat im übrigen auch keine Lust, das Ende zu beschleunigen: »Glücklicherweise habe ich Whisky aufgegeben, Rotwein läßt immerhin Zeit gewinnen.«[22]

Gleich beim Aufwachen, noch vor ihrer Tasse schwarzem Kaffee, trinkt sie ein Glas Wein, auf das sofort das nächste folgt. Weitere schließen sich an. Sie erbricht die ersten, dann wird es besser, die nächsten verträgt sie mühelos. Sie schluckt sie im Ekel vor sich selbst herunter. Im Auto trinkt sie aus der Flasche. Länger als eine Stunde kann sie nicht abstinent bleiben. Yann Andréa leistet ihr Gesellschaft, allerdings ohne diesen Höllenrhythmus zu teilen. Die leeren Flaschen häufen sich. Sie zählen sie nicht mehr. Seit dem ersten Tag trinken sie gemeinsam. Ohne wirklich zu wissen, weshalb. Nur daß sie es nicht durchgehalten hätten, wenn sie nicht getrunken hätten. Ihre Selbstzerstörung ist so weit fortgeschritten, daß sie es nicht mehr wagen, sich zu zeigen. Sie meiden jedermann und verlassen die Wohnung nur noch, um Wein in Kisten zu holen. Gewöhnlichen Bordeaux-Wein, vorzugsweise im Mehrfach-Pack oder im Sonderangebot.[23] Duras gibt ungern Geld aus. Sie findet immer alles zu teuer.

Sie leben eingeschlossen, allein zu zweit. Jeden Morgen rechnet Yann damit, sie tot vorzufinden. Eine dritte Entzugskur ist zwingend notwendig. Der Arzt bemüht sich, sie zu überzeugen. Duras behält davon, daß er sie eigentlich wohlauf findet, lediglich ein wenig zu dick, und daß sie sehr gut mit dem Trinken zurechtkomme. Den Ratschlägen schenkt sie kein Gehör. Seit dem Verlust ihres ersten Kindes bei der Geburt hat sie in die Medizin kein Vertrauen mehr. »Niemand kann etwas für mich tun«, dekretiert sie. Sowieso muß sie das Buch beenden, an dem sie gerade arbeitet, *Die Krankheit Tod*. Nichts ist wichtiger. Seit sie *Der Atlantik Mann* fertiggestellt hat – ihren letzten Film mit den dreißig Minuten schwarzer Leinwand –, ist sie ganz und gar von der Qual beansprucht, die ihr die Wahl von Yann Andréa auferlegt. Den Ausweg sucht sie im Schreiben. Sie braucht einen Sieg.

Die Krankheit Tod ist, nicht zu wissen, was die Liebe ist. Wie bei Yann. Sie abzuwehren, ihr aus dem Weg zu gehen und den Sprung ins Unbekannte, was ihr wahres Wesen ist, zu verweigern. Wie bei Yann. Es ist »die absolute Trauer um die Frau« und der geheime Wunsch, sie umzubringen. Wie bei allen Homosexuellen. Frauenmörder.

»Sie fragt: Sie haben niemals eine Frau begehrt? Sie sagen, nein, niemals.

Sie fragt: Kein einziges Mal, keinen Augenblick? Sie sagen, nein, niemals.

Sie sagt: Niemals? Niemals? Sie wiederholen: Niemals.

Sie lächelt, sie sagt: Seltsam ein Toter.«[24]

Fünfzehn Seiten sind geschrieben. Das Zittern der Hände nimmt zu. Sie kann den Füllfederhalter nicht mehr halten. Der Text entgleitet. Sie muß aufhören. »Nun, was kann man für mich tun? Ich glaube, nichts.« Schließlich akzeptiert sie, ins *Hôpital américain* in Neuilly zu gehen, um vom Alkohol loszukommen, diesmal bis zum Verbot auch nur eines Tropfens. Nicht einmal ein Bonbon mit Rum-Geschmack? Nicht einmal eine Fondue? Nicht einmal Essig im Salat? Gut. Exzeß gefällt ihr.

XXI.

M. D.

Grauenhafte Abgeschiedenheit. Sie war gewarnt worden. Aber so hart hatte sie sich das nicht vorgestellt. Niemand weiß, wo sie liegt, nicht einmal ihr Sohn. Outa versteht, daß seine Mutter ihn jetzt nicht sehen möchte. Er wird warten.

Die Kranke namens Marguerite Duras in Zimmer Nummer 2327 ist keine einfache Patientin. Sie ist fordernd, heftig und unnachgiebig. Am Tiefpunkt ihrer Depression hat sie noch alles unter Kontrolle: die Diagnose, die Pflege, das Essen, den Service. Ihrer Ansicht nach hat sie ein Lungenemphysem, wenngleich das Abhorchen keinerlei Hinweis darauf gibt. Sie weiß auch, welche Medikamente sie benötigt. Sie lehnt das Mineralwasser ab, das es im Krankenhaus gibt, »dieses schrecklich gewöhnliche Wasser«[1], und verlangt erst deutsches Wasser aus Baden, dann Vittelwasser. Die Frauen, die sich für den Beruf der Krankenschwester entschieden haben, »ekeln« sie an, und diejenige, die sich um sie kümmert, ist »eine Null«. Sie hat es jetzt schon satt, in diesem Zimmer neutralisiert zu werden. Yann! Um drei Uhr morgens ruft sie ihn an, verloren wie ein kleines Mädchen in einem Kaufhaus. Kaum ist sie wach, will sie ausreißen. Als Yann zu ihr kommt, hat sie schon alles eingepackt. »Los, wir hauen ab!« Er ist jeden Tag da, pflegt sie, wäscht ihr das Haar, gibt ihr zu essen. Sie beneidet ihn um seine Autonomie: »Woher kommen Sie, aus welchem Bordell?« »Wo verbringen Sie Ihre Nächte? (...) Ich verstehe nicht, wie man so wie Sie leben kann, derartig feige, man sollte Sie umbringen.«[2] Sie genest nicht. Der Arzt fragt sich, weshalb der Alkohol nicht resorbiert wird. Duras' Zustand scheint sich sogar zu verschlimmern. Die Visionen nehmen zu. Grüne Fische schwimmen in der Wasserflasche. Eine schwarze abessinische Kuh verläßt nicht die Ecke des Hauses. Auf dem Dach lauert Tag und Nacht eine Frau in Blau. Michael Lonsdale versteckt sich als Beduine verkleidet hinter den Gardinen oder unter dem Teppich. Auf der Straße tragen alle Smoking. Ein Ball findet statt. »Das ist die erste Fassung von *India Song*.« Der junge Botschaftsattaché tanzt mit Anne-Marie Stretter.

Nicht alles kann durch die Beruhigungsmittel erklärt werden. Der Arzt ordnet eine Enzephalographie an. »Ich habe vielleicht einen Hirntumor«[3], sagt Duras. Nein, es kann sich aber um eine beginnende Gehirnzellenatrophie handeln. Oder aber... oder aber um eine gigantische Komödie. Eine bislang unbekannte Inszenierung. Die Hypothese wirkt durchaus plausibel. Sie ist fähig, jeden zu täuschen, alles zu erfinden. Yann bekommt Angst. Das alte *enfant terrible* hat ihn erfunden, weshalb nicht auch das übrige?

Bei der Untersuchung scheint alles normal. Ihr EEG ist von vollkommener Regelmäßigkeit. Keinerlei Besonderheit. Sie sagt leicht mißmutig: »Was für eine Geschichte!« Zurück in ihrem Zimmer diktiert sie Yann ihr Testament: »Schenkung von 30 000 Francs zugunsten eines ausschließlich für Yann zu errichtenden Erbteils... Die Ringe überlasse ich meinem Sohn, und dann müssen die Räumlichkeiten in der Rue Jacob durchgesehen werden, eventuelle Funde für Yann.«

»Hören Sie auf, eine Komödie über Ihren bevorstehenden Tod zu inszenieren. Sie wissen genau, daß Sie heute nacht nicht sterben werden«, fährt Yann sie an.

»Wer redet hier denn von Trauer? Ich spreche von lyrischer Heiterkeit. Los, schreiben Sie weiter. Die Verantwortlichkeit für meine Texte vertraue ich ausnahmslos Yann Andréa an.«[4]

Die Spannung läßt nach. Sie will weg: »Besorgen Sie die Rechnung! Holen Sie den Wagen!« Dann, scheinbar grundlos, verschlimmert sich plötzlich ihr Zustand: die Leber kann nicht mehr. Die Behandlung verschlechtert die Werte weiter. Die Medikamenteneinnahme muß abgebrochen werden. Diesmal scheint es das Ende zu sein. Noch vierundzwanzig Stunden, dann wird man wissen.

Duras glaubt, daß ihre Beine nie wieder die Kraft finden werden, sie zu tragen. Sie hat Angst, nicht mehr laufen zu können. Und vor allem Angst, nie mehr zu schreiben. Sie weint. »Bücher verlieren immer mehr an Bedeutung. Man kann nichts dagegen machen, das ist so. (...) Wenn mein Kopf nicht völlig in Ordnung ist, werde ich nicht mehr schreiben.«[5] Sie sieht sich in der großen Schule ihrer Mutter in Sadec. Yann Andréa trägt täglich Notizen in ein kleines Heft ein. Er hält die letzten Lichtzeichen seines Sterns fest.

Unversehens steht sie eines Nachmittags auf – oder fast. Verläßt ihren Zustand des Stumpfsinns. Das Gedächtnis kehrt zurück. Und gleich auch das Lachen. Die Gesten sind wieder präzise. Sie betrachtet sich in einem Spiegel, setzt ihren blaßrosa Lippenstift an und sagt: »Ich finde, ich bin schön.« Sie meint auch Nathalie Sarraute zu ähneln.

Frühstück! Wann kommt der Kaffee endlich! In diesem Krankenhaus wird man einfach nicht korrekt bedient! Sie brüllt den Krankenschwestern auf dem Gang hinterher. Sie hat Lust auf Entenpastete und dazu einen gut gekühlten Sauvignon-Wein: »Früher oder später werden wir dazu zurückkehren.« Nein, jetzt keine Pressekonferenz! Ach, die vielen Journalisten, die auf sie warten!

Kurzer Blick aus dem Fenster ihres Zimmers: draußen sind Hunderte von Vögeln; die kleinen Tiere mit dem runden Hut hocken immer noch auf den Ästen; zehntausend schwarze Schildkröten sind unter dem Dachgesims eingeklemmt; der Sturm auf dem Ärmelkanal, der bis Neuilly bläst, hat den Kopf der Frau in Blau heruntergestürzt; der Kapitän, die Familie und alle anderen sehen nach Süden; ein großer Chinese bewacht unablässig das Krankenhaus; er will die Krankenschwester umbringen, weil sie seine Einladung zum Essen unter dem Vorwand ablehnt, daß sie sich nach den Mahlzeiten immer unter den Tischen wälzt; eine verkleidete Freundin hält sich in der Badewanne auf... Der Korridor erinnert Duras jetzt an die Gangway eines Dampfers. An Yanns Arm reist sie durch Europa. Das Wetter ist grau. Sie sagt: »Man könnte meinen, man sei in einer internationalen Allee, in einem Land, das noch keinen Namen hat.«[6] Wer könnte sagen, ob sie spielt, schreibt oder sich tatsächlich inmitten geistiger Verwirrung befindet?

Sie bedauert, in diese Behandlung eingewilligt zu haben. Schlimmer ist der Alkohol eigentlich auch nicht. Sie will einen Zeitungsartikel schreiben, um über ihren Leidensweg zu berichten: »Es ist, als ob man Ihren Körper mit Dynamit versehen hätte und das Dynamit nie explodiere.«[7]

Nach drei Wochen verläßt sie das Krankenhaus. Als sie geht, widmet sie einer Pflegehelferin *Outside*: »Sie werden sehen, das ist gut.« Sie wundert sich, daß ein Kind, das doch eben erst geboren wurde, schon drei ist. Auch zu dieser Seltsamkeit wird sie ein Papier verfassen. Die Straße erinnert sie an die Alleen in Indochina, die weiträumigen Straßen Saigons. Plötzlich begreift sie, daß ihre Mutter und ihr kleiner Bruder tatsächlich tot sind. »Wenn ich nach Hause zurückkomme, werden sie nicht mehr da sein, nie mehr. (...) Von nun an bin ich allein. Es wird niemand mehr kommen.«[8] Sie bittet Yann, ihr eine ganz bunte Blume zu zeichnen, »für das kleine Mädchen (...), wenn es groß ist«.[9]

Der Entzug ist beendet, die Rekonvaleszenz aber wird langwierig sein. »Was Sie durchgemacht haben, läßt sich mit einer Operation am offenen Herzen vergleichen«[10], sagt der Arzt. Am offenen Herzen, der Begriff beeindruckt sie. Der Arzt klärt sie auch über das Risiko möglicher, vielleicht definitiver Folgeerscheinungen auf, Störungen des Sehvermögens, des Gleichgewichts oder Gedächtnisstörungen.

Zurück in der Rue Saint-Benoît begreift Duras nicht, wo sie ist. Schließlich erkennt sie die Wohnung am Knarren und der Unebenheit des Parketts. Sie hat jedoch den Eindruck, die Möbel und die Anordnung der Räume erstmals zu entdecken.

Monatelang dauern die Visionen an. Die Hirngespinste, die Müdigkeit, die Kopfschmerzen. Breschnew ist tot, bravo! Aber noch sind überall Tiere. Überall im Bett. Yann schlägt mit dem Regenschirm auf die Decken: »Schlagen Sie sie! Bringen Sie sie um!« Hinter dem Radiator hängt an einem Nagel ein toter Hund. Auf dem Kamin Katzen und ein Löwe. Im Salon hängt über der Kommode ein Hitler-Porträt. Junge Faschisten singen Wagner-Lieder und Nazihymnen, während sie den Eid ablegen. Vor ihnen tanzen dicke schwarze Frauen.

Das Geld muß versteckt werden, wegen der Diebe. Ein kleines Mädchen unter dem Regal stützt mit ihrem Rücken die ganze Bibliothek. Ein geschminkter Mann guckt zwischen den Büchern hervor. Auf Bitten seiner Mutter vernagelt Outa die Tür, um den Zugang zum Zimmer unmöglich zu machen.

Dem Arzt zufolge können die Visionen noch lange anhalten. Wie lange? Es ist schwierig, genaue Angaben zu machen. Hier hat man es nicht mit den gewöhnlichen Visionen des Delirium tremens zu tun, eher handelt es sich um eine »Verwirrung der Einbildungskraft«.[11] Es sind Bilder, die Duras produziert, »Millionen Bilder«, sagt er, die sie mit sich trägt und die nur sie gesehen hat. Eines Tages wird sie vielleicht deren Ursprung wiederfinden. So etwas soll vorkommen. Duras glaubt nicht daran. Für sie sind es auf ewig verlorene Bilder. Als sie davon befreit ist, sehnt sie sich nach ihnen.[12]

Der heroische Alkoholverzicht wird ohne Murren hingenommen. Im Grunde »ist es nicht komisch, sterben zu müssen«, gibt sie zu. Sie kehrt zu den großen Schlücken Grenadine zurück. Duras arbeitet wieder an dem Manuskript von *Die Krankheit Tod*. Lange meinte sie, es sei nicht zu veröffentlichen. Zu sehr »geschrieben«. Die kurze, starke Hand, vom Schreiben beinah muskulös geworden, streicht durch, betont, bringt eilig neue Wörter an, aus Angst, sie zu vergessen. Dann hält die Hand inne und wartet auf Befehle. Wenn sie auf einer Seite nichts mehr zu schreiben hat, unterzeichnet sie sie unten mit zwei Buchstaben: »M.-D.«

Sie resümiert sich selbst in diesen Initialen, Marguerite Donnadieu-Duras. Yann Andréa wird sie zum Titel seines Buches wählen, das er mit Hilfe seiner Krankenhausnotizen verfaßt hat und von der Betroffenen durchsehen ließ: »*M.-D.*« Eine etwas manierierte Schlichtheit. Obwohl sie von dieser Periode an kein Name besser bezeichnet. Sie lebt M.-D. Sie schreibt M.-D. Und ihrem eigenen Eingeständnis zufolge spricht sie M.-D., ganz gleich was und ganz gleich wie.

Auf der Bühne!

Zum ersten Mal führt Marguerite Duras allein Regie für ihre beiden »über alles geliebten Schauspielerinnen« Madeleine Renaud und Bulle Ogier. Es geht um die Theateraufführung von *Savannah Bay* – die erstere, die die Mutter der Autorin in *Ganze Tage in den Bäumen* so verblüffend zum Leben erweckte, hatte sie um ein Stück gebeten. Jene zu weiten Röcke, jene Baumwollstrümpfe, jener Ausdruck..., wie machte sie das bloß? Seit damals erinnert Madeleine Renaud sie unvermeidlich an ihre Mutter. Sie ist ihre Theatermutter geworden. Von der Begegnung mit Yann Andréa begünstigt oder einfach auf ihr Alter zurückzuführen, taucht die Erinnerung an die Familie leuchtend und einzigartig wieder auf. Nirgends hat Duras in ihrem ganzen Leben eine ähnliche Intensität erfahren wie dort. Pierre, Paul, Marguerite und Marie Donnadieu: auf der Theaterbühne ist die Familie wieder zusammengesetzt.

Mit nahezu siebzig Jahren ist Marguerite Duras über die Trennung von ihrer Mutter immer noch nicht hinweg. Sie bekennt, beinah täglich daran zu denken. Mit der Zeit rührt sie die Bäuerin aus dem Pas-de-Calais, die »Königin der Verzweiflung«. Jetzt betrachtet sie sie ein wenig als ihr Kind. Nichts wird mit ihr jemals bereinigt sein. Dafür ist es zu spät. Selbst wenn sie sich zum »Unergründlichen der Vergangenheit« vorwagt, wird sie nicht mehr erfahren. Alles vermengt sich. Wie soll die reale Erinnerung im Imaginären erkannt werden?

Madeleine Renaud begeistert Duras. Sie hat den unwiderstehlichen Ausdruck eines ewig verlorenen Kindes und das Alter ihrer Mutter am Ende ihrer Tage. Dennoch ist die Figur von *Savannah Bay* keine literarische Verkörperung von Madame Donnadieu. Im Laufe der verschiedenen Fassungen entfernt sie sich sogar sehr von ihr. Duras bietet ihrer Darstellerin nur die vage Beschreibung der Mutter eines jungen Mädchens – ein Erinnerungskondensat, das die Schriftstellerin teils von der Grundschullehrerin, teils von der Schauspielerin behalten hat, die in der Rolle von Marguerites Mutter miteinander verschmelzen. Niemand versucht zu begreifen, das Arbeitsklima verspricht allerdings fröhlich zu werden. Alle freuen sich über die Wiederherstellung von M.-D., die brav ihr mit Pfefferminz- oder Grenadinesirup vermischtes Vittelwasser schlürft.

Yann Andréa hilft den Schauspielerinnen bei ihrer Probenarbeit. Duras macht sich keine Illusionen über die Bedeutung ihrer Regie: sie weiß, daß Bulle und Madeleine ihr nur mit einem Ohr zuhören und nach den Proben, wenn es mit ihrer Aufgabe vorbei sein wird, tun werden, was sie wollen. So läuft das Spiel. Duras bereitet es schon jetzt Vergnügen. So oder so wird deren *Savannah Bay* mit ihrer eigenen zusammentreffen.

Dennoch verhärtet sich ihr Gesichtsaudruck täglich mehr. Marguerite Duras kann Madeleine Renaud allmählich nicht mehr ertragen. Nunmehr behauptet sie, daß es ihr leid tue, sie genommen zu haben. In ihren Sessel versunken, sieht Duras zu, wie sie auf die leere Bühne kommt und sie mit solcher Präsenz füllt, daß sie eine unsichtbare Menge ins Abseits zu drängen scheint. Sie bewundert sie, kann sich aber nicht zurückhalten, ihr säuerliche Bemerkungen hinzuwerfen, sich sogar bösartig und überaus unaufrichtig zu zeigen. Als wäre es ihr unmöglich, bei einer noch so fiktiven Mutter ruhig zu bleiben. Diese Frau tötet ihr den letzten Nerv! Das muß raus!

Unablässig leistet sich Duras alle erdenklichen Gemeinheiten gegenüber Madeleine Renaud. So verändert sie beispielsweise unabgesprochen das Tagespensum und wird wütend, wenn die Schauspielerin strauchelt: »Wie sollen wir arbeiten, wenn du deinen Text nicht kennst! Wenn du auf die Bühne trittst, mußt du ihn perfekt beherrschen, sonst verschwenden wir unsere Zeit! Morgen arbeiten wir an der fünften Szene.« Die fleißige Madeleine Renaud wacht um fünf Uhr morgens auf und lernt im Bett, die Textblätter auf den Knien, ihre Rolle auswendig. Als Duras später im Theater merkt, daß sie ihren Part fehlerfrei beherrscht, wechselt sie plötzlich die Meinung: »Nein, wir machen doch lieber die vierte Szene.« Und ein neuerlicher Anfall, weil die Schauspielerin Lücken hat!

Madeleine Renaud nimmt an der schlechten Schöpferlaune keinen Anstoß. Sie nennt Duras weiterhin »mein Liebling« oder auch »Marguerite, mein kleiner Liebling«. Wenn die Autorin über ihren Text spricht, ihn ausführt und die zum Spiel der Darstellerinnen nötigen Erläuterungen gibt, blickt Madeleine Renaud verträumt in den Schnürboden, zerknüllt ihre Seiten, ohne zuzuhören, und greift schließlich freundlich ein, um das Gerede zu beenden: »Gut, sag mal, wann wir weitermachen, mein kleiner Liebling?« Sie bringt Duras sprichwörtlich zum Kochen, selbst wenn sie schließlich im Ergebnis hervorragend ist.

Wahrscheinlich ist das Temperament der Schauspielerin dem ihrer Regisseurin von Grund auf entgegengesetzt. Wenn Duras sagt, es schiene ihr möglich, wegen eines nicht gespielten Stücks und sogar für weniger, wegen einer bösen Nachricht in der Zeitung, zu sterben, schallt es ihr von ganzem Herzen entgegen: »Aber ich nicht! Das schwöre ich dir!« – »Das stimmt doch nicht, natürlich ist es dir auch schon so ergangen!« beharrt Duras.

Was sie maßlos reizt, ist die mütterliche Herablassung, die ihr die um zwölf Jahre ältere Schauspielerin dauernd entgegenbringt. Ebensowenig wie sie ihre Mutter beeindruckte, imponiert Marguerite Madeleine Renaud, die daran gewohnt ist, die Texte der großen Rivalen zu spielen – Beckett und vor allem Sarraute, deren Prestige fern von Mikrophonen und Kameras zunimmt. »Das ist hübsch, was du da geschrieben hast, mein Liebling...«, gratuliert Madeleine. Oder sie schilt sie zärtlich: »Du mußt uns den endgültigen Text machen, es kann nicht bei dieser Unbestimmtheit bleiben. Ich kann nicht arbeiten, wenn ich nicht genau und so schnell wie möglich den endgültigen Text kenne. Du mußt ihn uns ganz bald geben, mein Schätzchen.« Als wäre ein Stück von Marguerite Duras nicht mehr und nicht weniger als ein Schulaufsatz, der vor dem Pausenzeichen abzugeben ist. Von den Qualen schöpferischen Schreibens hat sie keine Ahnung.

»Bin ich jetzt dran? Wer soll jetzt sprechen?« fragt Madeleine Renaud, verzweifelt über die Dialoge, die ihr vollkommen durcheinander zu sein scheinen. Geduldig und sanft bemüht sich Yann Andréa, das Drama zu verhindern: »Ja, Madeleine… Ich gebe Ihnen den Satz…« Sie seufzt, behält ihn nicht und deutet entmutigt mit dem Finger auf die Verantwortliche: »Diese Wörter…! Du mußt andere finden, mein Liebling.«

Diese, die, ohne zu zögern, erklärt: »Ich sage nichts zu dem Theater, das ich schreibe«, sieht rot. Jetzt muß sie auch noch die Taubheit ihrer Theatermutter für das, was sie schreibt, erleiden! Von der will sich Duras nicht das Leben vergiften lassen! Man wird sehen, wer befiehlt und wer gehorcht!

Sechste Szene. Madeleine muß langsam die Bühne durchschreiten. Sie sträubt sich. Duras springt auf:

»Was ist jetzt wieder los?«

»Nun, ich möchte, daß es nicht endlos dauert.«

»Ach, jetzt fängst du wieder an! Das darf nicht wahr sein! Ich wußte es! Nichts zu machen, ich bleibe auf jeden Fall dabei!« Sie brüllt: »Also, ihr habt jetzt eine Stunde miteinander geredet, Bulle und du, die Leute freuen sich wirklich, wenn ihr mal die Klappe haltet, das schwöre ich euch! Du siehst den Saal an! Du bist doch nicht dämlich! Du bist es nie, warum denn jetzt?«

»Ja, ich sehe den Saal an…«

Duras kann sich jedoch nicht beruhigen, sie schreit weiter: »Es ist ein Spa-zier-gang!«

»Ja, ja«, gehorcht die Schauspielerin mit der Stimme eines ausgeschimpften kleinen Mädchens. Schließlich wendet sich Duras an den Techniker:

»Stell die Musik an, LAUT, damit ich nicht höre, was sie mir erzählt!«

In der letzten Auflage von *Savannah Bay*, die den am Rond-Point Theater gespielten endgültigen Text enthält, schreibt sie im Vorwort: »Du weißt nicht mehr, wer du bist, wer du gewesen bist, du weißt, daß du gespielt hast, du weißt nicht mehr, was du gespielt hast, du spielst, du weißt, daß du spielen mußt, du weißt nicht mehr was, du spielst. Du weißt weder was deine Rollen, noch wer deine lebenden oder toten Kinder sind.«

Bei einem Treffen mit Madeleine Renaud 1990, als sie bereits über neunzig Jahre alt und sehr müde war, willigte die Schauspielerin in die folgende Unterhaltung ein, weil es ihr Freude bereitete, ihre überaus schöne Erinnerung an »Marguerite« mitzuteilen:

»Fiel es Ihnen schwer, die Mutter von Marguerite Duras am Theater darzustellen, während sie auch noch ihre Regisseurin war?«

»Die Mutter? Welche Mutter? Ach, das habe ich nie gespielt. In welchem Stück?«

»In *Eden-Cinéma* beispielsweise...«

»Ich erinnere mich nicht an dieses Stück. War das nicht ein Film? Ich weiß wirklich nicht...«

»Auch in *Savannah Bay*.«

»In *Savannah Bay* war ich nicht ihre Mutter.«

»Nein, aber die Figur war ihr nachempfunden. Auf jeden Fall war es in *Ganze Tage in den Bäumen* genau diese Rolle.«

Sie lächelt und strahlt: »Ah, ja, das habe ich sehr gern gespielt.«

»Das war die Gestalt ihrer Mutter, diese Frau...«

Betrübt: »Ach, daran erinnere ich mich nicht!...«

»Marguerite Duras sagt, daß Ihre Ähnlichkeit frappierend war. Es hat sie zeitweise tief verwirrt. Sie erzählt, daß Sie ihr zwar einige Fragen gestellt, jedoch instinktiv begriffen hatten, wie ihre Mutter gewesen ist...«

»Dazu hat sie mir nie etwas gesagt. Sie hat mir nie von ihrer Mutter erzählt. Sie hat mir nicht gesagt, daß es ihre Mutter ist.«

»Erinnern Sie sich an ihre Stücke und ihre Regie?«

»Ach, ihre Regie, das ist ein sehr großes Wort... Sie gab mir hier und dort einige Hinweise...«

»Was behalten Sie denn von dieser gemeinsamen Arbeit?«

»Alles. Ich behalte alles.«

XXII.
Der wiedererweckte chinesische Liebhaber

Mit fast vierzig Jahren lebt Outa von der materiellen Unterstützung seiner Mutter – »da er nicht arbeitet«, wie sie berichtet, zufrieden, Yann und ihn, ihre beiden Kind-Männer, auszuhalten. Allerdings übt er einen Beruf als Fotograf aus, wobei er die Quasi-Exklusivität auf seinem Spezialgebiet genießt: Fotos von Marguerite Duras. »Wird es Fotos geben?« fragt die Schriftstellerin, wenn sie interviewt wird, um sogleich hinzuzufügen: »Setzen Sie keines rein, das nimmt zuviel Platz weg!« Falls die Zeitung es wünscht, dann besteht sie, von Ausnahmen abgesehen, auf Outa. »Mein Sohn macht sehr schöne Bilder von mir, ich sehe nicht ein, weshalb man andere nehmen sollte.« In den Redaktionen ist man konsterniert, aber sie gibt nicht nach. Entweder ihr Sohn oder niemand. Außerdem sei das wohl selbstverständlich, wo sie ihrerseits ihr Talent ihnen unentgeltlich zur Verfügung stellt. Übrigens erwägt sie ernsthaft, für solche Gespräche, die ihr zuviel Zeit nähmen, »eine Entlohnung zu verlangen«.

Daß Outas Fotos nicht auf einhellige Zustimmung stoßen, ahnt Duras. Yann Andréa hält sich mit gelegentlichen Kritiken nicht zurück; die Mutter aber trägt einen unerschütterlichen Stolz zur Schau: »Ich mag gern jene, auf denen ich mit meinen kurzen Beinen einer Hexe ähnele. Ich mag es, wie eine Hexe auszusehen ...« Denn im Grunde sieht er sie am besten. Sie behauptet nicht, ihr Sohn sei ein großer Fotograf.

Nie stellt Outa seine Verwandtschaft mit Marguerite Duras heraus, um daraus Profit zu schlagen. Schon gar nicht will er bei seiner Mutter intervenieren; worum es auch geht, er lehnt es ab, den Vermittler oder Fürsprecher zu spielen: »Machen Sie das direkt mit ihr aus!« reagiert er erschrocken vor möglichen Verwicklungen. Obwohl seine Mutter ihn beileibe nicht knebelt: Outa hat zu ihr immer noch das Verhältnis eines Kindes, dem jeder Streich erlaubt ist. Anderen entgeht der

Modus ihres Einverständnisses. Sie entsetzen sich über die offen unausstehliche Art, in der sich der Sohn an seine Mutter richtet, sie selbst jedoch klagt nicht darüber: »Ich bin die einzige, die meinen Sohn liebt, ihn wirklich versteht. Selbst in den Szenen, im Geschrei ist es immer noch Liebe. Wenn ich sterbe, wird er sehr unglücklich sein. Ich teile mit ihm denselben Wahn, dieselbe Heftigkeit, dieselbe Liebe«, versichert sie.

Von seinem Vater, Dionys Mascolo, den der erdrückende Ruhm der Schriftstellerin ärgert, lebhaft dazu ermuntert, bereitet Outa nun ein Album vor, das mittels Fotografien das Leben und die Karriere von Marguerite Duras nachzeichnet. Das Projekt liegt ihm sehr am Herzen. Seine Mutter hat versprochen, ein Vorwort zu schreiben. Auch sie nutzt ihr Renommee nicht dazu aus, ihm bei der Arbeitssuche behilflich zu sein. Aber das ist etwas anderes, hier gibt es niemanden, den man um etwas ersuchen müßte.

Duras schaut diese Bilder an. Betrachtet sich. Sie erkennt sich nicht wirklich in dem präparierten, für das Objektiv »gerüsteten« Gesicht. »Man ist immer irrealer als die anderen. Denn gerade sich selber erkennt man im Leben (...) am wenigsten«[1], sagt sie. Alle erscheinen ihr etwas falsch, von dem Bild der Grundschullehrerin vielleicht abgesehen, das sie in Begleitung ihrer drei Kinder an einem Nachmittag in Hanoi zeigt und »jene so reine Verzweiflung, die ihr gegeben war«[2], ausdrückt. Dieses Foto birgt einen Großteil der Familiengeschichte. Es ist aber nicht das zentrale Bild. Das »absolute Bild«[3], das genaueste, das die meisten der ungezählten anderen Klischees in sich enthält, ist nie fotografiert worden: es ist das Bild eines jungen Mädchens in einem geflickten alten Seidenkleid, mit einem rosafarbenen Männerhut, auf hochhackigen goldenen Schuhen, die 1930 auf einer Fähre den Mekong in Richtung Saigon überquert. Von diesem entscheidenden Moment ist ebensowenig wie von den bedeutenden Ereignissen, die für die Dauer von anderthalb Jahren daraus entstanden sind, eine Aufnahme vorhanden. Das ist ein essentieller Mangel.

Davon existiert nichts mehr. Vermutlich ist die Fähre zerstört, die Landschaft verändert. Der Chinese ist alt oder tot. Und die Familie ist dezimiert. Jenes unergründliche, allein Duras bekannte Bild wird mit ihr sterben. Die von Outa aufbereitete Retrospektive bietet jedoch Gelegenheit, eine Spur von relativer Beständigkeit zu hinterlassen, und das Geschriebene soll dabei behilflich sein. Duras schreibt ihr Vorwort also über das abwesende Foto. Der Text hat den Titel »Das absolute Bild« und zieht sich zuletzt durch das ganze Album; er geht von dem fehlenden Bild aus und kehrt immer wieder zu dem vorhandenen von der Mutter mit ihren Kindern zurück.

Ein langes, langes Vorwort ist es geworden, das Duras eines Tages der befreundeten Verlegerin Irène Lindon von den Éditions de Minuit zeigt. Wunderbar! Daraus muß ein richtiges Buch gemacht werden! Der neue Titel: *Der Liebhaber*. Vergessen ist Outas Traum.

Dionys Mascolo glaubt mitnichten an den ununterdrückbaren schöpferischen Elan von Marguerite Duras. Er verzeiht ihr nicht, die Hoffnungen ihres Sohnes zu torpedieren: fürchtet sie seinen Erfolg? Hat sie Angst, er könne sich der finanziellen Abhängigkeit von ihr entziehen? Angst, ihn nicht mehr an der Leine zu halten? Oder ist es nur die Gier der Autorin nach dem eigenen Vorteil? Wie kann man so generös seine Kunst ausüben und so knauserig im täglichen Leben sein!

Die Wahrheit, warum Duras *Der Liebhaber* schreiben mußte, ist ganz anders und viel älter als Outas Projekt. Sie geht auf das von Yann Andréa herausgegebene Buch *M.-D.* zurück, in dem sie jene »Wildheit«, jene Brutalität wiederfand, die ihr von Kind an eigen gewesen sind: »Ich habe mich als diejenige erkannt, die meine Mutter mir beschrieb: Die wird immer meckern, die wird nie zufrieden sein. Ich freute mich, zu sehen, daß mein Wesen keinen Schaden genommen hatte. Ich schon. Mein Wesen nicht.«[4]

Für Marguerite ist die Stunde des Wiedersehens mit der Kindheit, der Versöhnung mit einer »freigesprochenen« Vergangenheit gekommen. Die Stunde der Rückkehr zu sich selbst. Es ist wahr, alles trägt zu dem Bedürfnis bei, dorthin, wo sie nichts teilt, alleine zu gehen. Seit ihre Angehörigen gestorben sind, hat sie viel um sie herum geschrieben, »ohne bis zu ihnen zu gehen«.[5] Heute sind die Rechnungen beglichen. Das Todesdatum ihrer Mutter kann sie nicht auf ein Jahrzehnt genau angeben; bei Paul irrt sie sich um ein Jahr; hinsichtlich Pierre hat sie kaum etwas behalten, nicht einmal ernsthafte Ressentiments. Noch sind einige Erinnerungen sehr lebendig, doch das Vergessen greift sie an: am Theater hat die Familie beinah mehr Realität. Duras kann sich ihr nun furchtlos zuwenden und sich die Geschichte wiederaneignen, die sie ihr geopfert hatte: die ihres chinesischen Liebhabers Lê.

Während sie an *Der Liebhaber* arbeitet, weiß sie, daß sie die herrliche Freiheit der Sechzehnjährigen verloren hat, die den Mekong auf einer Fähre überquerte und in ihrem unschuldigen Alter nicht wußte, was aus ihrer Liaison zu dem Chinesen mit der schwarzen Limousine werden würde. Eine Weile fürchtet sie, *Heiße Küste* neu zu schreiben und sich selbst zu plagiieren. Dieselben Personen, dieselben Themen. Aber für wen und wozu sollte sie Lê weiter in den Zügen des jämmerlichen Monsieur Jo porträtieren? Die Komödie ist nicht mehr vonnöten, die Geschichte ist erzählbar geworden. Obwohl sie sie ohne überlegte Absicht beginnt. Sicher rechnet sie damit, einige in ihrem Werk bereits erwähnte Ereignisse mit diesem Buch in ein anderes Licht zu rücken, doch gäbe es nichts, meint sie, was der Leser nicht bereits wüßte. Einige Seiten über ihr reales Abenteuer mit dem chinesischen Mann und darüber, was sie die »Defloration des weißen Kindes« nennt, machen kein neues Buch. Daß die Liebe zu Lê eine entscheidende Rolle in ihrem Leben gespielt hat und vielleicht das »fehlende Glied« ist, das alles übrige in die Lüge gestürzt hat, ist ihr noch nicht klar. In ihren Augen gleichen sich Lê und Paul, die verbotenen Lieben, die durch das gleiche Begehren ineinander übergehen. Beide gelten als minderwertig, der eine aufgrund seiner gelben Hautfarbe, der andere wegen seines »geistigen Rückstands«. »Das ist mein Geheimnis«, gibt sie zu. Sie fürchtet also, dem Leser nichts Besonderes zu offenbaren. Aber die Lust zu schreiben ist stärker – »die Lust, ein Buch von mir zu lesen«[6], sagt sie –, und Duras stellt sich nie die Frage des Erfolgs.

Seit einigen Jahren haben ihre Bücher nur noch eine Auflage von zehntausend Exemplaren. Die Literaturkritik ist bei *Nathalie Granger* eingeschlafen und seitdem nicht wieder aufgewacht. Um so besser, in Ruhe gelassen zu werden und nicht mehr die Zielscheibe dieser Hinterbänkler zu sein, die noch im »Zeitalter der Dampfmaschine« leben, dieser Typen, die an »der allgemeinen männlichen Hypochondrie« leiden. Das Schweigen der Kritik sei ein Segen: beweihräuchert zu werden ist ihrer Ansicht nach häufig der Beweis dafür, daß der Autor »auf der anderen Seite der Welt« geblieben ist.

In tiefer Gleichgültigkeit allem gegenüber verfaßt sie den *Liebhaber*, einzig darum besorgt, sich genau an ihr Gedächtnis zu halten und mit der ausschließlichen Überzeugung, zu schreiben bedeute, »der Eitelkeit und dem Wind nachzulaufen«, sonst tauge es nichts.

Duras »geht an Bord« der Fähre, einziger Passagier auf dieser neuen Überquerung. Vierundfünfzig Jahre danach lehnt sie als Betrachterin ihres Lebens wieder an der Reling, mitten auf dem Fluß. Sie kehrt zurück, ohne wirklich zu wissen, wohin, aber mit dem Gefühl, sich nie verirrt zu haben. Um sie der Archipel der Erinnerungen. Einige kleine Inseln zeichnen sich deutlich ab. Der Fluß treibt ihr vereinzelte Zeitfragmente zu, Stückgut von Geschichten, ein paar noch lebhafte Augenblicke, andere, die träge sind; großgeschriebene Wörter, zerriebene Leiden. Orte, Himmel, Nächte spiegeln sich wider. Straßen ziehen vorbei, die Liautey-Pension, Pierre, der kleine Bruder, die Kleider ihrer Mutter, das Gesicht mit fünfzehn Jahren, das Gesicht des Alkohols, der Buschposten, die schwarze Schleife am rosafarbenen Filzhut, das Haus von Hanoi am kleinen See, die Entmutigung der Mutter, die Not, die Zöpfe, die Schminke, der Morris Léon-Bollée Wagen, die weiße Farbe, der Chinese, die Brüste von Hélène Lagonelle, Dô, die Langeweile, die Schreiblust, die Piaster, der Haß, der

Wald, die Berge von Siam, die Mangos, die Leoparden, Frankreich, die Unsterblichkeit des kleinen Bruders, das falsche Louis XVI.-Schloß, das Zimmer in der Vorstadt von Saigon, die Scham, das Geld, der Lot-et-Garonne, der Krieg, Betty Fernandez und Marie-Claude Carpenter, die KPF, der Diamant, Pierres Diebstähle, der Tod der Mutter, Sadec, die Loire, die Frau in Vinh Long, die Kapitulation am Staudamm, die Familienbilder, die Tränen von Lê, der Dampfer der Rückkehr, der Selbstmord des jungen Mannes, der Indische Ozean, Chopin, die Chinesin aus Fou-chouen, die Hochzeiten, die Kinder, die Scheidungen, die Bücher... Alles wirbelt überall hin, vollkommen durcheinander, richtungslos. »Das Rinnen der Lust« in dem Zimmer von Cholon vereint sich mit dem Fluß in einer Strömung voller Frische.

Die Angst zu schreiben ist verschwunden. Duras wird vom Andrang der Wörter überflutet. Sie greift nach ihnen, wie sie kommen, und beeilt sich, sie schnell, nur schnell zu setzen, um nicht zu viele zu verlieren. Die Feder stürzt sich auf den »Kamm der Wörter«[7] und läßt die Sätze unvollendet brachliegen, ohne sich um das Scharnier zu sorgen. Häufig verbinden sich die Wörter mit natürlichem Einfallsreichtum. »Das Geschriebene kommt von selbst, wie etwas Fertiges.«[8] Die Schriftstellerin kümmert sich kaum darum, läßt »den Wind des Buches wehen«[9], vertraut ihm, beobachtet sich nicht bei der Arbeit, schreibt ohne Zielstrebigkeit und Bemühtheit. »Der Liebhaber ist ein wilder Text. Er reißt alles mit, worauf er trifft, ohne Diskriminierung, beinah ohne Auswahl«[10], stellt sie fest.

Anschließend verknüpft Duras die Wörter miteinander und unterwirft sie einer summarischen, sogar etwas mühseligen Syntax, die sie jedoch nicht erdrückt, nicht löscht. Der Satz findet, so gut es geht, sein Arrangement. Korrekt oder nicht, das ist ihr gleich. Beim Nacharbeiten verändert sie nur die Reihenfolge der Sätze. Sie läßt den Stil verwahrlosen – »schön verwahrlosen«, sagt sie – und behält die plötzlichen Zeitenänderungen, die Inversionen des Subjekts ans Satzende, die Verschiebungen hinter das Hauptwort, »das Wort, das zählt«, bei. Sie bewahrt die Kraft des reinen, aus seiner grammatischen Schale gelösten Wortes, das für sich allein eine Pyramide des Komplexen ist. Zuweilen erinnert es sie an die hebräische Schrift.

Daraus entsteht ein anderer Klang des Geschriebenen, der sich von dem ihrer übrigen Bücher weit entfernt und der Musikalität der vietnamesischen Sprache nahe ist; eine Art ganz persönlicher Kreolensprache von bewundernswerter Schlichtheit. »Das ist ein Buch von solcher Literatur, daß es ohne irgendeine Literatur zu sein scheint. Man sieht sie nicht. Wie das Blut im Körper«[11], urteilt sie.

Diese »gleitende Schreibweise«, von der Marguerite Duras träumte, dieses »beinah beiläufige, dahinhuschende Schreiben, das es eiliger hat, die Dinge zu schnappen, als sie zu sagen«[12], bietet sich der Schriftstellerin in dem Moment an, wo sie aufgibt, abdankt. »Ja, hier schreibe ich (...) Ich glaube, es ist mir gelungen. Ich habe den Eindruck, mir alles angeeignet und es auf eine Umlaufbahn gebracht zu haben. Das heißt, ich habe mein Ganzes in die äußere Geschwindigkeit geschickt (...) An meiner sehr großen Beglückung beim Schreiben habe ich gemerkt, daß ich, während ich über meine Kindheit – über ein bestimmtes Jahr davon – schrieb, dazu überging, von allen Seiten über mein ganzes Leben, über sämtliche Jahre meines Lebens zusammen zu schreiben, daß ich jetzt über mich schrieb, wie ich es bislang noch nie getan habe.«[13]

Zwar ist nichts in *Der Liebhaber* erfunden, »nicht einmal ein Komma«, sagt Duras, doch nichts wird erzählt. Es ist ein Buch ohne Anfang und ohne Ende. Obwohl alles da ist: auf hundertvierundneunzig Seiten hält man die »wirkliche Geschichte« von Marguerite Duras in der Hand. Ihrer Autobiographie wird sie nichts mehr hinzufügen. Das übrige zählt für sie nicht. Tatsächlich sind alle Bilder ihres Lebens in diesem unerschöpflichen Album enthalten.

Nach drei Monaten munterer, entspannter Arbeit bringt Duras das Manuskript zu den Éditions de Minuit. Seit einigen Jahren verlegt man dort begeistert ihre sehr kurzen, gelegentlich nur ein Dutzend Seiten umfassenden Texte – *L'homme assis dans le couloir* ist achtundzwanzig Seiten dick –, die anderswo schwer zu veröffentlichen sind. Der Verlag erlegt sich eine strenge Auswahl auf: nicht mehr als zwanzig Titel jährlich. Einen solchen anspruchsvollen kleinen Verleger zu unterstützen gefällt Marguerite Duras, die über »die« von Gallimard verärgert ist. Diese Leute haben sie in der Vergangenheit zu oft vernachlässigt: einmal, als sie sich nach einem vor Monaten erschienenen Buch erkundigen wollte, hatte sie zur Antwort bekommen: »Ja, ja, alles in Ordnung. Es erscheint bald!« Das war 1973 und Anlaß für ihre Trennung von dem Verlagshaus.

Ist es die Leichtigkeit, mit der sie dieses Buch gemacht hat, die bei ihr das Gefühl eines »schludrig« heruntergeschriebenen Sammelsuriums hinterläßt? Auch das Unbehagen, Outas Album sabotiert zu haben? Duras ist sich diesmal der besonderen Gunst, den Éditions de Minuit diesen Text anzubieten, nicht ganz im klaren. Für sie ist *Der Liebhaber* vor allem ein Buch über das Schreiben – ihr »einziges Thema«, erinnert sie sich, das »in allen Windrichtungen« beabsichtigt war. Eine intime Arbeit, weniger denn je geeignet, ein breites Publikum zu erreichen.

Als Jérôme Lindon *Der Liebhaber* liest, begreift er, daß er ein großes Buch in der Hand hält, seiner Meinung nach das beste seit *Lol V. Stein*. Sofort zieht er einen Verkaufserfolg in Betracht. Zum Teufel mit der Vorsicht, bei *Der Liebhaber* setzt er auf fünfundzwanzigtausend Exemplare! Nach fünf Tagen ist kein einziges mehr aufzutreiben. Der Verleger ordert zusätzliche zehntausend, mehr geht nicht. Innerhalb von zwei Tagen verschluckt! Nie hat Jérôme Lindon einen kommerziellen Erfolg von diesem Ausmaß erlebt. Innerhalb von weniger als einem Monat werden hunderttausend Exemplare verkauft. Bis zum heutigen Tage sind, alle Auflagen zusammengerechnet, zwei Millionen dreihunderttausend Exemplare erreicht worden; im gleichen Zeitraum ist das Buch in zweiundvierzig Sprachen, die Dialekte nicht mitgezählt, übersetzt worden.

Einige Getreue von Marguerite Duras fliehen die Schande des kollektiven Jubels. Ihre »uneinnehmbare Schriftstellerin« wird von Tausenden von Lesern verschlungen, denen ihr Ruf einer »Intellektuellen« bis dahin genügt hatte, sich entmutigen zu lassen. Ja, *Der Liebhaber* wirkt als großer Liebesroman. Diese Frau hat also die Armut, den rohen Umgang, die brutale Gewalt, den Raub kennengelernt? Und auch die Jugend, das Begehren, die Schönheit, die Mutterschaft? Man kommt aus dem Staunen nicht heraus. Hinter dem von den Experten von »Marguerite Durasoir«[14] kultivierten Bild eines immateriellen, alters- und geschlechtslosen Wesens, das in der Unveränderlichkeit von Naturgesetzen erstarrt wäre, entdeckt die Öffentlichkeit eine Unbekannte.

Ganze Zeitungsseiten mit Artikeln und Interviews werden dem erstaunlichen Phänomen gewidmet. Neugierige und Journalisten bestürmen die Rue Saint-Benoît. Einige Auserwählte werden in den dritten Stock vorgelassen. Yann Andréa, diskreter Hausherr, öffnet ihnen, und Duras empfängt sie, meistens im Eßzimmer an einem Kirschbaumtisch sitzend. Wenn die Laune gut ist, gibt es ein überraschendes, weil hübsches Lächeln. Ein blasser Rosenstrauch auf einer rissigen Erde.

Marguerite Duras, die im Laufe des Älterwerdens einen Meter fünfzig mißt, wenn sie sich auf die Fußspitzen stellt, hat die Eigenschaft, im Sitzen größer zu wirken. Ohne einen Ausgleich oder Effekt zu beabsichtigen, ist sie auf ihrem Holzstuhl von beeindruckender Präsenz. Ihre abgetragene Kleidung ordnet sich auf den Kissen. Steht sie auf, ist der Zauber erstmal weg: stets fällt der Stoff an irgendeiner Stelle komisch, wenn sie mit ihren kleinen eiligen Chinesinnenschritten dahertrippelt. Dann scheint ihr ganzer Körper sich anzustrengen, etwas mehr Raum zu füllen. Ein verletzliches Kind, das zum Schutz, zur Zärtlichkeit anregt. Aber wenn sie sitzt, oh... wie sie zurechtkommt! Außerdem ist da noch ihre volle, rauhe, charakteristische Stimme. Beinah animalisch. Viele Menschen haben vergessen, daß sie eine Stimme besitzen, und halten sie verschüttet; viele andere wissen es und theatralisieren sie. Duras hat eine freie Stimme. Ihr ganzes Wesen ist in dieser weder zurückgehaltenen noch zur Schau gestellten Stimme; sie ist Kühnheit und Scham; sie ist unvorhergesehen und immer treffend. Man erkennt sofort die Stimme ihrer Bücher.

Welcher ihrer Schmäher wäre im Angesicht dieser Person nicht etwas bescheidener? Ob Freund oder Feind, entkommt ihr ohnehin niemand; die einen bescheinigen ihr etwas Majestätisches, die anderen Monstrosität, aber alle erkennen das Außergewöhnliche an.

Von den zahlreichen Angeboten zieht Duras diejenigen vor, die mit dem Schreiben zu tun haben und Artikel, Bücher oder wissenschaftliche Studien betreffen. Sie nimmt auch einige Rundfunkeinladungen an, zu Sendungen, die sie an den melancholischen Charme der Kulturprogramme der TSF erinnern. Ihre Fernsehauftritte hingegen sind spärlich. Sie lehnt sie praktisch systematisch ab, weil sie wie ihre Kollegen Char, Michaux, Sarraute oder Green meint, die Literatur werde dort entwürdigt. Gleichzeitig hat die Fernsehdarbietung etwas Spielerisches, was sie reizt.

Sie ist nämlich begeisterte Fernsehzuschauerin, auch wenn sie gelegentlich über die Institution nörgelt, die sie als »Herbizid des sozialen Lebens« bezeichnet. Ohne kommt sie nicht aus und kann nicht begreifen, daß man darauf verzichtet: »Aber du bist ein toter Mensch«, wirft sie demjenigen zu, der keinen Apparat besitzt. Der große Anreiz des Fernsehens besteht für sie darin, daß man mit der übrigen Bevölkerung des Landes etwas im selben Moment sieht und erfährt. Und daß man darüber spricht. Einem unwissenden Gesprächspartner ihre eigenen Eindrücke zu einem gerade gesendeten Programm mitzuteilen, empfindet sie als Zumutung: »Sie sehen nicht genügend fern!« hält sie ihm mit einer Prise Verachtung vor. Eine Bildungslücke läßt sie viel gleichgültiger.

Abgesehen von den Filmen, die sie ausnahmslos ablehnt, ist die Telekonsumentin sonst nicht wählerisch. Zwar interessieren sie einige politische Debatten, doch vor allem begeistert sie sich für diverse Albernheiten, die ihr mehr vom Alltagsleben zu sehen geben als die steifen Sendungen. Sie verachtet die Journalisten und Moderatoren, die Dirigenten der Einfalt, »die einen dicken Hals haben«, und schwärmt für die Frechen und Natürlichen: »Der hier ist mein Held, ich liebe ihn!« erklärt das Groupie nach rätselhaften, wechselnden Kriterien.

Marguerite Duras-mit-der-spitzen-Zunge hat also einen Faible für die »Glotze«. Es ist eine Zauberwelt, die ihre Nächte belebt. Bis zum Morgengrauen sieht sie Fortsetzungsserien, egal was, »das Letzte«, die großen amerikanischen Serien, deren Titel sie nicht einmal behält. Sie schaltet sich mitten in laufende Filme ein. Das macht gar nichts. Zu diesen Sendezeiten gleichen sich die Geschichten auf allen Kanälen: »Überall wird verfolgt und umgebracht.« Wer wird erwischt? Sie schaltet um, um die Festnahmen nicht zu verpassen: »Wenn sie in dem einen Film nicht geschnappt werden, dann in einem anderen. Alles berührt sich, alles geht weiter.«[15] Manchmal hätte sie am liebsten zwei Apparate, um die Menschenjagd auf zwei Kanälen gleichzeitig zu sehen. Das ist ihre Augenweide.

Solche Sendungen entspannen sie, haben für sie den Wert eines Tiefschlafs. »Das anzusehen ist das gleiche wie aufrecht zu schlafen. Man sieht gar nichts.«[16] Sie bleibt davor sitzen, ohne irgend etwas anderes zu tun. »Geht es dir nicht gut? Weshalb siehst du dir sowas an?« greift Outa ein, wenn er sie ungerührt vor Horrorfilmen, Nachstellungen mit der Motorsäge oder ähnlichem, antrifft. Sie antwortet: »Weil es unverständlich ist und ich mich frage, was das soll.« Ist es eine komische, satirische oder eine ernste Angelegenheit? Sie stellt sich Fragen und bietet eine Hypothese an: »Das sind Verrückte, es sind alles Verrückte!«

Die Ankündigung ihres Auftritts in der Fernsehsendung *Apostrophes* am Abend des 24. September 1984 macht Schlagzeilen in der Presse. Ja, sie hat eingewilligt. Auch sie wird ihre Darbietung geben. Mit einem desillusionierten Seufzer bekennt sie, »zu allem bereit zu sein«. Gott weiß, was ihr bei diesem Massenerfolg noch bevorsteht! Die Schriftstellerin ließ sich etwas bitten, doch die öffentliche, ihrer Aura bewußte Frau jubelt. Ihr wird diese Übung leichtfallen und Spaß machen. Ihre starke Persönlichkeit wird für ein unvergeßliches Fernsehereignis sorgen.

Meistens besteht sie darauf, daß die Aufnahmen bei ihr in der Rue Saint-Benoît stattfinden. Ihre Höhle beruhigt sie. Draußen hat sie das Gefühl, Millionen Menschen ohne Auffangnetz ausgeliefert zu werden. Außerdem sind die meisten Sitzgelegenheiten im Fernsehen fürchterlich. Eines Tages wird sie noch einen Skandal dazu veranstalten. Um das *Apostrophes*-Ereignis noch glanzvoller zu gestalten, hätte sie gern die Behandlung der Allergrößten gehabt, die bei sich zu Hause interviewt werden. Die Bittgänger sollen zu Marguerite Duras kommen, das sei ja wohl selbstverständlich. Trotzdem wird sie gehen müssen. Dafür wird das Magazin des *Antenne 2*-Kanals ausschließlich ihr gewidmet sein, was eine außergewöhnliche Ehrung ist.

Die große Duras tritt unter den Scheinwerfern auf. Es ist der Abend ihrer Krönung. Die Fernsehzuschauer entdecken eine Person von der Dimension einer Legende: die immense Intelligenz, die verspielte Fülle, die Schlüssigkeit des Exzesses, die poetische Extravaganz, die Schlichtheit im »Ganzen des Denkens«.

Die ›Duras im Augenschein‹ löst helle Begeisterung aus. Das absolute Fehlen an Künstlichkeit überrascht: die Kommentatoren hatten den Glauben geweckt, sie sei geziert. Die bemerkenswerte Eleganz, zu keinem Moment einstudiert zu wirken, nötigt Bewunderung ab.

Duras spricht über *Der Liebhaber* genauso, wie sie es geschrieben hat. Es könnte der Text des Buches sein. Schamhaftigkeit der Gefühle und Schamlosigkeit der Umstände. Die alte, geprüfte Frau findet für ihre Kindheit, das Begehren des ersten Mannes, die strahlende Lust derart gegenwärtige Wörter, daß sie Zeit wie Tod trotzt. Eine mächtige und verwirrende Wirkung. Es ist keine Siebzigjährige voller Nostalgie nach einer abenteuerlichen Vergangenheit, die sich traut, offen von dem zu reden, was nicht mehr ihres Alters ist, sondern eine Frau, in der jedes Lebensalter intakt überlebt. Sie ist heute sechzehn und siebzig. Es gibt keinen Anlaß, die zurückgelegte Strecke auch nur zu benennen, weil sie am selben Ort stehengeblieben ist. Die Jahre haben nicht gezählt. Die Materie ist gealtert, hat sich »zerstört«[17], nicht aber die Person. Das ist es auch, was viele Zuschauer über sich selbst empfinden. Plötzlich wird Duras verziehen, verstanden, angenommen, von den am wenigsten Eingeweihten bis zu den Kultiviertesten.

»Noch kein einziges *Tête-à-tête* von Pivot – mit Marguerite Yourcenar, Albert Cohen etc. – hat mir bisher einen solchen Eindruck von Wahrheit gemacht. Keinerlei Vorsicht beschützte Madame Duras: der Mensch und die Schriftstellerin waren da, zerbrechlich und unzerstörbar, verwundet und stolz. (...) Die Wildheit ihrer Person löst Respekt und Sympathie aus«, schreibt François Nourrissier in *Le Figaro Magazine* nach der Sendung.

»Kubikmeter« von Briefen erreichen sie jetzt zu Hause. Wieviel Wahn! Duras regt alle Fanatismen an. Zahlreiche Leser gestehen ihr, daß sie *Der Liebhaber* nochmals und nochmals gelesen haben. Die Vorstellung einer solchen Menge von Lektüre läßt sie schwindeln. Diese Gier nach einem Buch, das vor allem aus Wiederholungen besteht, macht sie perplex. Sie zieht den Schluß, daß diese Menschen offensichtlich seit Jahren an einem erschreckenden Notstand, »nicht an einer zugänglichen, sondern an einer lesbaren Literatur«[18], gelitten haben. Aus Jux hat sie in ihrem Wohnzimmer ein Foto von Tausenden Pinguinen auf Packeis an die Wand gehängt, das sie an ihre Leser erinnert. Sie fragt: »Haben Sie *Der Liebhaber* gelesen?« Wenn sie die Antwort erhalten hat, deutet sie auf die putzigen Schwimmvögel: »Dann sind Sie einer von denen!« Der Witz ist unverwüstlich. Auch in dieser Hinsicht findet man sie dort, wo man sie nicht erwartet. Duras liebt das Lachen über alles und greift nach jeder Gelegenheit dazu. Die Versprecher, die Schnitzer, die Ausrutscher und die idiotischsten Witzgeschichten machen bei ihr Furore. Wissen Sie, was das Pferd sagt, wenn es einem Zebra begegnet? »Weshalb hast du deinen Pyjama anbehalten?« Es nutzt sich nicht ab. Darüber lacht sie zehnmal hintereinander. Zu ihren Lieblingsgags gehört es, mit einem Sieb auf dem Kopf auf ihren Balkon in Trouville zu treten: was für ein Spaß, die verdutzten Menschen aus der Fassung zu bringen, die sich dann fragen, »ob das wirklich Marguerite Duras ist«! Wenn Yann und Outa auch noch mitmachen, ist sie restlos heiter. »Ich bin sehr klassisch. Sehr klassisch«, kommentiert sie.

Am Montag, den 12. Novemver 1984, schwebt auf der Place Gaillon ein breites Transparent »Es lebe Marguerite« gegenüber vom Restaurant Drouant. François Nourrissier teilt mit, daß Marguerite Duras soeben mit sechs Ja-Stimmen gegen vier Nein-Stimmen den Goncourt-Preis für das Buch *Der Liebhaber* erhalten hat. Ihr verdanken die Éditions de Minuit ihre erste Auszeichnung. Aber am meisten freut sich die Preisträgerin über die breite öffentliche Anerkennung, die ihrer Krönung vorausgegangen ist.

Trotz den zähen Haßgefühlen, die ihr weiterhin entgegengebracht werden, gibt die Nominierung das nahezu einhellige Gefühl wieder, daß die literarische Idee selbst gesiegt hat. Der angesehenste Preis ist wohl das mindeste, um vierzig Jahre Indifferenz wiedergutzumachen. Die Entscheidung der Juroren bestätigt das meisterliche Können einer sicher unsterblichen Schriftstellerin, so daß ihnen immerhin das Verdienst gebührt, der Gerechtigkeit endlich zum Durchbruch verholfen zu haben.

Duras hält sich in Trouville auf, als die Nachricht sie erreicht. Weder mit Prunk noch mit Champagner wird das Ereignis gefeiert: es gibt Wasser, Äpfel, Brotschnitten mit Rillettes-Pastete und viel Gelächter. Es ist schon komisch, mit siebzig Jahren von Lorbeeren bekränzt zu werden, die eigentlich jungen Talenten vorbehalten sind.

1968 erklärte Duras, ihr graue vor der Verantwortung einer Jury über das Schicksal eines Buches, ob für den Erfolg oder Mißerfolg: »Gäbe es eine Gegenjury, würde ich ihr beitreten. Man könnte von einer Jury träumen, die keine Auszeichnungen, sondern ausschließlich Tadel austeilte, und zwar nicht an Bücher, sondern an deren Richter, Kritiker und an die übrigen Jurys«, murrte sie.

Die Auszeichnung zurückweisen? Das nicht! Sie wirft einen prüfenden Blick auf die Ehre, die man ihr zu machen glaubt, und kostet den politischen Sieg aus: »Die Goncourt-Leute haben mir den Preis verliehen, weil sie keinen Grund gefunden haben, ihn mir zu verweigern. Ich glaube, plötzlich haben sie sich gesagt: Warum nicht den Goncourt einem Buch verleihen, das den Goncourt verdient? Was *Der Liebhaber* betrifft, hat es keine Wirkung. Das Buch ist so geschaffen, daß der Preis es nicht schmälert. Es übersteht das gut. Ich habe es noch einmal gelesen und begriffen, daß es außer Gefahr ist.«[19]

Duras ist nicht jemand, der zu Höflichkeitsgesten neigt. Ungezogen, so ist sie gewesen, so bleibt sie. Jene Höflinge, die ihr immer wieder das Bein gestellt haben und jetzt beim offiziellen Empfang um sie katzbuckeln, widern sie an. Wer kein ruhiges Gewissen hat, hält sich mit seiner Champagnerschale besser diskret auf Distanz. Sie hat wachsame Augen und verpaßt den Betreffenden im Vorbeigehen knapp: »Wie wagen Sie es, hier zu erscheinen, Sie, die Sie mich immer umbringen wollten?!«

In den zahlreichen Gesprächen, die Marguerite Duras im literarischen Jahr 1984-1985 gewährt, erzählt sie fortwährend Vertrauliches über ihr Privatleben. Nicht um den autobiographischen Inhalt von *Der Liebhaber* auszuschöpfen, der für den durchschlagenden Erfolg des Buches gesorgt hat, sondern weil sie das Bedürfnis hat, ihr eigenes Selbstverständnis voranzutreiben. Diese Improvisationen, eine informelle Analyse, helfen ihr, ihr Buch so zu sehen, wie sie es noch nicht gesehen hat. Das Interview übt seine befreiende Macht aus: »Es ist das erste Mal, daß ich das sage«, offenbart sie bewegt. Überzeugt von der allgemeinen Tragweite ihrer Enthüllung, ergänzt sie: »Die Leute werden durchdrehen, wenn sie das hören.«

Nach *Der Liebhaber* und dem Diskurs über das Buch hat

die Familie endlich ihren Ort gefunden. Die Suche ist abgeschlossen. »Ich glaube, daß sich für niemanden jemals die Tür öffnet, ich weiß es. Und plötzlich entdecke ich, daß ich das weiß. So sind oft die großen Entdeckungen: man entdeckt, daß man bereits weiß.«[20]

Huynh Thoai Lê, der »vom Vergessen massakrierte« Liebhaber, ist rehabilitiert worden. Zum Teil dank dem Elan der Leserschaft. Duras hat das Gefühl, ihn in diesem Buch noch ein wenig gemieden zu haben. Schon hat sie Lust, ihn in einem zweiten Band wiederzutreffen. »Daraus werde ich vielleicht zwei oder drei Bücher machen«, kündigt sie an. Eine Filmbearbeitung vielleicht auch? Ach, nein, »weder ein Stück noch einen Film wie bei *Die Verzückung von Lol V. Stein*«. Hände weg, Cineasten! Thoai Lê gehört ihr. Wunderbarer Chinese, den ihr das Buch wieder in die Arme gelegt hat: »Er hat die anderen Lieben meines Lebens, die erklärten, geheirateten Lieben, in den Schatten gestellt. An dieser Emotion, sogar an der physischen, ist etwas Unerschöpfliches«, erzählt Duras jetzt gern und zum großen Erstaunen derer, die sie schon lange kennen. Weder Ehemänner noch Liebhaber, noch Freunde haben sie jemals diese nunmehr große Liebe ihres Lebens andeuten hören. Nicht einmal an dem Tag ließ sie sich etwas anmerken, an dem Thoai Lê, auf Durchreise in Paris, mit ihr telefoniert haben soll. Kurz vor 1972 muß sich das überraschende Wiederauftauchen ereignet haben, über das sie – die damals heftig umschwärmt wurde – absolutes Stillschweigen bewahrte. Allerdings ist die Freude über dieses Telefongespräch lebhaft genug gewesen, um die Schriftstellerin fünfzehn Jahre später zu veranlassen, daraus beinah in wörtlicher Wiedergabe die letzte Seite von *Der Liebhaber* zu machen. Seine Rede formt einen glücklichen Ausgang, über den sich Duras letztlich Vorwürfe macht: »Er sagte ihr, daß es wie früher sei, daß er sie immer noch liebe, daß er nie aufhören werde sie zu lieben, daß er sie lieben werde bis zu seinem Tod.«

Für viele ist Marguerites Chinese ein Roman. Ihre Neigung, aus unbedeutenden Begebenheiten Fabeln zu schaffen, kennt man zu gut, um ihr diese plötzliche Wahrheit abzunehmen.

Duras selbst ist ebenso überrascht von dem Gewicht, das jene weit zurückliegende Episode mit Lê von einem Tag auf den nächsten erhält. Ihr Stillschweigen hatte sie keine Mühe gekostet, so tief war die Geschichte vom ersten Moment an, wo sie sich auf der Mekong-Fähre begegneten, in der Lüge verborgen. Instinktiv wußte sie, daß für sie alles nach dem Jahr mit dem Liebhaber aufhörte. Heute ermißt sie besser den Sinn der fünfzigjährigen Verschwiegenheit: »Für das Schreiben bedeutet alles, was ich danach erlebt habe, nichts. Stendhal hat recht: die Kindheit hört nie auf.«[21]

1985 genehmigen sich die Éditions de Minuit eine ganze Seite in *Le Monde*, um die Verkaufskurve von *Der Liebhaber* publik zu machen. Ein steiler Anstieg von der Sendung *Apostrophes* bis zum Goncourt-Preis, der nach dem Preis noch weiter nach oben schnellte. Der Verleger befriedigt die Neugier des Lesers bis dahin, daß er ihm die technischen Einzelheiten der Herstellung und die Liste der Sprachen bekanntgibt, in die der Bestseller übersetzt wurde: tschechisch, slowenisch, slowakisch, serbo-kroatisch... Es ist eine surrealistische Fotografie eines Meisterwerks, vor allem wenn man bedenkt, wie es entstanden ist.

Nachts meint Duras den Lärm der mit Büchern beladenen Lastwagen zu hören, die vor den Éditions de Minuit, zweihundert Meter von ihrer Wohnung entfernt, eintreffen: »Die Leute gehen ans Fenster. Was ist das? Die Landung der Alliierten? – Nein, es ist *Der Liebhaber*. – Ach so, dann schlafen wir weiter«, stellt sich Duras lachend vor.

Die Mobilmachung ist weltweit. Das Ausland versorgt sich fieberhaft: drei amerikanische Verleger, Italiener und Japaner streiten sich um die Rechte. Fanclubs werden in den Vereinigten Staaten ausgerufen, wo sie den ehrenvollen Ritz-Paris-Hemingway Preis erhält. In Italien werden gefälschte Bücher mit dem Namen Duras gedruckt, die sie nie geschrieben hat. In mehreren Theatern beginnt man damit, ihre Interviews aufzuführen. Zwischen der literarischen Bewunderung und dem Wahn verwischt sich auch hier die Grenze. »Ich sage zu allem nein, ich bin die erste, die über all dies lacht, und zugleich beeindruckt, fasziniert mich, was die Menschen in ihrem Einfallsreichtum alles erfinden«, sagt Duras, die insofern keinen kühlen Kopf behalten kann.

Die vormals zurückgewiesene, gedemütigte, aus dem Land ihrer Herkunft exilierte heilige Familie, »das nächste Ebenbild des Universums«[22], setzt ihre Wildheit »edler Tiere«[23] auf dem gesamten Planeten durch. Ruhm den Donnadieus und ihrer Mutter Marie.

Derselben, der das Schreiben verboten war, liegt heute die Welt zu Füßen. Nun, unter einem Goldregen, besteigt sie ihren Sinai.

XXIII.
Klein und weltberühmt

Viel, viel Geld. »Aber nicht so, so viel, weil Bücher sehr preiswert sind«, berichtigt Duras, begierig, es zu besitzen, und unfähig, es sich vorzustellen. Der Reichtum läßt sie den Mangel nicht vergessen. Sie weiß, daß das Geld »leicht und mühelos die Tresore füllt«[1], und freut sich, so viel verdient zu haben – »das verdanke ich allein mir selbst« –, dennoch behält sie ihre Angst vor Ausgaben. Sie notiert die Ersparnis zwischen 3,20 Francs und 3,65 Francs; hingegen kann sie nicht auf die Million genau angeben, wieviel ihr der Verleger schuldet, und befragt ihn nie. Zuweilen holt sie sich von einigen suspekten Debitoren Auskunft; in Wahrheit verliert sie sich in den Rechnungen und verwechselt ständig alte und neue Francs. Im Verlags- wie im Filmmilieu ist allgemein bekannt, daß Duras in ihrem Leben enorm betrogen worden ist. Obwohl sie aus ihren mageren Jahren die Lust behalten hat, »diejenigen, die es haben, zur Kasse zu bitten«.

Im Grunde verändert sie das Vermögen nicht. Sie behält, wie sie sich ausdrückt, »die widerwärtige Mentalität einer Armen«.[2] Das sich auf der Bank anhäufende Geld tut nichts zur Sache. Die Armut in der Wiege ist erblich und unauslöschlich; für den Wohlstand gilt dasselbe, denkt sie.

Gleicher Pullover, gleiche Hemdbluse, gleicher Rock, gleiche Stiefelchen: Duras ist nicht zu den großen Couturiers geeilt, um ihre Garderobe zu erneuern. »Ich kann das Geld nicht zum Anziehen ausgeben. Ich finde, es lohnt sich nicht. Ich sehe immer wie eine Clochardin aus. Genau wie meine Mutter«, lächelt sie stolz. Eine vornehme Clochardfrau mit schweren Ringen an den Fingern, die sie gern bewundern läßt. Jade an der rechten Hand, Diamanten an der linken: an ihren Steinen hängt Duras stärker als an allen anderen Gütern. Es sind Geschenke von hohem sentimentalem Wert: einer der – falschen – Brillanten soll ihr in New York von einer

Unbekannten geschenkt worden sein; der andere – echte – soll der famose »Diamant des chinesischen Liebhabers« sein. Ohne zu meinen, der ganze Schmuck stehe ihr gut, schätzt sie das Massive, Kraftvolle, das wie ein Schlagring an der Hand erscheint. Das zu weite Stück am Ringfinger hat sie mit Hilfe eines Kupferrings, den sie von einer Gasleitung abgenommen hat, angepaßt. »Diamanten sind schön. Ich bin sehr snobistisch: ich trage Sachen von Prisunic und habe die Diamanten. Das gefällt mir, das ärgert die Leute!« sagt sie. »Das ist auch im Haß der Typen enthalten: Duras, die ist reich.«³

Unmöglich, sie zum Kauf eines schlichten Tuchs zu bewegen, immer hält sie der Preis zurück. Also kleiden sie traditionell ihre Verleger ein: »Ich verlange das, an mir verdienen sie genug Geld! Man will mir häufig Kleider anbieten, weil man weiß, daß ich mir selbst gegenüber knauserig bin.« So beispielsweise ein Freund, der mit ihr offen redet: »Du bist wirklich zu schlecht angezogen. Deine Klamotten sind alt und formlos. Ich komme vorbei, dann besorgen wir ein paar Kaschmir-Sachen.« Ein tomatenroter Pullover würde ihr gefallen. Aber immer wieder verschiebt sie das Vorhaben. Schließlich hat sie genug von der Geschichte. Dieser prächtige Kaschmir steht ihr auch so zu.

Ebensowenig werden die Tantiemen von *Der Liebhaber* für eine Renovierung der altmodischen Vierzimmerwohnung in der Rue Saint-Benoît angerührt. Die abgeblätterten, vergilbten, an der Decke schwarz gewordenen cremefarbenen Wände, die in der Küche mit einer Fettschicht bedeckt sind, werden weder abgewaschen noch neu gestrichen. Duras will an dieser Wohnung nichts verändern, die, wie sie ist, ihren Bedürfnissen restlos genügt.

Die mehrfache Millionärin behält ihren bescheidenen Lebensstil in einer Wohnung bei, die der einer älteren Sozialhilfeempfängerin ähnelt. Geblümte Gardinen mit von der Zeit verwaschenen Mustern, Radio aus den fünfziger Jahren im Möbelschrank, emaillierte Kübelwanne im Badezimmer, Holzhocker mit durchbrochenem Muster in der Küche, in der die Haushaltsgeräte, Utensilien und das Geschirr aus der unmittelbaren Nachkriegszeit stammen. Kein Kohleofen? Komisch... Überall ein Durcheinander von Gegenständen in mehr oder weniger gutem Zustand – eine scheppernde Lampe, ein um seine Spitze amputierter Eiffelturm aus blauem Glas, angeschlagenes Porzellan... Weder Gemälde noch Kunstwerke im üblichen Sinn, sondern einzelne, sicher kostbarere Stücke, etwa zwei am Strand aufgelesene Holzknoten, von Duras persönlich mit Goldeinlagen aus Kettengliedern versehen und auf Sockeln montiert.

In ihrem Zimmer arbeitet die Schriftstellerin am Fenster, hinter sich ein mit einer schlichten, karierten Decke bedecktes schmales Internatsbett. Die Unordnung auf ihrem Schreibtisch scheint sich über die übrigen Möbelstücke, Regalbretter und Wände ausgebreitet zu haben. Überall überwiegt Papier in allen Formen: Fotos, Poster, Manuskripte, Bücher oder Einladungskarten, die mit Klebestreifen oder Reißzwecken aufs Geratewohl an der Wand befestigt sind. Sie verweisen auf die überreiche Existenz einer der größten Autorinnen dieses Jahrhunderts.

Genau so ist ihre Wohnung richtig, ohne Farben, ohne Bemühen um Ästhetik. Sie spiegelt auch ihre Form von Aristokratie wider. Kaufleute sorgen für häuslichen Luxus: diese Neigung zum Protzen teilt sie nicht. Sie würde es sogar anwidern, sich in überflüssigem Komfort niederzulassen.

»Geld verändert, ja, es verändert, ich weiß nicht genau, was, aber es verändert. Das Geld liegt in einer Ecke und gehört Ihnen, ohne daß es ausgegeben wird, nicht! Das Geld wird nicht ausgegeben«[4], sagt sie, überzeugt, sich restlos innerhalb der Norm zu bewegen. Finanzielle Freigebigkeit oder Unbekümmertheit kommen ihr vor wie eine Krankheit. Macht sie ein Geschenk – für Outa ein Klavier, für Yann eine Jacke –, dann versäumt sie nicht, es breit anzukündigen und triumphierend hinzuzufügen: »Teuer!« Daher schätzt sie es, ihnen »Waren« anbieten zu können, die sie nichts kosten. Wann immer möglich, ergreift sie die Gelegenheit. So bittet Duras mit ihrer natürlichen Selbstsicherheit eines Tages Pierre Bergé im Rahmen einer Zusammenarbeit, »Yann einige Hosen zu vermachen«. Die Größe? Unerheblich, falls nötig kann man sie »umarbeiten«. So erbt Yann Andréa einen wunderschönen Kaschmir-Überzieher von Yves Saint Laurent: »Der steht ihm gut, dieser Mantel, den habe ich ihm geschenkt«, freut sich Duras.

Lange hielt man sie für verschwenderisch, weil sie ihre Gäste großzügig bewirtete. Essen an ihre Umgebung zu verteilen ist ihr eine relativ spontane, aus der Vergangenheit übernommene Geste. Nach wie vor bringt sie den Clochards in ihrer Straße mitunter Lebensmittel, bevor sie verderben. Geld aber keines. Sie gibt auch keine finanzielle Unterstützung für den Kampf gegen den Hunger oder andere Übel in der Welt. Duras behauptet, nicht an die Vermittlung der humanitären Verbände zu glauben – »das ist derart schlecht organisiert, das ist eklig«. Jetzt, wo das Geld in einem Ausmaß kommt, daß man nicht mehr weiß, wohin damit, scheint es sie weniger zu stören, in einem Restaurant die Rechnung für einen ganzen Tisch zu begleichen, als eine Runde im Bistro auf ihr Konto zu nehmen. Da setzt sie sich nachdrücklich dafür ein, daß jeder sein Getränk selbst bezahlt. Man sagt ihr: »Marguerite, wir laden dich ein...« Auch das gefällt ihr nicht. Meistens reicht sie Yann Andréa das Portemonnaie, er zahlt und gibt ihr den Geldbeutel zurück. Eine aus Indochina herrührende Angst, weil die papiernen Piaster dort die Lepra bringen konnten? Jedenfalls meidet Duras die Berührung von Geld. »Man könnte meinen, der Anblick des Geldes sei ihr instinktiv unerträglich«, bemerken die Freunde, die ihr seltsames Gebaren in dieser Hinsicht neugierig macht.

Über unnötige Ausgaben schämt sie sich. Der richtige Platz des Geldes liegt im Stein. Duras investiert in Wohnungen, um über die Mieteinnahmen Yann und Outa ein Einkommen zu sichern. Von diesen Erwerbungen abgesehen, fühlt sie sich genötigt, ihre Ausgaben zu rechtfertigen, wenn nicht gar sich dafür zu entschuldigen. Mehrere Jahre wird sie brauchen, ehe sie etwas entspannter an den Kauf eines Mikrowellenherds herangeht oder ein paar Besorgungen bei einem Delikatessenlieferanten zugibt: »Ich höre euch schon, Duras ist unmäßig, das also macht sie mit dem Geld, das sie mit ihren Büchern verdient hat. Na gut, es stimmt!« Aus dem alten Fonds politischen Schuldgefühls bleibt das Geld für sie eine »Schande«. In einer Welt, zu deren Abscheulichkeiten die Herrschaft des Geldes gehört, haßt es die ehemalige Genossin, äußerliche Zeichen des Reichtums zur Schau zu stellen.

Einer ihrer ganz großen »Siege« ist es, diesem Komplex widerstanden und »erfolgreich« ein sehr teures Auto gekauft zu haben, einen Peugeot 405. Eine schöne »Karre«, ihr Kindheitstraum, auf den sie nichts kommen läßt: »Ja, meine Herren, neun Millionen, nur um in Paris und Umgebung mit Yann herumzufahren.«

Der Erfolg hat sie zu Hause eingesperrt. Deswegen sind die Spritztouren durch Paris die Freiheit. »Paris, das Wunder (...), Paris ganz gleich, in welchem Licht, ganz gleich, zu welcher Jahreszeit, ganz gleich, zu welcher Stunde«[5], Paris ist eine Schönheit, in der man sich verliert, eine »medina«, die sich weit über die Vorstädte hinaus erstreckt. Inzwischen steuert Yann den rasanten Wagen. Auf dem Beifahrersitz stampft Duras vor Ärger, nicht mehr am Lenkrad zu sitzen, und erteilt dem Fahrer ihre Befehle: »Bieg nach rechts ab! Bieg nach links ab! Nimm bloß nicht diese Straße! Fahr schneller!« Yann schreit schließlich entnervt: »Lassen Sie mich in Ruhe oder fahren Sie selbst!« Der Frieden kehrt zurück, wenn sie extra muros in die »frierenden« Vorstädte rasen, zu jenem kosmopolitischen Mosaik, in dem Duras ihre Wurzeln wiederfindet. Sie fahren ziellos, ohne Orientierung, am Tag oder in der Nacht. Sie fahren an der Seine entlang, die hier genauso prachtvoll ist wie mitten in Paris, sie durchqueren Vitry, die »Hauptstadt der Armut«. Zufrieden atmet sie die vertraute Luft jener Ortsinseln ein, »die so wenig literarisch sind, wie man sich nur vorstellen kann«[6], und folgt mit zärtlichem Blick den Kindern aller Hautfarben. Gerührt kehrt sie von diesem Vietnam der Île-de-France in ihr Saint-Germain-des-Prés zurück, wo der Quadratmeter vierzigtausend Francs kostet, und läßt das Auto in die Garage einparken.

Heute geschieht bei ihr nichts mehr ohne dieses Geld, das

sie endgültig vor Not schützt, über dessen Mangel sie aber nichtsdestoweniger klagt. »Es ist die absolute Wahrheit, für diese Wohnungen habe ich mich verschulden müssen!« behauptet sie, wobei sie mit einer Kinnbewegung auf Yann deutet. »Ich habe fast alles, was ich hatte, meinem Sohn und ihm gegeben. Jetzt kann ich nichts mehr zahlen! Ich habe kein Geld mehr! Ich brauche welches, ich muß mich für alles, was ich tue, bezahlen lassen!«

Nach *Der Liebhaber* drängt sie nichts zu einem neuen Buch, das Wesentliche scheint damit vollbracht zu sein; sie hat aber das Bedürfnis, ihren Tisch, ihre Stifte und die weißen Blätter Papier wiederzufinden. Sie kann nicht aufhören: das Umarbeiten eines früheren Textes, *Les Enfants*, für einen mit Jean Mascolo und Jean-Marc Turine zu dritt gedrehten Film oder die Bearbeitung von Tschechows *Möwe* – alles regt zum Schreiben an. Sogar ein Behördenbrief: sie stürzt sich in lange, flammende Reden, die sie anschließend kürzen und abmildern muß, um auf das eigentliche Thema zu kommen.

Einen privilegierten Ort des Schreibens gibt es nicht mehr. Briefwechsel, Artikel, Drehbuch, Buch, Interview: zwischen Geschriebenem und Gesprochenem macht Duras keinen Unterschied mehr – »es ist nur eine Verschiebung der Sprache«, sagt sie. Überall sind es ihre Wörter, ihr Text, ihr Schatz.

»Oh, dieser Satz ist wunderschön! Der ist von mir? Ich erinnere mich nicht.« Duras liest Duras, hört Duras, applaudiert Duras. »Das ist gut, was diese Frau sagt, sie hat recht«, begeistert sie sich vor ihrem eigenem Bild im Fernsehen.

Ihre Hellsichtigkeit imponiert ihr, ihre Geistesblitze erschlagen sie. Was sie »sieht«, steht nirgendwo anders. Woher kommen ihr diese genialen Erleuchtungen? Warum ihr und weshalb? »Irgend etwas durchzieht mich«, glaubt sie fest, jahrtausendealte Geheimnisse, von mysteriösen genetischen Netzen aus dunkler Vorzeit bis zu ihr überliefert. Vermutlich ist es diese lebendige Kraft, die sie seit der Kindheit beflügelt und stets dem Widerspruch geweiht hat. Die Welt hebt sie in den Himmel. Berauscht zieht Duras ihre Bahn.

Ihre Verantwortung als Schriftstellerin, die mit jener Fähigkeit begabt ist, die ihr Zugang zu einer höheren Wirklichkeit verschafft, heißt also nicht, ähnlich wie Sarraute zu schreiben, sondern die Menschen mit ihrer persönlichen Lektüre des Universums zu bereichern. Ob Mordfälle, Alltagsgeschichten, Sport, Natur oder Politik: der Komet Duras zieht über die Köpfe und entfaltet seinen Kegel funkelnder Äußerungen. Zu jedem Thema erwartet man ihre Meinung. Also äußert sie sich ebenso zum Erstarken der extremen Rechten wie zum Tod des Kommunismus, zu den Privatisierungen wie zur Arbeitslosigkeit, zum Musée d'Orsay wie zum Rock 'n' Roll, zu einem schlechten Metzger wie zu einem guten Fußballer.

In aller Freiheit begibt sich Duras auf »die große Autobahn des Wortes«[7], wie sie es nennt, um die vielfältigen Landschaften des täglichen Lebens in ein besonderes und in der Tat häufig schrilles Licht zu setzen. Sie definiert das als ein »Hin und Her zwischen mir und mir, zwischen Ihnen und mir in einer uns gemeinsamen Zeit«.[8] Allerdings erhebt sie keinen Anspruch auf eine definitive, allgemeingültige Wahrheit. Sie will einfach sagen, was sie an jenem Tag, in jenem Augenblick denkt. Wie es sich bei nächster Gelegenheit verhält, wird man sehen.

Was auch immer er verkündet oder schreibt, der Star schafft das Ereignis, zumal er vorbehaltlos wüten kann. Das braucht sie. »Was Gewaltfreiheit ist, weiß ich nicht, ich kann sie mir nicht einmal vorstellen«, schreibt sie in einem Artikel mit der Überschrift »Ich«. »Ich weiß, daß in mir Mord und Bösartigkeit ist. Den Rest kenne ich nicht. So stehe ich zu mir selbst, so schlage ich mich durch.« Eine für alle heilsame Gewalt, meint sie, denn niemand geht bei der Benennung des Untolerierbaren so weit wie sie. Sie fürchtet, daß, wenn sie schweigt, die Worte nicht gefunden werden. Die Worte, die töten. Gegen den Rechtsradikalen Le Pen beispielsweise oder andere Widerwärtigkeiten erweisen sich die patentierten Kommentatoren als zu lasch, zu zivilisiert für ihren Geschmack. Sie ist nicht verlegen. Sie kann ohne Überdruß schreiben und verharrt »im Haß, im Bedürfnis umzubringen, mit dem Messer, blutig, problemlos und ohne Ekel«.[9]

Ihre Giftspritzen sichern den Zeitungen hohe Auflagen. Sie ist ein Glücksfall für alle, die eine Informationsshow auf hohem Niveau betreiben wollen. Voraussetzung ist allerdings, hinter klug gewählten Überschriften vor den ätzenden Niederschlägen in Deckung zu gehen: »Duras ins Blaue hinein«, »Bekenntnisse eines Genies« oder auch »Ist Duras durchgeknallt?« und »Duras, die Pythia«.

Duras, die Pythia, verkündet und weigert sich zugleich, zu deuten. »Ich weiß nicht, ich weiß nicht«, wiederholt sie gern und fügt meistens hinzu: »Niemand weiß das. Diejenigen, die es behaupten, lügen.« Denn ungeachtet ihrer entschiedenen Ansichten scheint sie weniger danach zu streben, das Wort zu verkörpern, als sich mit dem Schweigen zu identifizieren. An den Rand schreiben, die Lücken des Textes mit einer Art Evangelistensprüche füllen. Sie will die Stimme des Nicht-Gesagten, des »nicht-endgültigen« Wortes sein, behauptet sie. Aus Eitelkeit offenbart sie sich jedoch als die des »letzten Wortes«, von einem im Grunde eher christlichen als judaischen Traum getragen.

Ihre ganz große Verfehlung wird die Affäre Villemin. Zweifellos konnte das geschehen, weil die Freiheit der Übertretung, die sie für die Schriftsteller einklagt, bei ihr von totaler Freizügigkeit sich selbst gegenüber begleitet wird. So daß der andere nicht zählt. Da sie überall nur ihre eigene Widerspiegelung »sieht«, ignoriert sie die Schäden, die sie verursacht. Und da sie sich selbst nie desavouiert, ignoriert sie das mea culpa.

Es geht um bekannte Fakten: ein vierjähriges Kind wird im Oktober 1985 in der Vologne ertrunken, ermordet aufgefunden. Neun Monate lang haben alle möglichen Leute ihre Ansichten zum Tod des kleinen Grégory geäußert. Wer hat ihn umgebracht? Verdächtigungen gegen die Mutter entsetzen ganz Frankreich.

Dieser tragischen Frau, die als Straßenmädchen behandelt wird, über die jeder meint, verfügen zu dürfen, will Marguerite Duras die Würde zurückgeben: eine Frau, die schuldig ist, ihr eigenes Kind umgebracht zu haben, muß die Justiz zum Schweigen bringen, denkt sie. Angesichts des unermeßlichen Schmerzes einer zu dieser wahnsinnigen Handlung getriebenen Mutter wird die Justiz »überflüssig«. Diese Frau ist »sublim, unbedingt sublim«.[10] Ihr Mord ist ausschließlich die Angelegenheit »der Zeit und Gottes«.[11] Duras vergibt allen Kindesmördern.

Also den Mantel des Schweigens ausbreiten über die trauernde Familie, die schon ein tragisches Opfer der Wörter geworden ist? Nein: was sie zu dem Drama denkt, hat Marguerite Duras noch nirgendwo gelesen. Die fassungslose Öffentlichkeit stellt sich unablässig Fragen, ob die Anklage gegen Christine Villemin stichhaltig ist. Die Schriftstellerin kennt weder Zweifel noch die Unschuldsvermutung. Sie muß sprechen.

Nach Tausenden von Voyeuren begibt sich Duras ebenfalls an den Ort der Tat; sie ermittelt bei den Nachbarn und befragt den Richter. Doch schon bei der Ankunft steht ihre Überzeugung fest: die Wahrheit der Villemin-Affäre springt ihr sofort ins Auge. Sie ist überall vorhanden, steht geschrieben auf dem nackten Hügel, auf der Straße, die sich um das Haus windet, auf dem alleinstehenden, einsamen neuen Reihenhaus mit Himmel und Wald als einziger Aussicht, auf dem schmutzigen Sandhaufen vor der Tür – »damit kann man nicht spielen« –, auf der Kinderschaufel dort – »ein Versehen, eine Lüge, nur um so zu tun als ob«.

Die Familie trauert? Bah! »Sobald ich das Haus erblicke, schreie ich, daß es das Verbrechen gegeben hat. Das ist es, was ich glaube. Ohne es rational zu begründen. (...) Das Kind muß innerhalb des Hauses umgebracht worden sein. Anschließend ist es ertränkt worden. Das ist es, was ich sehe. (...) Nein, das Kind muß im Leben von Christine V. nicht das Wichtigste gewesen sein. In ihrem Leben muß es nichts Wichtigeres gegeben haben als sie selbst. (...) Kann sein, daß Christine V. mit einem schwer zu ertragenden Mann zusammengelebt hat. (...) Ich sehe, wie die Härte dieses Manns pausenlos ausgeübt wird, sein wachsendes Vergnügen an dieser Dressur. (...) Christine V. ist unschuldig, vielleicht hat sie ohne zu wissen getötet, wie ich ohne zu wissen schreibe. (...) In Erwägung, daß unter den konkreten Umständen, unter denen sie es zu vollbringen hatte, niemand dieses Verbrechen hätte vermeiden können, hat sie nicht schuldhaft gehandelt.«[12]

Ablauf und Motiv des Verbrechens, Rolle der Protagonisten: die Inspektorin hat gute Arbeit geleistet. Ihre Schlüsse erstrecken sich über ganze drei Seiten von *Libération*. Die nicht-schuldig-kriminelle Christine V. wird bis ins Innerste durchleuchtet. Ihr Ehemann, selbstredend ein armseliger Wicht, in den schlimmsten Dreck gezogen.

Was einfach abscheulich war, wird jetzt monströs. Eine derart grausame Belastungszeugin hatte sich die unvollkommene Justiz bei der Aufklärung des Falls nicht erhofft. Marguerite Duras jedoch wird den einstimmigen Protest, der auf das Erscheinen ihres Artikels folgte, nie begreifen. Sie hält ihn für suspekt. Deutlich wird ihr nur die Weise, wie ihr berüchtigter Blick als große Schriftstellerin von *Libération* ausgebeutet worden ist. Keineswegs der Fehlgriff.

Eine spätere Titelseite von *Paris-Match* mit einem Bild von Christine Villemin, die wieder Mutter geworden war und ihr Neugeborenes im Arm hielt, brachte sie etwas aus dem Konzept: »Jetzt habe ich keine Vorstellung mehr, keine Meinung mehr zu ihr. Ich weiß nur, daß das Leben von Christine Villemin damals unerträglich gewesen ist.«

Zurücknehmen wird Duras ihre Worte nie. Ganz im Gegenteil erliegt sie bei jedem neuen Lesen demselben Zauber: »Ich glaube, daß ich nie wieder einen derart schönen Artikel werde schreiben können. Er ist voller Wahrheit (...) Ich habe Christine Villemin restlos gerettet.«

»Wissen Sie, was der Rechtsanwalt von *Libération* zu July gesagt hat? Man wird Sie verurteilen, aber auf einen solchen Text konnten Sie nicht verzichten. Er ist zu schön, zu stark. Lazareff[13] hätte ihn veröffentlicht. Ich habe niemals Christine V. angeklagt. Ich habe mich in die Hypothese versetzt, daß sie eine Verbrecherin wäre. Die Literatur war stärker als ich. Eine unmenschliche Vernunft. Der Artikel, das Haus, die Sache. (...) Das ist Leidenschaft. Wenn es wieder zu machen wäre, würde ich es genauso machen.«

Die Familie Villemin zieht gegen die berühmte Schriftstellerin vor Gericht. Die Kosten machen sie ganz krank: »Ich habe schon vier Millionen ausgegeben, ich kann nicht mehr«, erklärt Duras ihrem Rechtsanwalt. »Sorge dafür, daß die Medien zahlen, es ist ihre Schuld!«

Im Februar 1993 wird das Verfahren gegen Christine Villemin eingestellt. Wie eine Schülerin, die sich bemüht, einen Text aufzusagen, den sie nicht behalten kann, erklärt Duras: »Jeder Satz, den ich zur wahrscheinlichen, zur eventuellen Schuldhaftigkeit von Christine Villemin geäußert habe, hätte so beginnen müssen: Im Falle des Falles, daß wir es mit einer Mörderin zu tun haben, glaube ich, daß die Täterin dieses und jenes getan haben könnte, ehe sie tötete.«

»Gehört es zur Freiheit des Künstlers, solche Vorsichtsmaßnahmen nicht zu beachten?« – »Ja, genau«, antwortet sie.

Ohne Zweifel diskreditiert sie die Villemin-Affäre. Von dieser Zeit an trübt ein neues Gefühl ihr Image: die große Schriftstellerin ist keine aufmunternde Skandalauslöserin mehr, sondern ein Phänomen von hoher Anstößigkeit. Ob sie sich mit dem Präsidenten der Republik oder mit dem Fußballidol Michel Platini unterhält, Duras ruft Spott oder offenes Gelächter hervor. Die »Autorin des *Liebhabers*« hat verspielt.

Ihre Folge von fünf zwanglosen Gesprächen mit François Mitterrand, die in *L'Autre Journal* bis März 1986 erscheint, erweckt nur einfache Neugier, wie sie beim Wiedersehen zweier ungewöhnlicher Freunde empfunden wird. Die Erinnerungen an das Abenteuer der Résistance und an die Deportation von Robert Antelme beeindrucken und rühren allerdings schon. Der anschließende Gedankenaustausch, eine virtuose Darbietung in der Kunst des gehobenen Geplauders, enttäuscht. Als 1992 Fragmente dieser Gespräche auf der Theaterbühne dargeboten werden, bringt die mal stichhaltige, mal arglose Treuherzigkeit von Marguerites Fragen den Regisseur auf die Idee, die Rolle der Schriftstellerin einem kleinen Mädchen anzuvertrauen. Eigentlich sollten diese Dialoge zwecks Veröffentlichung fortgesetzt werden, doch François Mitterrand legte offenbar keinen Wert auf die Fortführung des Experiments.

Ironie des Schicksals: 1985 zeigt Marguerite Duras ihr Schlimmstes und ihr Bestes. Im April, drei Monate vor ihrem hellseherischen Artikel über Christine Villemin, veröffentlichte sie im Verlag P.O.L. *Der Schmerz*, einen Bericht über die Rückkehr von Robert Antelme aus dem Lager, den sie allerdings schon 1945 geschrieben hatte: tatsächlich liegen vierzig Jahre zwischen beiden Texten.

Furchtbare Parallelität! Duras erinnert sich nicht an die wahrscheinlich im »Haus der Deportierten« geschriebenen Seiten, die sich erst spät in vergessenen Heften wieder auffanden. Die unglaubliche Beherrschung des Stils ließ glauben, sie hätte sie nach *Der Liebhaber* verfaßt. Doch ein 1976 in der Zeitschrift *Sorcières* anonym veröffentlichter Auszug beweist, daß sie kein Wort verändert hat. »Wie habe ich diese Sache schreiben können, die ich noch nicht zu benennen vermag und die mich erschreckt, wenn ich sie wieder lese?« wundert sich Duras.

Man fragt sich allerdings eher, wie eine Autorin, die diesen Text geschrieben hat, einen der schönsten, die es zu lesen gibt, einen, vor dem man niederknien könnte, so hoch hält er die menschliche Gattung, diese andere »Sache«, die Negation einer als reine Abstraktion behandelten Person, verfassen konnte.

XXIV.
Das Umherirren in Durasien

Im Universum soll es Gestirne geben, die »Schwarze Löcher« heißen, weil sie in der Lage sind, alles um sich herum zu verschlucken; Welten, die von unserer vollkommen abgeschnitten sind und sich zu Abgründen öffnen, in denen die umgebende Materie unweigerlich zermalmt wird. Marguerite Duras scheint mittlerweile jener Finsternis, »da, wo es sich schreibt«, wie sie sagt, zugewandt zu sein. Sie versinkt in ihrer eigenen Welt wie in einem jener Krater des Weltraums, die als tote Sterne von strahlenden Ringen, »Glorienschein« genannt, umkränzt sind. Vielleicht wird die schlichte Herrlichkeit ihres Schreibens dauerhaft auf ihr Werk zurückstrahlen.

Ihren Platz am Firmament der Literatur hat Duras nicht usurpiert. Hat sie sich ihn überhaupt ausgesucht? Sie stellt sich Fragen zu dem Rätsel, das sie dazu führte, ihr ganzes Leben den Büchern zu widmen und nur das zu tun. Fast hundert Werke sind es geworden. Scheinbar eine Litanei und auch noch absurd. »Was ist dieser parallele Weg, dieser grundlegende Verrat an allen und sich selbst? Was ist diese tödliche Notwendigkeit?«[1] Vielleicht ist sie, ohne es zu bemerken, an einer anderen Berufung vorbeigegangen? An ihrem eigenen Leben vorbei, wer weiß? »Vermutlich ist mein Leben gescheitert, da ich nichts anderes als das gemacht habe«, sagt sie mit kokettem Lächeln.

Ein Leben haben. Worauf berufen sich die Menschen, um ihr eigenes zu erzählen? Außer dem Schreiben hat sie keines gehabt oder doch nur wenig, nur eine Folge äußerlicher, häufig unpersönlicher Ereignisse. »Nie bin ich jemandem begegnet, ohne mir die Frage zu stellen: wenn die Menschen nicht schreiben, was machen sie statt dessen?«

Sie wohnte anderswo. Auf einem anderen Planeten, scherzhaft auf den Namen »Durasien« getauft. Von der Gnade beglückt, wollte sie an der Allgemeinheit der Welt teilhaben. Für diese fortwährende und glücklicherweise immer überraschende Reise hat sie alles gegeben. »Je mehr ich schreibe, desto weniger existiere ich«, sagt Marguerite Duras seit langem. »Wenn ich sterbe, wird von mir kaum etwas sterben, weil das Wesentliche, das mich definiert, von mir gegangen ist.«

Jetzt ist alles für sie Geschriebenes geworden – die Welt, die Menschen, das Universum. »Ich komme nicht mehr zurecht, ich verliere mich darin.« Sie sieht sich selbst als eine Art »blindes Schreiben« inmitten der Schöpfung. Auch als Ebenbild ihres Geheimnisses. Sie ist wie ein Wort mit einem Loch in der Mitte, in dem alle übrigen Wörter begraben wären. Ein verbranntes Buch, in Abwesenheit von Gott, am leeren Platz Gottes geschrieben. Anstelle von Gott? Es ist etwas spät, um die Illusion aufzukündigen. »Der Wahn ist das Gedicht«, sagt sie. Die freie Freiheit. Müßte sie dafür auch ihr eigenes Todesurteil unterzeichnen, sie bleibt dabei. »Die genaue Antwort auf das Buch wäre: Nun, hören Sie auf, Sie dürfen, Sie haben etwas geschrieben. Sie lautete: KOMMEN SIE WIEDER ZU SICH. Das geschieht nie.«[2]

Also weiter »für nichts« schreiben. Den Wind verfolgen. Oder sterben. Buch oder Tod ist deutlicher denn je die »Dauerlösung«, wie sie sich ausdrückt.

Seit ihrer letzten Kur ist Duras anfällig geblieben. Häufig glaubt sie das Ende nahe. Yann Andréa pflegt sie: er ernährt sie, versorgt sie Milliarden erschöpfter Zellen mit Vitaminen. »Er bewacht mich gegen den Tod«, sagt sie.

Selbst wenn er es ignorieren wollte, wird das Buch jetzt vor allem gemacht, weil er da ist. Hier und überall. In den Landschaften, vor allem an der Mündung der Seine; eher in Dingen, die ihm scheinbar fremd sind, als darin, wo er zu sein meint. »Ich weiß nicht, ob die Liebe ein Gefühl ist. Zuweilen glaube ich, daß lieben sehen bedeutet. Sie zu sehen.«[3] Und weiter: »Sie und das Meer, Sie sind ein und dasselbe für mich.«[4]

Duras reißt ihn mit auf die Wege des Buches, die sie gemeinsam beschreiten möchte, bis ans Ende: »Weder er noch ich ertragen den Gedanken, den Tod des anderen zu überleben«, sagt sie. Yann Andréa widersteht aber dieser Frau, die eine unmögliche Fusion anstrebt. Dem unergründlichen Universum ihres Sterns zieht er die schwarze Sonne der jungen Burschen vor. Er beschützt seinen Raum vor dem morbiden Ort, in dem sie ihn einsperren möchte.

Gegen das, was sie die »Abwehr seines Körpers gegen sie« nennt, kann Duras nichts. Sie hat hingenommen, daß ihre Leidenschaft das einzubeziehen hat, wenngleich sie den Mann deswegen manchmal haßt. Worauf es ankommt, ist, im Verderben vereint zu sein. Das Exil, zu dem die Homosexualität Yann Andréa verurteilt, führt sie zusammen. Auch ihn befällt der Tod.

»Die Homosexualität ist unermeßliches Elend«, wiederholt sie. Ihre früheren Reden, als sie die Gesellschaft von »Schwulen« schätzte, leugnet sie jetzt mit dem Ausdruck betrübter Objektivität. Ja, »sie unterscheiden sich vom Rest der Welt«.[5] Andersartige? Soweit geht sie nicht, aber sie sind von dem gemeinsamen Weg abgekommen, behindert. »Das heißt doch, eine Verstümmelung zu leben, oder? Die Homosexualität ist nicht nur eine sexuelle Frage, sie ist viel mehr als das. Weitaus schlimmer. Infernalisch. Vom Standpunkt Gottes gesehen, kann für fast alles ein Zweck angegeben werden. Hier jedoch nicht. Hier kann man keinen nennen. Das ist genau dasselbe wie beim Tod. Diese Bereiche hat Gott sich vorbehalten. Gott hat entschieden, daß diese beiden Sachen das Unerklärliche seiner Schöpfung sind: der Tod und die Homosexualität. Diese Geschichten sind nicht Angelegenheit der Psychoanalyse, sondern Gottes.«[6]

Daher kann sich Yann Andréa nach Herzenslust mit Männern treffen, letztlich nähert er sich ihr dadurch.

Sie weiß, wie er einzufangen ist. Ihre Anziehungskraft ist das Buch. Wenn sie über das Schreiben spricht, ist er interessiert, hört zu, flieht nicht. Doch gewonnen ist nichts. »Yann ist ein Wilder«, sagt sie. Er rebelliert.

Ihr Zusammenleben ist eine schreckliche Odyssee von Trennungen und Schiffbrüchen. Die Schriftstellerin nährt sich daraus, greift nach jedem sich bietenden Stoff. Nun könnte ihr Werk »Die Verzückung von Yann Andréa Steiner« heißen. Besonders rüde werden ihre Auseinandersetzungen 1986, als Duras *Blaue Augen schwarzes Haar* beginnt.

Täglich setzt sich Yann Andréa zwei Stunden an die alte Schreibmaschine, um die Geschichte zu tippen, in die ihn die Schriftstellerin gegen seinen Willen hereinziehen möchte: ein homosexueller Schriftsteller und eine achtzehnjährige Frau, in ihrem sinnlichen Begehren voneinander getrennt, trauern gemeinsam um einen Dritten, den sie beide leidenschaftlich lieben. Alle drei, blaue Augen, schwarzes Haar.

Unter ihrem Diktat tippt Yann, wortlos. Ist die Arbeit erledigt, entflieht er nach Trouville, um so wenig Zeit wie möglich mit ihr in der Wohnung zu verbringen. Nach seiner Rückkehr entlädt er seine ganze Wut. Was sie auch sagt, er schreit. Er schreit weiter, wenn sie schreibt, als wollte er das Buch verhindern. Anfangs stört Duras das Geschrei, sie unterbricht sich jedoch auf keinen Fall und füllt das Papier mit zusammenhanglosen Sätzen, leeren Wörtern, Zeichnungen.

Sie schreibt. Er brüllt: »Warum schreiben Sie ständig, den ganzen Tag? Jeder läßt Sie fallen. Sie sind verrückt. Sie sind die Dirne der normannischen Küste, eine Idiotin, Sie stören!«[7]

Seine Ausbrüche geben dem Schreiben neuen Nerv. Duras verschlingt diese sagenhafte Gewalt im schwarzen Raster ihres Buches. »Es ist schließlich ein Wettrennen geworden. Schneller als er sein, damit das Buch beendet wird, ehe er es ganz verhindert«, erzählt sie in einem Artikel in *Libération*, den die Éditions de Minuit sofort unter dem unfreiwillig von Yann Andréa angebotenen Titel *La pute de la côte normande* verlegen.

Bald wartet sie auf sein Geschrei, um schreiben zu können. Fehlt es, schwärzt sie das Papier mit unnützem Plunder. »Alles gehört Ihnen: die Wörter genauso wie ich«, sagte er in *M.D.* Hatte er das geschrieben?

Eine Weile setzt sich Yann Andréa durch. Er bleibt lange weg und entzieht sich jeder Diskussion nach seiner Rückkehr. Kein Wort mehr darüber, wie er seine Zeit draußen verbringt. Duras ängstigt sich, ihn so »in jede Richtung« weggehend,

»unberechenbar«, »unlesbar«[8] zu erleben. Schließlich bekommt sie ihn zu fassen. *Blaue Augen schwarzes Haar* erscheint.

Duras begibt sich sofort an *Emily L.* Noch ein Sirenengesang, um ihn zu locken, voller Verzweiflung über »die Liebe, die ich für ihn empfinde und die er für mich nicht hat, die er meint, für mich nicht zu haben. Und wovon ich die einzige bin, die weiß, daß er sie hat.« Sie müht sich ab. Das letzte Buch? Ja, gewissermaßen. In dieser Stimmung schreibt es Duras, und davon bleibt das Buch geprägt. Buch oder Selbstmord, sagte sie. Mit *Emily L.* verbindet sie beides. Sie unterwirft sich dem, so wie man durchdreht. Der Wahn bemächtigt sich ihrer beinah physisch. Sie spürt in ihrem Kopf eine »Art Explodieren...! Dumpf, aber von unglaublicher Kraft!«[9]

Yann Andréa hat sie verlassen. Jetzt ist sie mit ihrer Emily-Krankheit allein. Jede Nacht irrt sie um den Austerlitz-Bahnhof, um ihn in den Bistros zu suchen, in denen er meistens nach Jungen Ausschau hält.

Die Hospitalisierung war unausweichlich. Es ist die vierte Entziehungskur. Der Organismus hält stand. Im Juli 1988 kehrt sie gelassen vor die Kameras zurück, ein Glas mit Grenadine in der Hand, das ihr Yann Andréa reicht. Alles wieder wie gewohnt. Doch im Oktober desselben Jahres fällt Duras ohne genau ersichtlichen Grund in ein Koma.

Fünf Monate Koma, von Oktober 1988 bis Februar 1989, ohne Blick, eine Geisel des Todes: die Ärzte im Laënnec-Krankenhaus erwägen Sterbehilfe. Sie bitten Yann um seine Einwilligung. Die Medien halten Nachrufe bereit.

Am Ende kehrt Duras zur allgemeinen Verblüffung ins Leben zurück. Die Ärzte begreifen ihre Rückkehr genausowenig wie ihr Versinken in die Bewußtlosigkeit. Was für eine Vitalität, was für eine unvorstellbare Kraft das bedeutet! Sie macht sie sprachlos.

Aus dem »unendlichen Tod«, wie sie sagt, erwacht Marguerite Duras mit einem Loch im Hals, stimmenlos. Nachdem die Ärzte aufgrund eines Lungenemphysems eine Tracheotomie vornehmen mußten, warten sie die vollständige Vernarbung ab, ehe sie eine Kanüle anbringen. Sie meint zu sprechen, hört sich reden, aber kein Laut kommt hervor. Die Vertrauten an ihrem Bett sehen sie bestürzt über ihr stummes Gestikulieren an. Sie wird wütend, daß man ihr irgend etwas zur Antwort gibt, und auch diese Wut bleibt stumm. Schließlich radebricht sie für sich selbst, nur um sich zu erleichtern.

Da die verbale Kommunikation unmöglich ist, trägt Duras in ein Heftchen ein, was sie sagen möchte. Es wird eine enorme Anstrengung für ein beinah nicht zu entzifferndes Ergebnis. Sie derart leiden zu sehen, um mit einem roten Kugelschreiber, den sie nur mit Mühe hält, einige Wörter zu schreiben, tut weh. Sie kritzelt »adäquates Mineralwasser«. Zwei Wörter, ein Sieg. Eines Tages gelingt ihr ein ganzer Satz, bravo, Marguerite! Sie weist »im Falle eines Falles« darauf hin, wo sich ihr Testament befindet. Und ergänzt: »Ich habe nur ein Paar Schuhe, das reicht nicht.« In einer Schublade warten fünfundzwanzig Seiten Manuskript auf ihre Genesung.

Zurück unter den Lebenden empfindet Duras keine Kluft, kein »Vorher-Nachher« zwischen dem Koma und dem Leben danach. Sie braucht viel Zeit, bis sie einen Unterschied zwischen den Bildern der Realität und jenen macht, die sie während ihres Alptraums mit der »Präzision eines Uhrwerks« wahrgenommen hat. Je deutlicher die Erinnerungen daran werden, desto stärker beeindruckt sie die Analogie. Der gegenwärtige Augenblick könnte ebenfalls ein Traum sein. Daher verwechselt sie die Szenen und erkundigt sich bei ihrer Umgebung, um sich zu vergewissern, welcher Welt die Begebenheiten, die ihr ins Gedächtnis zurückkommen, angehören. »Ist das passiert?« So will sie ein eingebildetes Zerwürfnis mit Claude Régy wiedergutmachen. »Ich bin auf der anderen Seite gewesen, wissen Sie?« sagt sie. Ihre Angst reserviert sie für die vordringliche Sorge: »Hat sich meine Stimme sehr verändert?«

Im Juni 1989 wird Duras nach neun Monaten Krankenhaus endlich entlassen. Frei! Erstes Bedürfnis, erster Daseinsgrund: das DRAUSSEN wiederzufinden. Sie denkt an die zu

langen Haftstrafen Verurteilten, »fern von den Wäldern, den
Bäumen, der Luft, der Nacht, dem Tag, den Wegen, den Flüssen, dem Meer, den Kindern, den Straßen, den Menschen: das
ist unvorstellbar grauenhaft!«[10] Sie erfährt wieder das Glück
der Spazierfahrten in die Vorstädte zusammen mit Yann. Und
den Gefallen an albernen Witzen. Sie lacht viel. Ihr Gesichtsausdruck ist sanft.

Bald arbeitet sie weiter an dem unvollendeten Manuskript
und fragt sich, ob sie sich am Sterben gehindert hat, damit sie
es zu Ende schreibt. Jedenfalls ist sie überzeugt, während des
Komas weitergeschrieben zu haben. Yann glaubt das. »Dieses
Buch ist von mir, mehr als die übrigen Bücher kommt es aus
jenem Unbekannten meiner selbst.«[11]

Im Januar 1990 feiert die Presse die »Auferstehung eines
Superstars«. Marguerite Duras tritt wieder auf, zwar mit ge-
brochener, beinah unhörbarer Stimme, doch mit einem strahlenden, von der Pracht ihres neuen Buches *Sommerregen*
überzeugten Gesicht. Der Text hat eine spirituelle Dimension,
die in ihrem Werk einzigartig ist und von der Bibel, die sie seit
zwei Jahren viel liest, angeregt wurde; Quellen waren auch
Pascal und Ernest Renans *Das Leben Jesu*, dessen Kühnheit,
Jesus als cholerisches Kind zu beschreiben, sie begeistert.
Sommerregen, das Buch nach der Wiedergeburt, wird sofort
als Evangelium der Schriftstellerin bezeichnet. Duras antwortet geschmeichelt, daß die von vielen bezeugte Präsenz des
Heiligen von ihr selbst nicht beabsichtigt gewesen sei.

Ihr eigener junger Messias ist ein kindlicher, laizistischer
Prophet, der zur Wissenschaft, die das Leben »erträglicher«
mache, berufen ist. Ein Wunderkind aus der Vorstadt, das
sich jedem Unterricht widersetzt – »weil man mir in der
Schule Dinge beibringt, die ich nicht weiß«.[12] Um ihn vereint:
seine Heilige Familie.

Sommerregen, das ist zugleich die Passion auf Durassche
Art und das Glück auf Marguerite Donnadieus Art. Immer
und immer wieder der diesmal vollzogene Inzest. Dieses Vergnügen hat sich die Schriftstellerin gegönnt. Mit siebenund-
siebzig Jahren ruft allein die Erwähnung des kleinen Bruders

Tränen hervor: »Ich frage mich sogar, wie ich ohne ihn aus-
kommen kann«, sagt sie und reibt sich die Augen mit einem
Taschentuch mit lila Blümchen trocken.

Lange, qualvolle Tage ohne eine Klage. Jetzt muß man mit
dieser Kanüle im Hals in der Abhängigkeit von Atemmaschi-
nen leben. Der schwere, im Arbeitszimmer installierte Apparat regelt das Leben.

Längere Abwesenheiten von zu Hause oder größere Aus-
flüge außerhalb von Paris sind unmöglich geworden. Alle
zwei Stunden muß sie sich unangenehmen Behandlungen un-
terziehen, die Yann verabreicht. Erschöpft von der Prozedur
setzt sie sich wieder an die Arbeit.

Sie liest ihr Werk wieder und erwägt, einige Bücher neu zu
schreiben – »weil sie mir nicht mehr zeitgemäß erscheinen«:
Der Nachmittag des Herrn Andesmas und *Les impudents*;
wenn man das »ich« durch »sie« ersetzt, wäre letzteres schon
ein neues Buch. Sie überarbeitet *Sommer 1980*, ohne den Text
selbst zu verändern, fügt aber autobiographische Einzelheiten
ein. Selbstredend sind ihre Wiederentdeckungen meist wunderbare Überraschungen: *Liebe* ist herrlich, *Im Sommer
abends um halb elf* hervorragend. »Ich werde nicht sagen,
daß ich sie nicht mag, ich liebe sie über alles, weshalb sollte
ich mich zieren? Man sagt, ich sei narzißtisch. Einverstanden.
Ich bin ein Meter fünfzig groß, und ich bin weltberühmt. Verkaufen sich meine Bücher etwa, weil ich berühmt bin?«

Häufig klingelt das Telefon. In den Stunden, die dem
Schreiben vorbehalten sind, geht Duras nicht an den Apparat.
Yann nimmt den Hörer ab, doch die Neugier läßt sie nicht ruhen: »Yann! Wer ist das?« Er stellt sich taub. »YANN!... Er
macht das mit Absicht! Zur Zeit hat er mich satt! Er kann
mich nicht mehr ertragen.« Endlich kommt Yann. »Wer war
das?« – »Das geht Sie nichts an!« reizt er sie. »Sie sollten lieber daran denken, zu essen. Hören Sie auf zu arbeiten, es
kommt auf zehn Minuten nicht an! Sie wollen immer in allem
bis zum äußersten gehen!«

»Ich möchte Cornflakes essen.«

»Keine da.«

»Sie müssen mir welche holen.«

»Glauben Sie nicht, daß ich wieder anfange, alles, was Ihnen in den Kopf kommt, zu besorgen. Sie wollen immer alles, aber wenn es da ist, lehnen Sie es ab. Ich habe genug davon. Immer wollen Sie das haben, was nicht da ist.«

»Schreien Sie bitte nicht! Geben Sie mir, was Sie wollen... Ich werde essen, was Sie mir anbieten wollen! In der Zwischenzeit arbeite ich etwas weiter.«

»Oh, lassen Sie mich nicht wie üblich fünfzehnmal Ihre Mahlzeit aufwärmen. Ich bereite es jetzt zu, und Sie essen das sofort.«

Sobald das Essen fertig ist, hastet Duras in die Küche – »sonst kriege ich was zu hören! Der wird wieder schimpfen!«

Weniger als fünf Minuten für das Mittagessen. Sowieso könnte sie, selbst wenn sie gesund wäre, im Moment nichts herunterschlucken. Ihr Bauch ist wie verknotet. Der Krankengymnast meint, ihr Zwerchfell sei vollkommen verkrampft: das ist die Wut darüber, daß sie bereit war, Jean-Jacques Annaud die Rechte von *Der Liebhaber* zu verkaufen – der Kohle wegen, »wirklich wegen der Kohle«, betont sie, »weil ich meinen beiden Kindern etwas hinterlassen muß. Ich habe nicht genug.« Und wieder ist sie dem ausgesetzt, was sie verabscheut: »Dummheit, Snobismus, Geldverschwendung der Filmleute, ein tatsächlich ganz anderes Milieu als unseres.« Die Bearbeitung, die Godard verweigert und Claude Berri bewilligt wurde, bringt ihr eine erkleckliche Summe ein – mehrere Millionen Francs. Man muß also kollaborieren. Und das ist schwer.

Alles, was im Laufe der Arbeitsnachmittage mit Annaud ausgetauscht wird, führt unweigerlich zum Zusammenstoß. »Das ist mein Film, von dem du die Bilder machst«, sagt Duras. »Wenn ich die Bilder davon mache, dann wird es mein Film. Weil im Film die Erzählung über die Bilder abläuft, verstehst du!« gibt Annaud zurück. »Nein, über die Wörter.« – »Da bin ich nicht einverstanden, Marguerite.« – »Du hast nichts begriffen, der Film, das sind die Wörter!«

Mit einem erheblichen Aufwand an Mitteln sind Vorort-aufnahmen in Vietnam vorgesehen. 8000 Dollar für eine Stunde Helikopterflug über dem Mekong. Duras findet, es hätte genügt, an den Marne-Windungen zu filmen. Der Ort sei doch perfekt. »Man muß in diesem Film die Not spüren, versteht ihr?« Das mit der Not gehe schon in Ordnung, lautet die Antwort, dafür sei ausreichend Geld vorhanden. Duras bekommt kein Vetorecht bei der Auswahl der Schauspieler. Das Mädchen werde zu hübsch sein, fürchtet sie. Der chine-sisch-amerikanische Liebhaber werde die Aura einer Mode-zeichnung haben. Sie sieht voraus, wie der Film werden wird. Was den Regisseur bei ihren Zusammenkünften interessiert – im wesentlichen faktische, historische Einzelheiten –, scheint ihr beredt genug. »Sein Film wird nichts taugen.« Aus Vietnam bringt ihr Jean-Jacques Annaud Fotos von allen Or-ten ihrer Kindheit mit. Wunderbare Fotos, die sie bewegen. Die Straßen von Saigon, der Fluß, der botanische Garten, das Chasseloup-Laubat-Gymnasium, das Land am Staudamm oberhalb von Hatien, die Schule von Madame Donnadieu in Sadec. Alles beinah unverändert. Und der Schock: ein Bild vom Grab des Chinesen Lê. Annaud bringt ihr die Nachricht, daß er 1972 gestorben ist.

Das Eindringen in ihre Vergangenheit entwickelt sich zur unerträglichen Indiskretion. Sprachlos entdeckte sie eines Ta-ges das Gesicht, das sie vergessen hatte, in der Zeitschrift *Pa-ris-Match*: ein Bild von ihrem chinesischen Liebhaber. »Ein wirkliches Gesicht, sehr nah, auch sehr erschrocken und sehr sanft.« Durch das widernatürliche Bündnis, das sie mit dem Film eingegangen ist, hat sich Marguerite den Händlern aus-geliefert. Das gewaltige kommerzielle Unternehmen ist dabei, sie zu berauben.

Zwar wird es niemandem je gelingen, sie um ihre eigene Geschichte zu bringen, Duras will dem Desaster jedoch nicht länger zusehen: sie holt sie sich zurück. Annaud soll nicht mehr kommen. Zusammen ist es unmöglich. »Dieser Filme-macher ist erledigt!« zischt sie. Es wird Juni. Sie sammelt ihre Notizen ein und fährt nach Trouville, um die Arbeit allein fortzusetzen. Sie kocht! »Das verdammte Skript zu Ende zu schreiben wird mir den ganzen Sommer stehlen. Das Buch, an dem ich arbeite, mußte ich deswegen unterbrechen. Es fällt mir wirklich schwer. Können Sie sich vorstellen, was das bedeutet? Für diese langweilige Arbeit mit dem zu brechen, was man in sich trägt?«

Im Herbst kann sie aufatmen: die Zusammenarbeit mit Jean-Jacques Annaud ist aufgekündigt; Marguerite Duras hat das Recht auf ein Remake nach Ablauf von zwei Jahren zugesprochen bekommen; Claude Berri macht ihr ein herrschaftliches Geschenk, das sie entzückt: ein permanent für sie reservierter Tisch in einem großen Restaurant am Boulevard Raspail. Vor allem kehrt sie mit dem geplanten und beendeten Drehbuch zurück, allerdings nur zur eigenen Verwendung: zehn Monate später wird es unter dem Titel *Der Liebhaber aus Nordchina* verlegt. Bis dahin bereitet das Buch Marguerite Duras noch einige Qualen. Die Leichtigkeit, mit der sie *Der Liebhaber* schrieb, hat sie verlassen. Liegt es am häufigen Gedächtnisschwund? Die Wörter entziehen sich ihr. Ein Jahr braucht sie, bis ihr der Text gelungen ist und sie ihn ihrem Verleger mit der Bitte überreicht, ihr bei der »Reinschrift« zu helfen.

Das Anliegen überrascht Jérôme Lindon nicht – Duras war bei ihren vorigen Büchern ähnlich vorgegangen –, hingegen ist er sprachlos über die erhaltene Papierflut, ein Rohentwurf, der in diesem Zustand nicht zu veröffentlichen ist. Er glaubt, ihr Schreiben leide schwer unter der Krankheit. Einen Monat lang sitzt er daran und bemüht sich, aus der formlosen Masse ein literarisches Werk herauszuholen, das ihm der großen Duras würdig erscheint.

Tränen und Erschrecken, als die Schriftstellerin ihr Manuskript in Empfang nimmt. Yann redet von Verschandelung. Wie hat der Kerl, der nie ein Schriftsteller sein wird, es wagen können, ihren Namen unter ein solches Mittelmaß zu setzen? Es verschlägt ihr die Sprache! Noch viel Arbeit wird vonnöten sein, ehe der endgültige Text steht und im Juni 1991 bei Gallimard erscheint. Ihr früherer Verlag verspricht ihr den Einzug in die renommierte Reihe Bibliothèque de la Pléiade. Mit Lindon ist es vorbei, auf immer und ewig und über den Tod hinaus: »Er kann um Duras trauern. Sogar tot kann ich noch schreiben.«

Annaud wird überholt. Mitten in den Dreharbeiten, acht Monate bevor sein Film herauskommt, überschwemmt *Der Liebhaber aus Nordchina* – der für Duras »jetzt der tatsächliche *Liebhaber* ist« – die Auslagen der Buchhandlungen. Der Sommerhit treibt die Verkaufszahlen von *Der Liebhaber* wieder in die Höhe.

Auch der Film spielt die erwarteten Einnahmen ein: drei Millionen Besucher. »Ein Phantasma eines sogenannten Annaud«, sagt die Schriftstellerin, das auf den Schulhöfen Laune macht. In den Gymnasien flechten sich die jungen Mädchen kleine Zöpfe, tragen Männerhüte und benutzen kirschroten Lippenstift. Auch die dem Werk so fremden Bilder kurbeln den Verkauf des Buches an.

Auf welchen Umwegen auch immer, die Geschichte kehrt stets zu Marguerite Duras zurück. Der Film wird schnell vergessen sein, das weiß sie. Endlich kann sie dem natürlichen Lauf ihres Werkes wieder nachgehen.

Die Überarbeitung von *Sommer 1980* hat selbstverständlich ein neues Buch ergeben. Eines Abends ruft Duras Yann an, um ihm, etwas ängstlich vor seiner Reaktion – angeblich fürchtet sie ja immer sein Geschrei –, den Titel mitzuteilen: »Nun, es wird *Yann Andréa Steiner* heißen.« Er lacht und gibt sein Einverständnis. Jetzt ist er Steiner und ein jüdisches Kind nach ihrem Wunsch. Yann Andréa findet inzwischen alles selbstverständlich, sogar als Frau bezeichnet zu werden. »Nicht viele Männer hätten so etwas akzeptiert«, sagt Duras siegesbewußt.

Bis zum Sommer 1992 werden Schlag auf Schlag, um nicht zu sagen, im Abstand von wenigen Tagen, drei Auflagen veröffentlicht. Und Duras erwägt schon wieder, *Yann Andréa Steiner* neu zu schreiben, um eine andere Geschichte zu erzählen, doch »ohne den Unterschied deutlich zu machen, als schriebe ich ein Buch ab und die Menschen merkten erst hinterher, daß es ein anderes ist«. Sie wünscht sich die ganze Welt jüdisch, obwohl sie sich letztlich, unbeabsichtigt, mehr und mehr davon unterscheidet.

Ein Jahr, zwei Jahre, drei Jahre... Marguerite Duras zählt den Aufschub seit ihrer Rückkehr aus dem Koma. Die meiste Zeit verbringt sie jetzt in Trouville zwischen Yann und der Atemmaschine. »Das ist mein Haus«, sagt sie mit leichtem Bedauern. Doch Neauphle hat sie verlassen; die letzten Tage werden im Roches Noires verstreichen, das steht geschrieben. »Der ewige Ort, das ist hier.«

In Trouville fühlt sich Duras als Eigentümerin über alles, sogar über die Stadt, den Strand, den Hafen von Antifer, das Meer, den Himmel.

Wie seit zehn Jahren bei jedem ihrer Besuche folgt eine befreundete Fotografin der Schriftstellerin, um nach ihren Weisungen Aufnahmen zu machen von den Orten, auf die sie deutet, von ihrer Sicht auf die Dinge: ein hundertjähriges, verlassen in den Dünen liegendes Haus ohne Fenster; Holzpfähle im Meer – »Venedig in Honfleur«; eine Mole, »Hauptstadt der Möwen«; exotische Baumstämme, importiert aus den Wäldern Asiens, »verlorene Landstriche«; menschenleere Tennisplätze; der Schattenriß eines Balkons auf Stein; ein bestimmtes Blau, das »von den Ursprüngen der Erde stammt«; das Vorbeiziehen des Windes, »einsamer Aufbruch mit unbekanntem Ziel«[13]...

Achtundsechzig dieser Aufnahmen hat Duras später für ein kleines Taschenbuch mit dem Titel *La mer écrite* ausgesucht und mit knappen Texten versehen. Vielleicht weil die Zeit drängt. Oder weil sie meint, »eine Frau (geworden zu sein), die Bücher macht, als ob sie das Licht machte«[14], das den Sinn freigibt. Duras bemächtigt sich dessen, was sie ansieht, als wäre sie der Urheber der Schöpfung. Oder sein *alter ego*.

»Wo ist Yann?« fragt sie, sobald sie ihn aus den Augen verliert. »Yann! Wie heißt dieser Berg? Jener Autor? Der Titel dieses Buches? Jene Prophetin aus der Bibel? ...« Yann ist das Gedächtnis.

Arm in Arm untergehakt, spazieren sie über die Holzplanken am Strand von Trouville. Er in Frühjahrs-, sie in Winterkleidung. Die M.D.-Uniform ist um sonderbare kindliche Accessoires ergänzt worden: ein Stirnband aus rotem Samt und himmelblaue Kniestrümpfe. Yann und Marguerite sehen sich an, betrachten die äußere Welt in der Ferne und lachen.

Um sie herum ist die Nacht angebrochen. Nur der Ballsaal von S. Thala ist noch erleuchtet. Sie tanzen zusammen auf ihr Lied »Capri, c'est fini, et dire que c'était la ville de mon premier amour. Je ne crois pas que j'y retournerai un jour.«

»Zu Ende. Capri hat sich mit der Erde gedreht, hin zum Vergessen der Liebe«, schreibt sie.

Wie viele Seiten werden dem an einem bestimmten vierten April begonnenen, unablässig fortgesetzten und von neuem begonnenen Buch noch hinzugefügt werden? Jeden Morgen kommt Marguerite Duras an ihrem Arbeitstisch seiner Vollendung ein Stück näher.

Den Titel der nächsten Folge kennt sie schon: *Schreiben.* Er könnte über ihrem Gesamtwerk stehen. Sie schlägt ihn übrigens auch für dieses Buch über sie vor: »Nennen Sie es *Schreiben*!« In ihren Augen bezeichnet das Wort sie voll und ganz. Sie und nur sie: wer schreibt denn heute sonst noch? Sie weiß es wirklich nicht. Den Blick auf die Masse »in den Farben des Unermeßlichen«[15] gerichtet, die noch zu entziffern ist, noch lesbar gemacht werden muß, verkündet sie mit einer Stimme, die der Emotion trotzt:

»Ich werde es S. Thala nennen«.

»Oh, das ist schön«, ruft Yann Andréa.

Herbst 1995. Im ersten Stock der Roches Noires, auf der Seite, wo die Sonne aufgeht, sind die Fensterläden geschlossen. Duras hat Trouville schließlich verlassen. Für sie wird es keinen Sommer mehr geben. Wie lange wird dieser Ort den Stempel ihres Werks tragen, wie lange wird die Erinnerung daran fortleben, was sie dort sichtbar werden ließ? Die Reisfelder Indochinas und den Ganges, den beinah allgegenwärtigen Fluß? Oder die Silhouette von Anne-Marie Stretter hinter der verglasten Arkade der Halle der Residenz, gegenüber dem Meer? Bei Ebbe gehört der Strand wieder den Muschelsammlern, dem aufgeregten Wettlauf der Hunde, den Gerüchen nach Algen und Waffeln... Scheinbar wird hier alles wieder normannisch.

In Paris, in der Abgeschiedenheit der Rue Saint-Benoît entschläft Marguerite Duras allmählich. Den meisten ihrer Freunde verbietet Yann Andréa, sich der Sterbenden zu nähern. Den Hörer nimmt sie nicht mehr ab. Einige wenige Fotos von ihr verraten das nahe Ende. Die grausamsten warten in Schubläden auf ihre Stunde.

Duras ist in einer anderen Zeit, einer utopischen Gegenwart, in der die letzten Schwingungen des Lebens widerhallen. Aber es ist schwer hinzunehmen, daß ihre Frist zu Ende geht – die Jahre sind so schnell vergangen. Sie hält sich an dem fest, was ihr der Tod einstweilen noch läßt. Mal ein Gefühl gelassener Leere, mal die Kühle der Erinnerung an eine glühende Liebe. Mal der schmerzliche Trost von Yanns Beistand.

Das verhängnisvolle Datum nähert sich. Sie fügt sich nicht, sie lehnt sich nicht auf. Ihr fehlt die Kraft. Ihr bleibt nur übrig, darauf zu warten »das Grauenhafte, den Tod«, anzuschauen.[16] Sie bemüht sich dennoch, die Fälligkeit herauszuzögern. Aus Sturheit, denn das Interesse zu leben hat sie vollkommen verlassen.

Duras lebt in diesem »dazwischen« und schreibt es. Der Mechanismus der Sprache springt wunschgemäß an. Sie freut sich festzustellen, daß das Können sie nicht verlassen hat. Wenn man so lange die schreibende »Blöde« spielt, wie sie sagt, das »lehrt einen Schreiben«.[17] Sie ist jetzt so sehr und ausschließlich an diesem Ort, daß es sie keine Mühe kostet, ihn zu entziffern. Trotz ihrer Schwäche gelingt es also Duras, einen den Lebenden unbekannten Bewußtseinszustand zu bezeugen, jenen, in dem die Außenwelt jede Darstellungsform verloren hat, außer vielleicht die eines vertrauten Gesichts.

Vermutlich schreibt sie zum erstenmal so über sich, in vollkommener Mittellosigkeit, ohne einen Willen zum Wollen. Daß eine Kraft sie dazu bewegt, von sich selbst in nächster Nähe zur Endgültigkeit zu erzählen, ist an sich nichts Erstaunliches. Doch was für eine Lehre, diese Erfahrung einer weitgeschweiften Schriftstellerin, deren persönliche Welt so reich ist, in der letzten Stunde auf ihren kleinsten Ausdruck reduziert zu sein!

Nach dem Abschiedstext *C'est tout. Das ist alles* denkt Duras nicht an weitere »letzte« Auftritte. Es ist tatsächlich alles. Sie macht sich über das Schreiben Gedanken, doch das früher unvermeidliche nächste Buch ist jetzt nur noch möglich, »bleibt dem Zufall überlassen«.[18] Eigentlich findet sie nichts mehr, um darüber zu schreiben. Fürchtet sich, es nicht mehr zu wissen. Diesmal ist die Quelle versiegt. Weißes Papier. Sie muß sich damit abfinden, »nichtig« zu sein, »Nichts«.[19]

»Sie sind Duras!« Von der Litanei läßt sie sich wiegen, Yann ist darin sehr begabt. Obwohl es das einzige ist, was ihr tatsächlich noch Freude macht, verspürt sie nicht mehr den Rausch ihrer Identität. Das Feld verengt sich. Morgen ist es vielleicht zu Ende. Der Körper verheißt jeden Tag nur das Schlimmste. Der Anblick ihrer Agonie entsetzt sie. Es wird kein Paradies geben, kein Jenseits, daran glaubt sie nicht. Allein die Vorstellung bringt sie zum Lachen. Widerwillig nimmt sie die Niederlage hin, zusammengeschrumpft auf die Angst, ihre Liebe, ihren angebeteten Verstorbenen für immer zu verlassen. Den bis zu ihrem zweiundachtzigsten Geburtstag bruchlos Verehrten. Den nie Genannten. Kein einziges Mal wird sie die Buchstaben jenes Namens gezeichnet haben, der ihr ganzes Leben beherrscht hat. Sie sagt: »Das übrige, vor und hinter mir, vor und nach mir, das ist mir gleichgültig.«[20] Davon zu leben genügt ihr. Es ist beinah schon zuviel. Und an Yanns Adresse: »Das übrige ist vorbei. Auch Sie. Ich bin allein«.[21] Zugleich ruft sie ihn zu Hilfe, verlangt nach Küssen.

Am 8. Juli 1995, um 14 Uhr, hatte sie bei ihrem letzten Aufenthalt in Neauphle notiert: »Das wär's. Ich bin tot. Es ist aus.«[22] Der Augenblick ihres Endes wird sieben Monate dauern.

Als François Mitterrand im Januar 1996 stirbt, weiß man, daß Marguerite Duras ihn nicht lange wird überleben können.

Sie findet noch die Entschlossenheit, am 20. Februar eigenhändig die letzten Korrekturen in die Druckfahnen von *La mer écrite* einzutragen... Am 3. März stirbt sie. Es ist ein Sonntagmorgen.

»*The end*«, hätte sie vielleicht mit jenem Gesichtsausdruck eines trotzigen Kindes gesagt, den sie immer behalten hatte.

Das Leben eines Sterns ist ein unablässiger Kampf gegen sein eigenes Gewicht. Lange findet er immer neue Möglichkeiten, um sich zu behelfen. Doch der Kampf ist verzweifelt: früher oder später triumphiert die Gravitation.

Und der Stern stürzt in sich selbst zusammen.

Eine in der Kirche von Saint-Germain-des-Prés versammelte Menge trauriger Bewunderer betet für die Seele der ungläubigen Katholikin, deren Zerwürfnis mit Gott seit Auschwitz endgültig war.

Anschließend, unter peitschendem Regen, werden die sterblichen Überreste zum Pariser Friedhof Montparnasse gefahren, wo Duras beerdigt sein wollte. Die Nachbarschaft von Jean-Paul Sartre und Simone de Beauvoir hat sie dem ewigen Frieden bei ihrer obsessiven Familie vorgezogen. Eine gesellschaftliche Entscheidung, oder? Hier, unter den Berühmten, wäre man auf den ersten Logenplätzen für die Nachwelt.

An einer der Alleen im einundzwanzigsten Abschnitt des Friedhofs ruht die offizielle Schriftstellerin als Waise unter einem einfachen weißen Stein, auf dem in schlichter, eleganter Kalligraphie »Marguerite Duras« eingetragen ist. Keine Verbindung mehr zum Namen, den die »Eltern gegeben«[23] haben. Ein abgeschnittener Ast, ein gelöschtes Gedächtnis. Marguerite Donnadieu war nie etwas anderes als eine Romanfigur.

Die kleine Kreolin wird die Fiktion nicht mehr verlassen. Außerhalb der Bücher kann niemand behaupten, er kenne sie. Die vom Schreiben unablässig nachgehauene Wahrheit ist ihre Wahrheit geworden. Duras ist gegangen als gesättigte Menschenfresserin, die sich selbst verschlungen hat. Sie hat es geschafft, sich zu ihrem eigenen Geschöpf zu machen. Und sie verläßt die Erde mit Vertrauen in die Zukunft:

»Sagen Sie, das bewährt sich, Duras, überall auf der Welt und darüber hinaus.«[24]

ANMERKUNGEN

Die deutschen Übersetzungen der Werke Marguerite Duras' werden zitiert nach der in der Bibliographie jeweils zuletzt genannten Ausgabe, mit Titel und Seitenzahl.

I. Das Buschkind

1 *Outside*, Paris ²1984, S. 278.
2 Ebda.
3 Philippe Franchini, Hotel Continental Saigon.
4 *Heiße Küste*, S. 133.
5 *Outside*, a.a.O., 278.
6 Nicole Lise Bernheim, *Duras tourne un film*, Paris 1981, S. 107.
7 Ebda.
8 *Der Liebhaber*, S. 13.
9 *Marguerite Duras à Montréal*, Montréal 1981, S. 66.
10 *Der Liebhaber*, S. 140.
11 Ebda., S. 141.
12 Nicole Lise Bernheim, *Duras tourne un film*, a.a.O.
13 *Der Liebhaber*, S. 104.
14 *Das tägliche Leben*, S. 28.

II. Die Offenbarung einer weiblichen Macht

1 *Heiße Küste*, S. 239.
2 *Das tägliche Leben*, S. 29.
3 *Marguerite Duras*, Paris 1988.
4 *Das tägliche Leben*.
5 Ebda., S. 30.

III. Der Armut entfliehen

1 *Heiße Küste*, S. 18.
2 Ebda., S. 19.
3 Ebda.
4 *Der Liebhaber aus Nordchina*, S. 89.
5 Ebda., S. 27.
6 Ebda., S. 28.
7 *Eden-Cinéma*, S. 67.
8 *Der Liebhaber aus Nordchina*, S. 28.
9 Ebda., S. 25.
10 *Heiße Küste*, S. 145, 67.

IV. Der große koloniale Vampirismus

1 *Eden-Cinéma*, S. 68.
2 *Heiße Küste*, S. 152.
3 *Eden-Cinéma*, S. 54.
4 *Gespräche*, S. 103.
5 *Der Liebhaber aus Nordchina*, S. 28.
6 Ebda., S. 29.
7 Interview mit Pierre Dumayet, 1964.
8 *Der Liebhaber*, S. 92.
9 *Eden-Cinéma*, S. 72.
10 Ebda., S. 106.
11 *Eden-Cinéma*, Paris 1977, S. 158.
12 *Der Liebhaber*, S. 41.

V. Die Defloration der jungen Weißen

1 *Der Liebhaber*, S. 40.
2 *Eden-Cinéma*, S. 88, 47, 81.
3 *Le Boa*, in: *Des journées entières dans les arbres*, Paris 1954, S. 107.
4 *Agrégation*: Prüfung für das Lehramt an höheren Schulen bzw. Universitäten [A.d.Ü.].
5 *Le Nouvel Observateur*, 28. September 1984.
6 *Heiße Küste*, S. 148.
7 *Die grünen Augen*, S. 68.
8 *Heiße Küste*, S. 149.
9 *Le Boa*, a.a.O., S. 101.
10 Ebda., S. 110.
11 Ebda., S. 107.
12 Ebda., S. 114.
13 *Heiße Küste*, S. 148.
14 *Le Boa*, a.a.O., S. 114.
15 *Der Liebhaber*, S. 151.

VI. Abschied von Indochina

1 *Der Liebhaber*, S. 189.

VII. Marguerite in Duras

1 *Aurelia Steiner* , S. 143.
2 *Marguerite Duras*, Paris 1979, S. 83.
3 *Ein ruhiges Leben*, S. 134.
4 Ebda., S. 157.

5 *Die grünen Augen*, S. 119, 121.

6 *Ein ruhiges Leben*, S. 130.

7 *Les Impudents.*

VIII. Im Schoß des Mutterlands

1 Gespräche mit Luce Perrot, »Au-delà des pages«, TF 1, Juli 1988.

2 *Le Matin*, 28. September 1984.

3 *Der Vize-Konsul*, S. 62.

4 *Der Liebhaber*, S. 43.

5 *Die grünen Augen*, S. 34.

6 *Le Matin*, 28. September 1984.

7 Philippe Roques und Marguerite Donnadieu, *L'empire français*, Paris 1939.

IX. 1940-1943: Der Papierkrieg

1 Otto Abetz, während der deutschen Besatzung »Botschafter des Reichs« in Paris [A.d.Ü.].

2 Von Josephine Baker gesungener Schlager. Die schwarze Künstlerin war aus den USA nach Frankreich emigriert [A.d.Ü.].

3 *Hiroshima mon amour*, S. 76.

4 *Les Impudents.*

5 *Outside*, a.a.O., S. 281.

6 Dionys Mascolo, *Autour d'un effort de mémoire*, Paris 1987, S. 40.

7 Ebda., S. 42.

8 Mouvement national des prisonniers de guerre: Nationale Bewegung der Kriegsgefangenen [A.d.Ü.].

9 Gespräch mit Pierre Bergé, *Globe*, Juli 1988.

10 Gespräch Duras–Mitterrand, *L'Autre Journal*, 1986.

11 Parti populaire français, 1936 von Jacques Doriot gegründete faschistische Organisation [A.d.Ü.].

12 *Der Liebhaber*, S. 112.

13 *Le Nouvel Observateur*, Juli 1992.

14 Pierre Drieu La Rochelle (1893-1945), Schriftsteller, versuchte einen genuinen »französischen Faschismus« zu entwickeln. Während der deutschen Besatzung übernahm er die Leitung der *Nouvelle Revue Française*, im April 1945 nahm er sich das Leben.
Robert Brasillach (1909-1945), Journalist und Schriftsteller; betreute zunächst das Feuilleton der Tageszeitung *Action française* der gleichnamigen rechtsextremistischen, royalistischen und antisemitischen Organisation. 1938 Chefredakteur der Zeitschrift *Je suis partout*, die u. a. eine Sondernummer zur »Judenfrage« herausbrachte. Nach der Befreiung wurde Brasillach zum Tode verurteilt und im Februar 1945 hingerichtet [A.d.Ü.].

15 Gespräch Duras–Mitterrand, *L'Autre Journal*, 1986.
16 *Les Impudents.*
17 Ebda.
18 Ebda.
19 *Der Liebhaber*, S. 174.
20 *Ein ruhiges Leben*, S. 48.
21 Ebda., S. 58.
22 Ebda., S. 183.
23 Ebda., S. 160.
24 Ebda., S. 160, 158.
25 Wortspiel: Entre-deux-Mers heißt eine französische Region im Süd-
   osten Frankreichs; hier bedeutet es nicht: zwischen zwei Meeren,
   sondern zwischen zwei Müttern [A.d.Ü.].
26 »Sie schreiben wie Mauriac« [A.d.Ü.].
27 *Der Schmerz*, Vorwort.

X. Ecce Homo

1 *Der Schmerz*, S. 98.
2 Ebda., S. 104.
3 Ebda., S. 154.
4 Gespräche mit Luce Perrot, TF1, Juli 1988.
5 Francs-Tireurs-Partisans et Forces françaises de l'intérieur: im Februar 1944 vereinigte Streitkräfte der Résistance [A.d.Ü.].
6 *Der Schmerz*, S. 57.
7 Vladimir Jankélévitch, *L'imprescriptible*, Paris 1986, S. 97.
8 *Der Schmerz*, S. 21.
9 Ebda., S. 30, 31.
10 Dionys Mascolo, *Autour d'un effort de mémoire*, a.a.O., S. 55, 56.
11 Ebda., S. 56.
12 Ebda., S. 58.
13 Ebda., Brief von Robert Antelme, S. 13.
14 Claude Roy, *Nous*, Paris 1972, S. 109.
15 *Der Schmerz*, S. 61, 62.
16 Dionys Mascolo, *Autour d'un effort de mémoire*, a.a.O., S. 22.
17 Ebda., S. 62.
18 *Der Schmerz*, S. 60.
19 Vladimir Jankélévitch, *L'imprescriptible*, a.a.O., S. 29.
20 *Les Inrockuptibles*, Mai 1990.
21 Ebda.
22 *Die grünen Augen*, S. 128.
23 *Le Nouvel Observateur*, November 1986.
24 Dionys Mascolo, *Autour d'un effort de mémoire*, a.a.O., S. 52.

XI. Die stalinistische Eingliederung

1 Claude Roy, *Nous*, a.a.O., S. 123.
2 *The French Review*, Februar 1978.
3 *Das tägliche Leben*, S.121.
4 Spitzname von Simone de Beauvoir [A.d.Ü.].
5 Claude Roy, *Nous*, a.a.O., S. 126. Maurice Thorez war der damalige Führer des PCF und erfreute sich eines erstaunlichen Personenkults [A.d.Ü.].
6 Wohnsitz der Schriftstellerin George Sand.
7 Claude Roy, *Nous*, a.a.O., S. 205.
8 Dionys Mascolo, *Autour d'un effort de mémoire*, a.a.O., S. 80. Antwort des PCF auf den Brief von Mascolo und Antelme, veröffentlicht in *Les cahiers du communisme*.
9 Claude Roy, *Nous*, a.a.O., S. 124.
10 Kanapa, der gemeinsam mit Sartre an der Sorbonne studierte, distanzierte sich später heftig vom Existentialismus; Casanova, ein weiterer PCF-Intellektueller, verlor in den 60er Jahren wegen »Linksabweichung« seinen Posten im Zentralkomitee [A.d.Ü.].
11 *Der Liebhaber*, S. 115, 116.
12 *Le Matin*, Mai 1977.
13 Ebda.
14 *Die grünen Augen*, S. 36.
15 Ebda., S. 115.

XII. Schreiben, Land des Exils

1 *Die grünen Augen*, S. 34.
2 Gespräche mit Luce Perrot, TF1, Juli 1988.
3 Gespräch mit der Autorin, *Le Nouvel Observateur*, Mai 1990.
4 Vgl. *Heiße Küste*, S. 111.
5 Ebda., S. 41.
6 Ebda., S. 32.
7 Ebda., S. 120.
8 Ebda., S. 276.
9 *Der Vize-Konsul*, S. 23.
10 *Die grünen Augen*, S. 121.
11 *Das tägliche Leben*, S. 31.
12 Ebda., S. 32.
13 Ebda., S. 31.
14 *Die grünen Augen*, S. 71.
15 *Gespräche*, S. 160.
16 Ebda.
17 Gespräche mit Luce Perrot, TF1, Juli 1988.

18 Der Liebhaber, S. 8.
19 Outside, a.a.O., S. 178.
20 Gespräche, S. 163.
21 Die Pferdchen von Tarquinia, S. 98.

XIII. Der Geschmack an einer unmöglichen Liebe

1 Das tägliche Leben, S. 96.
2 Ebda., S. 97.
3 Ebda., S. 100.
4 Ebda., S. 96.
5 Hiroshima mon amour, S. 73.
6 Der Liebhaber, S. 52.
7 Ebda., S. 135.
8 Ebda.
9 Heiße Küste.
10 Gespräche, S. 33.
11 Outside, a.a.O., Vorwort.
12 Revue 14-Juillet, 1958.
13 Yann Andréa, Notizen zu Outside.
14 Outside, a.a.O., S. 35.
15 Ebda.
16 Hiroshima mon amour, S. 39.
17 Outside, a.a.O., Vorwort.
18 Im September 1960 wurde gegen die Unterstützungsgruppen der FNL, der algerischen Befreiungsbewegung, der Prozeß eröffnet. Maurice Blanchot und Dionys Mascolo initiierten das Projekt einer gemeinsamen Erklärung »Appell an die Weltöffentlichkeit«, die für das Recht auf Kriegsdienstverweigerung im algerischen Konflikt eintrat. Das »Manifest der 121« wurde unterschrieben u. a. von Jean-Paul Sartre, Simone de Beauvoir, Alain Robbe-Grillet, Alain Resnais, Simone Signoret, Nathalie Sarraute [A.d.Ü.].
19 Hiroshima mon amour, S. 9.
20 Ebda., S. 88.
21 Ebda., S. 114.
22 Ebda., S. 114, 115.
23 Ebda., S. 114.
24 Gespräche, S. 45.
25 Die Pferdchen von Tarquinia.
26 Le Boa, a.a.O., S. 218.

XIV. Eine dürre Einsamkeit

1 Gespräche mit Luce Perrot, TF1, Juli 1988.
2 *Die grünen Augen*, S. 133.
3 *L'Autre Journal*, »Moi«, 1986.
4 *Die Orte der Marguerite Duras*, S. 88.
5 France-Culture, 12. Dezember 1963.
6 Ebda.
7 Ebda.
8 Gespräche mit Luce Perrot, TF1, Juli 1988.
9 *Die Orte der Marguerite Duras*, a.a.O., S. 104.
10 *Die Verzückung der Lol V. Stein*, S. 32.
11 Ebda., S. 132.
12 *Cahiers Renaud–Barrault*, Nr. 96, S. 24.
13 *Gespräche*, S. 119.
14 *Die Orte der Marguerite Duras*, S. 76.
15 *Gespräche*, S. 130
16 Hubert Nyssen, *Les voies de l'écriture*, Paris 1969, S. 131.
17 *Gespräche*, S. 129.
18 Ebda., S. 130.

XV. Der Alkohol an Gottes Stelle

1 *Das tägliche Leben*, S. 22.
2 Ebda., S. 23.
3 Gespräch mit Pierre Dumayet, 1964.
4 *Das tägliche Leben*, S. 24.
5 Ebda., S. 24, 23.
6 *Die englische Geliebte*, S. 139.
7 Ebda., S. 94.
8 Ebda., S. 125.
9 Ebda., S. 151.
10 Ebda., S. 22.
11 *Die grünen Augen*, S. 107.
12 Hubert Nyssen, *Les voies de l'écriture*, a.a.O., S. 134.
13 *Contemporary literature*, 1971, S. 407.
14 *Gespräche*, S. 145

XVI. Die Tagundnachtgleiche vom Mai

1 *Le Figaro*, 21. Oktober 1981.
2 *Savannah Bay*, Widmung.
3 *Das tägliche Leben*, S. 15 f.
4 *Le Matin*, September 1984.

5 *Les inrockuptibles*, Juni 1990.
6 Maoistische, libertäre Organisation; die Herausgeberschaft ihrer Zeitung *Ce que nous voulons: tout!* übernahm Sartre [A.d.Ü.].
7 Bewegung des 22. März, der auch Daniel Cohn-Bendit angehörte [A.d.Ü.].
8 *Der Lastwagen*, S. 91 f.
9 *Outside*, a.a.O., S. 176.
10 *Der Lastwagen*, S. 92.
11 Ebda.
12 Text des Aktionskomitees der Schriftsteller und Studenten, Mai 1968.
13 *Die grünen Augen*, S. 61.
14 Ebda., S. 123.
15 Führungsfigur der Gruppe *Vive la révolution* [A.d.Ü.].
16 Gesetz, das jeden Teilnehmer an einer Demonstration für etwaige Schäden haftbar macht [A.d.Ü.].
17 Maoistische Organisation, im Herbst 1968 gegründet, im Mai 1970 per Regierungserlaß aufgelöst, zu deren Führung u. a. André Glucksmann gehörte [A.d.Ü.].
18 Zeitung der *Gauche prolétarienne*, deren Herausgeberschaft Sartre übernahm, nachdem die ursprünglichen Herausgeber Le Dantec und Le Brius verhaftet worden waren. Im Juni 1970 gründeten Simone de Beauvoir und Liliane Siegel die »Gesellschaft der Freunde von *La cause du peuple*«, die u. a. illegale Straßenverkäufe veranstaltete [A.d.Ü.].
19 *Le Nouvel Observateur*, Juni 1990.
20 Gespräch mit Jacques Chancel, »Radioscopie«, 28. Dezember 1969.
21 Gespräch mit Dominique Noguez, »La Classe de la violence«, Paris: Éditions vidiographiques critiques réalisées et publiées par le Bureau d'animation culturelle du ministère des Relations extérieures, 1984.
22 *Cahiers Renaud–Barrault*, Nr. 106, S. 32.
23 *Rouge*, Zeitung der französischen Sektion der IV. Internationale, Februar 1977.
24 Befreiungsbewegung der Frauen [A.d.Ü.].
25 *Gespräche*, S. 24.
26 Gespräche mit Luce Perrot, TF1, Juli 1988.
27 *Die grünen Augen*, S. 98.
28 Gespräch mit Jacques Chancel, »Radioscopie«, 28. Dezember 1969.
29 Ebda.
30 *Der Lastwagen*, S. 18.
31 *Gespräche*, S. 137.
32 *Libération*, 23. Juni 1975.
33 *Gespräche*, S. 172.
34 Ebda., S. 171.

XVII. Zehn Jahre Flucht in den Film

1 Nicole Lise Bernheim, *Duras tourne un film*, a.a.O., S. 101.
2 Gespräch mit Dominique Noguez, »La Classe de la violence«, a.a.O.
3 *Der Lastwagen*, S. 103.
4 *Outside*, a.a.O., S. 275.
5 Gespräch mit Dominique Noguez, »La Classe de la violence«, a.a.O.
6 Ebda.
7 Ebda.
8 *Gespräche*, S. 27, 56.
9 Ebda., S. 164.
10 Ebda., S. 120.

XVIII. Die Jagd nach dem Unsichtbaren

1 *Gespräche*, S. 60.
2 *Die grünen Augen*, S. 68.
3 Ebda., S. 102f.
4 Ebda., 104.
5 Nicole Lise Bernheim, *Duras tourne un film*, a.a.O., S. 113.
6 Gespräch mit Dominique Noguez, »La Couleur des mots«, 1984.
7 Ebda.
8 Gespräch mit Jean Mascolo und Jérôme Beaujour, »Agatha ou Les Lectures illimitées«, 1981.
9 Nicole Lise Bernheim, *Duras tourne un film*, a.a.O., S. 110.
10 Ebda.
11 Gespräch mit Dominique Noguez, »Son nom de Venise dans Calcutta désert«, a.a.O., 1984.
12 *Die grünen Augen*, S. 73.
13 Ebda.

XIX. Die Hinrichtung des Films

1 Gespräch mit Jean Mascolo und Jérôme Beaujour, *Cinéma 81*, »Agatha ou Les Lectures illimitées«, November 1981.
2 Gespräch mit Michelle Porte, *Der Lastwagen*, S. 88.
3 *Der Lastwagen*, S. 55.
4 Ebda., S. 87.
5 Ebda., S. 47.
6 Gespräch mit Dominique Noguez, »La Dame des Yvelines«, a.a.O., 1984.
7 Ebda.
8 *Der Lastwagen*, S. 12.
9 *Rouge*, Februar 1977.

10 Gespräch mit Michelle Porte, *Der Lastwagen*.
11 *Das Nachtschiff*, S. 33.
12 Ebda., S. 13, 15, 16.
13 Ebda., S. 17.
14 Ebda., S. 26.
15 *Aurelia Steiner*, S. 136, 137f., 150, 151.
16 *Die grünen Augen*, S. 74.
17 Gespräch mit Dominique Noguez, Jean Mascolo und Jérôme Beau-jour, »Le Cimetière anglais«.
18 *Die grünen Augen*, S. 101.

XX. Yann Andréa Steiner

1 *Die grünen Augen*, S. 12.
2 *Yann Andréa Steiner*, Paris 1992, S. 8.
3 *Aurelia Steiner*, S. 49.
4 Gespräch mit Jean Mascolo und Jérôme Beaujour, *Cinéma 81*, »Aga-tha ou Les Lectures illimitées«, a.a.O.
5 *Sommer 1980*, S. 89.
6 *Das tägliche Leben*, S. 89ff.
7 Der Anschlag, bei dem 85 Menschen getötet wurden, ereignete sich am 2. August 1980. Ein unmittelbar danach im Namen der Roten Brigaden eingetroffenes Bekennerschreiben wurde von den Behör-den als Fälschung bewertet. Nach allen Ermittlungen und Erkennt-nissen, die es in Italien dazu gegeben hat, deutet nichts auf linksextreme Urheber dieses Verbrechens hin [A.d.Ü.].
8 Gespräch mit Jean Mascolo und Jérôme Beaujour, *Cinéma 81*, »Agatha ou Les Lectures illimitées«, a.a.O.
9 Ebda.
10 Ebda.
11 »Apostrophes«, Fernsehsendung, September 1984.
12 Ebda.
13 Ebda.
14 *Le magazine littéraire*, Juni 1990.
15 Gespräche mit Luce Perrot, TF1.
16 *France-Soir*, 21. Februar 1992.
17 Gespräche mit Luce Perrot, TF1, Juli 1988.
18 Gespräch mit der Autorin, *Le Nouvel Observateur*, 1990. [Tim ist die Hauptfigur in Hergés Comic-Serie *Tim und Struppi* (Tintin), ei-nes der berühmtesten Jugend-Comics in Frankreich – A.d.Ü.]
19 *Les Inrockuptibles*, Mai 1990.
20 Gespräch mit der Autorin, *Le Nouvel Observateur*, 1990.
21 Yann Andréa, *M.D.*, Frankfurt am Main 1983, S. 15.
22 Ebda.

23 Ebda., S. 13.
24 *Die Krankheit Tod*, S. 25.

XXI. M. D.

1 Yann Andréa, *M.D.*, a.a.O., S. 65.
2 Ebda., S. 61, 67.
3 Ebda., S. 53.
4 Ebda., S. 59.
5 Ebda., S. 78, 104.
6 Ebda., S. 94.
7 Ebda., S. 98.
8 Ebda.
9 Ebda., S. 99.
10 Ebda., S. 103.
11 Ebda., S. 113.
12 Siehe den Bericht zur Entziehungskur in *M. D.*

XXII. Der wiedererweckte chinesische Liebhaber

1 *Das tägliche Leben*, S. 102.
2 *Le Matin*, September 1984.
3 *Le Nouvel Observateur*, September 1984.
4 *Le Matin*, September 1984.
5 Ebda.
6 *Libération*, September 1984.
7 »Apostrophes«, Fernsehsendung, September 1984.
8 *Le magazine littéraire*, Juni 1990.
9 Ebda.
10 *Libération*, September 1984.
11 *Libération*, November 1984.
12 *Le Matin*, September 1984.
13 Ebda.
14 Umgangssprache: in etwa: Marguerite, die Nervensäge [A.d.Ü.].
15 Gespräche mit Luce Perrot, TF1, 1988.
16 Ebda.
17 *Der Liebhaber*, S. 10.
18 Interview mit Pierre Assouline, *Lire*, Januar 1985.
19 *Libération*, November 1984.
20 *Le Matin*, September 1984.
21 *Libération*, September 1984.
22 *Le Matin*, September 1984.
23 »Apostrophes«, Fernsehsendung, September 1984.

XXIII. Klein und weltberühmt

1 *Le Nouvel Observateur*, November 1986.
2 *Der Liebhaber aus Nordchina*, S. 132.
3 Gespräch mit der Autorin, *Le Nouvel Observateur*, Mai 1990.
4 *Le Nouvel Observateur*, November 1986.
5 *Libération*, Januar 1990.
6 Ebda.
7 *Das tägliche Leben*, S. 14.
8 Ebda., S. 8.
9 Artikel »Moi«, *L'Autre Journal*, April 1986.
10 *Libération*, Juli 1985.
11 Ebda.
12 Ebda.
13 Serge July ist Herausgeber der 1973 gegründeten linken Tageszeitung *Libération*; Pierre Lazareff war u.a. Herausgeber des konservativen *Figaro* [A.d.Ü.].

XXIV. Das Umherirren in Durasien

1 *Libération*, September 1986.
2 Alain Vircondelet, *Marguerite Duras*, Paris 1972, S. 179.
3 *Das tägliche Leben*.
4 *Atlantik Mann*, S. 55.
5 *Le Matin*, November 1986.
6 Ebda.
7 *La Pute de la Côte Normande*, Paris 1986, S. 16.
8 Ebda., S. 19.
9 Gespräche mit Luce Perrot, TF1, 1988.
10 *Libération*, Januar 1990.
11 Ebda.
12 *Sommerregen*, S. 28.
13 *La Mer écrite*, Paris 1996, S. 66, 38, 24, 52.
14 Ebda., S. 32
15 *Sommerregen*, S. 50.
16 *C'est tout. Das ist alles*, S. 27.
17 Ebda., S. 31.
18 Ebda., S. 18.
19 Ebda., S. 41.
20 Ebda., S. 15.
21 Ebda., S. 20.
22 Ebda., S. 36.
23 Ebda., S. 15.
24 Ebda., S. 30.

BIBLIOGRAPHIE

Für weitergehende bibliographische Angaben siehe Ilma Rakusa (Hg.), *Marguerite Duras*, Frankfurt am Main: Suhrkamp, 1988; Christiane Blot-Labarrère, *Marguerite Duras*, Paris: Éditions du Seuil, 1992; Alain Vircondelet, *Marguerite Duras*, Freiburg: Beck & Glückler, 1992.

Verwendete Abkürzungen: BS = Bibliothek Suhrkamp, es = edition suhrkamp; it = Insel Taschenbuch; st = suhrkamp taschenbuch; Ü = Übersetzung.

Werke von Marguerite Duras

Romane, Theaterstücke, Drehbücher

Les Impudents, roman, Paris: Plon, 1943; Paris: Gallimard, 1992.

La Vie tranquille, roman, Paris: Gallimard, 1944;
> dt.: *Ein ruhiges Leben*, Ü. Walter Maria Guggenheimer, Frankfurt am Main:Suhrkamp, 1962; 1985 (st 1210).

Un barrage contre le Pacifique, roman, Paris: Gallimard, 1950;
> dt.: *Heiße Küste*, Ü. Georg Goyert, München: Biederstein, 1952; Frankfurt am Main: Fischer, 1967; durchgesehene Übersetzung Frankfurt am Main: Suhrkamp, 1987; 1988 (st 1581).

Le Marin de Gibraltar, roman, Paris: Gallimard, 1952;
> dt.: *Der Matrose von Gibraltar*, Ü. Walther Tritsch, Baden-Baden: Holle, 1956; Ü. Maria Dessauer, Frankfurt am Main: Suhrkamp, 1989; 1991 (st 1847).

Les Petits Chevaux de Tarquinia, roman, Paris: Gallimard, 1953;
> dt.: *Die Pferdchen von Tarquinia*, Ü. Walter Maria Guggenheimer, Frankfurt am Main: Suhrkamp, 1960; 1984; 1986 (st 1269).

Des journées entières dans les arbres suivi de Le Boa, Madame Dodin, Les Chantiers, récits, Paris: Gallimard, 1954;
> dt.: *Ganze Tage in den Bäumen*, Ü. Elisabeth Schneider (nur die Titelerzählung), Frankfurt am Main: Suhrkamp, 1964 (es 80); 1980 (BS 669); 1985 (st 1157).

Le Square, roman, Paris: Gallimard, 1955;
> dt.: *Im Park*, Ü. Andrea Spingler, Frankfurt am Main: Suhrkamp, 1987; 1992 (st 1938).

Moderato Cantabile, roman, Paris: Éditions de Minuit, 1958;
> dt.: *Moderato cantabile*, Ü. Leonharda Gescher/Walter Maria Guggenheimer, Frankfurt am Main: Suhrkamp, 1959 (BS 51); 1985 (st 1178)

Les Viaducs de la Seine-et-Oise, théâtre, Paris: Gallimard, 1959
  dt.: *Die Viadukte*, Ü. Walter Maria Guggenheimer, Frankfurt am
  Main: Suhrkamp, 1966 (Suhrkamp-Textbuch); auch in: Marguerite
  Duras, *Dialoge*, Frankfurt am Main: Suhrkamp, 1966, S. 79-131.
Dix Heures et demie du soir en été, roman, Paris: Gallimard, 1960;
  dt.: *Im Sommer abends um halb elf*, Ü. Ilma Rakusa, Frankfurt am
  Main: Suhrkamp, 1990; 1991 (BS 1087).
Hiroshima mon amour, scénario et dialogues, Paris: Gallimard, 1960;
  dt.: *Hiroshima mon amour*, Ü. Walter Maria Guggenheimer, in: *Spec-
  taculum – Texte moderner Filme* (Bergmann, Duras, Fellini, Ophüls,
  Visconti, Welles) mit 96 Fotos, vollständigen Filmographien und ei-
  nem Nachwort herausgegeben von Enno Patalas, Frankfurt am Main:
  Suhrkamp, 1961, S. 57-117; 1963 (es 26); 1973 (st 112).
Une aussi longue absence, scénario et dialogues, en collaboration avec
  Gérard Jarlot, Paris: Gallimard, 1961.
L'Après-midi de Monsieur Andesmas, récit, Paris: Gallimard, 1962;
  dt.: *Der Nachmittag des Herrn Andesmas*, Ü. Walter Boehlich, Frankfurt am Main: Suhrkamp, 1963 (BS 109).
Le Ravissement de Lol V. Stein, roman, Paris: Gallimard, 1964;
  dt.: *Die Verzückung der Lol V. Stein*, Ü. Katharina Zimmer, Frankfurt
  am Main: Suhrkamp, 1966 (BS 159); 1984 (st 1079),
Théâtre I: Les Eaux et forêts, Le Square, La Musica, Paris: Gallimard,
  1965;
  dt.: *Seen und Schlösser*, Ü. Walther Boehlich, in: *Dialoge*, S. 199-236;
  Gespräch im Park, Ü. Gerda von Uslar, in: *Dialoge*, S, 5-78; *La Musica*, Ü. Walter Boehlich, in: *Dialoge*, S. 37-266.
Le Vice-Consul, roman, Paris: Gallimard, 1965;
  dt.: *Der Vize-Konsul*, Ü. Walter Maria Guggenheimer, Frankfurt am
  Main: Suhrkamp, 1967; 1984 (st 1017); 1990 (it 2312).
L'Amante anglaise, roman, Paris: Gallimard, 1967;
  dt.: *Die Englische Geliebte*, Ü. Regula Wyss, Basel/Frankfurt am
  Main: Stroemfeld/Roter Stern, 1984; München: dtv, 1987.
L'Amante anglaise, théâtre, Paris: Cahiers du Théâtre national populaire, 1968;
  dt.: *Die englische Geliebte*, Ü. Ruth Henry, Frankfurt am Main: Suhrkamp, 1969 (Suhrkamp-Textbuch); *Spectaculum* 17 – Fünf moderne
  Theaterstücke (Bernhard, Bond, Duras, O'Casey, Walser), Frankfurt
  am Main: Suhrkamp, 1972, S. 131-168 (auch im Reprint 1984
  st 1050).
*Théâtre II: Suzanna Andler, Des journées entières dans les arbres, Yes,
  peut-être, Le Shaga, Un homme est venu me voir,* Paris: Gallimard,
  1968; dt.: *Suzanna Andler*, Ü. Walter Boehlich, Frankfurt am Main:
  Suhrkamp, 1969 (Suhrkamp-Textbuch); *Ganze Tage in den Bäumen*,
  Ü. Werner Spies, Frankfurt am Main: Suhrkamp, 1966 (Suhrkamp-

Textbuch); *Spectaculum* 9 – Sieben moderne Theaterstücke (Beckett, Duras, Mrozek, Shaw, Sperr, Sternheim, Weiss), Frankfurt am Main: Suhrkamp, 1966, S. 13-54 (auch im Reprint 1982 st 900); *Dialoge*, S. 133-197; *Yes, vielleicht, Shaga*, Ü. Ruth Henry, Frankfurt am Main: Suhrkamp, 1969 (Suhrkamp-Textbuch); *Die Kommunisten*, Ü. Werner Spies, Frankfurt am Main: Suhrkamp, 1970 (Suhrkamp-Textbuch).

Détruire, dit-elle, Paris: Éditions de Minuit, 1969;
    Zerstören, sagt sie, Ü. Walter Boehlich, Neuwied/Berlin: Luchterhand, 1970 (Sammlung Luchterhand 12); Berlin: Brinkmann & Bose, 1984; München: dtv, 1989; *Zerstören, sagt sie* (Bühnenfassung), Ü. Walter Boehlich, Frankfurt am Main: Suhrkamp, 1984 (Suhrkamp-Textbuch).

Abahn Sabana David, Paris: Gallimard, 1970;
    dt.: *Abahn, Sabana, David*, Ü. Maria Dessauer, Frankfurt am Main: Suhrkamp, 1986.

L'Amour, roman, Paris: Gallimard, 1971;
    dt.: *Liebe*, Ü. Barbara Henninges, Frankfurt am Main: Suhrkamp, 1986 (BS 935).

Ah! Ernesto, Paris: François Ruy-Vidal et Harlin-Quist, 1971;
    dt.: *Ach, Ernesto*, Ü. Elisabeth Borchers, Frankfurt am Main: Insel, 1972.

India Song, texte, théâtre, film, Paris: Gallimard, 1973;
    dt.: *India Song*, Ü. Ruth Henry, Frankfurt am Main: Suhrkamp, 1981 (Suhrkamp-Textbuch); *India Song*, Ü. Sigrid von Massenbach, Berlin: Brinkmann & Bose, 1984; München: dtv, 1989.

Nathalie Granger suivi de La Femme du Gange, Paris: Gallimard, 1974;
    dt.: *Nathalie Granger und Die Frau vom Ganges*, Ü. Andrea Spingler, Frankfurt am Main: Suhrkamp, 1994.

Les Parleuses – Entretiens avec Xavière Gauthier, Paris: Éditions de Minuit, 1974;
    dt.: *Gespräche*, Ü. Andrea Spingler und Regula Wyss, Basel/Frankfurt am Main: Stroemfeld/Roter Stern, 1986.

Le Camion suivi de Entretien avec Michelle Porte, Paris: Éditions de Minuit, 1977;
    dt.: *Der Lastwagen*, mit einem Gespräch zwischen Marguerite Duras und Michelle Porte, Ü. Jürg Laederach, Frankfurt am Main: Suhrkamp, 1987 (st 1349).

Les Lieux de Marguerite Duras, en collaboration avec Michelle Porte, Paris: Éditions de Minuit, 1977;
    dt.: *Die Orte der Marguerite Duras*, Ü. Justus F. Wittkop, Frankfurt am Main: Suhrkamp, 1982 (es 1080).

L'Eden Cinéma, théâtre, Paris: Mercure de France, 1977;
    dt. *Eden Cinema*, Ü. Ruth Henry, Frankfurt am Main: Suhrkamp,

1978 (Suhrkamp-Textbuch); *Spectaculum* 41, Frankfurt am Main: Suhrkamp, 1985; 1988 (es 1443).

Le Navire-Night suivi de Césarée, Les Mains négatives, Aurélia Steiner, Aurélia Steiner, Aurélia Steiner, Paris: Mercure de France, 1979;
  dt.: *Das Nachtschiff. Caesarea. Die negativen Hände. Aurelia Steiner. Aurelia Steiner. Aurelia Steiner*, Ü. Andrea Spingler, Frankfurt am Main: Suhrkamp, 1992; *Aurealia Steiner*, Ü. Andrea Spingler, Frankfurt am Main: Suhrkamp, 1989 (BS 1006).

Véra Baxter ou Les Plages de l'Atlantique, Paris: Albatros, 1980;
  dt.: *Véra Baxter oder Die Atlantikstrände*, Ü. Andrea Spingler, Frankfurt am Main: Suhrkamp, 1987 (es 1389).

L'Homme assis dans le couloir, récit, Paris: Éditions de Minuit, 1980;
  dt.: *Der Mann im Flur*, Ü. Elmar Tophoven, Berlin: Brinkmann & Bose, 1982.

L'Eté 80, Paris: Éditions de Minuit, 1980;
  dt.: *Sommer 1980*, Ü. Ilma Rakusa, Frankfurt am Main: Suhrkamp, 1984 (es 1205).

Les Yeux verts, Paris: Cahiers du Cinéma, 1980, nouvelle édition (augmentée) 1987;
  dt.: *Die grünen Augen – Texte zum Kino*, Ü. Sigrid Vagt, München: Hanser, 1987; München: dtv, 1990.

Agatha, Paris: Éditions de Minuit, 1981;
  dt.: *Agatha*, französisch-deutsch, Ü. Regula Wyss, Basel/Frankfurt am Main: Stroemfeld/Roter Stern, 1982; *Agatha – Atlantik Mann*, Reinbek: Rowohlt, 1987, S. 7-49; *Agatha*, Ü. Simon Werle, Frankfurt am Main: Suhrkamp, 1986.

Outside, Paris: Albin Michel, 1981; Paris: P.O.L., 1984.

La jeune Fille et l'enfant, cassette, Paris: Des Femmes éd., 1981 (adaptation de *L'Eté 80* par Yann Andréa, lue par Marguerite Duras).

L'Homme Atlantique, récit, Paris: Éditions de Minuit, 1982,
  dt.: *L'Homme Atlantique – Atlantik Mann*, französisch-deutsch, Ü. Regula Wyss, Basel/Frankfurt am Main: Stroemfeld/Roter Stern, 1985; *Agatha – Atlantik Mann*, Reinbek: Rowohlt, 1987, S. 51-62.

Savannah Bay, Paris: Éditions de Minuit, 1982; deuxième éd. augmentée 1983;
  dt.: *Savannah Bay*, Ü. Elisabeth Plessen, Frankfurt am Main: Fischer, 1985.

La Maladie de la mort, récit, Paris: Éditions de Minuit, 1982;
  dt.: *Die Krankheit Tod – La Maladie de la Mort*, zweisprachige Ausgabe, Ü. Peter Handke, Frankfurt am Main: Fischer 1985.

L'Amant, roman, Paris: Éditions de Minuit, 1984;
  dt.: *Der Liebhaber*, Ü. Ilma Rakusa, Frankfurt am Main: Suhrkamp, 1985; 1987 (BS 967); 1989 (st 1629)

La Douleur, Paris: P.O.L., 1985;

    dt.: *Der Schmerz*, Ü. Eugen Helmlé, München: Hanser, 1986; München: Droemer/Knaur, 1989; Leipzig: Reclam, 1990; München: dtv, 1994.

La Musica Deuxième, Paris: Gallimard, 1985;

    dt.: *La Musica Zwei*, Ü. Simon Werle, Frankfurt am Main: Suhrkamp, 1989 (es 1408).

Les Yeux bleus cheveux noirs, roman, Paris: Éditions de Minuit, 1986;

    dt.: *Blaue Augen schwarzes Haar*, Ü. Maria Dessauer, Frankfurt am Main: Suhrkamp, 1987; 1989 (st 1681).

La Pute de la Côte Normande, Paris: Éditions de Minuit, 1986.

La Vie matérielle – Marguerite Duras parle à Jérôme Beaujour, Paris: P.O.L., 1987;

    dt.: *Das tägliche Leben*, Ü. Ilma Rakusa, Frankfurt am Main: Suhrkamp, 1988 (es 1508).

Emily L., roman, Paris: Éditions de Minuit, 1987;

    dt.: *Emily L.*, Ü. Maria Dessauer, Frankfurt am Main: Suhrkamp, 1988; 1991 (st 1808).

La Pluie d'été, roman, Paris; P.O.L., 1990;

    dt.: *Sommerregen*, Ü. Andrea Spingler, Frankfurt am Main: Suhrkamp, 1991.

L'Amant de la Chine du Nord, Paris: Gallimard, 1991;

    dt.: *Der Liebhaber aus Nordchina*, Ü. Andrea Spingler, Frankfurt am Main: Suhrkamp, 1993.

Yann Andréa Steiner, Paris: P.O.L., 1992.

Écrire, Paris: Gallimard, 1993;

    dt.: (nur Titeltext) *Schreiben*, Ü. Andrea Spingler, Frankfurt am Main: Suhrkamp, 1994 (Kleine Reihe); (alle Texte) *Der Tod des jungen englischen Fliegers*, Ü. Andrea Spingler, Frankfurt am Main: Suhrkamp, 1995 (es 1945).

C'est tout, Paris: P.O.L., 1995;

    dt.: *C'est tout. Das ist alles*, Ü. Andrea Spingler, Frankfurt am Main: Suhrkamp, 1996 (Kleine Reihe).

La mer écrite, Paris: Marval, 1996.

Bearbeitungen

Miracle en Alabama, de William Gibson, adaptation de Marguerite Duras et Gérard Jarlot, Paris (*L'Avant-scène théâtre*) 1963.

Les Papiers d'Aspern, de Michael Redgrave, d'après une nouvelle de Henry James, adaptation de Marguerite Duras et Robert Antelme, Paris: éd. Paris-Théâtre, 1970.

Home, de David Storey, adaptation de Marguerite Duras, Paris: Gallimard, 1973.

Théâtre III: La Bête dans la jungle, d'après Henry James, adaptation de James Lord et Marguerite Duras; *Les Papiers d'Aspern; La Danse de mort*, d'après August Strindberg, adaptation de Marguerite Duras, Paris: Gallimard, 1984.

dt.: *Das Tier im Dschungel*, Ü. Elmar Tophoven, Frankfurt am Main: Suhrkamp, 1965 (Suhrkamp-Textbuch).

La Mouette de Tcheckov, Paris: Gallimard, 1985.

Filme

La Musica (1966)
Détruire, dit-elle (1969)
Jaune le soleil (1971)
Nathalie Granger (1972)
La Femme du Gange (1972/73)
India Song (1974)
Son nom de Venise dans Calcutta désert (1976)
Baxter, Véra Baxter (1976)
Des journées entières dans les arbres (1976)
Le Camion (1977)
Le Navire-Night (1979)
Césarée (1979)
Les Mains négatives (1979)
Aurélia Steiner (Vancouver) (1979)
Aurélia Steiner (Melbourne) (1979)
Agatha ou Les Lectures illimitées (1981)
L'Homme Atlantique (1981)
Dialogo di Roma/Dialogue de Rome (1982)
Les Enfants (1985)

1914 Geboren am 14. April in Gia Dinh, in der ehemaligen französischen Kolonie Kotschinchina (heute Südvietnam), als mittleres Kind von Henri Donnadieu, Mathematiklehrer, und Marie Legrand, Grundschullehrerin.

1918 Tod des Vaters.

1920 Wechselnde Wohnorte. In Vinh-Long Begegnung mit der Frau des Generalgouverneurs, Elisabeth Striedter, die zum Prototyp der Romanfigur Anne-Marie Stretter wird.

1924 Die Mutter kauft eine Konzession für Land in Prey-Nop (Kambodscha). Der Versuch, es zu bebauen, scheitert.

1930 Besuch des Lycée Chasseloup-Laubat in Saigon.

1932 Übersiedelung nach Paris. Studiert Mathematik, Jura, Politik.

1937 Sekretärin im Ministère des Colonies.

1939 Heirat mit Robert Antelme.

1940-1942 Veröffentlicht, zusammen mit Philippe Roques, *L'Empire français* bei Gallimard. Arbeitet im Cercle de la Librairie. *La Famille Taneran* wird von Gallimard abgelehnt.
Tod des ersten Kindes. Tod des jüngeren Bruders Paul. Begegnung mit Dionys Mascolo.

1943 Debütiert mit dem Roman *Les Impudents*, unter dem Pseudonym Marguerite Duras.
Aktive Teilnahme an der Résistance im Kreis um Morland (François Mitterrand).

1944 Verhaftung und Deportation von Robert Antelme nach Buchenwald, dann nach Dachau. Veröffentlichung von *La Vie tranquille*. Beitritt zur Kommunistischen Partei Frankreichs (PCF).

1945 Lebt mit Dionys Mascolo.

1946 Beitritt zur Kommunistischen Partei Frankreichs (PCF). Scheidung von Robert Antelme.

1947 Geburt des Sohnes Jean Mascolo.

1950 *Un barrage contre le Pacifique*. Ausschluß aus der kommunistischen Partei.

1952 *Le Marin de Gibraltar*.

1953 *Les Petits Chevaux de Tarquinia*.

1954 *Des journées entières dans les arbres*.

1955 Erstes Theaterstück: *Le Square*.

1957 Trennung von Dionys Mascolo.

1958 *Moderato Cantabile*. Journalistische Tätigkeit.

1959 *Les Viaducs de la Seine-et-Oise*. Schreibt das Drehbuch zu Alain Resnais' Film *Hiroshima mon amour*.

1961 *Une aussi longue absence* (Drehbuch).

1962 *L'Après-midi de M. Andesmas.*

1964 *Le Ravissement de Lol V. Stein.*

1965 *Le Vice-Consul.*

1966 Erster eigener Film: *La Musica*, zusammen mit Paul Seban.

1967 *L'amante anglaise.*

1968 Nimmt an den Mai-Ereignissen in Paris teil.

1969 *Détruire, dit-elle* (Roman und Film).

1970 *Abahn Sabana David.*

1971 *L'Amour.* Dreht *Jaune le soleil.*

1972 *Nathalie Granger* (Film).

1973 *La Femme du Ganges* (Film).

1974 *India Song* (Film). *Les Parleuses* (Gespräche mit Xavière Gauthier).

1976 *Baxter, Véra Baxter* (Film). *Son nom de Venise dans Calcutta désert* (Film). *Des journées entières dans les arbres* (Film).

1977 *Le Camion* (Drehbuch und Film).

1979 *Le Navire Night* (Film). Film-Tetralogie: *Césarée, Les Main négatives, Aurélia Steiner (Melbourne), Aurélia Steiner (Vancouver).*

1980 *Véra Baxter ou Les Plages de l'Atlantique. L'Homme assis dans le couloir.* Bekanntschaft mit Yann Andréa. *L'Été 80.*

1981 *Agatha* (Dialog). *Agatha ou Les Lectures illimitées* (Film). *Outside* (Journalistische Arbeiten). *L'Homme Atlantique* (Film).

1982 *Dialogue de Rome* (Film). *Savannah Bay* (Theaterstück). *La Maladie de la Mort.* Alkoholentziehungskur, von Yann Andréa in *M. D.* (1983) protokolliert.

1983 Ihr Gesamtwerk wird mit dem Grand Prix du théâtre de l'Académie Française ausgezeichnet.

1984 *Théâtre III.* Für *L'Amant* erhält sie den Prix Goncourt.

1985 *La Douleur.* Ein in *Libération* erscheinender Artikel über die Mordaffäre »Villemin« trägt ihr von zahlreichen Lesern und einer Reihe von Feministinnen harsche Kritik ein. *Les Enfants* (Film).

1986 Prix Ritz-Paris-Hemingway für *L'Amant. Les Yeux bleus cheveux noirs. La Pute de la Côte Normande.* Gespräche mit François Mitterrand, veröffentlicht in *L'Autre Journal.*

1987 *Émily L. La Vie matérielle.*

1988–1989 Schweres Koma. Klinikaufenthalt.

1990 *La Pluie d'été.* Tod von Robert Antelme.

1991 *L'Amant de la Chine du Nord.*

1992 *Yann Andréa Steiner.* Der Liebhaber (Film von Jean-Jacques Annaud).

1993 *Écrire. Le Monde extérieur.*

1995 *C'est tout.*

1996 Tod am 3. März in Paris.

NAMENVERZEICHNIS

BILDNACHWEIS

Marguerite Duras
im Suhrkamp Verlag
und Insel Verlag

Abahn Sabana David. Aus dem Französischen von Maria Dessauer. Leinen

Blaue Augen schwarzes Haar. Aus dem Französischen von Maria Dessauer. Leinen und st 1681

C'est tout. Das ist alles. Aus dem Französischen von Andrea Spingler. Bütten-Broschur

Dialoge. Gespräch im Park. Die Viadukte. Ganze Tage in den Bäumen. Seen und Schlösser. La Musica. Aus dem Französischen von Walter Boehlich, Walter M. Guggenheimer, Werner Spies und Gerda von Uslar. Leinen

Eden Cinéma. Aus dem Französischen von Ruth Henry. es 1443

Emily L. Roman. Aus dem Französischen von Maria Dessauer. Leinen und st 1808

Ganze Tage in den Bäumen. Erzählung. Deutsch von Elisabeth Schneider. st 1157

Heiße Küste. Roman. Aus dem Französischen von Georg Goyert. st 1581

Hiroshima mon amour. Filmnovelle. Deutsch von Walter Maria Guggenheimer. st 112

Hiroshima mon amour. es 3304

Im Park. Roman. Aus dem Französischen von Andrea Spingler. Leinen und st 1938

Im Sommer abends um halb elf. Roman. Aus dem Französischen von Ilma Rakusa. Leinen, BS 1087 und st 2201

La Musica Zwei. Theaterstück. Aus dem Französischen von Simon Werle. es 1408

Liebe. Aus dem Französischen von Barbara Henninges. st 2460

Der Liebhaber. Roman. Aus dem Französischen von Ilma Rakusa. Leinen, BS 967 und st 1629

Der Liebhaber. Ein Gedenkbuch. Gebunden

Der Liebhaber aus Nordchina. Roman. Aus dem Französischen von Andrea Spingler. Leinen und st 2384

Der Matrose von Gibraltar. Roman. Aus dem Französischen von Maria Dessauer. Leinen und st 1847

Moderato cantabile. Roman. Aus dem Französischen von Leonharda Gescher und Walter Maria Guggenheimer. BS 51 und st 1178

Der Nachmittag des Herrn Andesmas. Aus dem Französischen von Walter Boehlich. BS 109 und st 2644

Marguerite Duras
im Suhrkamp Verlag
und Insel Verlag

Das Nachtschiff. Caesarea. Die negativen Hände. Aurelia Steiner. Aurelia Steiner. Aurelia Steiner. Aus dem Französischen von Andrea Spingler. Leinen

Nathalie Granger. Die Frau vom Ganges. Aus dem Französischen von Andrea Spingler. Leinen

Die Pferdchen von Tarquinia. Roman. Aus dem Französischen von Walter M. Guggenheimer. Gebunden und st 1269

Ein ruhiges Leben. Roman. Deutsch von W. M. Guggenheimer. st 1210

Schreiben. Aus dem Französischen von Andrea Spingler. Bütten-Broschur

Sommer 1980. Aus dem Französischen von Ilma Rakusa. es 1205

Sommerregen. Aus dem Französischen von Andrea Spingler. Leinen und st 2284

Das tägliche Leben. Aus dem Französischen von Ilma Rakusa. es 1508

Der Tod des jungen englischen Fliegers. Aus dem Französischen von Andrea Spingler. es 1945

Vera Baxter oder Die Atlantikstrände. Aus dem Französischen von Andrea Spingler. es 1389

Die Verzückung der Lol V. Stein. Deutsch von Katharina Zimmer. st 1079

Der Vize-Konsul. Roman. Deutsch von W. M. Guggenheimer. st 1017

Zu Marguerite Duras

Yann Andréa: M. D. Aus dem Französischen von Renate Hörisch-Helligrath. es 1364

Marguerite Duras / Michelle Porte: Die Orte der Marguerite Duras. Aus dem Französischen von Justus F. Wittkop. es 1080

Biographien
in den suhrkamp taschenbüchern

Biographien
in den suhrkamp taschenbüchern

Biographien
in den suhrkamp taschenbüchern

260/398/7.97